东莞城市发展报告 系列成果

DONGGUAN SHI DAORU ZHUOYUE JIXIAO GUANLI
YOUXIU DANWEI ZIPING BAOGAO JIJIN

东莞市导入卓越绩效管理优秀单位

自评报告集锦

陈海东 方东霖 等 ◎ 编著

企业管理出版社
ENTERPRISE MANAGEMENT PUBLISHING HOUSE

图书在版编目（CIP）数据

东莞市导入卓越绩效管理优秀单位自评报告集锦/陈海东等编著．—北京：企业管理出版社，2024.6

ISBN 978-7-5164-3073-6

Ⅰ．①东…　Ⅱ．①陈…　Ⅲ．①企业绩效－企业管理－研究报告－东莞　Ⅳ．① F279.276.53

中国国家版本馆 CIP 数据核字（2024）第 110118 号

书　　　名：	东莞市导入卓越绩效管理优秀单位自评报告集锦
书　　　号：	ISBN 978-7-5164-3073-6
作　　　者：	陈海东　方东霖　等
策划编辑：	侯春霞
责任编辑：	侯春霞
出版发行：	企业管理出版社
经　　　销：	新华书店
地　　　址：	北京市海淀区紫竹院南路 17 号　邮编：100048
网　　　址：	http：//www.emph.cn　电子信箱：pingyaohouchunxia@163.com
电　　　话：	编辑部 18501123296　发行部（010）68701816
印　　　刷：	北京厚诚则铭印刷科技有限公司
版　　　次：	2024 年 6 月第 1 版
印　　　次：	2024 年 6 月第 1 次印刷
开　　　本：	710mm×1000mm　1/16
印　　　张：	22.5 印张
字　　　数：	368 千字
定　　　价：	98.00 元

版权所有　翻印必究·印装有误　负责调换

前 言

根据习近平总书记在广东考察时的系列重要讲话和重要指示精神，广东省要全面贯彻新发展理念，服务和融入新发展格局，统筹发展和安全，以推动高质量发展为主题，加强全面质量管理，着力提升质量水平，提高发展质量效益，增强产业质量竞争力，积极对接国际先进技术、规则、标准，全方位建设质量强省，为广东省在推进中国式现代化建设中走在前列提供有力的质量支撑。2023年，中共广东省委、广东省人民政府印发《广东省质量强省建设纲要》，提出到2025年，质量水平全面提高，影响力稳步提升，质量强省建设取得阶段性成效，制造业质量竞争力指数达到92；到2035年，质量强省建设基础更加牢固，质量整体水平达到国际先进，实现质量更好、效益更高、竞争力更强、影响力更大的发展。

为深入贯彻党的二十大精神和习近平总书记对广东工作的重要讲话、重要指示批示精神，认真落实全国新型工业化推进大会、加快推进新型工业化高质量建设制造强省大会各项部署要求，坚定不移厚植产业发展生态优势，强化制造业核心竞争力和全球影响力，高质量建设国际科创制造强市，广东省东莞市人民政府印发《关于加快推进新型工业化 高质量建设国际科创制造强市的实施意见》，提出了全面提升东莞市制造业质量标准品牌水平的若干措施，增强企业质量管理能力，实施制造业卓越质量工程，鼓励企业运用卓越绩效管理、精益管理、六西格玛管理等先进管理方法。为进一步推广卓越绩效管理模式，总结和推广东莞市优秀企业的质量管理新理念、新模式和新方法，讲好东莞的品牌故事，特出版《东莞市导入卓越绩效管理优秀单位自评报告集锦》。

本书是"东莞城市发展报告"系列中继2023年出版的《东莞市政府质量奖组织质量管理模式集锦》之后的又一著作。本书的出版具有深远的意义。首先，该报告集锦的出版有助于推广卓越绩效管理的理念和实践。通过收集和展示东莞市优秀单位的自评报告，可以让更多的组织了解卓越绩效管理的内涵和方法，进而激发其导入和应用这一管理模式的积极性。这不仅有助于提升东莞市企业的整体管理水平，还能为其他城市或地区提供有益的借鉴和参考。其次，该报告集锦的出版将有助于促进东莞市企业之间的交流与学习。通过自评报告的展示，各企业可以相互了解彼此在绩效管理方面的经验和做法，发现自身的不足和差距，进而进行有针对性的改进和提升。这种交流与学习有助于推动东莞市企业整体管理水平的提升，增强企业的竞争力。再次，该报告集锦的出版还有助于提升东莞市的知名度和影响力。通过展示东莞市企业在绩效管理方面的优秀成果和实践经验，可以向外界展示东莞市在推动经济社会发展方面的积极努力和取得的成效，进而提升东莞市在国内外的知名度和影响力。这有助于吸引更多的投资和资源汇聚东莞，推动城市经济社会的持续发展。最后，该报告集锦的出版将为东莞市未来导入卓越绩效管理的组织提供有益的指导和参考。通过借鉴优秀单位的经验和做法，可以更加高效地导入和应用卓越绩效管理，避免走弯路，提高管理效率和质量。

  本书分八章，涉及七家企业的卓越绩效管理自评报告，由东莞理工学院经济与管理学院刘继云院长、陈海东副教授、方东霖博士、贾诺（研究生）、谢金惠（研究生），东莞市市场监督管理局叶柱棠、渠啸、金树、蔡冰如等工作人员在七家卓越绩效管理优秀单位申报材料的基础上编著而成。

  东莞理工学院是中国质量研究与教育联盟的成员单位，下设的广东省社会科学研究基地质量与品牌研究中心和东莞质量与品牌发展研究院，开展质量与品牌的科学研究，不断推出相关的研究成果。本书是"东莞城市发展报告"系列著作之一，也是广东省社会科学研究基地质量与品牌研究中心、东莞质量与品牌发展研究院的阶段性研究成果之一，本书也可作为工商管理、质量管理工程等专业的本科生辅助教材。广东众生药业股份有限公司、广东豪特曼机床股份有限公司、三友联众集团股份有限公司、东莞市爱玛数控科技有限公司、东莞市雅康精密机械有限公司、广东利扬芯片测试股份有限公司、东莞市漫步者科技有限公司对本书的出版给予了大量的帮助，在此对上述公司的大力支持表示感谢。一些行业专家和学者，如黄毅、金程铮、郭紫微、吴娇、田聪、马明慧、王征、叶泽樱、王镇涛等，对本书的编撰和修改也提出了一些宝贵的建议，在此一并表示感谢。当然，本书成书较为仓促，可能存在错漏之处，恳请广大读者不吝赐教，我们将虚心听取意见，及时更正。

目　录

第一章　广东众生药业股份有限公司	1
1　领导	1
2　质量	21
3　创新	48
4　品牌	58
5　效益	68
第二章　广东豪特曼机床股份有限公司	69
1　领导	69
2　质量	80
3　创新	97
4　品牌	107
5　效益	113
第三章　三友联众集团股份有限公司	114
1　领导	114
2　质量	135
3　创新	158
4　品牌	168
5　效益	179
第四章　东莞市爱玛数控科技有限公司	180
1　领导	180
2　质量	195
3　创新	225
4　品牌	238
5　效益	242

第五章　东莞市雅康精密机械有限公司……243
　　1　领导……243
　　2　质量……255
　　3　创新……271
　　4　品牌……278
　　5　效益……283

第六章　广东利扬芯片测试股份有限公司……284
　　1　领导……284
　　2　质量……287
　　3　创新……299
　　4　品牌……317
　　5　效益……319

第七章　东莞市漫步者科技有限公司……320
　　1　领导……320
　　2　战略……326
　　3　创新……335
　　4　品牌……338
　　5　效益……347

第八章　质量奖评审准则参考……348
　　1　类别设置……348
　　2　核心指标……349
　　3　否决事项……351
　　附录　评价指标简表……351

第一章 广东众生药业股份有限公司

1 领导

1.1 企业家精神

a. 弘扬企业家精神，引领组织高质量发展

广东众生药业股份有限公司（以下简称众生药业或公司）始创于1979年，尽管起步路上充满荆棘，但是敢为人先的历任领导人还是坚定地踏出了属于众生人的道路，他们践行企业家精神，一直引领着众生药业创新发展，带领众生人始终秉承"以优质产品关爱生命，以优质服务健康大众"的宗旨，践行"患者利益至上"的价值观。

1. 始终坚持爱国奉献

爱国情怀是企业家应有的价值追求，积极回报祖国、社会和人民，是企业家精神的应有内涵，也是企业持续发展繁荣的重要动力来源。公司领导人始终认识到任何企业、企业家事业的成长，都离不开祖国和人民的培育支持，所以坚持营造爱国奉献的文化氛围，弘扬爱国正能量。

2. 牢牢把握创新发展

公司领导人时刻牢记创新发展的重要性，引领公司不断创新发展，坚持通过药品研发创新、营销模式创新、制造技术创新和管理体制创新，为公司打造长远发展动力，坚持改善公司管理效率和经营质量，提高公司内部资源的协同性、互补性和整合力。公司为高新技术企业，并连续三年获得"中国医药研发产品线最佳工业企业"等荣誉。

3. 诚信经营，守正敬业

公司领导人注重培养员工敬业、诚信的价值观，倡导学习有关法律法规，以诚信、勤勉和尽责的态度认真履行工作职责；同时注重诚信对待和保护其他利益相关者，包括债权人、员工、供应商、客户、消费者和公众。公司已连续三十一年（1990—2020年度）荣获广东省市场监督管理局颁发的"广东省守合同重信用企业"称号，之后将继续秉承诚信立业、稳健经营的理念，促进"健康中国"事业高质量发展。

4. 切实履行社会责任

公司领导人时刻铭记制药人的使命担当，不忘"以药济世，普度众生"的初心，践行"患者利益至上"的价值观，积极履行社会责任。新冠疫情以来，公司领导人亲自领队，建立党员防疫工作先锋队，组织党员完成日常防控工作、疫苗志愿工作、全员核酸工作等，为公司安全生产、员工健康安全保驾护航。

b. 增强爱国情怀，把组织发展同国家繁荣、民族兴盛、人民幸福紧密结合在一起，主动为国担当、为国分忧

时代为企业创造了新机遇，也提出了新要求，企业与国家、民族、人民是密不可分的，唯有积极响应时代召唤，紧跟国家的发展方向，将自身发展融入到国家的发展大局，融入到人民幸福大计中，实现脉搏共振，共兴共荣，才能成就卓越。

1. 坚持党组织引领企业发展

众生药业党委成立于1979年11月，2006年升格为党总支部，2019年升格为党委，现共有党员120多名，在公司各工作领域担任核心岗位，发挥着重要的模范带头作用。公司两位领导人分别为党委书记和副书记，坚持带领公司党委开展"三会一课"，定期召开会议，按时上好党课，积极开展主题党日活动，深化学习教育效果，带领党员干部和职工积极参加社会公益活动，如公司连续多年举办关爱留守儿童的"为爱发声"公益活动，努力创造和谐的公共关系。

2. 勇于担当，助力"健康中国"

基于公司自身行业优势，面对百年未有之大变局，在国家需要的时候，众生药业领导人总会带领公司挺身而出。例如，新冠疫情初期，公司快速复工复产磷酸氯喹片并捐赠至全国各地医院等机构；此外，公司基于对核心治疗领域呼吸系统病毒性、感染性疾病的理解和新药研发的丰富经验，果断布局广谱抗新冠病毒药物的研发，自主研发了拥有全球自主知识产权的广谱抗

新冠口服药物，目前处于Ⅰ期临床试验阶段。

公司领导人以务实行动彰显担当，将继续坚定地在创新发展、管理提质上发挥企业家精神，厚植爱国情怀，引领众生药业助力"健康中国"事业。

c. 拓展国际视野，并不断提高把握国际市场动向和需求特点、国际规则及国际市场开拓和防范风险等方面的能力，带动组织在更高水平的对外开放中实现更好发展，促进国内国际双循环

公司领导人注重国际环境和行业变化，带领公司实施标杆管理，通过不断地与世界上居领导地位的企业相比较，获得改善营运绩效和提高产品"研产销"水平的信息，接轨国际标准质量体系，以期打造具有国际视野和影响力的企业。

1. 提高把握国际市场动向和需求特点的能力

公司领导人强调坚守职业操守，以满足未被满足的重大临床需求为导向，引领公司聚焦自身优势领域，辅之以产品引进、战略投资、产业并购、合资共同开发等多种形式，紧跟国际市场动向和需求，关注医药医疗行业国际消息，实现产研协同，探索交流，以变应变，对标提升，以"走进去"实现更好的"走出去"。

2. 提高把握国际规则和防范风险的能力

公司领导人倡导"多学习－多预判－多评估"，通过持续了解和学习国际通行规则及不同国家的文化、法律、制度等差异，预判医药行业全球发展趋势，基于自身优势领域，积极利用现有规则的可能空间，评估和把握有利的创新发展机会。

3. 提高国际市场开拓能力

公司领导人引领公司坚定开拓内生式增长与外延性拓展齐头并进、研发创新和营销创新双轮驱动的发展路径，持续拓展完善产业链条，提升产业链分工协作和运营效率。公司通过投资建设质量技术中心、建设符合国际审计的原辅料专用仓库等措施，强化核心技术生产制造能力，提升组织专业化发展水平和国际化协同效率。公司在2019年科睿唯安发布的"亚太地区最具创新力制药企业百强——中小企业榜"位列第26位，国际市场开拓能力持续提高。

4. 促进国内国际双循环

公司领导人坚持"走出去"和"引进来"协同发展。公司以满足未被满

足的临床需求为目标，基于对核心治疗领域的理解和新药研发的丰富经验，立足全球视野前瞻性地开展相关创新药的研究。公司创新药研发持续取得突破性进展，为后续商业化生产制造和市场营销奠定了良好基础，有利于医药行业形成国内国际双循环相互促进的新发展格局。

奋进新征程、建功新时代，众生药业领导人坚持弘扬企业家精神，带领企业奋力拼搏、力争一流，实现质量更好、效益更高、竞争力更强、影响力更大的高质量发展。

1.2　组织文化

a. 确定使命、愿景和价值观，并有效贯彻落实到利益相关方（股东、员工、供应商、合作伙伴、顾客和其他利益相关方等）

1. 企业文化核心理念确定的历程和方法

耕耘四十余载，众生药业已形成相对完善的组织文化体系，具体的确定过程和方法如表 1.2-1 所示。

表 1.2-1　公司使命、愿景、核心文化和价值观

项目	项目内容	确定过程和方法
使命	以优质产品关爱生命，以优质服务健康大众	众生药业以医药制造业为核心主业，坚守"人民至上、生命至上"的产品理念，同时结合优势治疗领域发展医药医疗服务，坚持"众生药业为众生"的服务理念，这意味着公司始终致力于提供最好的产品和服务，并始终把品质改进和提升作为重要任务，同时始终关注客户的需求，做大众健康解决方案的提供者
愿景	成为中国一流的医药健康产业集团	公司使命驱动公司愿景。公司立志成为中国一流的医药健康产业集团，以特色鲜明、发展强劲、业绩卓越、受人尊敬四个方面承载一流，基于现有基础和对行业的判断，将业务拓展至健康管理服务领域，打造成医药健康产业集团
核心文化	有付出才有回报，有创新才有价值，有品质才有市场，有健康才有未来	以核心文化和价值观承载公司使命和愿景。回报之于付出，体现的是踏实做事的决心；价值之于创新，着重的是在不断变革中获得新生；市场之于品质，衬托出公司对行业本质的秉持；未来之于健康，强调让每个人健康地迎接每一天是公司能够创造出的最大价值

续表

项目	项目内容	确定过程和方法
价值观	患者利益至上；保持激情，拥抱变化；担当有为，包容试错；创造价值，分享成果；认真工作，快乐生活	公司坚持患者利益至上，同时保障各位员工的利益，从工作与生活、做事与做人等维度，倡导敢于奋斗、勇于创新、价值驱动、健康生活的价值观

2. 贯彻落实企业文化到利益相关方

表1.2-2　公司贯彻落实企业文化到利益相关方

利益相关方	企业文化落实内容
股东和投资者	公司严格按照《中华人民共和国公司法》《中华人民共和国证券法》《深圳证券交易所股票上市规则》等有关法律法规及《公司章程》的规定，根据自身的经营目标和具体情况，不断完善公司法人治理结构，提高公司规范运作水平。公司建立了较为完善的公司治理结构，形成了完整的内控制度体系，建立了与投资者互动的平台，在机制上保证了对所有股东的公平、公正、公开，并使其充分享有法律、法规、规章所规定的各项合法权益
员工	公司遵循《中华人民共和国劳动法》和《中华人民共和国劳动合同法》，始终秉承"有付出才有回报""有健康才有未来"的核心理念，致力于有效保障员工的职业安全，打造安全健康的职业环境，营造共融共创的良好企业氛围，并关注员工的持续成长发展，结合"人才是企业发展根本"的理念，制定可持续发展的人力资源政策
供应商和合作伙伴	公司遵循《采购管理制度》和自愿、平等、互利的原则，积极构建和发展与供应商、客户的战略合作伙伴关系，注重与各方利益相关者的沟通与协调，共同构筑信任与公平的合作平台，切实履行公司对供应商、客户的社会责任。公司与供应商和客户合同履约良好，各方权益都得到应有的保护。公司及全资子公司华南药业连续三十一年被评为"广东省守合同重信用企业"。"有品质才有市场"是公司的核心理念之一，公司秉承"以优质产品关爱生命，以优质服务健康大众"的宗旨，高度重视质量管理工作，不断提高公司质量管理水平
顾客	公司时刻铭记制药人的使命担当，不忘"以药济世，普度众生"的初心，践行"患者利益至上"的企业价值观，为消费者提供线下糖网筛查便捷服务，并持续开展眼科医生继续医学教育

续表

利益相关方	企业文化落实内容
其他利益相关方	公司遵守环境保护相关法律法规和公司环保管理制度（如《污水处理站运行管理制度》等），将环境保护作为企业可持续发展战略的重要内容，注重环境保护，严格按照有关环保法规及相应标准对废水、废气、废渣进行有效综合治理，并持续对环保技术进行投入、改进、提升，降低能耗和污染物排放水平。作为广东省清洁生产企业，公司将发挥标杆企业的作用，持续关注节能环保工作，积极推进清洁生产。此外，公司深入群众，持续开展基层公益活动；新冠疫情期间，积极配合大规模的核酸筛查工作；持续开展志愿者活动，以务实行动积极履行企业社会责任

b. 建立以质量为核心的组织文化，并以其自身言行展现质量承诺

公司一直秉承着"以优质产品关爱生命，以优质服务健康大众"的宗旨，致力于研发、制造优质产品。同时，公司以"有付出才有回报，有创新才有价值，有品质才有市场，有健康才有未来"作为质量方针，以全员参与为基础，营造质量氛围，搭建全面质量管理体系，坚持规范运作、健康发展的理念，严格遵守各项法律法规，并不断完善公司治理和内部控制体系建设，促进企业质量提升。

为保证公司的产品质量，明确以人为本的管理理念，明确分工范围、职责权限，公司与各层级的部门负责人签订了部门、班组业绩合同，将质量目标逐层分解至部门、班组，并与个人月度绩效考核、年度晋升挂钩，保证了公司质量目标的达成。

c. 对组织文化的建设进行评估并持续改善

1. 文化建设评估

组织文化建设是一个不断积累、沉淀、创新与提升的过程。众生药业通过构建组织文化建设评估体系，定期开展企业文化评估活动。具体工作流程如表1.2-3所示。

表 1.2-3　众生药业组织文化建设评估体系

流程	内容
确定评估内容	评估内容通常包括企业发展前景、企业成长历史和典型人物、企业发展战略规划、领导团队精神特质、员工工作作风及价值观取向、员工对文化价值观的理解和认同度、员工敬业度等
制定评估方案	根据确定的评估内容、对象，制定切合实际的评估方案，具体包括评估方法、评估指标体系、评估实施办法（包括组织机构、人员分工、时间安排、工作要求、注意事项等）
实施评估工作	依据评估实施方案，组织开展评估工作。主要的方式包括问卷调查、高管与员工进行价值观面谈、360度反馈、干部胜任力评定、召开协调会等。众生药业将文化价值观融入到中层干部胜任力模型中的"素质力"一项，在每年开展干部评聘时，对干部的价值观进行综合考察
分析评估结果	依据评估方案中所确定的企业文化评估分析工具，对评估过程中收集到的信息、数据进行统计、归纳、整理和分析，针对评估内容重点及评估对象，形成评价结果或者评估报告，并向有关范围的组织和人员进行反馈或者讲解说明
应用评估结果	根据评估结果，总结成功经验，形成企业文化建设成果总结报告；同时针对存在的问题，明确改进方向并提出具体的改善措施，形成企业文化建设改进提升方案，从而促进企业文化建设水平不断提升

2. 文化建设持续改善

为确保企业文化建设的持续改善，众生药业运用了管理学中的 PDCA 循环模型。对于在文化建设评估过程中发现的问题，经过持续改进后才能进行验收与结项，以此来提升大家的持续改善意识，建立一个闭环式企业文化建设体系。

以众生药业的中层干部为例，通过360度评价发现，众生药业的部分中层干部对公司文化价值观的认知、理解和执行情况参差不齐。中层干部属于公司的腰部中坚力量，因此，将组织文化融入中层的日常管理、统一中层的理解和执行显得尤其重要。对此，人力资源中心协同总裁办公室开启了"重塑价值观：基于中层干部群体的文化价值观建设"改善课题。

在价值观标准梳理后，公司再多次打磨和完善干部胜任力模型，并向干部进行统一宣贯，强化认知和理解。在每年年底，公司会进行管理干部的评定和重新聘任，通过综合考察干部的部门业绩达成、管理能力以及文化价值观符合度，确定干部聘任结果并在集团予以公告。

1.3 战略管理

a. 进行战略管理，包括质量战略、品牌战略等

1. 战略管理的机制

（1）健全的战略管理组织及管理机制。公司制定了《众生药业战略规划管理制度》，高度重视战略规划及战略管理工作；在董事会层面设立战略规划与投资委员会作为专门机构负责公司长期发展战略的研究及决策，并指导公司总裁办公室及战略运营部门和相关岗位职能工作的开展，构建战略管理闭环体系，保障公司战略制定的科学性和战略部署的有效性。

（2）科学全面的战略规划过程。公司根据内外部市场环境的变化，每年定期开展战略检讨工作，借助PEST、SWOT、A-B点战略目标定位等工具，通过市场调研分析与公司内部访谈等多种形式相结合，对战略方向及执行情况进行评估修正，持续更新公司战略规划，明确中长期发展方向。

（3）合理清晰的战略目标定位。基于未来三年中国医药行业发展趋势及市场竞争格局分析，公司制定了2021—2023年中期战略规划，提出成为"中药为基、创新引领、聚焦特色的医药健康企业"的B点战略目标定位。在财务目标方面，公司制定了三年实现50亿元的销售目标，其中重点关注内生业务的高质量增长，将销售收入复合增长率保持在16%以上。在业务目标方面，着力打造2个合计规模20亿元的拳头产品、8个1亿元左右的核心产品、5个以上1000万元的中药休眠产品；并持续推进渠道扩面下沉，以千县计划为抓手，三年新开发1000家县域人民医院。

2. 质量战略的管理过程和主要内容

公司高度重视产品质量战略，对药品生产经营过程进行全生命周期管理，严格履行药品安全主体责任，建立全面、规范的质量管理体系，编制相关管理制度、技术标准、管理标准、操作规程和记录等文件三千多份。

在组织层面，公司建立研发中心、生产制造部、质量管理部、质量检验部、药物警戒部、设备动力部、物流管理部、销售管理部等部门，在药品研制、生产、经营及使用过程中严格按照高标准保障药品的质量。

药品全生命周期包括药品研发、注册、生产、储存、销售、运输、使用。作为药品批准文号的持有者，众生药业需要对药品全生命周期的质量负责。

公司通过药品全生命周期管理的微观实践（见图1.3-1）保证药品质量，实现保护公众健康的目的。

图 1.3-1　众生药业药品全生命周期管理的微观实践

公司已实施药品全生命周期数字化管理，通过质量、环保、安全合规运行保障，实现卓越生产。

3. 品牌战略的管理过程和主要内容

公司实施品牌与文化等重要业务集团归口管理，完善集团业务管控体系，提升集团职能业务专业化管理水平。

公司品牌战略是由自身战略定位、战略目标、产品战略和目标市场多方面决定的。众生药业的品牌驱动包括医药行业政策、市场和技术，旨在为医药行业创造独特的价值。

在药品全生命周期管理下，为实现品牌价值最大化和商业价值最大化，公司品牌战略管理包括知识产权管理、市场准入策略、品牌策略等，主要如表1.3-1所示。

表 1.3-1　公司品牌战略的主要管理过程和内容

管理领域	实施内容
知识产权管理	知识产权是原研产品的核心，也是药品开发期重要的工作内容。众生药业通过专利形成市场保护，通过非专利知识产权的商标和商业外观设计建立品牌，形成差异化

续表

管理领域	实施内容
市场准入策略	产品商业化的关键点在于市场准入，包括产品品牌定位和品牌特点、药品的适应症和患者群体、药品的渠道、营销组合、商业计划、产品信息宣传路径。在市场准入策略下，众生药业在充分考量不同渠道的特点的基础上，选择最适合的适应症，并采取相应的具有市场竞争力的差异化定价策略。针对产品商业化，众生药业在营销端主要依托品牌影响力的强大力量，以构建与客户的深厚连接和亲和力为核心策略，辅以具有鲜明差异化定位和独特品牌特性的产品及运营能力的建设，通过多元化的举措，全面提升公司的商业转化能力
品牌策略	针对产品的不同阶段，众生药业的品牌策略分为品牌进入策略、品牌防守策略、品牌替换策略。品牌进入策略主要是指根据产品的不同适应症采取不同的商标管理，根据适应症扩展的先后顺序打造品牌。品牌防守策略是指，当进入产品中晚期时，为实现销售增长、延长产品成熟期并防御仿制药，通过知识产权等政策，改变给药剂量和给药方案、改变剂型、改变给药途径或给药装置等，提升产品使用便利性、服药依从性，并实现产品自身的转换增长或扩张增长。品牌替换策略是指，当产品有衰退趋势时，则推出二代产品或通过化学修饰改良后的产品来替代原有产品，以持续保持在该治疗领域的市场占有率。在替换过程中，新产品将沿用原系列品牌，以确保品牌的一致性和市场认知度

b. 制定战略目标并分解到组织的各个层次，同时建立绩效监测、分析、评价与改进体系，确保战略目标的达成

1. 战略目标的制定和分解

（1）健全的战略分解及落地保障机制。公司制定了《众生药业战略规划管理制度》和《全面预算管理制度》，对战略规划和经营目标进行制度化和流程化管理，保障生产、采购、营销、研发、人力、财务等业务战略及职能战略的有效承接，并在每年年度商业计划及预算编制过程中对相关战略目标及举措进行分解和细化，拟订下一年度的详细行动计划，设定里程碑、责任人并进行各项资源需求的调配。

（2）科学的战略解码过程。公司充分借助GSA战略解码工具，通过将战略成果目标（G）分解成相应的策略目标（S）及活动目标（A），明确目标实现路径，提升目标实现过程的可控性，并保障集团战略目标与各业务板块及职能部门目标的一致性，从而确保战略目标的有效分解与落地执行。

2. 战略目标的监测、分析和改进

公司建立有严谨的战略绩效目标考核及监测机制和常态化的经营分析管理机制，如表1.3-2所示。

表1.3-2 众生药业战略目标的监测、分析和改进机制

机制	实施方法和结果
战略绩效目标考核及监测机制	公司以年度经营计划及关键业绩指标（KPI）为基础，将经营目标从上至下层层分解到各业务单元及员工，并签订业绩合同，达到个人绩效推动组织绩效的目的，以确保战略规划目标的实现。公司成立集团绩效工作小组，按季度推进战略绩效目标的跟踪监测工作，并及时根据目标达成情况进行分析、预警
常态化的经营分析管理机制	公司制定《月度经营分析会议管理制度》，每月定期组织召开经营管理会议，对公司业务整体经营管理情况进行分析、讨论和决策。根据年度经营计划中所确定的各关键业绩指标，按月度进行数据采集及监控分析，并根据目标差距及根因洞察及时制订改进提升计划，同时根据宏观环境及医药行业发展动态趋势，定期复盘及有针对性地调整公司战略部署，持续提升公司的市场竞争力

c. 识别创新机会并应用到战略制定和/或调整中

公司高度重视创新在企业高质量发展中的引领作用，持续关注医药行业发展趋势、国内外基础科学突破和创新药物研发进展等各个方面的信息，从市场需求、产品研发和运营管理等多个维度寻找创新机会，提升公司的核心竞争力。公司高级管理层团队负责识别公司整体创新机会并应用到公司战略制定中，各业务部门负责人管理部门内部创新，提升运营效率。

1. 识别的方法、方式

表1.3-3 众生药业创新机会的识别方法

识别方法	实施内容
关注药品研发进展	公司时刻关注核心治疗领域的基础研究突破和创新药物研发进展，研发中心每月更新核心治疗领域国内外药物的研发进展，通过对创新靶点验证成熟度、候选化合物性质、临床需求、药学开发及开发风险等多个方面进行综合评估，寻找核心治疗领域的创新药物开发机会并进行新产品立项
举行专项课题研讨会	公司不定期举行专项课题研讨会，从行业政策、市场准入、市场竞争格局和临床需求等不同维度进行头脑风暴，从而寻找市场潜在的增长机会，确定公司市场营销的创新模式和新的增长点

续表

识别方法	实施内容
流程和管理创新	公司管理人员高度重视流程和管理创新，持续进行流程和管理优化，从而降低运营成本和提高运营效率，激发员工的积极性

2. 将识别的内容应用到战略制定或调整中

公司基于2021—2023年中期战略规划，针对不同的方面，持续将识别到的创新机会应用到战略制定和调整中，具体如表1.3-4所示。

表1.3-4　众生药业对创新机会的应用

领域	实施方法和结果
产品开发	公司聚焦抗病毒、代谢和肿瘤领域的创新药物开发，加大创新药领域的研发投入，目前在研创新药项目有十余项，其中七个项目处于临床研究阶段。近几年新冠疫情蔓延全球，严重影响人们的生活和健康，公司通过跟踪国内外新冠治疗药物研发进展，立项两个小分子创新药项目。公司聚焦资源全力推进，目前公司控股子公司众生睿创开发的口服抗新型冠状病毒3CL蛋白酶抑制剂RAY1216片已获得国内临床批件，正处于I期临床研究中
市场营销	公司不断创新营销思路，按照"全产品、全渠道、全终端"的营销方针，探索多元化复合销售模式。公司构建了覆盖全国、规范高效的一级和二级经销商体系，可以快速度、低成本地将公司产品配送到医院、药店等各类型终端。公司建立了一支高素质、专业化、管理成熟、全国覆盖的销售队伍，按照"事业合伙人"的现代企业管理原则，设立权责明晰、富有活力的公司化推广组织，有效完成产品推广工作。公司持续推进营销模式升级，持续优化产品管线结构，持续强化专业化学术推广，持续推行糖网筛查特色零售服务活动，持续推进终端覆盖和商业渠道优化，促进公司经营业绩的可持续增长
运营管理	公司规范了子公司授权管理体系，明确权责，在提高效率的同时减少了经营风险；公司优化了人员岗级管理系统和考核系统，为公司人力资源管理体系建设添砖加瓦；公司全面升级、更新信息系统，为适应数字化时代的企业经营创造了技术条件

1.4　组织治理

a. 进行组织架构设计和治理系统建设，以激发组织活力

1. 组织架构设计

根据《公司章程》，公司建立了完善的现代企业制度和公司治理结构，积

极探索职责明确、有机融合、运转协调的领导体制和运行机制，设置精简高效的经营管理机构，严格实行定编、定岗、定员。公司根据目前的发展情况，以战略管控为主、经营管控为辅，遵循以下设计原则进行了组织架构的升级（见表1.4-1）。

表1.4-1　众生药业组织架构设计原则

设计原则	原则内容
契合功能	紧紧围绕公司功能定位和职责任务，根据发展需求和市场规律设计运行机制和组织架构
权责统一	合理匹配管理权力与责任，充分激发经营管理人员的主观能动性
边界明晰	理顺业务流程和工作关系，避免交叉错位和管理空档
精简高效	坚持按需设岗、负荷适当、一人多岗、角色互补，保持整体效能最大化

公司通过对相关组织裂变式创业模式的探索、总结与复制推广，进一步激发组织活力；打造按板块垂直归口管理、按职能专业赋能的集团化管控模式，通过内部流程的梳理与优化，规范集团及分/子公司的授权管理体系，提升组织效率及集团整体经营质量。

2. 组织治理系统建设

表1.4-2　众生药业组织治理系统建设情况

项目	说明
基本状况	公司严格按照《中华人民共和国公司法》《中华人民共和国证券法》《上市公司治理准则》《深圳证券交易所股票上市规则》等法律法规的要求，持续规范公司治理结构，建立健全内部控制体系，持续完善股东大会、董事会、监事会议事规则和权力制衡机制，规范董事、监事、高级管理人员的行为及选聘任免，履行信息披露义务，提高公司规范运作水平，采取有效措施保护上市公司和投资者的合法权益
独立情况	公司与控股股东在业务、人员、资产、机构、财务等方面完全分开，具有独立完整的业务及自主经营能力
内部控制	公司按照《企业内部控制基本规范》及其配套指引的规定和其他内部控制监管要求，在所有重大事项方面建立了有效的内部控制制度，并能够贯彻落实执行，从而在公司经营管理各个关键环节及财务报告编制、信息披露等方面发挥了较好的管理控制作用，为公司各项业务的正常运行和经营风险的有效控制提供了有力保障，对编制真实、公允的财务报表提供了合理保证

未来，公司将继续完善内部控制制度，规范内部控制制度执行，强化内部控制监督检查，进一步促进公司健康、可持续发展。

b. 对组织的领导和治理机构成员的绩效及合规性进行评价，使其为决策和活动的影响承担责任

众生药业对领导和治理机构成员绩效和合规性的评价方法和结果如表1.4-3所示。

表1.4-3 众生药业对领导和治理机构成员绩效和合规性的评价方法和结果

序号	实施方法和结果
1	集团组织绩效通过"业绩合同"的方式进行考核管理，实施《业绩合同管理制度》。高层管理者年初签署年度业绩合同，年终进行业绩合同考核评估
2	高层管理者业绩合同与集团经营目标、所分管的业务管线年度目标挂钩
3	设置绩效领导小组及绩效工作小组，为业绩合同的管理提供组织保障，主要职能包括：指导组织绩效目标层层分解，分析业绩合同指标制定的合理性，对业绩合同的履行进行过程跟进、数据核查分析，保障组织绩效评价的合规性
4	业绩合同评价结果将应用于职位聘任、荣誉评选、奖金激励等管理政策中
5	建立了公司合规和内控相关机制，对公司治理方面进行"预防－监测－响应"，定期开展合规培训和教育以及持续的沟通和指导，将诚信和合规的理念融入治理成员的思想中，形成合规文化。形成治理主体权责清单，加强相互之间的交流，严肃工作纪律，并根据权责清单跟进落实决策，共同推进公司合规治理

众生药业组织绩效评价体系如图1.4-1所示。

c. 运用绩效评价结果改进自身和提高治理机构的有效性，以促进组织发展

表1.4-4 众生药业绩效结果应用

项目	内容
绩效改进	根据业绩合同绩效指标考核结果，明确改进点，并制订绩效改进行动计划
年度效益奖金	高层年度效益奖金与公司经营结果及其所分管的业务组织的绩效结果挂钩
股权激励	根据绩效结果确定股权激励对象，并以公司经营结果及绩效考核作为股权激励的行权条件
干部评聘	绩效表现是管理干部评聘的核心考评指标
人才发展	根据绩效结果、绩效改进点设置培训课程、制订人才培养计划等

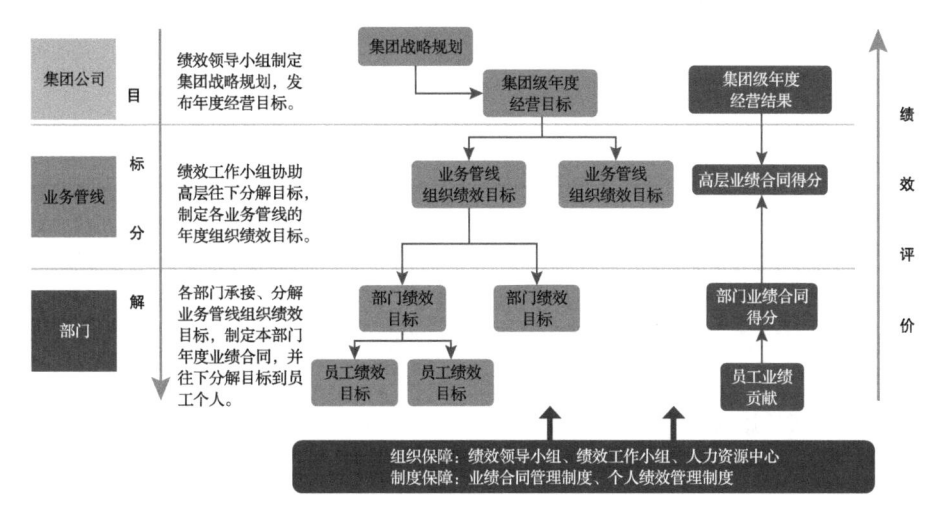

图 1.4-1　众生药业组织绩效评价体系

1.5　社会责任

a. 履行公共责任，包括质量安全、节能环保、资源消耗、低碳发展等方面的责任

公司重视企业社会价值的实现，一直秉承"以优质产品关爱生命，以优质服务健康大众"的企业宗旨，重视研发和生产优质产品。公司时刻铭记制药人的使命担当，不忘"以药济世，普度众生"的初心，践行"患者利益至上"的企业价值观，并以务实行动积极履行企业社会责任。

1. 质量安全

公司强化生产经营质量管理，注重产品质量控制，2019—2021 年产品质量指标呈现良好的发展态势，具体如表 1.5-1 所示。

表 1.5-1　2019—2021 年众生药业产品质量指标

单位：%

项目	2019 年	2020 年	2021 年
产品出厂合格率	100	100	100
产品外部抽检合格率	100	100	100
GMP 自检缺陷完成率	100	100	100
GMP 符合性检查通过率	100	100	100
客户满意度	96.2	97.5	98.0

2. 节能环保

公司合理利用能源，降低成本，部分举措如表1.5-2所示。

表1.5-2 公司节能环保实施方法和结果

项目	实施方法和结果
2020年150冷吨冷水机组安装工程及优化运行	通过更换冷水机组，冷站能效由2.52提升至2.72，节能量为12.90吨标煤/年
2021年变频螺杆空压机安装工程及优化运行	通过更换空压机组，空压机的比功率由12.747减小至6.5，节能量为10.89吨标煤/年
2021年对口服固体制剂车间颗粒剂包装线优化升级	通过增加一台四面封颗粒分装机，提高了生产效率，减少了相关区域的空调使用，节能量为32.93吨标煤/年

3. 资源消耗

公司提质增效，减少资源消耗，部分举措如表1.5-3所示。

表1.5-3 公司提质增效实施方法和结果

项目	实施方法和结果
2021年碱液回收优化改善	通过对中药提取车间设备碱处理后所产生的碱液进行回收，用于调节污水处理站pH值，每月减少污水处理站氢氧化钠的使用量达0.5吨
2020年污水处理站升级改造	通过增加MBR处理系统，提高污水处理效率，取消使用除磷剂等有机试剂

4. 低碳发展

公司发展注重低耗能、低污染、低排放，部分举措如表1.5-4所示。

表1.5-4 公司低碳发展实施方法和结果

项目	实施方法和结果
2019年锅炉节能器优化改造项目	通过加装循环管道，把现有的节能器与除氧器的锅炉补水改为节能器循环加热，循环泵启动与锅炉启动实现联动控制。实施项目后年可减少天然气用量4.68万立方米，年可减排颗粒物1.26千克，年可减排二氧化硫1.17千克，年可减排氮氧化物20.59千克
2019年空压机组优化改造项目	购进75kW变频空气压缩机组，通过管道改造后单独为9号楼、10号楼的所有生产车间供气；8号工程楼空压站将减少9号楼中药提取车间的压缩空气使用量，提升压缩空气供应稳定性，同时缩短了8号工程楼内110kW空压机的运行时长，实施项目后减少用电量6.3万kWh，年可减排二氧化碳63万吨

b. 树立法治意识、契约精神、守约观念，并建立道德规范和实施质量诚信体系，包括实行产品召回制度等

1. 树立法治意识、契约精神、守约观念

树立法治意识，打造契约精神，秉承守约观念，是公司发展的"定心盘"。众生药业连续三十一年（1990—2020年度）被评为"广东省守合同重信用企业"，这是政府对公司的肯定，也是公司肩上担着的责任。公司树立法治意识、契约精神、守约观念的方法和结果如表1.5-5所示。

表1.5-5 公司树立法治意识、契约精神、守约观念的方法和结果

实施方法	实施内容和结果
严格遵守法律法规	①公司严格按照有关法律法规、《公司章程》和公司相关制度的要求，及时、真实、准确、完整地进行常规信息披露。 ②公司严格按照《中华人民共和国劳动法》和《中华人民共和国劳动合同法》的规定，致力于有效保障员工的职业安全，关注员工的持续成长发展，制定可持续发展的人力资源政策。 ③公司严格按照《中华人民共和国药品管理法》以及《药物警戒质量管理规范》等法律法规建立药物警戒制度，设立24小时消费者服务热线，针对消费者的建议与投诉，积极跟进和反馈，切实有效地保障消费者的权益
打造合同管理流程	根据公司集团化管控体系，公司合同签订与管理严格依照公司制定的分管分工权限以及《合同审核制度》进行，并通过OA系统等电子化流程赋能合同审批实施，兼顾权责流程与管理效率。基于业务经营的需要，公司对外签署合同前，由业务部门牵头发起，根据具体业务或项目需求由财务中心以及公司法务部对合同相应的财务以及法务条款进行审核把关与风险管控，并根据主管权限层层审批，明晰权责，在保证业务经营效率的同时严格把控经营风险。例如在公司采购这一关键环节，公司采用招标采购、询比价、竞争性谈判、战略采购等多种采购模式采购生产性物料，依托完整有效的供应商遴选、调查考察、样品试用、供应商审计、合格供应商目录管理等采购制度流程体系实现质量优良、价格合理、供应及时的原材料供应。公司合同管理走上了业务、法务、财务多部门合作共同管理的模式，实现了事前事后监督相结合
普法培训微课堂	①公司严格合规生产并注重开展相应的合规培训，针对公司全员开展有关药品生产制造的GMP法规、安全质量责任以及药物警戒知识等培训。 ②针对各个业务模块，每周由专员收集行业相关最新法规动态并向中层以上管理人员以及技术人员进行宣贯。 ③公司每年邀请顾问律所律师，通过现场或线上培训与讲座等多种方式，针对公司的经营管理方向提供专门化的法律知识输出，以法治意识赋能业务。

实施方法	实施内容和结果
普法培训微课堂	④公司积极与东莞市公证处、东莞市人民法院等进行良好的普法交流，开展"法治体检进企业"等专项活动，助力公司排查经营风险，加强企业产权保护，护航营商环境，推动依法治企。 ⑤自2021年起，公司法务部有序开展法律知识普及工作，每季度面向全公司推送2篇法律知识科普文章，内容涵盖药品质量、工程建筑、商标LOGO等，以期实现多角度、多维度的普法宣传，为知法懂法守法打下基础

2. 建立道德规范

公司建立道德规范体系离不开价值观的引导、制度的保障和道德模范的带头示范作用。公司建立道德规范的方法和结果如表1.5–6所示。

表1.5–6　公司建立道德规范的方法和结果

建立基础	实施方法和结果
价值观的引导	公司践行"患者利益至上"的价值观，秉承"以优质产品关爱生命，以优质服务健康大众"的宗旨，为公司建立道德规范指引了方向
制度的保障	①公司对员工手册内容进行了完善，明确了奖惩分明的制度；在新员工入职过程中，由员工自愿做出书面道德承诺，并且通过特色入职培训使全体员工树立基础职业道德意识。 ②公司在经营过程中坚持突出产品临床价值优势、稳守质量安全红线，实现"安全性、有效性、经济性"的高度统一，保障公众用药安全有效。 ③在医药销售经营上，公司积极推进、主动配合反腐倡廉工作，严格按照国家和省级相关法规与指导意见公平有序地开展医药招采工作，坚持公平合理、诚实信用的原则，为营造公平规范、风清气正的流通秩序和交易环境出一份力
道德模范的带头示范作用	公司注重树立道德模范，发挥带头示范作用。2021年，公司研发中心分析事业部获得中华全国总工会授予的"工人先锋号"荣誉，为公司共建道德规范、提升道德水平起到了标杆带头作用

3. 实施诚信体系（包括产品召回机制）

公司制定了《GMP实施情况自检制度》《物料与产品质量监控制度》《用户投诉管理制度》《药品召回管理制度》等质量监督制度，2019—2021年产品的质量稳定性呈现良好的发展态势，公司实现了产品出厂合格率100%、外部抽检合格率100%、GMP符合性检查通过率100%等质量目标。

公司在药物警戒日常监测中发现药品聚集性安全信号、群体不良事件以及其他药品安全事件时，将立即报告至药品安全委员会。药品安全委员会评估风险等级，若发现涉事药品存在重要风险并能影响公众身体健康时，将主动进行药品的召回。

c. 进行公益支持，包括关爱员工（稳岗就业、关心员工健康、同员工携手渡过难关）、参加社会组织（担任一定职务）、发挥行业引领作用，以及参加社区活动并营造重视质量、关注质量和享受质量的氛围

众生药业始终坚持以人为本，关注员工的成长和发展。公司始终秉承"有付出才有回报""有健康才有未来"的核心理念，致力于有效保障员工的职业安全，打造安全健康的职业环境，营造共融共创的良好企业氛围。

1. 关爱员工

表1.5-7　公司关爱员工的机制、方法和结果

机制	实施方法和结果
激励机制	①通过现金激励、股权激励、员工持股计划、节日慰问、协助员工办理积分入户、帮助员工子女申请入读公办学校、实施圆梦大学助学计划等方式，实现共同成长中的价值分享。 ②公司设立"众生药业职工之家"，开展多姿多彩的活动，如三八妇女节活动和五四青年节活动等；设有宿舍阅读室、健身室和室外运动场所；配备员工食堂、宿舍和医疗保健室；营造和谐、友善、健康的工作氛围和家庭氛围
劳动健康安全管理机制	公司每年定期组织员工进行健康体检；成立环境健康安全部，不定期检查公司安全管理情况，对员工进行安全生产知识培训和开展消防安全演练，提高员工的安全生产意识和自我保护能力
人力资源开发与管理系统	①公司建立了由职位评价体系、组织绩效管理体系、任职资格认证体系、人才发展体系、薪酬激励体系等体系构成的人力资源开发与管理系统，营造公正公平的内部管理氛围，打造多渠道的职业发展空间，有效促进企业与员工的共同发展。 ②公司对不同层级的员工匹配了相应的培养计划，包括培训生"青苗计划"、基层管理人员"向阳计划"和中层管理人员"玉树计划"

2. 参加社会组织

表 1.5-8　公司参加的社会组织

协会名称	协会职务
中国中药协会	理事单位
广东省医药行业协会	常务理事单位
广东省中药协会	副会长单位
广东省食品药品审评认证技术协会	常务理事单位
广东省食品药品打假协会	副会长单位
广东省生物医药创新技术协会	监事/副会长
广东医药价格协会	常务理事单位
东莞世界莞商联合会	副会长单位
东莞市总商会	副会长单位
东莞市药学会	副理事长单位

3. 发挥行业引领作用

公司的优势治疗领域之一为眼科疾病领域。公司联合多家三甲医院眼科及内分泌科医生编著了《国民眼底健康手册》，介绍了常见眼底病的发病率及防治，并结合线下门店活动，呼吁消费者尽可能做到早筛查、早预防、早治疗，提升眼病的防治水平。公司真正将"健康中国"的口号付诸行动，在行业内发挥了引领作用。

4. 参加社区活动，营造质量氛围

众生药业时刻铭记制药人的使命担当，积极履行社会责任，利用自身资源联合医院、连锁终端等多方持续开展社区公益活动，包括但不限于以下活动（见表 1.5-9）。

表 1.5-9　公司参加的社区活动及实施方法和结果

活动	实施方法和结果
"心脑眼关爱工程"	常年联合医院、社区及连锁终端开展免费眼底检测及动脉检测项目，倡导慢病患者做好疾病的健康管理，发现潜在的疾病风险，实现早筛查、早预防、早治疗

续表

活动	实施方法和结果
"为爱发声"	联合连锁终端开展关于留守儿童及教师节的公益活动：①利用平台资源呼吁社会关注留守儿童；②通过线下连锁药店，在教师节给到访教师送上包含众生丸等公司产品的护嗓礼包，关注老师的咽喉健康问题
"夏日送清凉"	联合媒体及连锁终端开展"夏日送清凉"公益活动，对社会一线工作者派发清凉礼包与消暑药品（包含清热祛湿颗粒等公司产品）并表示慰问，同时通过媒体的力量呼吁社会关注环卫工人、公交司机等特殊人群

2 质量

2.1 管理体系

a. 进行组织管理体系的建设和融合，如质量、环境、职业健康安全、能源、风险、知识产权、创新或合规性管理等体系的建立、实施、保持和融合

公司通过对相关组织裂变式创业模式的探索、总结与复制推广，进一步激发组织活力；打造按板块垂直归口管理、按职能专业赋能的集团化管控模式，通过内部流程的梳理与优化，规范集团及分/子公司管理体系，提升组织效率及集团整体经营质量。面对各方面的管理体系，公司要发挥出整体的预期效果，必须对这些体系进行融合。公司管理体系的建设和实施情况、公司管理体系的融合情况分别如表2.1-1、表2.1-2所示。

表2.1-1 公司管理体系的建设和实施情况

管理体系	建设和实施情况
质量	药品上市许可持有人制度（以下简称MAH制度）鼓励药品生产企业集团公司将各控股子公司的药品批准文号集中到集团公司持有，成为持有人。公司根据MAH制度实行统一的质量管理体系，履行上市产品的质量管理职责及全生命周期管理义务，推动公司及各控股子公司的交流协作，统一质量管理体系标准，并通过企业集团内技术资源的整合与调配优化，提升产业链分工与协作效率，促进专业化、规模化生产

续表

管理体系	建设和实施情况
环境	公司将环境保护作为企业可持续发展战略的重要内容，注重环境保护，严格按照有关环保法规及相应标准对废水、废气、废渣进行有效综合治理，并持续对环保技术进行投入、改进、提升，降低能耗和污染物排放水平。作为广东省清洁生产企业，公司将发挥标杆企业的作用，持续关注节能环保工作，积极推进清洁生产，近年均有购买环境污染责任保险，防止环境污染事故对周边地区造成影响，践行企业环保社会责任
职业健康安全	公司严格遵守国家有关劳动用工等方面的法律法规，依照当地政策法规缴纳单位应当承担的保险费用（包括社会保险以及住房公积金等），保障员工的合法权益。公司建立、健全劳动健康安全管理机制，包括《劳动者职业健康监护及其档案管理制度》《职业病防护用品配备与使用准则》《职业病危害应急救援与管理制度》和《安全生产责任管理制度》等，每年定期组织员工进行健康体检，把员工的健康安全放在首位。公司成立环境健康安全部，不定期检查公司安全管理情况，对员工进行安全生产知识培训和开展消防安全演练，提高员工的安全生产意识和自我保护能力
能源	2021年1月，公司通过ISO 50001：2018能源管理体系认证，建立了一套完整有效的、形成文件的能源管理体系。通过对公司自身能源使用全过程的梳理，对用能过程进行诊断，切实做好能源监测、能源审计、能效对标、内部审核、能耗计量与测试、能量平衡统计、管理评审、自我评价、节能技改、节能考核等工作，实现能源方针和承诺并达到预期的能源消耗和使用目标
风险	公司在日常经营管理过程中，对所面临的行业系统风险、技术风险、经营风险、财务风险等均进行充分的评估，并在实际执行过程中及时识别、调整应对，有效管理及控制风险，确保公司经营正常有序。针对可能发生的重大风险或突发事件，明确了部门责任、工作程序和监测、报告、处理的程序，建立了监督机制和问责制度，提高了公司的危机管理控制和应急处理能力，以保证公司稳定和健康发展
知识产权	公司设置知识产权部，根据知识产权相关法律法规，结合公司管理制度和知识产权相关部门的意见，制定和通过了知识产权制度，进一步完善了公司知识产权工作体系和管理体系，完善了知识产权管理结构，增强了部门间的知识产权合作。完善的知识产权管理制度为研发部门开展知识产权目标管理，构建企业自主知识产权培育体系奠定了良好基础。同时，知识产权部深入开展知识产权保护行动，努力提高公司各类人员的知识产权意识和运用知识产权制度的能力

续表

管理体系	建设和实施情况
创新	公司注重通过药品研发创新、营销模式创新、制造技术创新和管理体制创新,打造公司长远发展动力。在研发领域,持续推进创新药、改良型创新药、高端仿制剂的研发及核心中药产品真实世界研究工作,积极打造研发特殊制剂的技术平台;在营销领域,持续夯实医疗端的处方药营销能力,构建基层、县域、城市多层次的医学服务能力,坚持活"零"活"县"的营销策略,持续推进渠道扩面下沉,提升县域市场覆盖率;在生产领域,推动精益现场管理上升至供应链精益运营,结合生产制造技术创新提升生产管理水平,降低生产制造成本
营销	公司将继续提升营销领域全资子公司各部门的组织管理能力,通过BI数字化营销管理体系,帮助各部门、各服务商提高运营效率和运营质量。基于国家集采及中成药省际联盟集采,学术化推广能力将成为企业竞争的核心能力,公司将针对管理人员、一线员工等进行学术能力、专业化能力等软实力的建设,以期在未来的市场竞争中获得更多的机会

表 2.1-2 公司管理体系的融合情况

实施方法	实施内容和结果
现状调研,制定融合方案	依据调研的结果,组建相关的体系管理小组,制订实施计划,明确小组成员各自的职责与分工(如编写、检查、审核任务分配)、完成期限、目标与预期、监督人员等。按体系编写实施计划要求,监督人员应定期监督,及时提出意见和建议并向小组负责人汇报,切实按实施计划保质保量按时完成工作。公司以《GMP质量管理体系》为基本框架,运用先进管理理念,梳理优化企业管理职责和业务流程,实现流程化管理
融合体系,实现业务全覆盖	突出体系整合的特点,共性要素执行同一管理要求,个性要素单独作为体系条例列出。所策划的体系标准条款既要符合公司的主要管理过程,又要满足相关标准要求。认真分析各种管理方法的本质和特点,找准它们最恰当的对接点,合并重复内容,实现管理"瘦身"和业务一体化管理
识别风险,突出风险管理主线	按照风险管控的基本模型,与一体化融合的架构进行充分对接。组织开展公司风险的识别评价,加强重大风险防控,把风险防范作为当前和未来一段时期企业发展的重要工作,对外关注变化,对内修炼内功和强化体质,系统提升企业识险、避险、降险的能力
制度梳理,实现管理流程化	全面梳理法律法规、行业文件及公司文件要求、记录,掌握公司规章制度、标准、体系和流程的运行现状和存在的不足,为优化做好准备。根据确定的管理业务目录,细化每项业务对应的流程;根据业务流程梳理及体系设计的结果,开展体系职能分配,对缺少职责、职责交叉、职责不清的予以重新分配

续表

实施方法	实施内容和结果
建立机制，持续改进运行绩效	管理体系融合后，对不同岗位层次的人员分批进行宣贯学习，使其能按体系文件的要求进行操作记录、数据分析、质量管理与控制。然后开展管理体系融合的试运行工作，通过对前期的模拟审核，修订完善制度。体系正式运行后，建立检查评价机制，通过相关部门的不定期评价，进行全方位的检查验证，促进体系不断完善和有效运行

b. 运用互联网、物联网、大数据、云计算、5G 等新一代信息技术对组织的物流、资金流和信息流进行有效控制和管理，以增强组织竞争力

公司通过 SAP、ERP、销售管理系统、生产管理系统、财务管理系统等集成，实现前后端业务重组整合，借助信息化系统的实施全面实现自动化、智能化、数字化；通过完成营销渠道管理系统的升级改造，逐步实现营销作业无纸化、智能化管理，并与 SAP、ERP 系统全面集成，形成数据同源、流程同步、全面贯穿前后端业务，实现业务财务一体化；通过自动配料投料系统、配套仓储物流管理系统等信息化系统的实施，使得从原辅料采购、生产加工到产品入库的生产全流程具备数据追溯能力，并采用大数据分析平台，实现质量监控；通过集成财务管理系统（包括合并报表和全面预算等模块）与 SAP、ERP 等核心企业资源管理系统，实现业务与财务的无缝对接，确保集团到子公司的数据全面统一、流程实时同步，逐步推动公司向集团化管控模式转型，并持续优化管理系统效能。

公司基于互联网、物联网、大数据、云计算、5G 等新一代信息技术，使用信息化系统对公司的物流、资金流、智能制造和信息流进行有效控制和管理，以增强组织竞争力。公司信息化控制管理模式如表 2.1-3 所示。

表 2.1-3 众生药业信息化控制管理模式

应用场景	物流	资金流	智能制造	信息流
应用系统	物流管理系统（WMS）	集团合并报表全面预算系统	制造执行系统（MES） 集成数据采集与监控系统（SCADA） 自动化控制系统（DCS） 生产排程系统（APS） 实验室管理系统（LIMS） 质量管理系统（QMS）	办公自动化系统（OA） 机器人流程自动化（RPA） 营销管理平台
	ERP 企业资源计划			

c. 对这些管理体系的建设、运行和融合进行监测和评审，并不断提高其有效性和效率

公司通过对质量、成本、风险、人力资源、合同、环境、职业健康安全和信息等关键过程进行有效管理，对其有效性和效率进行评价，并不断改进优化，满足公司战略目标和相关方的要求。

针对不同的管理领域，公司使用相应的测量分析工具和技术，分别对公司内外情况进行监测和评审。公司根据总体战略布局以及相关管理办法、内外部因素评估结论和影响程度，对标同行业特别是国内外先进企业的情况，诊断分析管理控制环节存在的问题，对相关管理体系形成改进和优化方案，并运用恰当的管理控制工具与方法，落实改进措施，协调公司管理控制体系，形成管控合力，促进管理有效性和效率的提高，从而确保公司整体目标的实现。

例如在生产领域，推动精益现场管理上升至供应链精益运营，结合生产制造技术创新提升生产管理水平，降低生产制造成本；推进集团本部生产基地与子公司生产基地产能协同，围绕各基地定位开展产能调配与布局规划，充分发挥子公司生产基地的产能与成本优势，实现规模化生产效应，在做好供应保障的同时，降低供应链运营成本，提升产品效益贡献。

2.2 顾客需求

a. 识别并确定顾客及其他利益相关方的需求和期望，包括质量、安全、健康、知情权、选择权、补偿权、隐私权、交货期等，并将这些需求和期望转化到组织的产品和 / 或工艺设计、创新和质量改进中

面对医生、店员、患者等具有不同需求的客户群体，公司通过专业化学术推广和专业化医学服务，结合慢性疾病筛查和多元化患者教育等相关增值服务，实现利益相关方的需求与期望的识别，并通过转化改进，实现产品价值优化传递，提供健康解决方案。

1. 政策环境和市场变化对客户（医疗工作者）需求的影响

表 2.2-1　政策环境和市场变化对客户需求的影响

政策环境和市场变化	影响和对策
药品集中带量采购工作常态化、制度化	面对药品集中带量采购工作常态化、制度化的趋势，公司建立了跨部门沟通机制，以及时响应市场变化。公司积极参与国家集采，部分产品通过集采中选获得增量市场机会，有效提升产品区域覆盖率及市场份额，提高产品在相关领域的市场地位。通过加强上游供应链管理，提升原料供应保障及成本管控能力，并通过内部产能布局整合优化及精益生产项目推广，提升产业链运营效率，降低产品综合生产成本
集采提速扩面，推进低费率时代的到来	国家医疗保障局、工信部、卫生健康委、药监局四部委提出集采提速扩面是常态化、制度化的应有之义，通过国采和省级联采，力争到2022年底每省覆盖350个以上品种，省集采品种100个以上，有序扩大中成药集采的范围。与制药企业利益相关者从原来维护的处方医生、临床科室管理者、关键意见领袖转变为医院管理者、非临床科室客户，而且每类客户的需求和期望也在改变
DRG/DIP 医保支付改革对客户需求和销售的影响	DRG/DIP 医保支付方式改革正在全国逐渐铺开，试点已开始执行实际付费，相关指标影响医院国考、科室发展和人员绩效奖金。在营销思路以及学术推广方式上，不仅需要针对临床，也要针对非临床科室设计项目，同时需要提高产品准入能力

2. 需求和期望转化到组织内部改进和创新中

表 2.2-2　需求和期望转化实施

实施方法	实施内容和结果
发展团队的专业力	低费率下需要团队每一位成员都能做到专业化的学术推广，而专业化学术推广的前提是团队的专业化能力的提升，具体在以下三个方面做专业提升：产品/临床/非临床知识储备、卓越营销课程、客户沟通管理
产品力提升	在目前新的医保支付改革政策下，唯有加快重点大品种临床路径、诊疗指南入选工作，提高品种的临床治疗地位，才能在未来的按病种付费、DRGs 等方式下占据一席之地
围绕医保支付方式设计学术活动	在新的医保支付方式下，学术推广的重点也要从对医生的产品教育转变为临床与非临床并重的科室运营、学科建设、合理用药、DRG 相关会议和项目等

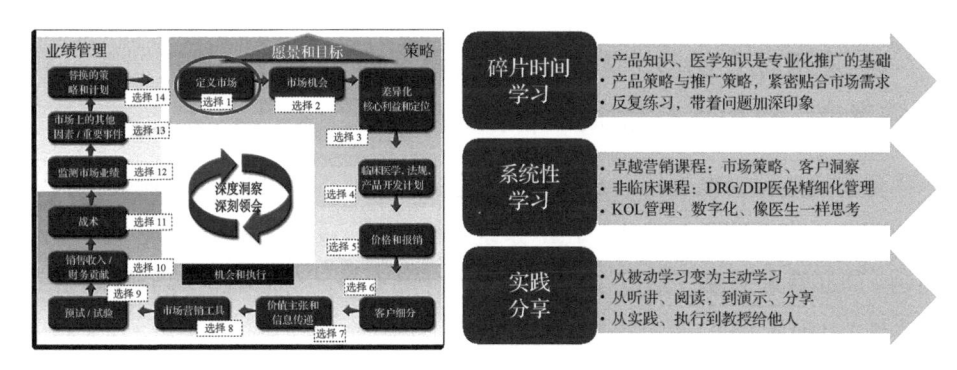

图 2.2-1　发展团队的专业力

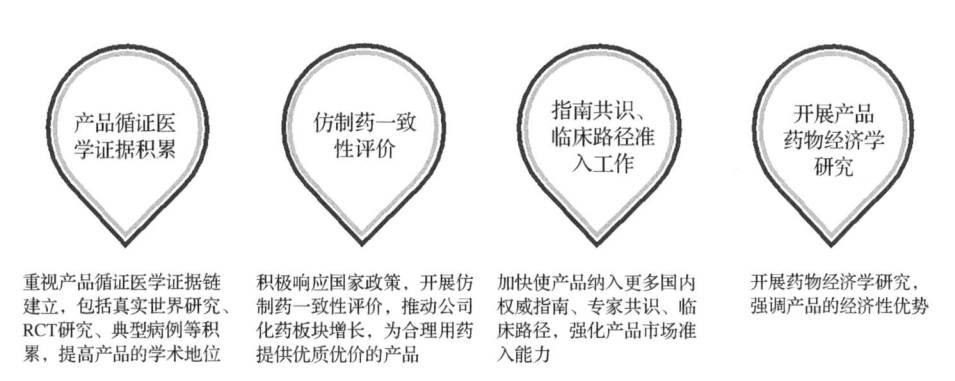

图 2.2-2　产品力提升的思考与准备

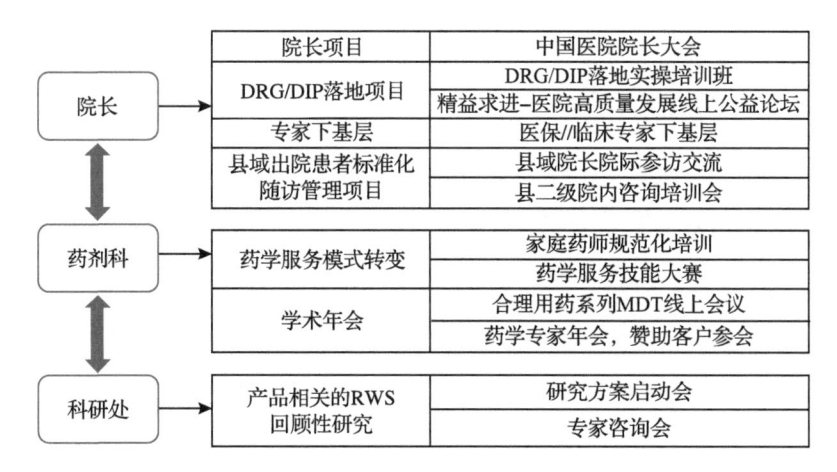

图 2.2-3　围绕医保支付方式设计学术活动

b. 应用适宜的技术和方法有效管理顾客关系，并定期测量顾客满意度，以提高产品质量和服务水平

公司完成营销渠道管理系统的升级改造，逐步实现营销作业无纸化、智能化管理，商务管理与 SAP、ERP 系统全面集成。另外，公司有完善的经销商内/外部管理制度，形成了前后端及内外端业务闭环管控。部分管理制度如表 2.2-3 所示。

表 2.2-3　公司部分管理制度

文件编制年份/文件号	文件名
2022 年度编制	商务事业部管理制度汇编手册
SMP-SA-00-004.00	经销商客户管理制度（内部）

1. 顾客关系管理

针对产品用户（产品直接使用者），通过移动互联网实现用户建档、用户服务、用户购药、用户反馈等内容的可视化管理，并根据用户反馈、用户续购等行为信息，为产品质量和服务改进提供方向。

2. 顾客满意度测量

针对渠道中的合作伙伴，如零售药店、医院药房等，通过客户经理定期面对面访谈关键人（如药店采购、医院药房主任等）的方式调研合作伙伴的满意度，访谈围绕产品质量、服务等内容开展。

c. 快速有效地处理顾客的投诉和抱怨，并对其原因进行分析以推动组织及合作伙伴不断改进

1. 顾客投诉和处理

公司认真倾听顾客诉求，了解投诉重心，确认事件的严重性，判断事件的性质，然后按既定的制度处理，如质量方面按《用户投诉管理制度》处理，不良反应方面按《药品不良反应报告和监测管理制度》处理。

用户投诉处理流程如图 2.2-4 所示。

个例药品不良反应/事件报告和监测流程如图 2.2-5 所示。

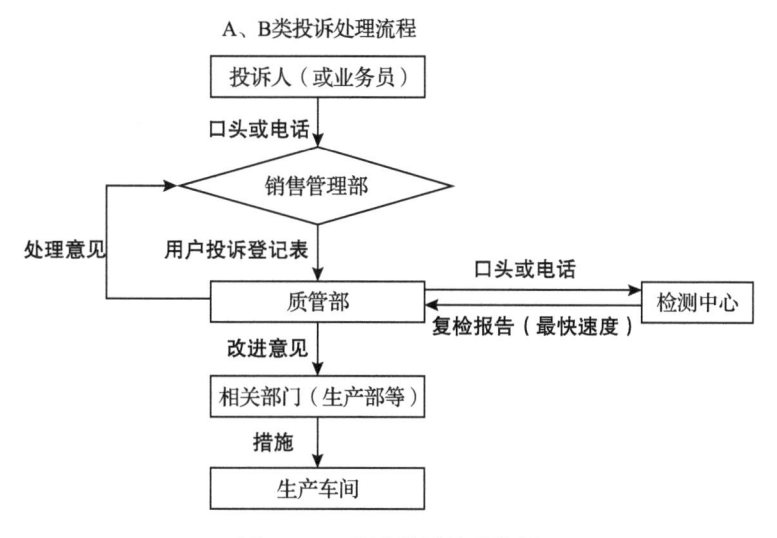

```
                    A、B类投诉处理流程
                    投诉人（或业务员）
                         │口头或电话
                         ▼
                      销售管理部
          ◄─────────────┤
     处理意见    用户投诉登记表
                         ▼
                       质管部  ◄──口头或电话── 检测中心
                         │     ──复检报告（最快速度）──►
                         │改进意见
                         ▼
                  相关部门（生产部等）
                         │措施
                         ▼
                      生产车间
```

图 2.2-4　用户投诉处理流程

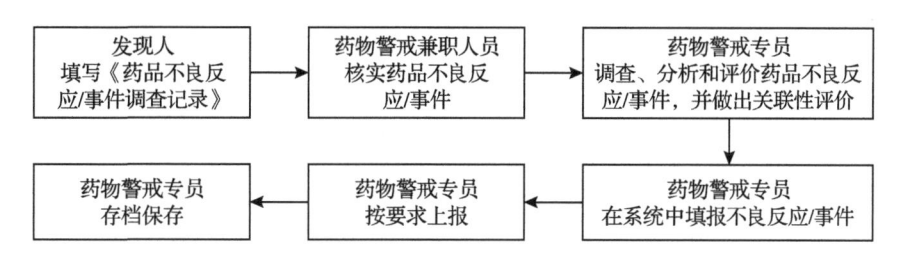

```
  发现人          药物警戒兼职人员      药物警戒专员
  填写《药品不良反 ──► 核实药品不良反 ──► 调查、分析和评价药品不良反
  应/事件调查记录》    应/事件              应/事件，并做出关联性评价
                                                │
                                                ▼
  药物警戒专员   ◄── 药物警戒专员  ◄── 药物警戒专员
  存档保存           按要求上报         在系统中填报不良反应/事件
```

图 2.2-5　个例药品不良反应/事件报告和监测流程

2. 分析和改进

有效利用顾客投诉与抱怨是企业获得竞争优势的重要途径。任何一次投诉对内都可能涉及企业技术、原料、设备、管理等的创新与改造，要找准服务缺口，对症下药，按既定的制度流程处理，如《偏差管理制度》《纠正与预防措施管理制度》。

2.3　质量协同

a. 有效进行供应链管理，以推动供应链组织之间的质量信息交流和质量改进，增强产业链自主可控能力，实现质量协同

1. 供应链管理机制

公司优化和完善《采购管理制度》，以推动供应链组织之间的质量信息交

流和质量改进，加强供应链各个节点的信息协同交流，提高供应链整体的自主可控能力，实现质量协同。

（1）供应链协同。供应链协同主要涉及以下四点：①战略协同；②信息协同；③业务协同；④（质量）标准协同。通过以上四点对质量信息进行传递，具体如表2.3-1所示。

表2.3-1 供应链协同类型

协同类型	内容	质量传递	协同方法
战略协同	形成指导整个供应链高效运作、增强供应链整体竞争能力并获得最大整体利益的原则和规范	公司秉承"有品质才有市场，有健康才有未来"的文化理念，将质量贯穿在公司的文化战略中	在公司战略中宣贯"供应链协同"，分解成若干子目标，借此督促供应链各相关环节（部门）共同完成目标分解任务
信息协同	供应链要保证整个链条的运行达到最佳状态，这种分工合作、独立与融合是基于供应链各节点间的信息流动和共享	在整个信息协同中，质量信息融合在所有的信息化模块中，质管部的模块参与审核，监控其中的质量管理流程和结果	①通过产供销联席机制进行供应链信息传递和问题解决；②通过采购简报机制，从采购端反馈供应链问题给相关环节的领导知悉
业务协同	供应链各节点之间实现端到端的业务流程整合，使得各个合作环节的业务"对接"更加紧密	每个业务节点都需要质管部进行审核，均纳入GMP文件中	有PMC部门连接销售和采购业务端，进行及时的问题反馈和解决
（质量）标准协同	标准化是供应链管理高效运作的关键之一。供应链各个节点企业所采用的质量标准、技术标准等应实现协同	质量标准和质量内控是公司与供应商沟通的重中之重，对于制药行业而言，合同下单时必须附上企业内控标准	在各个工作环节中，都有质量管理部门的参与，并确保与绩效考核紧密相关

（2）供应链管理。供应链管理的核心是围绕客户进行供应链体系维护，其链条覆盖生产计划、采购、生产制造和物流仓储。供应链管理方法具体如表2.3-2所示。

表 2.3-2　供应链管理方法

序号	管理方法
1	供应链网络的战略化和最优化
2	实现功能最佳。包括采购效率、生产效率、运输效率、销售效益等
3	整合需求和供应。使用需求/供应规划软件，优化销售和运营规划流程
4	整合技术和系统架构。把规划和调度技术同公司的 ERP 系统以及客户和供应商的系统联系起来，从而建立端对端的供应链视窗
5	针对供应链的效率进行考评
6	灵活获取各项能力。这主要指的是供应链能力，一部分要从企业内部去获取，而大量的必须从企业外部去获取
7	延伸供应链。一是延伸传统的供应链，包括产业合作，针对分散生产的供应链进行合作、协同规划和供应链同步化。二是延伸到传统供应链以外，包括发展供应链枢纽，建立物流供应商联盟，集成电子采购市场，实施企业横向联结的一站式服务等

2. 供应链信息化应用

表 2.3-3　供应链信息化应用

供应链节点	信息化系统	具体应用
销售管理	DMS	对自身积累的客户信息资源、消费者数据库、潜在市场目标人群资料进行相关市场营销分析，提高市场营销水平和能力
生产制造	MES	对从原料入厂到产品入库的生产全过程进行监控，并分析生产进度、产品品质在线状态、人/机利用情况，便于管理者监控
物流仓储	WMS	独立实现仓储管理的各种功能：收货、在正确的地点存货、存货管理、订单处理、分拣和配送控制
集团内部	SAP	集团内部建立一个基于先进性和可持续性理念的管理协同系统

b. 建立关键供方质量考核和保证制度，并在供应链上下游组织复制或推广其质量管理模式、方法或制度

公司建立关键供方《供应商管理制度》，复制推广质量管理模式、方法或制度，如表 2.3-4 所示。

表 2.3-4　关键供方质量考核和保证制度及复制推广质量管理模式

实施方法	实施内容和结果
关键供方质量考核和保障	公司建立有物料供应商的评估和批准的操作规程，对关键供应商进行准入保障和定期考核。明确双方所承担的质量责任，签署质量协议，内容应包括企业资质要求、质量标准要求、工艺要求、质量控制要求、包装质量要求、运输条件、配合质量审计工作的义务等，并要求在更改生产条件、工艺、质量标准、检验方法等主要技术参数时及时通知购买方，质量协议的内容可根据所供应物料的性质进行调整
复制推广质量管理模式	企业"质量链"的管理模式：在供应链环境下，质量特性及其影响因素与控制措施的传递、积累、转换以及互相作用贯穿于供应链体系的相关环节。质量链紧紧围绕产品质量，以满足质量需求和实现客户健康为核心，通过对产品质量的设计、质量信息的控制，将影响产品质量的全过程连接成一个整体的网络结构模式，以获得最优产品质量，保证产品质量的持续改善优化，提高企业的核心竞争力。 具体流程如下：设计并执行供应商准入办法、在办法框架下选择优质供应商、重视并强化公司内外部的质量信息管理和传递、产品质量信息共享、明确供应链流程中的检测机制和质量审核环节

c. 测量和评估供方绩效，并向供方反馈相关信息以帮助其改进

1. 测量和评估供方绩效

公司建立有《供应商管理制度》和《采购管理制度》，以评估供方绩效。

2. 绩效反馈及改进

公司提高供应商在产品生产前后期的介入程度，加强与供应商的沟通，并进行绩效反馈及改进。供应商绩效反馈及改进模式如表 2.3-5 所示。

表 2.3-5　供应商绩效反馈及改进模式

实施方法	实施内容和结果
鼓励供应商早期参与	①使供应商早期参与产品研发过程，实现与对口部门的直接沟通，从而有效减少沟通障碍，并帮助公司缩短开发周期，减少研发过程中因为配套不当而带来的设计变更。 ②使供应商早期参与到日常业务需求确认过程中，使其准确了解本公司需求，从而更早地备货生产，有利于缩短采购周期，降低双方的库存
加强与供应商的沟通	①邀请相关供应商参加本公司的采购管理例会，并确定详细的议程和议题。如果因供应商的问题造成本公司内部产生相关问题，应要求其做出现场改善的承诺。

续表

实施方法	实施内容和结果
加强与供应商的沟通	②发送质量征询函,通过电话或微信做不定期的沟通,及时了解供应商的供货、质量等情况
邀请供应商共同实施绩效改善项目	①采购中心积极推动供应商绩效改善项目,将本公司实施较好的方式或理念推广到供应商处,实现整个供应链的优化和改善。 ②及时对供应商提出整改意见,并帮助供应商实施改善。 ③与供应商沟通双方均可接受的标准,积极地共同改善

2.4 质量基础

a. 进行标准化、计量、检验检测、认证认可、知识产权等质量基础设施能力建设,并提升其管理水平

依据《中华人民共和国药品管理法》等,公司质量基础设施能力建设方法如表 2.4-1 所示。

表 2.4-1 公司质量基础设施能力建设方法

质量基础设施能力	建设方法、内容和结果
标准化	公司建立了《作业指导书管理制度》,编制了约 250 份作业指导书。公司于 2018 年正式引入 TQM 全面质量管理体系,深入落实精益质量管理,铸造全新的现场标准化质量管理体系,导入 QC 工程图等工具,并经过升级完善,最终转化为作业指导书。通过质量管理体系及标准化的改革创新,改善了现场质量管理现状,并结合风险管理原则,使质量保障手段更加完善,生产过程产品质量可控,人员质量意识得到快速提高
计量	公司建立了《计量器具管理制度》《计量器具编号管理制度》《计量器具校准计划与确认记录》《计量器具溯源结果确认评价表》等计量管理机制,并委托有资质的第三方计量机构执行检定和校准工作,对生产和检验用衡器、量具、仪表、记录和控制设备以及仪器进行校准,校准的量程范围涵盖了生产和检验的实际使用范围,满足生产和检验的使用需求。 为了保证计量器具量值的准确性,校准后会对每台计量器具的检定和校准证书结果进行确认,包括对证书所载明信息、测量数据的准确性和有效性,计量特性是否符合实际使用要求等进行确认,并有相应的记录。同时公司建立了部分衡器、仪表的内部校准规程,配置了内部计量标器,2022 年以课题形式推进《计量仪器校准结果内部判定标准》的建立,包含校准值和允许的偏差值、依据和来源,确保 GMP 的合规性

续表

质量基础设施能力	建设方法、内容和结果
检验检测	公司建立了《检验用设备、仪器管理制度》《检验仪器工作站权限管理制度》《实验室电子数据管理制度》《计量器具管理制度》《仪器仪表校准操作规程》等管理制度，同时实验室配备了先进的检验仪器设备（美国戴安液相色谱仪、日本岛津液相色谱仪、美国安捷伦液相色谱仪、德国耶拿原子吸收光谱仪、德国布鲁克红外光谱仪等），并通过计量，满足日常的药品质量检验检测控制要求
认证认可	公司建立了《药品上市后变更管理制度》《药品上市后变更事项分类管理制度》《药品生产许可管理制度》《药品生产许可操作规程》等许可变更管理制度，并严格按管理制度的要求进行许可变更。公司于 2020 年 10 月 28 日重新取得《药品生产许可证》，编号：粤 20160459，生产范围：片剂、硬胶囊剂、颗粒剂、丸剂（浓缩丸）、合剂、口服液、糖浆剂、栓剂、软膏剂、乳膏剂（激素类）、口服溶液剂、鼻用制剂、眼用制剂（滴眼剂）、冻干粉针剂。以上生产范围均取得药品 GMP 证书或已通过药品 GMP 符合性现场检查
知识产权	公司拥有一批实施知识产权战略所必需的，懂技术、懂法律、懂外语的复合型专业人才，能够从事并胜任知识产权代理、评估、交易、咨询、诉讼和专利检索等工作的高级服务人才。知识产权工作人员将知识产权贯穿于企业研发、生产、销售的全过程中，工作涵盖知识产权创造、管理、应用、保护等。通过知识产权制度的设立和修订，知识产权部门进一步完善公司知识产权工作体系和管理体系，完善知识产权管理结构，增加知识产权工作人员和管理人员，细化知识产权工作分工，加强部门间的知识产权合作；完善的知识产权管理制度有利于研发部门开展知识产权目标管理，构建企业自主知识产权培育体系，深入开展知识产权保护行动，努力提高公司各类人员的知识产权意识和公司运用知识产权制度的能力。引进专利信息管理系统，使得专利工作流程化、系统化，提高专利申请效率；相关人员通过熟练使用专利信息管理系统，结合专业数据库，进一步提高专利申请质量。公司每年的知识产权经费投入占企业全部研发资金投入的 5% 以上，知识产权经费投入用于专利技术开发、专利申请、专利维护、专利奖酬以及专利保护，在经费上充分保证企业知识产权工作体系和管理体系的正常、高效运转。通过以上办法和措施，知识产权部门逐步提升知识产权质量与管理水平

b. 运用成熟的管理制度、方法和 / 或工具对生产或服务现场进行质量管理，并提升生产或服务管理的信息化、智能化或数字化水平

1. 质量管理机制

为保证质量管理过程的有效性，质量管理部组织各部门建立健全了质量管理文件体系。质量管理文件体系涵盖了公司各项业务，从流程上保证产品质量。

2. 提升生产或服务的信息化、智能化或数字化水平

表 2.4-2　信息化、数字化系统实施

实施方法	实施内容和结果
采用先进的自动化控制系统及设备（DCS & SCADA & MES）	实现中药生产过程工艺参数的在线实时监测和精准、闭环控制，实现中药产品的管道化、模块化和数字化生产
建立质量监控分析系统和生产大数据平台（PKS & BI）	实现与 ERP 等系统的协同集成，建立全生产过程的质量管理和追溯体系（QMS & PDM）
采用条码、二维码及识别传感技术（WMS）	规范化物料管理，实现从原料、中间品到成品的物料实时跟踪和信息化管理
建立多系统交互的信息化管理平台（PO）	消除信息孤岛，全面提升生产管理水平和企业运营管理水平
建立满足 GMP/cGMP 要求的中药口服制剂智能工厂	实现信息自感知、优化自决策、精准自执行，实现自动化、数字化、智能化生产制造，确保产品质量稳定均一、安全有效

c. 建立质量安全保证和风险防控机制，包括信息收集、关键风险因素识别及相关措施的制定与实施，以避免产生具有重大影响的质量、安全、环保事故

1. 建立了《质量风险管理制度》《质量风险管理流程》等制度

公司规范药品生命周期中质量风险的评估、控制与审核操作行为，指导公司规避质量事故或药害事件的发生，根据科学知识及经验对质量风险进行管理，最大限度地降低药品生产过程中污染、交叉污染以及混淆、差错等风险，最大限度地控制厂房、环境、设施、设备、仪器、处方、工艺、检验方法、卫生、物料、人员及其变更对药品质量的影响，最大限度地利用企业现有资源应对产品质量风险，保证符合法律法规要求，保障患者的用药安全，保护企业的利益。在质量风险管理过程中，公司按照《质量风险管理流程》的要求，成立质量风险管理小组，由公司内部各领域专业人员担任组长，组员至少包括该难题或风险所涉及部门的成员及 QA 人员，同

时根据需要，组员可由与该风险问题相关的部门的技术人员和负责人组成。风险管理小组成员评估该项目中可能存在的影响产品质量的危险源，并对这些危险源进行分析讨论，确认各类危险源对最终产品质量影响的严重性，并依据风险项控制措施制订实施计划。风险关闭后，风险管理小组应在三个工作日内将风险管理报告与风险管理过程中的相关记录装订成册并存档。

2. 制定了《污水处理站运行管理制度》《污水站日常检测制度》等管理制度

通过在线监控和人工监测落实防控机制。配置在线监控设备，由公司内部自行监测，或者请第三方专业机构监测，监控废水、废气排放口各项指标及现场的情况，确保达标排放，防范环保风险。

2.5 教育培训

a. 树立人才是第一资源的理念，激发各类人才的创造活力，以推动组织可持续发展

众生药业始终秉承"人才是企业发展根本"的理念，紧扣公司中长期发展战略（见图2.5-1），制定了公司的人才战略（见图2.5-2）。

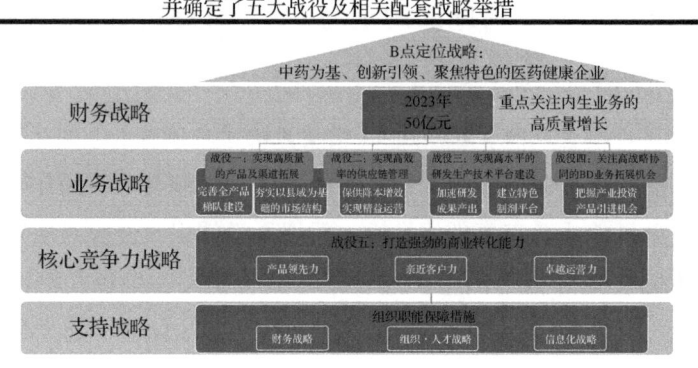

图 2.5-1 众生药业中长期发展战略

为匹配公司人才战略，公司逐步建立了由行业通用的"美世"职位评价体系、组织绩效管理体系、任职资格认证体系、人才发展体系、薪酬激励体系等构成的人力资源开发与管理系统。

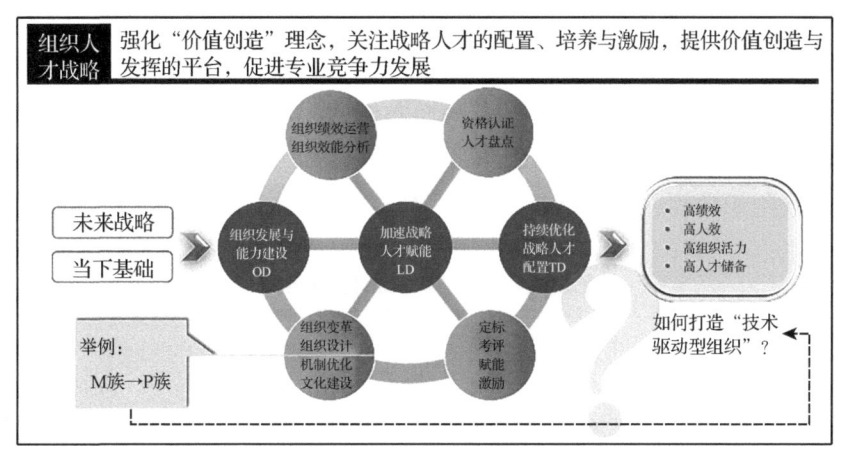

图 2.5-2　众生药业人才战略

众生药业的人才梯队如图 2.5-3 所示。

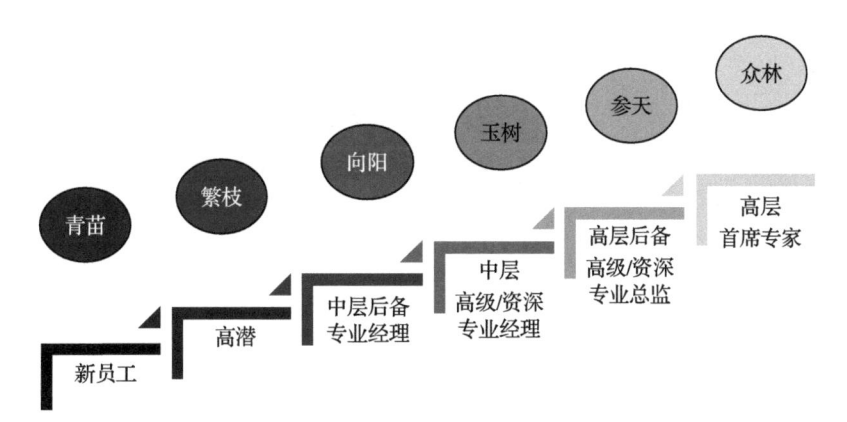

图 2.5-3　众生药业的人才梯队

b. 建立员工的质量激励机制和质量考核制度，引导、鼓励和鞭策员工积极参与组织的改进和创新

1. 员工质量激励机制

根据公司《精益管理实施办法》《精益课题优化管理办法》《员工精益积分激励方案》等一系列制度，坚持与专业的精益辅导机构合作，引入精益管理的理念，结合公司发展战略，制定中长期精益生产规划，践行精益生产模式。在精益生产推进的过程中，鼓励各级员工充分发挥自己的聪明才智和专业技能，对不合理项整改、小组活动和精益课题的成果及时给予奖励。

2. 员工质量考核机制

结合公司战略规划和各部门年度目标的要求以及各岗位的主要价值贡献点，建立《班组星级评价体系运行实施办法》（见图 2.5-4），明确班组和各级员工的质量考核标准、评价办法和长效的考核机制，引导、鼓励和鞭策员工积极参与组织的改进和创新。

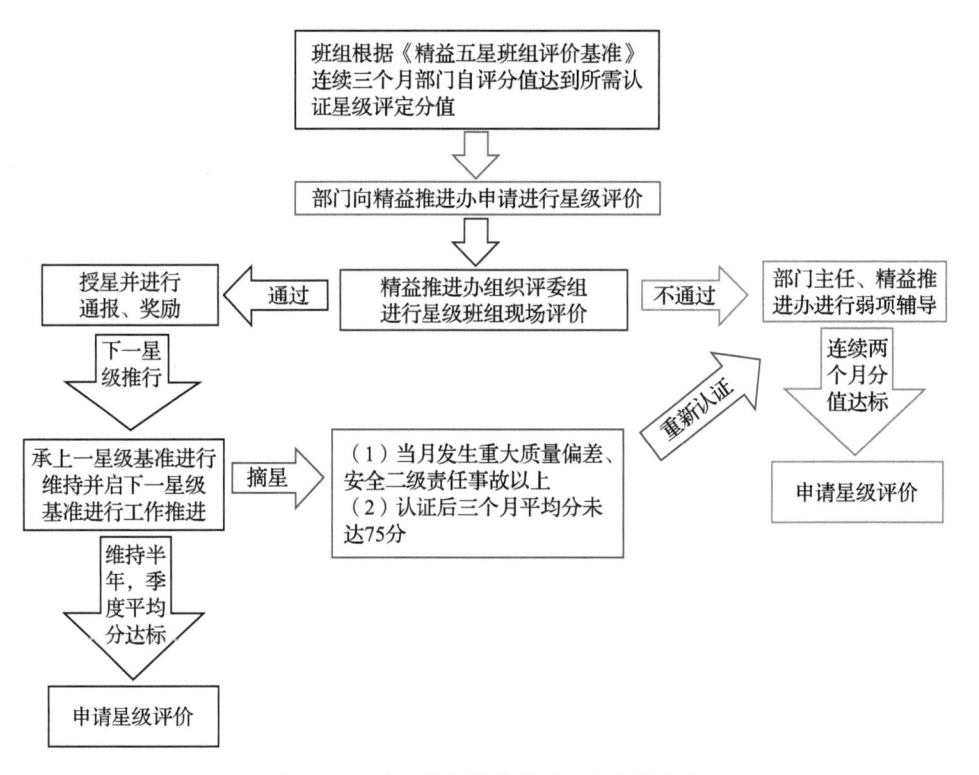

图 2.5-4 班组星级评价体系运行实施办法

c. 开展教育培训以提升员工素质，包括开展职业技术资格认定、质量技能教育和培训等

1. 质量知识培训

公司根据中期经营战略规划和《各级人员培训管理制度》，制订了具有系统性、针对性的年度培训计划和人才梯队培养计划，如表2.5-1所示。

表2.5-1 年度培训计划和人才梯队培养计划

类别	对象	内容	实施及结果
入职培训	新入职员工	公司级：公司概况、公司主要规章制度、知识产权、企业文化、医药政策法规、生产安全、《员工手册》、药品不良反应监测基础知识 部门级：部门的组织架构、部门相关业务的工作流程、业务知识 岗位级：岗位说明书、岗位职责、岗前应知应会的技能、安全	新员工在上岗前，由公司人力资源部、业务部门严格执行公司级、部门级和岗位级的三级培训，帮助新员工掌握岗位应知应会的技能。培训后新员工需参加入职笔试、岗位技能考核，考核通过后方可获得岗位《培训合格证》，岗前培训合格率一般达到98%
在岗培训	在职员工	常规性培训：对药品法律法规、质量管理文件、变更管理、偏差管理、药品不良反应监测等基础性的内容进行内部学习或外部仿制药致性评价、药品不良反应监测培训 GMP知识： ①最新的药品法律法规知识普法教育课程； ②微生物知识培训、洁净区作业知识培训； ③无菌制剂的质量管理培训 药物警戒负责人、药物警戒专员至少参加1次省级以上监管机构组织的药物警戒法规培训	对在职员工开展常规性培训及关键业务领域培训的形式如下。 ①外部培训。针对新出台的医药行业法律法规及国家相关政策、药品生产、质量检验、质量管理、临床注册、不良反应高的内容，主要参加省药品监督管理局、药审中心等第三方培训服务机构、国家级/省级权威机构主办的培训。员工培训结束后，需将培训学到的知识融合在工作中，提升自身的业务知识储量和业务技能。

续表

类别	对象		内容	实施及结果
在岗培训	在职员工	关键业务领域培训	质量管理类：组织公司内部工艺工程师、质量管理师、检验分析师等技术人员，围绕数据质量管理重点、难点，尤其是检验、不良反应、微生物、工艺核查等进行案例学习、重点项目和小组课题改善、持续改善质量问题	②内部培训。对于常规基础类培训，如年度法律法规学习、微生物知识培训、洁净区作业知识培训、药物警戒相关法规知识培训等，则主要由公司内部业务专家面授培训或进行文件学习，最终通过笔试评估员工是否掌握相关内容，笔试通过率为100%
			生产制造管理类：企业负责人、生产管理负责人和各级管理人员每季度需参加各类法律法规培训，药品不良反应培训	
			针对一线人员开展岗位技能比拼、GMP知识竞赛等形式多样的活动，在学习中提高操作人员的技能水平	
			针对生产流程优化及再造，生产效率提升，开展精益项目培训工作，具体项目培训包括TPM、TQM、班组长技能提升、管理技能提升等主题培训	
职业培训	关键岗位人员	项目性培训	"玉树计划"——中层管理干部培养项目	对于项目性培训，主要以学习项目运营的方式开展，培训方式根据不同的对象，包括但不限于课程学习、管理实践、知识输出、课题实践、外部拓展、定向活动、经验分享等。
			"向阳计划"精益人才训练营——优秀基层骨干培养项目	
			"青苗计划"——管培生培养项目	
			"薪火生光"——内训师培养项目	
		学历提升教育（《员工改读在职硕士管理办法》）		
		职业技能认定		

2. 质量技能教育和培训

表 2.5-2　质量技能教育和培训

质量技能	实施方法和结果
消防技能培训	公司注重员工安全技能培训，定期组织消防疏散演练，培训员工如何正确使用防毒面具、灭火器、消火栓等应急器材。同时，定期组织培训义务消防队员如何使用消防装备，确保能够参与初期救援，目的在于提高员工的应急处置能力
KYT 活动	这是以作业班组为基本组织形式而开展的一项安全教育和训练活动，包括掌握现状（找出现场的危险因素）、追求根本（找出最主要的危险因素）、找出对策（制定可行的对策措施）、设定目标（小组全员确认）四个步骤，目的是控制作业过程中的危险，预测和预防可能发生的事故
安全知识竞赛活动	公司每年以安全生产月为契机，组织各部门开展安全知识竞赛活动，目的在于增加全员的安全生产知识，让员工参与安全生产工作，提高自身安全意识
精益五星班组建设	制定了五星班组评价标准，其中：过程指标占80%，主要从高效生产、完美品质、成本控制、现场管理、团队建设五个方面进行设置；认证指标占20%，主要从现场看板讲解、亮点介绍、员工应知应会技能的掌握情况等方面进行设置。最终输出成果为：生产关键工序多能工占比提升15.9%。以季度为一个周期，进行三层级认证（部长、总监、总经理），合计班组38个，星级班组认证通过36个，通过率为95%
专业技术人员职业资格与职称考证复审工作	公司大力推行师带徒的培养模式，鼓励专业技术人员参加职业资格考试与职称考评，如药学、执业药师、经济师等考试，协助员工报名参加考试并提供资金补贴，提升员工的专业技能。另外，公司严格遵守特种设备作业人员持证上岗的原则，按要求组织员工考取特种设备操作许可证等证件，按期安排继续教育、证件复审工作。2021年度公司生产制造中心有64名员工参加了相关的执业资格和职称考试、特殊工作考证。公司特殊工种主要包括电工、焊工、锅炉操作工、GMP检验员、压力容器操作工与管理员、危险化学品作业人员、叉车驾驶员等。2021年度特殊工种培训与操作证年审情况如下：2名学员考取电工证，6名员工的电工证或焊工证完成审，累计7名学员考取电工证，26名员工的电工证或焊工证完成复审；完善危险化学品作业管理，8人考取危险化学品作业证书，85人的危险化学品作业证书成功复审；各车间中基层管理人员中共有9人通过安全生产管理人员初训，顺利获得安全管理人员证书，15人的安全生产管理人员证书完成复审；完成10名执业药师的继续教育，各部门共有5人考取执业药师资格证书

3. 职业技术资格认定

经广东省东莞市人力资源和社会保障局统筹及认证，2021年公司被评为广东省内职业技能等级认定备案企业之一，具备申报岗位职业技能等级认定资质，2021年度内申报的药物制剂岗位职业技能等级认定通过率为100%。

2.6 工匠精神

a. 树立精雕细琢、精益求精的工匠理念，培育新时期的工匠精神，进一步提高员工素质和整体水平

公司树立和培育工匠精神的方法如表2.6-1所示。

表2.6-1 公司树立和培育工匠精神的方法

实施方法	实施内容和结果
提炼工匠精神	秉承"有品质才有市场，有健康才有未来"的企业理念，多年来一直践行精益生产的管理理念、方法论和精益工具，积极发动全员自主自发改善，培育"我的现场我做主，人人都是主人公"的工匠精神，并从实际案例中整理、挖掘和提炼工匠精神的内涵，将工匠精神的精髓融入到公司的精益管理之中
内部的工匠精神宣传	公司将代表工匠精神的事迹和案例整理成公告、推文、海报、视频等多种形式，通过公司门户网站、OA公告、微信公众号、微信企业号、企业公告栏和部门看板进行循环宣传，鼓励员工及时点赞和评论；在集团公司年会上对各岗位的最美工匠和岗位标杆进行表彰，颁发荣誉证书、奖杯和奖励金
组织学习和培育工匠精神	公司抽取有经验的工匠，培养案例萃取师，将典型的工匠事迹和案例进行提炼和萃取，建立本土化并经验证的方法论，制作成标准案例文件，整理成册；同时组织线上培训、线下交流、标杆游学、焦点研学等多种形式的学习活动，确保组织经验和方法论的传承、沉淀和发展

b. 发扬工匠精神，打造高质量的产品，提高组织的核心竞争力

1. 树立工匠典型

表2.6-2 "树立工匠典型"的内容和示例

内容	示例
导入精益生产的理念和方法论，建立相关的管理制度和管理工具	《众生药业精益生产中长期规划》《众生药业践行精益推进历程》

续表

内容	示例
导入精益生产的理念和方法论，建立相关的管理制度和管理工具	《众生药业精益管理实施办法》 《众生药业提案改善管理办法》 《众生药业精益积分管理办法》 《众生药业班组建设管理办法》 《众生药业工具训练营管理办法》
将工匠精神融入集团公司各岗位任职资格标准能力项，使各岗位工匠的人才画像具象化	通用能力项包括责任心、执行力、沟通能力、主动性、客户导向、问题解决能力、成本意识；组织影响力能力项包括制度流程与方法论建设、知识传承、人才培养
将工匠精神融入各序列各岗位各层级工匠的评聘方案和评价标准，对符合标准的各级工匠进行年度任命	《技术工程师和高级技师年度评价方案》 《技术工程师和高级技师评价标准》 《技术工程师和高级技师评价申报流程》 《技术工程师和高级技师年度业绩申报表》
通过职工代表大会公开评选出为公司创造了突出成果和业绩、刻苦钻研、精益求精的团队，并推荐评选全国工人先锋号	分析事业部获得中华全国总工会颁发的"工人先锋号"证书
组织各岗位工匠参与各类别的外部竞赛，树立公认的工匠典型	机电维修技师巫资健获得2022年第五届TPM技能大赛杰出奖、优秀设备工匠奖；生测组QC小组获得2021年度全国医药行业优秀成果奖；叉车司机郭伙生在2021年东莞市叉车司机职业技能大赛中被评为东莞好叉车司机

公司主动坚守"高标准"，在生产管理的每一环节都建立了标准化的《作业指导书》，详细规定每一个操作步骤和每一个工艺参数；自发追求"高价值"，以美国项目管理协会（PMI）先进的《项目管理知识体系指南》（PMBOK）为基准，建立了职能工作项目化的管理制度、组织架构、工作流程，统筹、规划、管理、监督和评价各级的项目、课题和提案，创建项目课题成果的及时激励机制，以高价值创造高收入；以五星班组建设为平台，开展丰富多彩的员工活动，激励全体员工发挥聪明才智，共同打造高质量的产品。

2. 公司通过工匠培养和激励机制发扬工匠精神

表 2.6-3　公司通过工匠培养和激励机制发扬工匠精神

序号	实施内容和方法
1	坚守"高标准操作"，在生产管理的每一环节都建立标准化的《作业指导书》
2	追求"高价值贡献"，建立职能工作项目化的管理制度、组织架构、工作流程和激励机制，同时进行项目管理知识和方法的培训
3	组建专家组对各级项目、课题和提案进行年度结题评价和验收，对创造价值的项目和课题给予奖金激励
4	为表彰主动担当、积极投入、发挥聪明才智和做出突出贡献的团队和个人，以安全、质量、成本、精益业绩成果为评价标准，开展年度先进评选和表彰工作

3. 公司通过员工活动激励员工打造高质量产品

表 2.6-4　公司通过员工活动激励员工打造高质量产品

实施方法	实施内容和结果
在每年的国家安全月即6月开展公司级的安全月活动	①设置"安全月宣传长廊"，在全公司营造安全月氛围。②开展安全"微课堂"和"微电影"活动。③开展"事故隐患大扫除，争做安全吹哨人"活动。④举办"测测你的安全力"知识竞赛。⑤讲述安全故事及回顾历年安全事故。⑥开展消防演练及消防器材实操竞赛
定期组织开展质量月活动	结合五星班组建设平台，通过梳理药监部门检查发现的突出缺陷，结合各部门的质量现状，以法规缺陷、质量知识、岗位技能、质量问题为基础，打造合规生产基地，传承关键岗位技能，夯实质量技能基石，为质量文化建设奠定基石。质量月活动共分为五个子活动，分别为质量宣贯活动、实战演练活动、法规文件培训活动、自查自纠活动、质量风险改善活动
组织系列小组活动竞赛	结合五星班组建设的规划和各岗位的实际需求，组织开展安全KYT小组活动竞赛、岗位OPL一点经验小组活动竞赛、岗位操作技巧视频竞赛、TPM初期清扫活动竞赛、质量圈QCC小组活动竞赛、精益大课题活动竞赛、TPM设备故障分析活动竞赛等

2.7　质量变革

a. 提升产品的质量水平，并通过不断改进产品质量，形成产品的独特竞争优势和对产业链的参与优势

为提升产品质量水平，公司制定了一系列药品生产指导性制度和操作流程，如表 2.7-1 所示。

表 2.7-1 关于提升产品质量的制度文件

制度类别	制度文件名称
指导性制度	《质量手册》
	《质量方针与质量目标》
	《物料与产品质量监控制度》
	《物料和产品放行管理制度》
操作流程	《制剂生产工艺变更操作规程》
	《GMP 体系变更操作规程》
	《物料变更操作规程》
	《药品生产许可操作规程》
	《药品包装材料和容器变更操作规程》
	《药品有效期或贮藏条件变更操作规程》
	《制剂处方的辅料变更操作规程》

同时，公司专门设置精益推进办、项目委员会，推进持续改进、技术创新，并通过立项、立题改进产品质量。每年公司由人力资源中心统筹，针对上一年度存在的突出问题，结合本年度的战略方向及重点工作，下达改善指标至各个业务部门、技术人员，由技术人员及部门承担改善指标，并纳入个人及部门的业绩合同考核，以确保下达的改善指标能按时、按质、按量完成。

为形成竞争优势及对产业链的参与优势，公司并购了云南益康药业有限公司等五家子公司，完善产业链布局，具备了道地药材种植及饮片生产、原料研究及生产、制剂研发及商业化生产以及参与医药贸易产业链的能力。

b. 改善产品或服务质量、工艺技术及管理水平等方面存在的差距，以提升产业链的稳定性

公司领导层在月度经营分析会议及产供销联席会议中进行充分的沟通讨论，根据现有的产品资源、行业形势、市场需求变化趋势、国家相关法律法规的落地等方面，提出战略性规划要求及指引，寻找差异点，并抓住国家利好政策及法规机遇，及时落实改善，提升产品质量（见表 2.7-2）。

表 2.7-2　公司改善差距以提升产业链稳定性

实施领域	实施方法、内容和结果
公司拥有中药批文 38 个，常生产的中药产品有 20 个，涉及胶囊剂、颗粒剂、合剂、片剂、丸剂、糖浆剂等多个剂型；中药产品主要以众生丸、脑栓通胶囊、复方血栓通胶囊为主，仍有部分批文产品未能转化为生产力，同时国家对中药产品的申报进行了严管，限制了中药产品的开发	公司精心梳理库存产品批文，研发部门进行技术评估，生产部门组织恢复生产，有选择地激活部分潜力产品，实现了中成药产品舒肝益脾颗粒、舒肝益脾液、益肾蠲痹丸等产品的复产，将产品批文资产转化为生产力，助力公司业绩增长；同时积极持续开展中成药上市后再评价及二次开发，开展药效学研究、真实世界研究和药物经济学研究，为中成药的临床应用提供物质基础证据、循证医学证据和药物经济学证据，助力核心产品丰富学术资源，构建学术影响力和竞争优势，在为医生、患者提供更好的治疗手段和合理用药方案的同时，驱动产品销量增长
公司抓住仿制药一致性评价和国家集采的历史性机遇，提升产品质量，结合公司产品布局，开展一致性评价研究申报工作，紧跟国内先进企业步伐，快速响应	公司把握仿制药一致性评价和国家集采的历史性机遇，稳步推进仿制药一致性评价工作，项目数量和质量在国内生产企业名列前茅。截至 2021 年底，公司累计有盐酸二甲双胍片、异烟肼片、头孢拉定胶囊、氢溴酸右美沙芬片、盐酸乙胺丁醇片、格列齐特片、吡嗪酰胺片、利巴韦林片、头孢克肟分散片、格列吡嗪片、氯雷他定片和羧甲司坦片等 12 个产品通过仿制药一致性评价，4 个产品在国家集采中中选
市场上产品包装形式不断更新迭代，条包逐步从食品上应用到药品上，已经不断推向市场。条包产品在生产成本和实用性方面相较于传统的瓶装产品展现出了显著的差异性，为此，在产品包装上需要打破传统制药行业的思维，跟上市场及消费需求，开展产品包装的变革	结合市场需求及发展趋势，公司快速响应，采购国内先进的 6 列条状灌装设备，组织研发及工艺技术团队力量，开展硫糖铝条包规格补充申请申报研究工作，并如期取得国家局审批批件，目前已实施落地工作，为后续条包产品的变更研究申报奠定基础。未来结合公司产品布局及市场需求计划，有序开展其他液体产品的研究开发，同时，引入外部企业或研究单位的条包产品生产需求，带来更多的外部合作商机，提高液体产品技术及未来液体产品生产设备水平，促进产品质量的提升

续表

实施领域	实施方法、内容和结果
随着《药品生产监督管理办法》《药品注册管理办法》等配套政策的发布执行和药品上市许可持有人（MAH）制度的全面推广，公司得以利用自身生产制造平台生产剂型多、技术沉淀厚、合规保障优、质量控制稳、成本效率好的优势，在满足自身市场需求的前提下，成为部分持有人的生产制造合作伙伴。在新法实施的背景下，当前医药市场尤其活跃，带动医药研究单位、销售公司等与制药企业之间的合作模式层出不穷，带来了巨大的商机。就公司而言，拥有多种产品批文，需要大胆地尝试，找出符合公司发展的模式，将拥有的产品批文发挥到极致	目前在药品管理相关法规利好的形势下，公司尝试将未能发挥产品效能的产品通过持有人转让的方式，转让给具备产品销售能力的公司，而生产场地不变，这样既能保障生产，又可发挥产品效能；同时大胆尝试外部委托研发生产项目，打破行业壁垒，与研发公司紧密合作，实现产品的研究及落地生产，提升企业内部的工艺技术转化能力及整体质量管理水平，也为新法的实施落地践行及优化流程，尤其是在当前环境下，要充分发挥法规的效用，并深度挖掘自身与合作伙伴各自的独特优势，实现多方共赢的效应，形成长期合作及战略合作伙伴关系。如公司与北京柏雅联合药物研究所有限公司、广东健泉大健康产业开发股份有限公司、海南卓科制药有限公司等均有委托生产、产品持有人转让等相关业务合作

c. 开展质量改进活动，包括诸如质量提升小组或跨部门质量提升或质量改进团队的建设以及质量改进工具与提升方法的应用等

1. 质量改进活动机制

公司引入精益管理理念并全面实施质量管理，成立了专门的质量活动改善小组，确立了具体的质量改善课题，开展实操演练，并利用视频教学等多元化的质量改善与提升方法，对日常的质量活动进行了系统性的优化与提升，建立了项目及课题的管理机制。公司以小组为单位开展活动，部门负责人及精益项目委员会共同监督活动质量，将过程中产出的优秀活动作为优秀案例列入资料库。

2. 开展质量改进活动

公司根据项目或课题的难度与复杂程度将质量改进活动分为三个级别：对于难度较大、较为复杂，需由多个部门协同完成的改进主题，公司成立项目组进行专项改进；对于难度适中，需跨班组、跨工序或跨部门解决的，公司成立QCC课题组进行专题改进；对于相对简单，班组内可完成或跨班组协

作可完成的，班组可以"提案改善"的方式进行专题改进。

3 创新

3.1 动力变革

a. 创新是高质量发展的第一动力，将创新理念融入到组织之中，并建立、实施和保持创新管理体系，以提高组织效益和竞争优势

公司坚持"研发创新是第一生产力"的发展理念，注重创新药物的研发，强化中成药业务的既有竞争优势，挖掘化学药品的资源潜力，逐渐形成以创新药为发展龙头、中成药为业务基石、化学仿制药为有益支撑的可持续发展业务体系。

1. 创新理念融入

公司以"有付出才有回报，有创新才有价值，有品质才有市场，有健康才有未来"作为一贯的经营理念，坚持"研发创新是第一生产力"的发展观，以"满足临床未被满足的需求""研发具有独特临床价值的品种"为目标，通过建立多模式良性循环的研发生态体系，致力于公共卫生与安全、重大慢性疾病领域的创新药物研发。

2. 建立、实施和保持创新管理体系

公司建立了健全的创新管理体系。公司通过整合资源，建立了占地5000平方米的研发中心，并搭建了系列国家、省市研发平台，采购了价值超过4000万元的研发设备，保证研发项目的顺利实施；公司组建了专家委员会，成员主要由公司外聘的，在医药、知识产权、法律领域中工作多年，具有丰富实践经验，具有高级职称的资深专家组成，负责对重大技术问题、项目进展情况等提供咨询评估；公司常设技术委员会，成员由企业高管以及技术、生产、销售、财务等部门负责人组成，负责重大研发项目立项、经费预算等重大问题的决策建议，以及年度技术创新计划的制订，并对研发创新工作绩效进行评估；公司实施研发预算管理，优先匹配研发预算，每年销售收入的6%以上用于研发，保障了研发项目的资金来源。

b. 发现创新机会并管理创新过程，包括建立创新激励机制和管理制度

1. 发现创新机会

公司构建以企业为主体、市场为导向、产学研相结合的技术创新体系，积极从社会、媒体、创新主体等渠道获得创新信息，积极整合内外创新资源，整体推进市场主体和创新主体联动，发现创新机会，全面提高企业的自主创新能力和研发水平。

2. 管理创新过程

公司积极引入现代管理理念，树立开放、创新的思想和以事实为根据、以市场为导向、以未来持续发展为目标、以优化管理效益为驱动力的管理创新原则，优化内部创新流程，构建高效协作团队。同时，加强技术创新，通过研发创新药物和升级生产流程，提高产品质量和效率。此外，公司还注重人才培养，激发员工创新活力，构建学习型企业。

3. 建立创新激励机制和管理制度

表 3.1-1　公司创新激励机制和管理制度

制度	实施方法和结果
《科研项目管理制度》	规范科研项目申报和立项、科研项目日常管理、科研项目的鉴定（验收）等内容，保证项目的顺利立项和验收。公司先后承担或参与国家火炬计划项目、国家重大新药创制项目、广东省重大专项等项目30多项，目前均顺利开展中或已经完成结题验收。鼓励研发人员积极开展新产品开发、质量标准研究等创新工作
《研发人员考核奖励制度》	根据绩效考核和项目进展情况给予奖励，充分调动研发人员的科研和创新积极性
《研究开发费用投入核算管理办法》《研究开发费用专账管理流程》和《研发费用报销制度》	保证研发投入占当年销售收入的比例在3%以上，符合《高新技术企业认定管理办法》等有关规定
《各级人员培训管理制度》	规范员工的培训工作，建立系统、完善的员工培训体系，涵盖入职培训、在岗培训、职业技能提升培训等
《"青苗计划"培训生实训管理规定》	加强培训生在实训期的管理，快速提高培训生的工作技能

续表

制度	实施方法和结果
《众生药业内训师队伍建设及管理办法》	打造具备众生药业特色的高素质内训师队伍
《绩效管理方案》	公司本着以业绩目标导向为原则，以管理机制为抓手，以业务协同为保障的基本思路，力求通过绩效管理激发员工的工作热情
《员工攻读在职硕士管理办法》	鼓励员工攻读在职硕士，为在职硕士报销全部学费

c. 追求被认定为可实现可控制的风险的机会，以及在合适的时机中断此活动以支持更优先的机会

1. 追求被认定为可实现可控制的风险的机会

公司提高风险管理能力，积极应对挑战，关注新行业的风险构成，丰富风险识别手段。随着云计算、大数据技术的日益成熟，公司运用数据信息和数据处理技术，以大数据的思维积极探索新的风险管理方式，加强和完善新型风险管控流程的设计与体系建设，对市场数据进行采集、预警、关联分析，提高动态风险管理能力，并在风险可控的前提下，积极寻找新的发展机会。

公司在研创新药 ZSP1601 是全新靶点、全新作用机制的治疗非酒精性脂肪肝炎（NASH）的一类新药，也是国内首创的 First-in-Class 治疗 NASH 的新药，研发风险极高。但考虑到全球尚无 NASH 治疗药物上市，ZSP1601 作用靶点新颖，临床前研究数据及成药性较佳，公司积极推进项目研发，并分阶段进行评估总结，及时把控风险。

2. 中断项目，支持更优先的机会

根据公司制定的《科研项目管理制度》，公司在项目进行过程中，实时监控项目进展情况，同时在合适的节点开展新的项目。如公司决策层在项目进行过程中，经过风险考量，认为项目进行下去产生的风险将大于收益，则及时重新评估，根据公司项目管理以及开展流程，中断此项目，支持更优先的项目，并事后对此项目进行充分的复盘工作。公司每年年度报告均会公布终止研发的项目。

3.2 创新能力

a. 建设创新平台和打造科研创新团队（包括参与重大科研项目），并保持创新平台的有效运行，以提升组织的核心竞争力

公司整体发展战略中，对研发战略的整体概括为"实现高水平的研发生产技术平台建设"，并划分为两部分内容：加速研发成果产出及商业转化，打造公司长远发展动力；夯实已有研发生产技术平台，建立多颗粒系统固体制剂和半固体制剂核心特色研发生产平台，提升生产转化能力。具体达成目标包括：3项创新药进入Ⅲ期临床，完成2项IND申报；一致性评价在研9个，获批7~8个；呼吸系统、胃黏膜保护剂等其他仿制药在研8个，获批6个；等等。

1. 建设创新平台

公司整合集团优势资源，构建了研发中心，占地5000平方米，搭建了"国家博士后科研工作站""广东省创新药物产业化工程技术研究中心""广东省中药制剂工程技术研究开发中心"等专门从事药物研发的科研机构和平台。研发中心购置了价值超过4000万元的先进仪器设备，形成了创新药物小试研究、中试放大研究、药物临床研究、特殊制剂研发等技术平台，为药物研发创造了良好的技术环境。公司先后入选"2020年中国医药创新企业100强""2020年中国医药研发产品线最佳工业企业""2020年中国化药研发实力100强"等，研发能力处于国内第一梯队。

2. 打造科研创新团队

截至2021年底，研发中心已建立了一支由药物化学、中药学、有机化学、药物制剂、药物分析、临床医学、药理毒理等不同学科的博士、硕士研究生组成的研发团队，有专职研发人员197人，按学历分类，有博士2人、硕士54人、本科生98人，按职称分类，有高级职称4人、中级职称20人。研发中心设立创新药事业部、仿制药事业部、中药事业部、原料药事业部、临床事业部、注册事务部、质量管理部、知识产权部、项目管理部，核心骨干均毕业于国内双一流院校，均有10年以上国内外大药企创新药研发经验，均有过主持或参加国家、省、市级科研课题的研究经历，具有扎实的理论基础知识、较强的新产品开发能力和技术创新能力。

3. 开展重大科研项目攻关

围绕公司治疗领域，以"满足临床未被满足的需求""研发具有独特临床价值的品种"为目标，研发中心聚焦流感、非酒精性脂肪性肝炎（NASH）、眼科、肿瘤及代谢类疾病等特色领域开展创新药研发，并积极开展重大科研项目攻关，2019—2021年承担"重大新药创制"国家重大专项、广东省重点领域研发计划项目10项，获得政府专项经费资助4610.94万元。

b. 积极学习和应用先进技术和方法，并对运营过程中所产生的信息和知识进行系统管理，持续提高组织的纠错能力、应变能力和创新能力，实现关键核心技术自主可控，解决"卡脖子"等技术难题

公司积极学习并应用先进技术和方法，对运营中的信息和知识实行系统化管理，持续提高组织的纠错、应变和创新能力。通过不断学习与创新，确保企业在竞争中保持领先地位，有效解决"卡脖子"等技术难题，推动医药行业的持续进步（见表3.2-1）。

表3.2-1　公司持续提高组织能力，解决"卡脖子"问题

实施方法	实施内容和结果
积极学习和应用先进的技术和方法	药品是特殊商品，其研发和生产严格执行国家颁布的《药品注册管理办法》和《药品生产监督管理办法》，但由于药品涉及的疾病领域众多，临床应用的剂型也有片剂、胶囊、注射液等几十种，同时针对不同疾病领域、不同剂型的药品，其相关注册、生产条例众多，并随着科学发展和科技进步不断更新，因此，公司非常注重开展继续教育，加强现有人才的知识更新，重视技术型人才的全面技能培训，提高人才综合素质，确保企业经营管理、技术创新水平的不断提高。公司制定了《各级员工培训制度》，涵盖了入职培训、在岗培训、职业技能提升培训等，并将员工的培训情况作为员工升职、调岗等工作调整的重要依据。公司在每年的全面预算管理中，将培训预算单独列项，由各部门提出培训需求，并由人力资源部进行全面统筹，确保有足够的培训资金满足公司各层级、各类专业的技术人员的培训需求

续表

实施方法	实施内容和结果
对信息和知识进行系统管理	公司利用 LIMS 系统,建立了统一的培训业务模板管理人员培训,将培训业务流程科学化、固定化、标准化。为了优化培训管理,丰富培训内容,公司要求每个外出培训的人员整理培训内容,对公司内部相关人员进行再培训。公司还建立了《内训师队伍建设及管理办法》,鼓励优秀的企业员工对自己专长的领域进行技术经验总结,与公司员工共享。2020 年,公司成立"众生学院",开通了"绚星" App,系统归集了相关信息和知识,由公司高管团队领教,对公司管理人员以及核心技术人员进行系统性培养和知识输出。为了获取更多的信息和知识,公司还订购了多个专业数据库和医药软件用于科技查询业务,包括 Thomson Reuters 数据库、Cortellis 数据库、丁香园数据库、米内网等专业数据库,每年各类数据库及研发专用软件的支出超过 100 万元
关键核心技术自主可控	公司目前掌握所有核心产品的关键核心技术,实现自主可控。如针对公司三大年销售额过亿元的独家品种复方血栓通胶囊、脑栓通胶囊、众生丸,作为这些产品的原研者,公司从处方工艺、质量标准、临床应用等方面布局了 10 多项发明专利,形成"专利池",很好地保护了这三个品种的关键核心技术。公司复方血栓通胶囊获"2018 年中药大品种科技竞争力排行榜"广东省第一名,相关关键核心技术的研究及推广应用获广东省科学技术奖一等奖,相关发明专利获得第十九届中国专利优秀奖。脑栓通胶囊发明专利获第二十届中国专利奖银奖,是此次获得中国专利奖金奖和银奖的专利中唯一的中医中药类专利。众生丸发明专利亦获得第十六届中国专利优秀奖
解决"卡脖子"等技术难题	从公司开展的新药研发项目来看,从原料合成到制剂制备全由公司自行开发,几乎全部具有自主知识产权,不存在"卡脖子"或进口技术问题

3.3 管理创新

a. 根据组织战略任务,结合技术和产品发展的趋势,有组织、有计划地推动管理创新

公司坚持"创新引领"。在研发方面,公司集中资源支持广谱抗病毒药物、NASH 和代谢病领域药物等重点创新药的研发工作,取得了重要成果。全资控股子公司先强药业作为高端特色原料药生产研发基地,持续推进研发

项目申报及国内外业务拓展。全资控股子公司益康药业继续立足中药材种植、中药饮片加工、中药材大宗贸易三大业务板块，从车间改造、新产品研发及工艺探索、多维度销售平台搭建等方面推进公司转型升级，聚焦云南产地资源及利用可溯源道地药材资源优势，开发高端精品饮片产品，实现中药健康类业务拓展，逐步提升上游供应链掌控能力。在营销方面，公司积极探索线上产品推广和销售模式，优化线上客户关系管理工具，升级营销合规管理系统，提质增效，助力销售增长。在规范治理方面，公司规范子公司授权管理体系，明晰权责，在提高效率的同时减少了经营风险；公司优化了人员岗级管理系统和考核系统，为公司人力资源管理体系的建设添砖加瓦；公司全面升级、更新信息系统，为数字化时代下的企业经营创造了技术条件。

b. 进行组织的管理模式、经营模式、商业模式创新

创新是企业发展的核心动力，公司2021—2023年中期战略规划提出"创新引领"的战略定位目标，持续对三大模式进行创新。

1. 管理模式创新

公司以研发子公司众生睿创及省级营销推广公司为试点，探索组织裂变式创业模式；打造按板块垂直归口管理、按职能专业赋能的集团化管控模式，通过内部流程的梳理与优化，规范集团及分/子公司授权管理体系，提升组织效率及集团整体经营质量。

2. 经营模式创新

公司坚定落实"全产品、全渠道、全终端"的经营模式创新战略，持续夯实医疗端的处方药营销能力，构建基层、县域、城市多层次的医学服务体系，并坚持活"零"活"县"的营销策略，以千县计划为抓手，持续推进渠道扩面下沉，深耕县域市场，提升县域市场覆盖率；同时，强化核心KA客户管理，深化与药品零售连锁企业的合作。

3. 商业模式创新

公司积极拥抱互联网诊疗及医药电商，持续探索与互联网医疗之间创新合作的模式，通过营销数字化实践，建立企业与医生和患者之间的深度链接，构建医患沟通、患者服务、患者教育路径，打造产品与服务闭环，探索商业模式创新。

3.4 技术创新

a. 围绕组织的使命和愿景，结合环境的变化，通过引进、消化、吸收、开发适用的先进技术和先进标准形成组织的技术体系，并有效保护自身的知识产权，包括海内外专利的申请和保护

众生药业一直致力于人类健康事业，矢志成为中国一流的医药健康产业集团，努力为患者提供健康产品，为员工提供职业发展平台，为合作伙伴提供协作共赢机会，共同用健康见证精彩未来。

1. 引进、消化、吸收、开发适用的先进技术

公司自1979年创立以来，一直致力于药品的研发、生产和销售。在早期的药品研发上，公司通过引进、消化、吸收，形成了以活血通络功效为主的中成药的研发技术平台。如公司最核心的产品复方血栓通胶囊，最初源自中山大学中山眼科中心院内制剂，其后由公司引进，并与中山大学中山眼科中心联合开发，中山大学中山眼科中心负责完善药理药效、毒理研究，公司负责小试、中试乃至产业化工艺研究及产品质量标准研究，并主导产品临床试验研究，最终产品于1996年获得新药证书，目前被列入国家最新版医保目录和基药目录。

2. 形成领先的技术体系

2009年，公司上市以后，针对公司相对薄弱的化学药领域，制定了"保持中药优势，大力发展化学药"的发展方针，并积极进行转型，打造以创新药为发展龙头、中成药为业务基石、化学仿制药为有益支撑的可持续发展业务体系。公司基于对呼吸系统和代谢性疾病病理生理的理解与洞见，聚焦于研发流感、新冠、肥胖和非酒精性脂肪肝炎（NASH）等重大疾患的全新疗法，并设立研发子公司广东众生睿创生物科技有限公司，注入治疗肥胖、NASH及呼吸系统病毒性、感染性疾病等的创新药物的研发项目。众生睿创还有治疗糖尿病、肥胖和NASH的GLP-1/GIP双重激动剂、GLP-1/GIP/GCG三靶点激动剂等优质项目，已进入临床前开发阶段。由此可见，公司是中国呼吸系统病毒性、感染性和代谢性疾病新药研发领域的领先者。

3. 保护自身的知识产权

公司非常重视知识产权保护，并建立了一套完善的知识产权管理体系以助力企业生产经营。在专利方面，对于重点产品及创新药产品，均对核心技术做出专利布局，并获得积极成果，多项核心 PCT 专利获得欧美、日本等国家和地区的授权；在商标方面，公司积极为企业、产品申请商标并在宣传、销售、招标等生产经营过程中使用，获得了较高的客户认可度及社会认可度，为企业积累了良好的商誉；在商业秘密及版权方面，公司进行积极的尝试，通过多种知识产权保护措施，确保公司运营无知识产权瑕疵。此外，公司还积极建立了知识产权相关制度，目前公司已经通过知识产权管理体系认证，并获得了认证证书。

b. 建立、实施和保持技术评估体系，并与竞争对手和标杆进行比较分析，不断提高组织技术水平，以增强组织的核心竞争力

1. 建立、实施和保持技术评估体系

公司成立了由高层牵头，产、销、研部门深度参与的项目评估委员会，以企业运营实际需求为出发点，结合医药领域研发及销售动向，全面评估、论证、发布、执行大到企业战略，小到研发项目立项的公司事务。依托该决策机制，公司已建立多模式良性循环的研发生态体系，构建自主研发为主、合作研发有效补充的研发模式，以满足未被满足的重大临床需求为导向，辅之以产品引进、战略投资、产业并购、合资共同开发等多种形式，实现产研协同，互利共赢。围绕创新药研发，公司精准确定研发方向，科学严谨立项，整合内外部专业资源实施开发。

2. 与竞争对手和标杆对比，提高组织技术水平

公司通过与竞争对手和标杆对比的方式，实现将对手"请进来"，寻找在各个方面的优势与差距，提高组织管理和技术水平。例如，公司在研发层面选择以齐鲁制药和成都苑东为标杆，通过定期对研发选题、产品立项、研发项目管理、成本控制等进行剖析对比，结合企业具体情况总结发现企业存在的优势和不足，从宏观目标、过程控制和微观细节方面全方位地为企业管理提出整体的解决思路。通过这种简单而有效的管理模式，实现企业自省和自我修正、提高。

c. 利用互联网、物联网、大数据、云计算、5G 等新一代信息技术进行诸如研发设计、制造工艺和产品性能等创新和改进

公司利用新一代信息技术，紧跟数字技术发展趋势，围绕研发设计、制造工艺和产品性能等领域开展研究，加强技术储备和人才储备，强化关键核心技术创新和改进（详见表 3.4-1、图 3.4-1）。

表 3.4-1　公司利用信息技术的方法和结果

实施方法	实施内容和结果
运用云计算、大数据分析技术，结合近红外分析系统、安捷伦在线分析系统	在线分析高度复杂的生物治疗分子以及监测它们的纯度、效价和其他关键质量属性，对生物药物属性及其生产过程进行分析，并提供可靠的结果，提升研发能力
建设智能化生产制造车间	根据公司战略，公司中药提取产能转移至资源承载能力更强、规划和建设更优的逸舒制药（肇庆生产基地）。在建的中药生产车间建设项目以及中药提取车间建设项目，应用了先进的设计理念和信息系统，通过配套自动投料技术、配套仓储物流管理系统等信息化管理技术、工业大数据技术和工业物联网技术等先进制造技术，使得从原辅料采购、生产加工到产品入库的生产全流程具备数据追溯能力，形成中药提取、生产全过程的完整在线数据记录，从而对生产进行有效监管，为生产工艺改进、产品生产效率提升提供有效支撑。该项目利用中药生产全过程自动化和信息化的有效手段，逐步实现生产制造过程中定性及定量的动态质量控制，实现中药生产加工全流程协同智能制造
引入先进数字化技术	公司打造了复方血栓通胶囊从中药材到中药饮片再到成品的全流程智能制造生产供应链，建立了智能制造标准五层系统架构，以开展中药口服制剂大品种先进制造技术标准验证与应用项目，并引入 SCADA、MES、PAT 和大数据分析等技术，基于数据挖掘和智能化生产提升产品质量控制水平

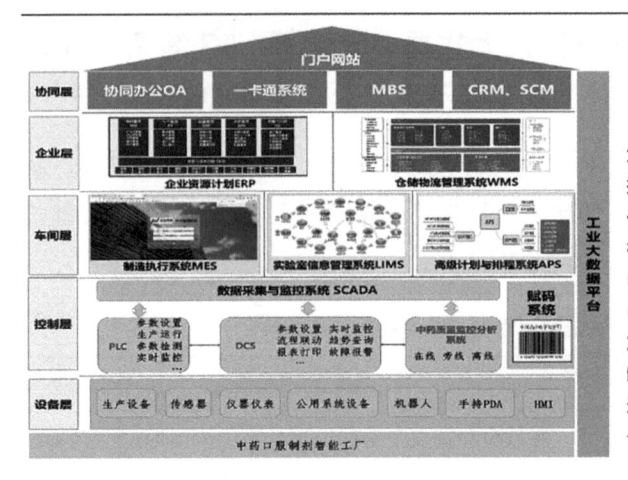

图 3.4-1 公司信息技术系统与生产制造

4 品牌

4.1 品牌规划

a. 基于顾客的需求和期望进行品牌定位，建立以品牌核心价值和特性为中心的品牌识别系统

为了顺利建立公司的多品牌体系，完善公司的品牌管理，帮助公司建立独特的企业价值和形象，促进品牌发展，公司品牌管理委员会制定了《集团品牌管理制度》，在各个环节中进行品牌统一管理，在目标消费者中占据特定的位置，树立良好的市场形象，以占据更大的市场份额。

1. 基于顾客的需求和期望进行品牌定位

众生药业的品牌定位为：大众健康解决方案的提供者。众生药业积极响应国家号召，始终关注客户的需求，并一直秉承"以优质产品关爱生命，以优质服务健康大众"的企业宗旨，重视研发及生产优质产品，践行企业社会责任，致力于提供最好的产品和服务，把品质改进和提升作为重要任务，做大众健康解决方案的提供者。

2. 建立以品牌核心价值和特性为中心的品牌识别系统

公司初步搭建了一套品牌识别体系（见图4.1-1）。

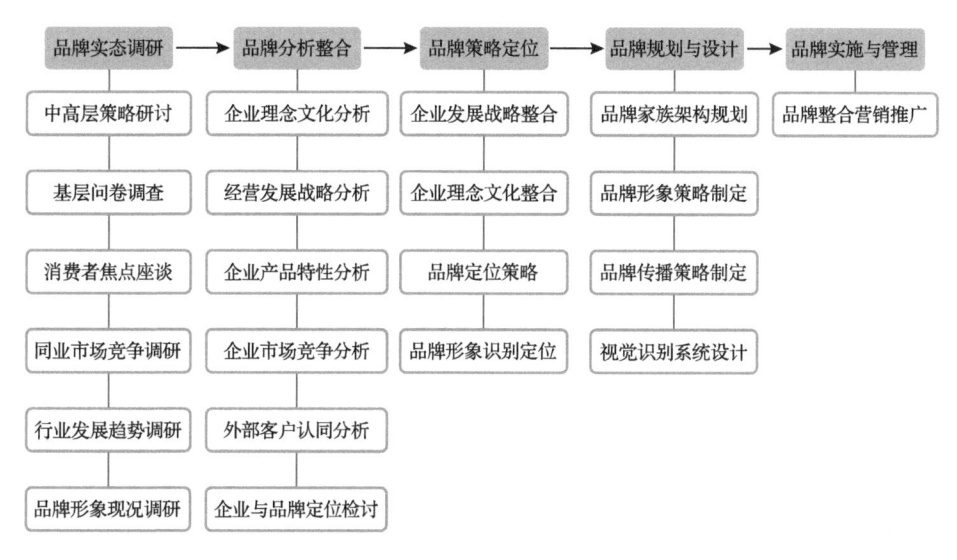

```
品牌实态调研 → 品牌分析整合 → 品牌策略定位 → 品牌规划与设计 → 品牌实施与管理
```

品牌实态调研	品牌分析整合	品牌策略定位	品牌规划与设计	品牌实施与管理
中高层策略研讨	企业理念文化分析	企业发展战略整合	品牌家族架构规划	品牌整合营销推广
基层问卷调查	经营发展战略分析	企业理念文化整合	品牌形象策略制定	
消费者焦点座谈	企业产品特性分析	品牌定位策略	品牌传播策略制定	
同业市场竞争调研	企业市场竞争分析	品牌形象识别定位	视觉识别系统设计	
行业发展趋势调研	外部客户认同分析			
品牌形象现况调研	企业与品牌定位检讨			

图4.1-1 公司品牌识别体系

为实现品牌差异化，创建识别符号，提供记忆抓手，让消费者对品牌形象、个性风格形成直观感知，从而联想到品牌价值，公司特别制定了企业形象视觉识别规范手册，内容涉及品牌LOGO、VI、产品设计、包装设计、吉祥物、虚拟形象等。

b. 制定品牌规划

根据公司中长期战略制定企业品牌规划，适应企业发展的需求，建立有效的品牌营销沟通主张与传播规范，协助塑造以品牌为导向的企业文化，提升企业凝聚力。公司品牌规划流程如图4.1-2所示。

c. 实施品牌规划

公司围绕"大众健康解决方案的提供者"的品牌定位，聚焦特色，围绕眼科、心脑血管、呼吸、消化等治疗领域，不断通过自行研发和外部引进形成丰富的产品管线和产品群，同时为实现中长期战略目标进行品牌规划。品牌规划实施步骤如图4.1-3所示。

制定品牌规划和目标 | 品牌规划流程

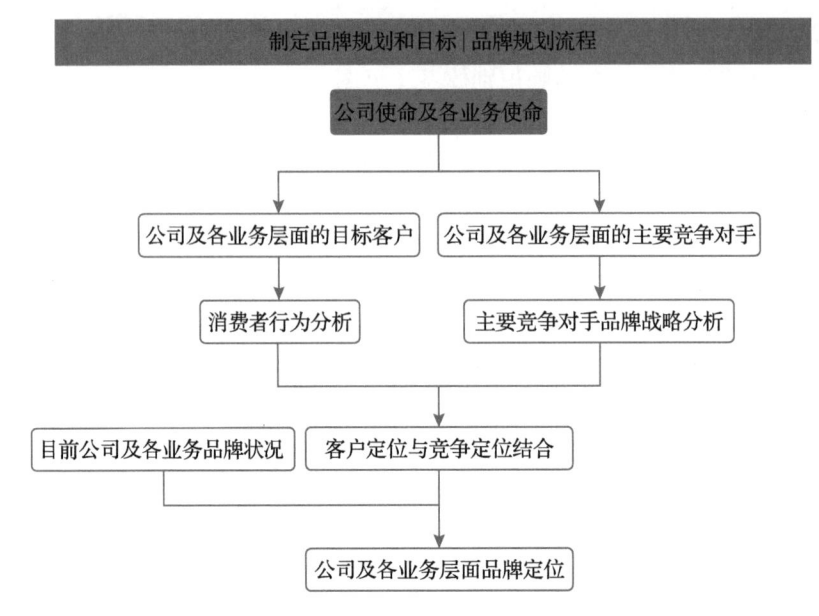

```
公司使命及各业务使命
├── 公司及各业务层面的目标客户 → 消费者行为分析
└── 公司及各业务层面的主要竞争对手 → 主要竞争对手品牌战略分析
         ↓
目前公司及各业务品牌状况 → 客户定位与竞争定位结合
         ↓
公司及各业务层面品牌定位
```

图 4.1-2　公司品牌规划流程

品牌规划实施步骤：

确认品牌定位	大众健康解决方案的提供者
品牌愿景与目标	矢志成为中国一流的医药健康产业集团
品牌核心价值	有付出才有回报，有创新才有价值，有品质才有市场，有健康才有未来
确认中长期战略	中药为基、创新引领、聚焦特色的医药健康企业
组织人才团队	打造"战略-商业计划-组织绩效-奖酬"的管理闭环，激发组织和员工的内驱力
品牌传播推广	制定品牌传播策略与规划，定时多渠道向行业内外进行推广
品牌延伸	借助产品原料优势及依托自有产地资源及技术优势拓展大健康产业

图 4.1-3　品牌规划实施步骤

d. 利用组织有价值的活动，提升品牌的知名度、认知度、忠诚度和美誉度

公司敏锐把握营销趋势的变化，不断创新营销思路，探索多元化复合销售模式，拓展市场销售的广度和深度。公司通过数字化技术为营销赋能，开展线上和线下相结合的学术推广活动，满足医生临床需求，改善患者用药体验。一些实施方法详见表 4.1-1。

表 4.1-1　公司组织有价值的活动

实施方法	实施内容和结果
实施院企合作通路工程	结合集采环境、医保支付改革下的非临床科室需求并匹配营销目标，市场部在原来临床科室活动的基础上增加针对院长、药剂科及科研处三方的"通路项目"，使通路工程成为药企与医院平等合作的重要契机和优秀载体
开展品牌活动	通过省市级学术年会、研究启动会、专家咨询会等活动，提升品牌的认知度
开展临床活动	通过核心产品高频、精准的临床活动，提升客户忠诚度
开展健康服务活动	通过开展"心脑眼关爱工程"、眼底筛查公益检测及健康科普讲座，提升品牌的知名度、认知度、忠诚度和美誉度
开展公益活动	通过对社会一线工作者及教师开展公益活动，提升品牌的知名度及美誉度

4.2　品牌管理

a. 进行品牌管理，抓住时机进行品牌延伸扩张，并有效回避品牌延伸的风险

1. 进行品牌管理

公司设立品牌管理委员会，由公司董事长、总裁及各副总裁担任品牌管理委员会委员，指导品牌管理部开展品牌管理工作，以品牌市场部为主要执行部门，并覆盖全业务部门，有效落实企业的品牌战略和规划。公司品牌管理组织架构如图 4.2-1 所示。

为确保企业品牌战略制定的规范性与可行性，确保运营管理的可控性及执行效率，公司设置了品牌管理流程，如图 4.2-2 所示。

2. 品牌延伸扩张

公司凭借复方血栓通产品的原料优势展开品牌延伸，依托自有产地资源及技术优势拓展大健康产业。公司大健康品牌业务如图 4.2-3 所示。

3. 品牌延伸的风险

品牌延伸存在以下风险：

（1）延伸新品抢去原有品牌产品的市场份额；

（2）损害原品牌的高品质形象；

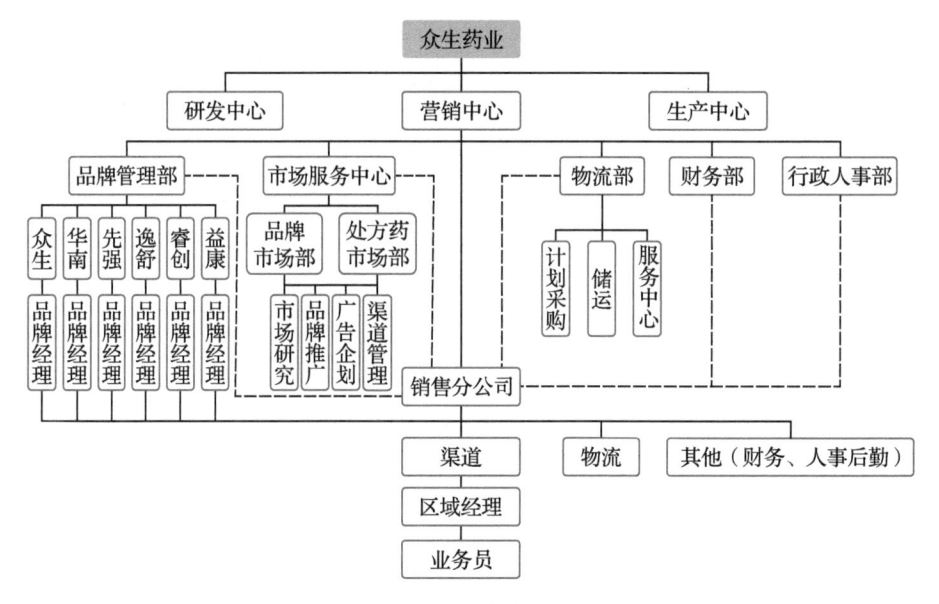

图 4.2-1 公司品牌管理组织架构

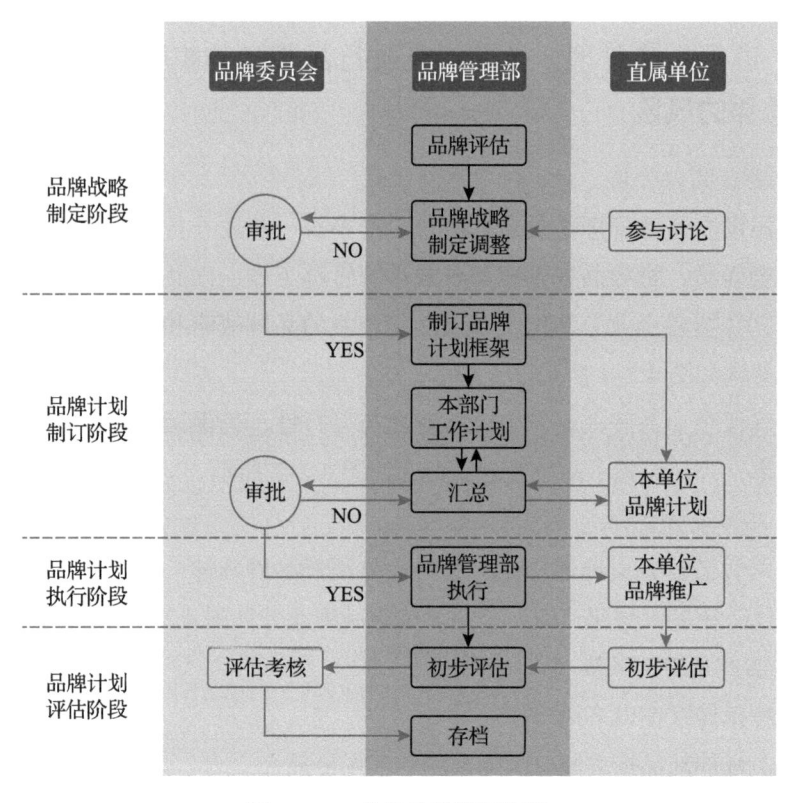

图 4.2-2 公司品牌管理流程

图 4.2-3 公司大健康品牌业务

（3）使消费者产生心理冲突；
（4）品牌定位的差异造成品牌个性被稀释。

为有效避免品牌延伸带来的风险，众生药业始终坚持立足中药为基、创新引领、聚焦特色。中药领域是公司业务的基本盘，公司深挖中药板块的产品潜力。得益于子公司云南益康药业有限公司，公司业务板块及品牌拓展至大健康领域，但公司业务的核心仍聚焦于药品，包括药品研发、药品生产和药品营销，并且坚持打造在医药领域的品牌（见图4.2-4）。

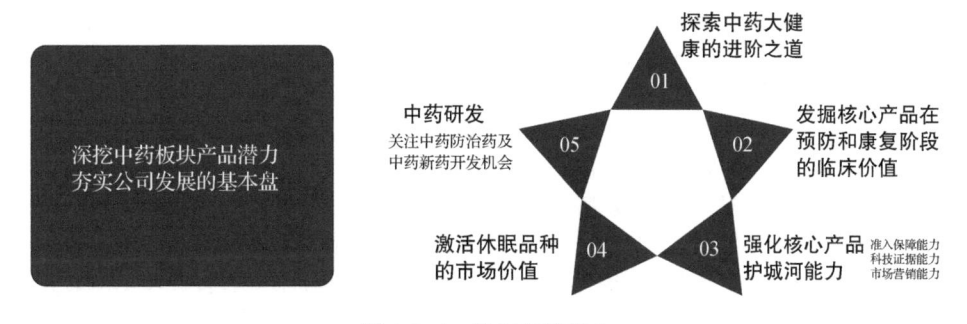

图 4.2-4 公司品牌核心

公司聚焦资源、打造特色，形成自己的药品品牌优势。围绕眼科、心脑血管、消化、呼吸等领域，公司完善产品管线，大幅提升推广队伍的产品变现能力，通过整合外部资源实现公司的战略定位（见图4.2-5）。

聚焦资源，打造特色！形成优势！

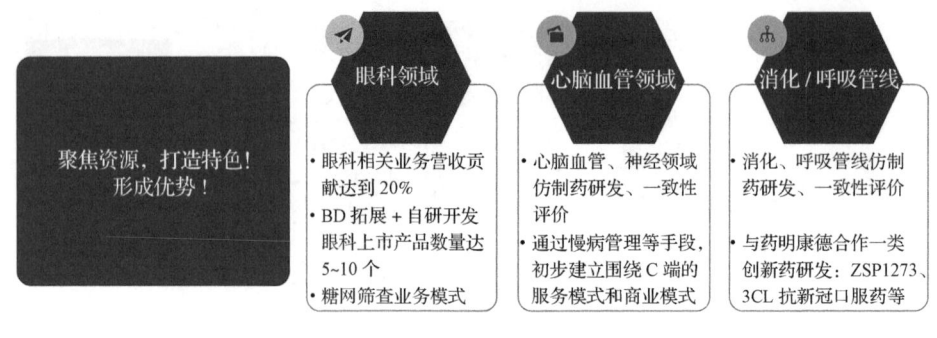

眼科领域
- 眼科相关业务营收贡献达到 20%
- BD 拓展 + 自研开发眼科上市产品数量达 5~10 个
- 糖网筛查业务模式

心脑血管领域
- 心脑血管、神经领域仿制药研发、一致性评价
- 通过慢病管理等手段，初步建立围绕 C 端的服务模式和商业模式

消化/呼吸管线
- 消化、呼吸管线仿制药研发、一致性评价
- 与药明康德合作一类创新药研发：ZSP1273、3CL 抗新冠口服药等

图 4.2-5　公司品牌特色和优势

b. 预防市场垄断及倾销行为

公司暂未开拓国际市场，在国内市场预防市场垄断及倾销行为的措施如表 4.2-1 所示。

表 4.2-1　公司预防市场垄断及倾销行为的措施

市场	类型	措施
国内市场	预防市场垄断方法	①禁止妨碍正常交易的契约与合谋； ②禁止对不同销售对象实行价格歧视； ③禁止签订排他性交易协议； ④禁止采取降价倾销的办法争夺市场，压制竞争对手； ⑤禁止采取不公正的竞争方法以及欺诈性行为来垄断市场； ⑥禁止企图垄断的联合
	预防倾销方法	①制定健全的价格体系。从出厂到流通的各个环节设定合理的利润空间，且通过合规的商业手段对流通各环节的利润空间进行调控，确保企业掌控稳定的市场价格，避免各流通环节出现低价倾销的行为。 ②用通路信息预测来防范降价倾销。按区域、按客户进行编号，定期进行抽验，分析物流走向及销售波动情况，做出预警，对非正常现象进行分析及现场调查。 ③强化客户管理，防范倾销。通过制定促销政策、收取客户保证金等防范客户倾销行为。对于已形成的恶性降价倾销行为坚决予以制止，对违规经销商取消促销优惠、停止发货或者取消经销资格
国际市场	—	—

c. 进行品牌资产管理，实现品牌资产的保值和增值

1. 开展品牌资产管理

公司品牌管理委员会授权品牌管理部对企业品牌资产进行管理。品牌资

产包括有形品牌资产和无形品牌资产。

（1）有形品牌资产。品牌管理部定期对有形品牌资产进行梳理、盘点并建立品牌资产共享库，同时根据各业务板块或各部门职能设定资产调用权限，调用资产时由品牌管理部加以审核，以此保证信息安全、准确、高效地传递，助力市场业务的开展。

（2）无形品牌资产。通过科学的市场研究对无形品牌资产进行测量评估，主要包括：市场基本描述与细分结构；主要竞争品牌市场表现；产品、包装等方面测试；消费者生活方式与观念研究；市场区隔；消费者需求与期望、习惯与态度研究；营销传播概念发展与测试；营销传播效果追踪；等等。通过市场研究，形成良性的、自我循环并呈螺旋式上升的资产管理系统。

2. 品牌的保值和增值

公司加大资源投入，积极持续开展中成药上市后再评价及二次开发，开展药效学研究、真实世界研究和药物经济学研究，为中成药的临床应用提供物质基础证据、循证医学证据和药物经济学证据，助力核心产品丰富学术资源，构建学术影响力和竞争优势，在为医生、患者提供更好的治疗手段和合理用药方案的同时，驱动产品销量增长，实现品牌的保值和增值。加强中医药循证研究有助于把中医药学术提升到一个新阶段，推动中医药实现更高质量的发展，给老百姓提供更有效、更安全、更合理的用药指导。

4.3 品牌保护

a. 进行品牌保护，包括组织注册国内外的商标

1. 开展品牌保护

进行品牌 LOGO 升级与保护，树立企业形象，彰显企业气质。基于原有设计，公司分别于 2009 年和 2019 年对众生药业品牌 LOGO 进行了全面升级，并且向公司全员发布相应的品牌 VI 手册以及《LOGO 使用规范》，通过制度化方式使公司全员规范使用公司品牌形象，主动在业务经营过程中注重品牌保护。

探索品牌全面保护模式。公司在推进品牌全面保护方面也做出了探索，

除了对注册商标进行多品类保护外，也注重公司版权以及软件著作权等方面的注册保护。公司目前拥有 11 个作品著作权证书，其中包括 3 个软件著作权证书。对于公司核心商标，比如公司品牌 LOGO "众生药业 ZHONGSHENG PHARMA"，除了进行前述的著作权登记保护外，公司也配合申请了多类别商标，涵盖第 5 类（药品）、第 29 类（食品）、第 30 类（饮品）、第 35 类（服务）等与公司经营业务和规划发展相关的品类。此外，配合公司产品的营销推广，公司针对各类产品进行品牌视觉形象设计与设计保护，拓展品牌外延，不断为品牌注入新的活力。

规范完善管理体系。在内控方面，公司发布了 LOGO 使用规范以及商标管理制度等相关制度，严格规范 LOGO、商标等的使用以及授权管理。在明确权责、提高效率的同时，有利于加强对品牌的保护，减少经营风险。2017 年，公司首次通过知识产权贯标认证，并且之后连年成功获得续展认证，进一步规范了企业知识产权管理，包括品牌与商标的运用、管理与有效控制。

2. 进行商标注册

公司坚持实施名牌带动战略，推动企业发展。公司坚持以优质的产品、健康的企业形象诠释"优质、健康"的品牌内涵。截至 2021 年底，众生药业注册商标数量共计 84 个，其中包括 2 件香港注册商标。根据公司的主营业务以及产业前景战略规划，注册商标的使用范围涵盖药品、食品、饮品以及相应的营销、推广服务等多个领域，商标族群丰富。

为更加深入地实施商标品牌战略，公司参加广东商标协会并作为理事单位之一，积极与各行业企业同仁、商标专业代理组织机构、商标法律工作者和专家学者等保持良好互动，了解最新商标法律、法规和政策，以及商标管理工作的重大活动和最新动态，从而进一步提高公司对商标等知识产权的管理水平。

2021 年 2 月，公司共有 3 个商标获准纳入"广东省重点商标保护名录"，分别为商标"众生"（商标注册号：205428）、商标"众生丸"（商标注册号：5402833）和"众生"（商标注册号：5220338），这是广东省出台《广东省重点商标保护名录管理规范》后的首批认定商标，彰显了众生药业作为广东品牌的价值。

b. 建立顾客投诉及快速协调解决机制，使组织有效避免潜在的品牌风险

品牌树立后，要做好品牌风险诊断，让品牌传播得更远更长久。公司建立了顾客投诉机制、不良反应/事件处理机制，快速回应和消除客户顾虑，并完善重大药品安全处理流程，加强集团公司对集团下持有人药品投诉及药品生命周期的管理。以公司各部门、分公司的负责人作为第一责任人，定期检查及汇报有关情况，做到及时提示、快速解决，降低潜在的品牌风险。

c. 建立和保持品牌危机预警和应急处理系统，评估公关方案的及时性和有效性，消除或降低品牌的负面影响

为有效预防品牌危机事件的发生，及时应对品牌危机并妥善处理，避免或最大限度地降低危机带来的损害，公司制定了员工手册及生产质量管理等制度，同时制定了突发事件管理制度，加强药物警戒，并与第三方合作建立危机应对及处理机制。

1. 品牌危机管理的预警处理系统

表 4.3-1　品牌危机管理的预警处理系统

制度基础	实施方法和结果
《员工手册》	规范员工日常行为，提高员工素质，维护企业形象
《生产环境管理制度》和《生产安全管理制度》	保障企业安全规范生产
《药品生产质量管理规范》和《药品经营管理规范》	增强员工对质量目标、质量行为规范的认同，从而提高质量管理水平，减少质量危机的发生
《突发事件管理制度》	建立突发事件管理制度及舆论处置流程，以公司各部门、控股子公司、分公司的负责人作为突发事件预警、预防工作的第一责任人，定期检查及汇报部门或公司有关情况，做到及时提示、提前控制，将事态控制在萌芽状态中

公司舆情处置流程如图 4.3-1 所示。

2. 评估公关方案的及时性和有效性，消除或降低负面影响

基于公关前后的销售数据波动、企业股价影响及公众信任度变化，通过媒体效果评估体系、自我评估法及消费者满意度调研表，对公关效果进行评估、改进。

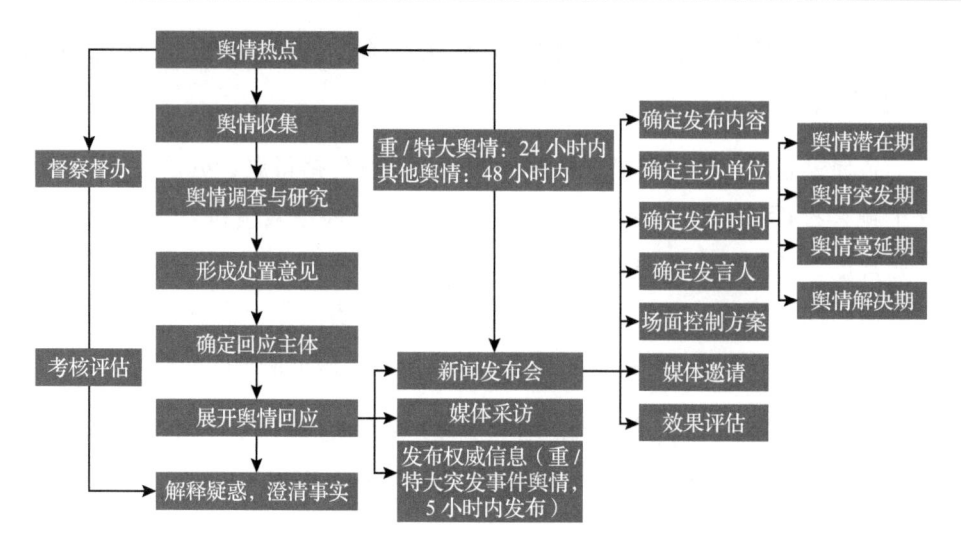

图 4.3-1　公司舆情处置流程

5　效益

效益部分涉及公司较多的商业数据，本书不再一一展示。

第二章 广东豪特曼机床股份有限公司

1 领导

广东豪特曼机床股份有限公司（以下简称豪特曼或公司）于2003年开启创业，于2007年正式成立，是国家高新技术企业、国家级专精特新"小巨人"企业、东莞市百强创新型企业、东莞市首台（套）重点技术装备研制与推广应用项目企业。公司扎根厚街、信阳，长期深耕国内磨床领域，已为实现磨床精密化、数控化、智能化、国产化摸索出了一条符合中国国情的发展之路，逐步成为国内高端数控磨床的进口替代者及国内磨床行业的隐形冠军。如今已推出"非圆磨削系列、平面龙门成型磨床系列、铣磨混合中心系列、车铣复合中心系列、内外圆磨削系列、工具磨削系列"六大系列产品。

1.1 企业家精神

董事长曾俊认为："一个企业家的价值和影响力，不在于他事业多么成功，拥有多少财富，而取决于他是否有责任担当。一个大的企业，必须有国家意识和全球责任，必须紧紧围绕国家和民族的定位去创业、创新和发展。豪特曼未来将做得更大、更强，创造更多的就业机会，服务好更多的关联产业，对国家、民族和人类社会做出贡献，这就是豪特曼最大的使命和责任。"

a. 弘扬企业家精神，引领组织高质量发展

公司创始人团队不忘"大国重器，实业报国"的初心，坚持"根植东莞、立足广东、走出中国、面向全球"的发展思路，带领团队经历初创期、扩展期、品牌化、生态化四个阶段，通过四次产业升级，实现公司从优秀到卓越的高质量发展。公司引领企业高质量发展的做法如表1.1-1所示。

表 1.1-1　引领企业高质量发展的做法

发展阶段	做法描述	成效
2003年至2008年初创期	成立东莞市富信成五金机械有限公司，在广东省东莞市建立第一个研发生产基地，研发生产桌上型内、外圆研磨机。2006年公司重组成立东莞市豪特曼五金科技有限公司	研发生产FX-12S高精密无心磨床，成为中国本土首款真正意义上的高精密无心磨床。FX27P-60CNC数控外圆磨床成功推出，实现传统机械的自动化与智能化。IG15、OD15高精度三爪式全自动内外径研磨机及CG15高精密复合磨床上线，形成以智能化为核心特色的系列数控产品。成功研发静压导轨及静压主轴系列无心磨床，实现技术重大突破，此项技术也成功运用于FX32P-100CNC数控外圆磨床。FX-18CNC多轴数控无心磨床上线，实现全自动化流水线式高效加工
2008年至2019年扩展期	国内首创走心式全自动段差磨床H3完成研发投产。精密平面磨床、龙门平面磨床、FX32A-50CNC斜进式外圆磨床、CG45复合磨床等多款产品上线，进一步完善磨床系列产品。公司升级并更名为广东豪特曼智能机器有限公司，研发生产基地搬迁至东莞市厚街镇，厂区面积成倍扩大，拥有年产值3亿元人民币的组装能力。另外，建立豪特曼第二生产基地——信阳工厂	公司通过质量管理体系、环境管理体系等相关认证，正式成为五金机械模具行业协会理事企业，并连续十年获得"员工满意企业"荣誉
2019年至2021年品牌化	周边磨床、随动磨床、数控车床陆续上市，光学曲线轮廓磨床完成研发，并投入生产。基于ISO 9001/ISO 14001管理体系，导入卓越绩效管理模式	正式成为国家高新技术企业，获得东莞市首台（套）重点技术装备项目奖
2021年至今生态化	2022年8月31日，公司升级并更名为广东豪特曼机床股份有限公司，开展IPO工作，计划于2024年9月实现在深圳证券交易所创业板上市	荣获2021年度广东省专精特新企业、广东省机械工程学会科学技术奖、广东省机械工业科学技术奖、中国机床商务十佳精机奖、广东省科技成果奖。产品技术及实用价值在国内同行业处于领先水平

b. 增强爱国情怀，把公司发展同国家繁荣、民族兴盛、人民幸福紧密结合在一起，主动为国担当、为国分忧

公司创始人团队坚守"生产有益于世界产业进步的产品，让中国的高精密设备得以超越世界各国"的理想信念，始终坚持实业报国，坚持肩负使命有担当。公司成立以来，曾俊董事长致力于推动以数控磨床为主体的工业母机高端装备制造，打造国之重器，助推民族工业发展。

1. 聚焦国家战略，振兴民族工业

公司扎根东莞厚街，长期深耕国内磨床领域，已为实现磨床精密化、数控化、智能化、国产化摸索出了一条符合中国国情的发展之路，逐步成为国内高端数控磨床的进口替代者以及国内磨床行业的隐形冠军。

2. 实现高端数控磨床的国产化突破

公司产品已形成内外圆磨削、工具磨削、非圆磨削、平面龙门成型磨床、铣磨混合中心、车铣复合中心六大系列，广泛运用于模具磨料、刀具工具、新能源汽车、医疗器械、五金电器、航空航天、半导体等行业。知名客户有美的电器、松下电器、宁德时代、天科合达、厦门金鹭、TTI、富士康、大洋电机及伯恩光学等。

2021年，公司自主研制的高精度曲轴磨床成功导入空调压缩机产销规模和市场地位全球第一的 GMCC 美芝（美的电器控股子公司）全自动化生产线，打破了丰田工机对该行业高端数控磨床的垄断；同年，公司自主研制的高精度随动磨床获得富士康验收通过，将专门用于苹果 Mac mini 主机外壳的磨削工艺，助力苹果产品的更新迭代；外圆数控磨床也开始逐步应用于生产第三代半导体材料碳化硅晶片的头部企业天科合达、天岳半导体的磨削工艺。公司高端数控磨床不断在各个行业实现国产化突破，实现了"高精度、高效率、高稳定"的高度协同，明确了工业母机升级为产业机械的发展方向，为开拓更为广阔的市场空间奠定了坚实基础。

c. 拓展国际视野，并不断提高把握国际市场动向和需求特点、国际规则及国际市场开拓和防范风险等方面的能力，带动组织在更高水平的对外开放中实现更好发展，促进国内国际双循环

董事长及高管团队通过精准研判，把握行业发展大势，快速整合优势资

源，推动企业可持续发展。豪特曼集团现已成为五金机械界的后起之秀，致力于打造中国五金机械制造业的第一品牌，并向全球高端工业母机进军。公司"一带"（丝绸之路经济带）"一路"（21世纪海上丝绸之路）海陆并举，运用核心技术优势及竞争力，加快布局印度、巴基斯坦和东南亚、西亚、非洲等丝绸之路沿线国家和地区，将逐步完成从陆上到海上、从省内到省外、从中国到全球的全生命周期产业布局。

豪特曼全球商务网点如图1.1-1所示。

全球商务网点

01. 北京直销:	北京市大兴区黄村镇兴盛街58号
02. 天津直销:	天津市北辰区辰锦路盛庭豪景花园7#2单元1302室
03. 沈阳直销:	辽宁省沈阳市于洪区沈胡路中国机床城一层
04. 青岛直销:	山东省青岛市城阳区重庆北路246-1号
05. 济宁直销:	山东省济宁市泗水济河街道龙城华府8#-2号
06. 郑州直销:	河南省中原区中原西路171号万达广场4#1606室
07. 苏州直销:	江苏省苏州昆山市玉城中路405号
08. 常州直销:	江苏省常州市西夏墅镇南西路192-2号
09. 宁波直销:	浙江省宁波市海曙区集古路紫御铭园168号
10. 株洲直销:	湖南省株洲市芦淞区枫溪街道航空路云山诗意9-701室
11. 成都直销:	四川省成都市温江区学海路新尚天地3栋2501室
12. 重庆直销:	重庆市江北区鱼嘴镇区龙江国际路4期商业街A区2-3号
13. 佛山直销:	广东省佛山市顺德区陈村镇佛陈路88号
14. 东莞工厂:	广东省东莞市厚街镇科技大道1号
15. 信阳工厂:	河南省信阳市平桥区龙江大道668号

豪特曼智能装备信阳有限公司
豪特曼第二生产基地·信阳工厂

广东豪特曼机床股份有限公司
东莞市厚街研发、生产基地

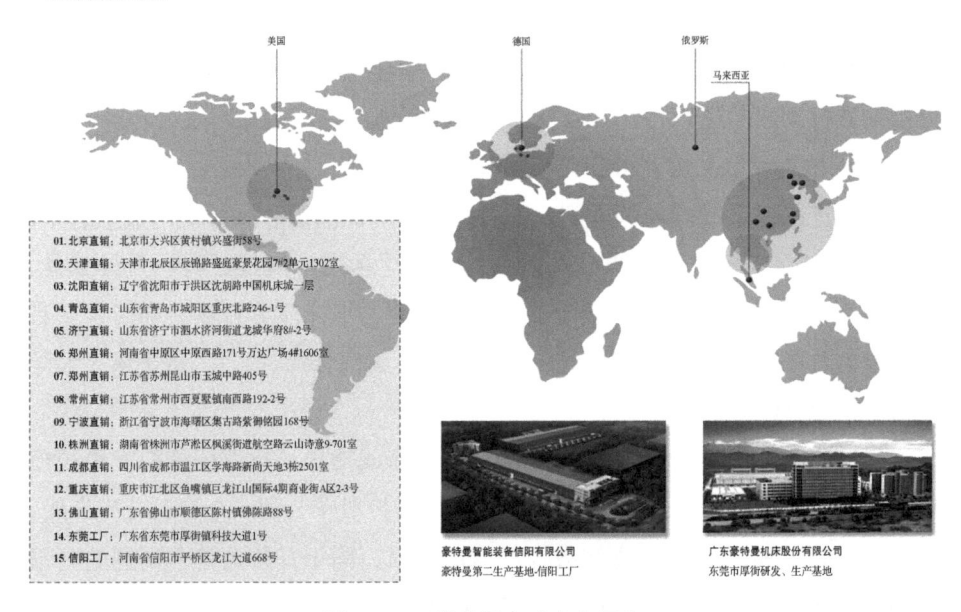

图1.1-1　豪特曼全球商务网点

1.2　组织文化

a. 确定使命、愿景和价值观，并有效贯彻落实到利益相关方

1. 企业文化发展过程

从初创、发展到成长为国内高端数控磨床的进口替代者以及国内磨床行业的隐形冠军，离不开企业文化的强大引领和推动作用。公司在经营实践中不断总结、提炼、完善，最终形成较为系统的企业文化。豪特曼企业文化体系如图1.2-1所示。

成为世界一流、
受人尊敬的高端智能装备企业

诚实守信，
品德胜于才能

生产有益于世界
产业进步的产品

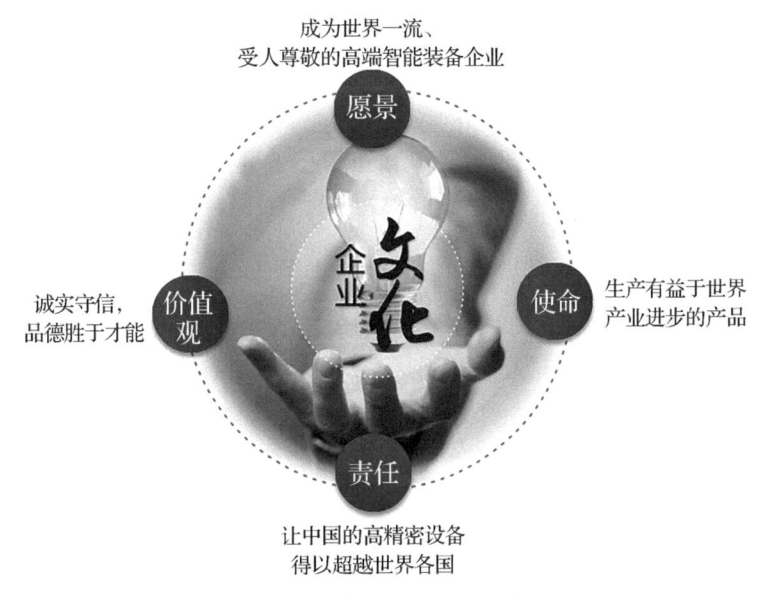

让中国的高精密设备
得以超越世界各国

图 1.2-1　豪特曼企业文化体系

2. 多渠道贯彻落实企业文化

公司通过落实"435"文化管理模式，即"四个层次、三位一体、五个一工程"，推动企业文化体系的落地贯彻。公司构建了精神层、制度层、物质层和行为层四层次的文化体系，从根本上保障组织文化在企业经营各领域、各层面的覆盖与渗透。文化传播采用"三位一体"的方针，即高层、中层领导及基层员工，自上而下逐级传播、自下而上反馈沟通。在具体实施方面，形成了"五个一工程"，即一个手册、一本教材、一套制度、一批典型和一支队伍，有效地促进了使命、愿景、价值观在组织内及相关方之间的有效传递、分享和一致的贯彻实施。对政府机构、供应商、合作伙伴、客户等外部机构及相关方，公司通过专项汇报、年度会议及社会公益活动等方式进行企业文化的有效传播。公司的企业文化传播体系如图 1.2-2 所示。

b. 建立以质量为核心的组织文化，并以其自身言行展现质量承诺

公司在"生产有益于世界产业进步的产品"的企业使命驱动下，根据"高品质产品、高价值品牌、高质量发展"的质量战略，以"安全健康、环保节能，用真诚铸造以卓越品质和优质服务为内涵的豪特曼品牌"为质量、环境、职业健康安全管理方针，为各利益相关方创造价值，形成"一次做对，

持续改进"的质量文化。

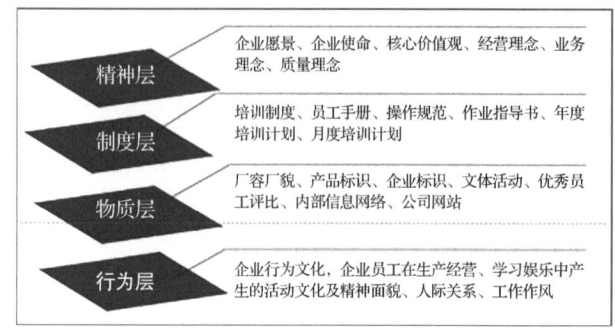

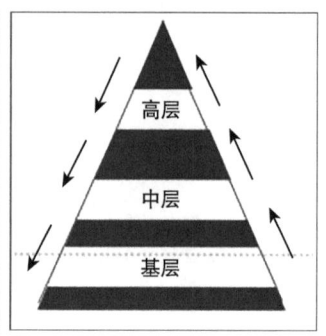

图 1.2-2　企业文化传播体系

c. 对组织文化建设进行评估并持续改善

公司每年定期评价企业文化的适用性及适宜性，注重心得交流。创造内外部交流机会，充分关注员工及相关方的心理感受以及文化吸收程度，不断调整文化的传播方式；通过总裁信箱、合理化建议、问卷星、OA、微信群等方式，进行开放式讨论并征求意见，增强和保持文化的先进性，促进组织逐步走向卓越。

1.3　战略管理

a. 进行战略管理，包括质量战略、品牌战略等

1. 战略管理的机制

秉承战略指导发展的管理理念，公司董事、战略委员会、总经办和各大职能部门参与组织战略的策划与制定，公司长短期战略的时间跨度分别为三年和一年。通过落实滚动管理，每年对战略进行评估、完善，把公司战略与日常业务工作结合起来，保障年度目标的实现和整体战略的达成。

公司的战略委员会组织架构如图 1.3-1 所示。

公司的战略管理过程如图 1.3-2 所示。

2. 公司发展战略

通过内外部综合环境分析，结合行业竞争态势、组织关键资源和核心能力等，本着平衡长短期及利益相关方利益的原则，公司确定了长短期战略目标。

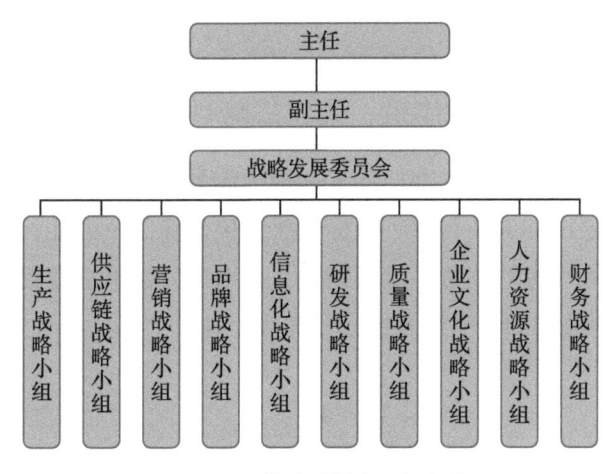

图 1.3-1　战略委员会组织架构

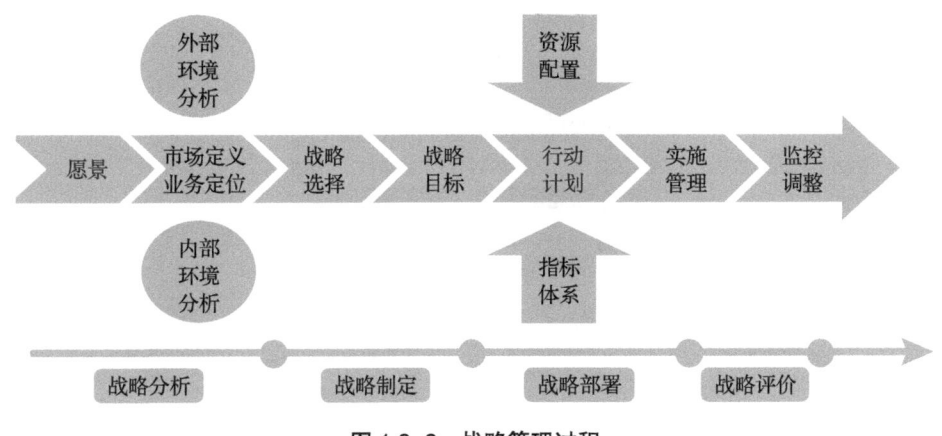

图 1.3-2　战略管理过程

（1）未来十年的"三百"计划：百亿市值、百亿营收、百年企业。

（2）2021—2025 年战略目标：公司确定了组织发展"战略地图"，2023年向研磨"半导体芯片"的磨床母机行业进军，2024 年实现在深圳证券交易所或北京证券交易所上市，2025 年集团实现产销 4 亿元人民币。

（3）到 2030 年成为全球第五大磨削集团，进入全球磨削行业第三梯队，2030 年实现全球产销 10 亿元人民币。

（4）基于总体战略和战略目标，制定和部署各职能战略阶段性工作规划和部门年度经营计划。

b. 制定战略目标并分解到公司的各个层次，同时建立绩效监测、分析、评价与改进体系，确保战略目标的达成

豪特曼建立了公司及各部门的 KPI 指标体系，每年底制定次年公司、部门、岗位三个层次的 KPI 目标，目标逐层承接，确保一致性，保障战略目标的实现。通过 KPI 考核测量各层级绩效，根据考核结果进行战略的修订和调整。图 1.3-3 为公司的关键绩效指标分解示意图。

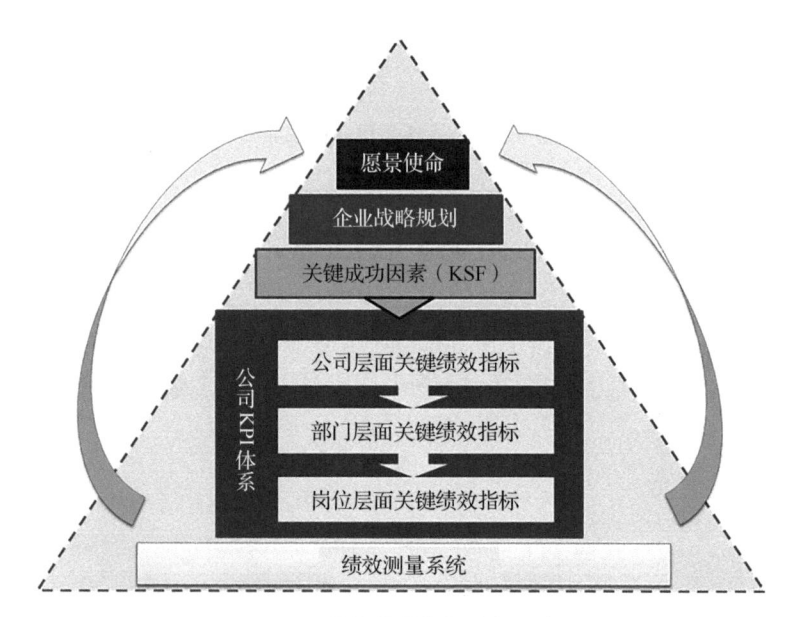

图 1.3-3 关键绩效指标分解示意图

公司级关键绩效指标体系从经济指标、客户满意度、内部管理、团队建设及日常行为等方面进行设计，涵盖各相关利益方。

c. 识别创新机会并应用到战略制定和/或调整中

公司在战略执行与实施的过程中，充分识别在产品、服务、顾客与市场及经营方面的创新机会，并应用到战略调整中，促进公司不断发展。

1.4 组织治理

公司严格遵守相关法律法规，规范经营，积极履行披露义务，确保信息公开透明，并实施内控和监督，以确保相关方利益。公司将领导职权行使、

重大投资、财务收支等组织行为均纳入监管范围。

a. 进行公司架构设计和治理系统建设，以激发公司活力

公司制定了《广东豪特曼机床股份有限公司章程》《股东大会议事规则》《董事会议事规则》《监事会议事规则》《授权审批管理办法》等制度，建立并完善了由股东大会、总裁办公会、监事会和高级管理层组成的治理架构，形成了权力机构、决策机构、监督机构和管理层之间相互协调和相互制衡的机制，为公司高效经营提供了制度保证。根据工业母机行业"定制化、交期短、响应快"的行业特点，公司构建了较为扁平高效的组织架构。公司的组织机构和治理系统如图 1.4-1 所示。

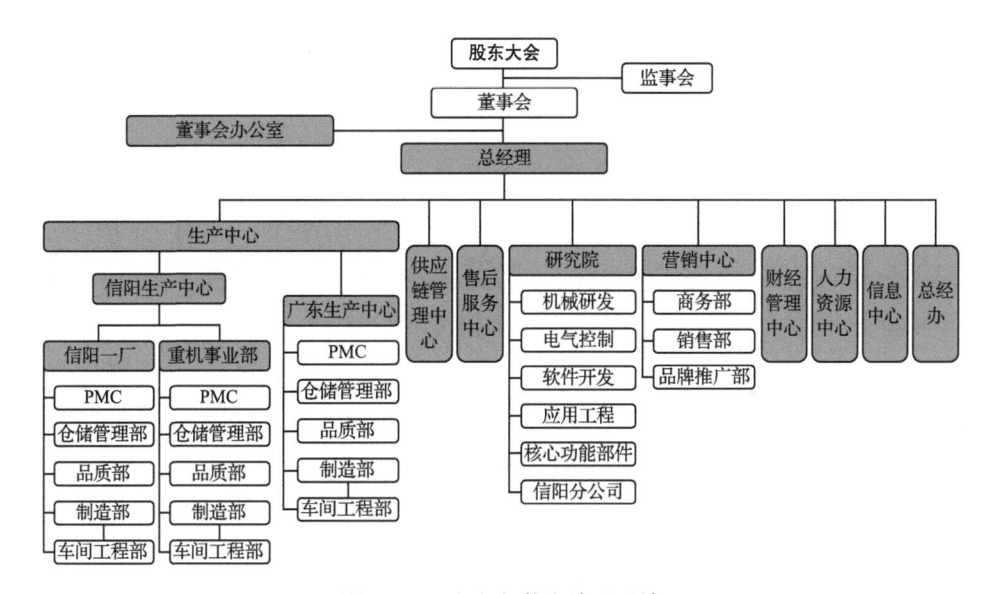

图 1.4-1　组织机构和治理系统

b. 对公司的领导和治理机构成员的绩效及合规性进行评价，使其为决策和活动的影响承担责任

根据公司发展历史、组织特点、项目制和跨部门合作的特点，公司对领导和治理机构成员绩效的评价采取内外结合的方式，建立了360度的全方位动态评价体系。公司的绩效及合规性评价方法如表 1.4-1 所示。

表 1.4-1　绩效及合规性评价方法

项目	控制指标	测量方法	评价主体
经营状况	营业收入增长、利润率、经营合规性	审计报告、信用报告	股东
质量安全	质量安全事故	客户投诉、新闻报道	股东
顾客满意	顾客满意度	顾客满意度调查	顾客
员工发展	员工满意度	员工满意度收集	员工
环境保护	废弃物排放量及处理合规性	第三方检测机构、政府	政府

c. 运用绩效评价结果改进自身和提高治理机构的有效性，以促进组织发展

通过绩效评审，依据战略目标要求和市场需求、竞争对手的变化，综合考虑需要改进领域的影响程度、紧急程度及公司的优劣势等因素，识别优先的改进及创新机会，不断巩固与提升公司的竞争地位。确定公司改进的优先项为：与客户问题（如客户提出的质量、技术、售后投诉等）有关的内容；与内部运营提升关系密切的内容，如质量提升、产品降本控费。识别出改进优先项目，编制年度关键优化项目，明确改进输出关键要求。

1.5　社会责任

豪特曼认为"追求卓越的企业不仅要关注盈利并注重经济效益，更需要执着于承担一份社会责任，赢得社会尊敬"。公司始终坚持以"质量诚信"为本，以满足市场需要为导向，以高端装备为依托，以前端技术为支撑，以完善法人治理结构和现代管理制度为保障，定位于创造社会价值，带动地方经济发展，提高社会就业率，推动行业共同发展进步。

a. 履行公共责任，包括质量安全、节能环保、资源消耗、低碳发展等方面的责任

公司高度重视产品的质量安全、环保、节能、资源综合利用及公共卫生。公司评估产品、服务和运营对质量安全、环境保护、能源节约和资源综合利用以及公共卫生等方面的影响，采取预防、控制和改进措施，发动全员开展节能、降耗、减污、增效等活动。

1. 以安全、合规、环保的方式经营

公司成立了安全管理办公室，建立了完善的质量、环保与公共卫生、节能、消防与安全生产等管理体系，要求全员签订年度安全责任书，系统识别运营过程中的危险源、危险废弃物，开展定期及不定期检查，委托具备危险废弃物处置资格的单位进行专业合规处置。通过全过程追溯管理尤其是事前预防管控，保证消防自动设施每月维保1次，每年至少12次，事故隐患整改100%完成。自成立以来，公司从未出现过重大质量安全、环境污染事故，已申请"安全生产标准化三级企业"认证。

2. 节能降耗，低碳发展

公司践行绿色发展理念，建设了生态化花园式智能工业园区。为履行好环保节能责任，公司规划建设了广东省首座"恒温恒湿防震地下工厂"。在公共卫生方面，组织在职员工定期进行健康监测。

b. 树立法治意识、契约精神、守约观念，并建立道德规范和实施质量诚信体系，包括实行产品召回制度等

公司多年来高度重视企业商誉和信用形象，制定了《产品召回及应急方案管理规范》《客户质量投诉处理及退货规定》《产品售后服务流程与管理规范》，建立了质量诚信体系。在公司高层的带领下，制定了《员工手册》《合同管理制度》等，引导规范员工的道德行为，并通过聘请法律顾问及每年组织员工开展法律法规和职业道德教育，对公司各部门的经营行为和业务往来进行法律指导和监督把关，保证企业依法经营，努力营造诚信守法的经营环境。在公司内部建立起全民参与的信用体系，多年来合同违约率为零，从不拖欠银行贷款，逾期应收账款降至合理范围，公司高层、中层领导和员工均无违法乱纪纪录，在顾客和社会公众中树立了良好的道德形象。公司曾被评为"广东省守合同重信用企业"。

c. 进行公益支持，包括关爱员工、参加社会组织、发挥行业引领作用，以及参加社区活动并营造重视质量、关注质量和享受质量的氛围

公司一直热衷于社会公益事业，在赈灾救灾、扶贫救助、节能环保、文化教育、社会公共建设等方面进行赞助，同时积极参加社会组织，担任多个社会

职务，为推动行业发展、促进社会进步做出了突出贡献，得到了多项殊荣。

曾俊董事长为回馈家乡、造福桑梓，积极响应党中央、国务院关于促进中部地区崛起的重大决策部署，决定在家乡投资办厂。公司按照国家、省、市要求，在信阳地方政府的指导、关心和支持下，于2018年在信阳平桥区落地建设豪特曼智能装备信阳有限公司，将广东、沿海技术引入到中部地区，通过"产业领航"助力"中部崛起"。

公司内设爱心基金，倡议公司全体员工为困难员工捐款，解决其生活困难。公司爱心基金于2014年3月设立，从设立至2022年，基于互帮互助、救危济困的宗旨，先后资助患重疾员工及员工家属50余人，累计资助金额为43.9万元。

在抗震救灾方面，公司积极捐款捐物，有力驰援灾区。2020年驰援湖北抗疫一线，捐赠10万元现金和防疫物资、装备；2021年河南水灾发生后，捐赠现金10万元，有效提升了企业形象。

2 质量

豪特曼致力于"成为世界一流、受人尊敬的高端智能装备企业"，以"让中国的高精密设备得以超越世界各国"为发展理念，以国家《质量发展纲要》为指引，以公司战略发展目标为动力，始终坚守产品质量缺陷零容忍、产品质量诚信零不良、产品安全环保零投诉、产品服务响应零距离的"四零"质量行为准则，培育传承"一次做对，持续改进"的质量文化，经过长期实践逐步总结了以"能动"基因为内核的"三个驱动、三化支撑、三高目标"质量管理模式（简称"三三三"质量管理模式）（见图2-1）。

2.1 管理体系

a. 公司构建多项管理体系并不断融合发展

公司构建多项管理体系并导入卓越绩效管理模式，通过识别市场、研发、供应链、生产、质量、售后、信息等管理过程，设计管理流程，将各体系深度融合，构建精益管理体系，形成公司管理手册、程序文件、作业文件、质

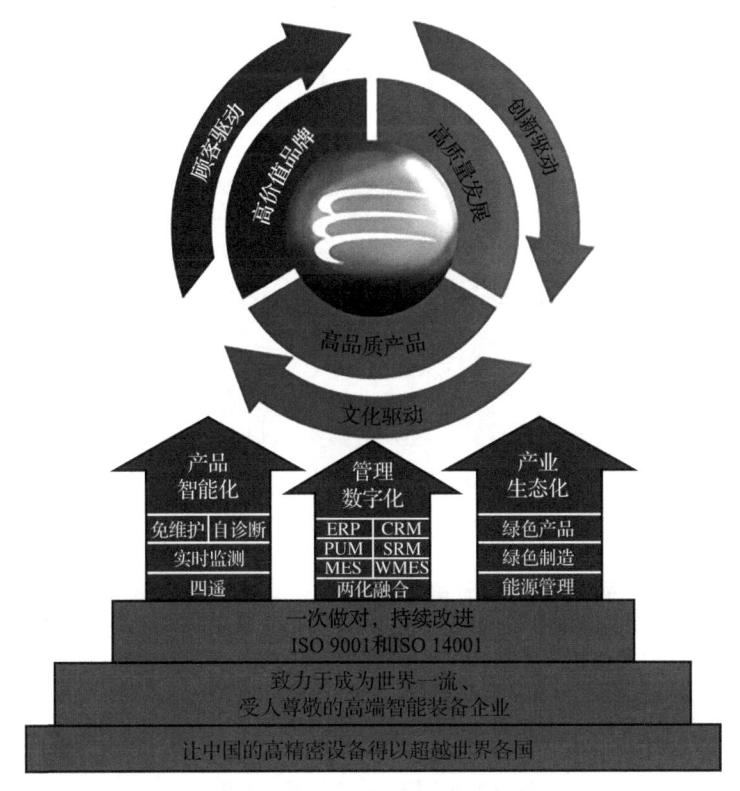

图 2-1 "三三三"质量管理模式

量记录。公司实行首席质量官制度，首席质量官代表董事长全权管理质量，有质量一票否决权，遇重大质量事项可向董事长汇报。公司的管理体系构建及认证情况如表 2.1-1 所示。

表 2.1-1 管理体系构建及认证情况

体系名称	标准或规范	认证情况
质量管理体系	ISO 9001	已认证
环境管理体系	ISO 14001	已认证
两化融合体系	已构建，待认证	评估 – 创新突破

b. 公司利用新一代信息技术，对公司物流、资金流、信息流进行有效控制，增强公司竞争力

公司基于互联网、物联网和大数据等进行数字化和信息化集中管理，对各类业务协同运作和统一监控，实现信息共享，优化人、财、物、信息一体

化管理，形成规范化、标准化、模式化的业务流程，为经营管理和决策提供准确的数据和信息，有效地提升了决策的科学性。公司的数字化工厂拓扑架构如图 2.1-1 所示。

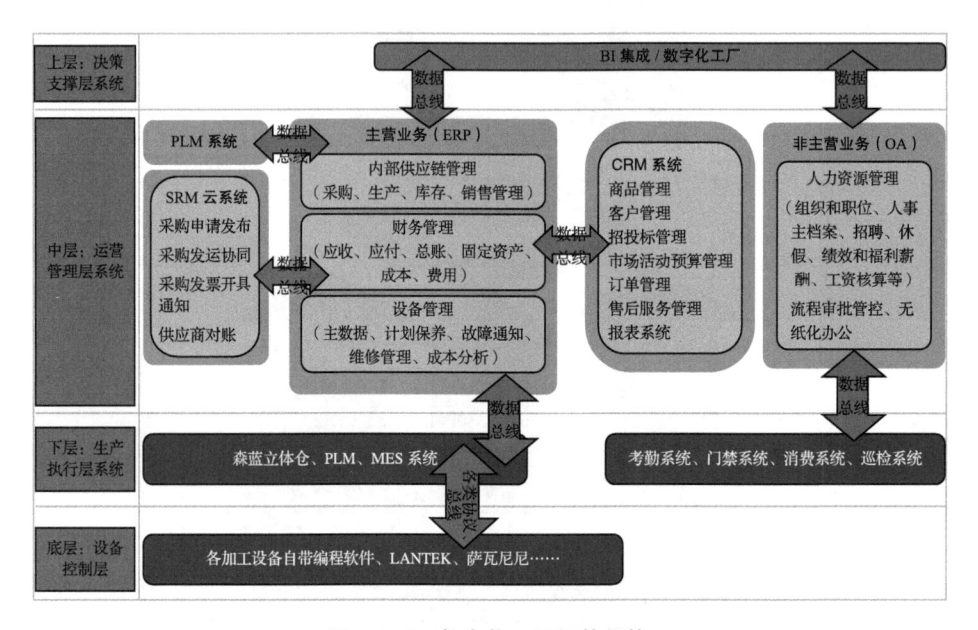

图 2.1-1　数字化工厂拓扑架构

c. 对管理体系的建设、运行和融合进行监测和评审，并不断提高其有效性和效率

为保持管理体系持续有效，公司通过下列方式进行监测和评审。

1. 顾客满意度调查

收集、调查顾客对交付产品或服务的满意度，采用座谈、市场占有率分析等手段，科学、全面、系统地统计、分析和提升顾客满意度，推动质量管理体系的持续改进。

2. 质量目标管控

根据年度管理评审会议和公司要求，制定公司质量目标，再对质量目标进行分解，定期对达成情况进行统计分析，为管理评审提供依据，并寻找改进的机会。

3. 体系内部审核

设立专职的体系管理部，培养了 20 人的内审团队，运用质量成熟度理论和方法对公司管理体系的运行过程和结果进行综合和系统的评价,每月进行体系抽查,每年进行内部审核,对审核发现的问题和轻微不符合项由整改部门按计划100%完成整改。

4. 第三方外部监督审核和不定期客户审核

每年接受第三方审核机构的定期审核和多个客户的随机审核,检查和监督管理体系是否符合体系运行要求。

5. 管理评审

每年由董事长组织召开专题管理评审会议,评价质量管理体系改进的持续性、适宜性、充分性和有效性,并制定次年的管理目标和改进措施。

2.2 顾客需求

a. 准确识别顾客的需求和期望,将其应用于产品设计、工艺设计、创新、质量改进、服务改进中

1. 采用多种方式获取顾客需求和期望

顾客需求和期望获取方式如图 2.2-1 所示。

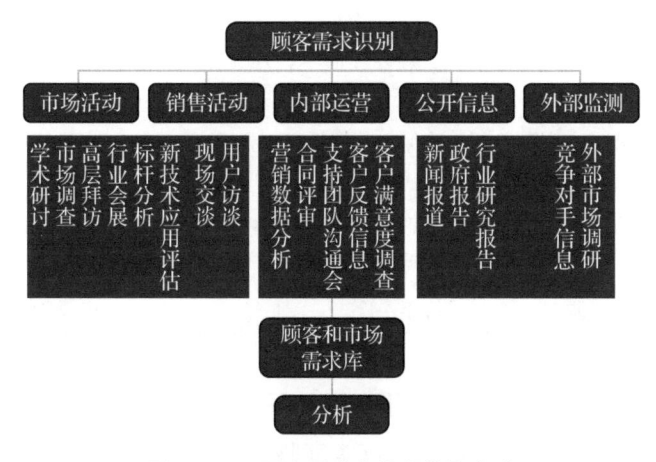

图 2.2-1 顾客需求和期望获取方式

2. 将顾客需求和期望转化到公司产品设计、工艺设计、创新、质量改进、服务改进中

按上述方式收集到顾客需求和期望后,公司管理层组织技术等相关人员召开客户需求分析会,将其转化到公司产品设计、工艺设计、创新、质量改

进、服务改进中。

b. 应用适宜的技术和方法有效管理顾客关系，并定期测量顾客满意度，以提升服务水平

1. 采用客户关系管理系统，在售前、售中、售后三个阶段保持与顾客的良好合作关系

客户关系管理要素如表 2.2-1 所示。

表 2.2-1　客户关系管理要素

阶段	方法	关键要求	执行部门
售前	客户拜访，通过电话和邮件联系推介产品	获取准确的客户需求信息，通过沟通制定解决方案	市场管理部/方案解决部
	通过媒体广告、网站、展会推介公司新产品	及时向客户传递产品信息和推出的最新服务	市场管理部/方案解决部
	组织、接待客户参观工厂	让客户了解公司的生产情况、质量管理、交付管理	市场管理部/方案解决部
	举办技术专题交流会	与客户共享最新技术成果和技术要求，及时了解客户对技术方面的最新要求	市场管理部/方案解决部
售中	高层互动	了解客户需求，建立战略合作关系	市场管理部/总裁/营销副总裁
	与总包公司、安装公司沟通	确保产品满足客户要求	市场管理部/客服部
售后	客户回访	了解现有产品的使用情况、最新需求动态	市场管理部/客服部
	客户满意度调查	每年一次	市场管理部/客服部

公司建立了完善的顾客满意度测量体系和流程，通过经销商客户、直接客户和国外客户三个维度进行顾客满意度监测。

公司的顾客满意度测量流程如图 2.2-2 所示。

公司的顾客满意度测量维度如表 2.2-2 所示。

公司通过不断的努力与改进，成为美的电器、松下电器、宁德时代、天科合达、厦门金鹭、TTI、富士康、大洋电机、伯恩光学等知名企业的关键供应商。

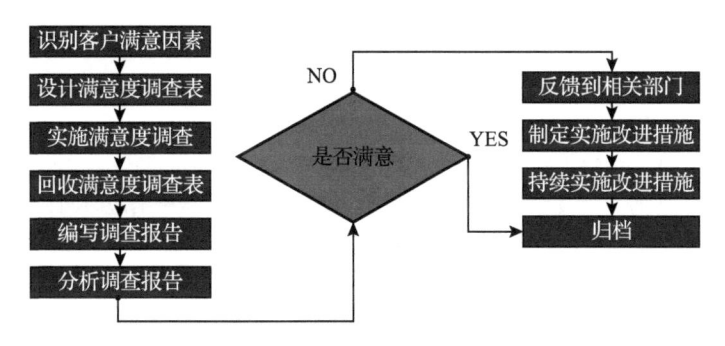

```
识别客户满意因素
设计满意度调查表
实施满意度调查          是否满意 ──NO──→ 反馈到相关部门
回收满意度调查表                          制定实施改进措施
编写调查报告            │YES              持续实施改进措施
分析调查报告            ↓                 归档
```

图 2.2-2　顾客满意度测量流程

表 2.2-2　顾客满意度测量维度

评分指标		100 分	80 分	60 分	40 分	20 分
产品质量		非常好	好	一般	差	很差
产品交货及时性		准时	基本准时	部分延迟	严重延迟	
随机技术资料的完整性		完整	基本完整	部分缺失	严重缺失	
售后服务响应时间	市内	12 小时	24 小时	48 小时	72 小时	>72 小时
	省内	24 小时	48 小时	72 小时	96 小时	>96 小时
	外省	48 小时	72 小时	96 小时	120 小时	>120 小时
	偏远	72 小时	96 小时	120 小时	144 小时	>144 小时
售后服务水平		高	较高	一般	差	很差

2. 分析客户满意度测量结果，制定相应的改进措施

针对客户满意度调查结果，公司召开会议，各部门主管以上人员参加，就公司发展战略、产品研发、品质、服务等内容广泛交流意见，并由专人负责收集整理信息，并及时回复顾客，制定相应的改进措施。客户满意度改进案例如表 2.2-3 所示。

表 2.2-3　客户满意度改进案例

改进项目	改进内容
信息交流改进	（1）所有客户工程项目的信息全部集中在 CRM 中管控，通过扫产品二维码随时可查； （2）所有项目的服务进度、服务内容、服务人员、服务质量在 CRM 中管控，产品服务档案长期保留可查，可及时吸收客户意见，为改进产品质量提供重要依据； （3）根据客户反馈意见，对 ERP 系统进行优化，2022 年全面实现互联网下单

续表

改进项目	改进内容
服务质量改进	（1）建立前端协调机制，以更快处理质量问题； （2）集中解决质量老大难问题，避免同一客户同一问题发生二次投诉； （3）每个项目设置专人专岗服务，极大地缩短了服务响应时间，优化了处理流程； （4）每个项目设置专人专岗对信息进行收集，及时反馈到技术、制造、质量部门并跟踪解决方案的制定和实施，这对提升产品的总体品质起到了积极作用

c. 快速处理顾客投诉和抱怨，分析原因，不断改进产品和服务质量

公司通过 CRM 客户关系管理系统迅速响应顾客投诉和抱怨，高效服务顾客。在全国布局服务网点，分为五大核心服务区域、四级响应服务。对于数控机床建立实时监控系统，为客户提供实时诊断和决策，大幅降低客户的运维成本。

顾客投诉响应级别如表 2.2-4 所示。

表 2.2-4　顾客投诉响应级别

级别	投诉内容（满足其中一项即为相应等级）	响应时间
一级	（1）因公司责任给顾客造成人身伤害（只要客户受伤即定义为一级投诉）； （2）与顾客发生冲突，引发法律诉讼，严重影响公司形象； （3）因公司责任给客户造成重大经济损失	公司高层负责对接，组织力量快速解决
二级	（1）公司承诺或合同规定提供的服务没有实施或者产品效果有明显出入，客户多次提出而得不到解决； （2）一个月累计三次收到不同客户对同一问题的投诉； （3）投诉发生后未能在规定时间内处理，内部沟通存在障碍，造成客户投诉升级和公司损失	部门负责人对接，受理投诉后 4~8 小时内回复处理方案，12~24 小时内开展问题处理
三级	（1）因公司产品非重大质量问题而出现故障、不能正常使用，给客户带来轻微的不便，这属于非人为因素造成的影响，能通过及时而简易的方法加以解决； （2）对于个别客户投诉的疑难杂症及提出的不合理要求，因处理不妥引发局部的顾客冲突	受理投诉后 24 小时内回复处理方案，48 小时内开展问题处理
四级	（1）由客服人员服务态度及产品质量引发的投诉； （2）对非公司责任的投诉，例如客户对公司的相关规定不满或不了解产品而采取了不正当操作	受理投诉后 24 小时内展开问题调查，48 小时内回复客户

顾客投诉处理"6 步法"如图 2.2-3 所示。

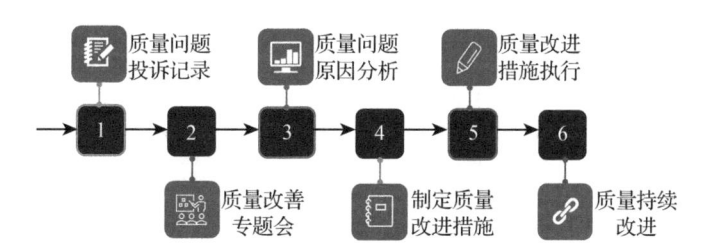

图 2.2-3　顾客投诉处理"6 步法"

2.3　质量协同

公司坚持"生产有益于世界产业进步的产品"的经营理念，实施质量协同管理，以供方开发、采购招标、业绩考核、质量改善为要素，建立完善的供应链协同机制，将豪特曼先进的质量管理方法向供应链上下游推广和复制，确保双方互利共赢。质量协同管理要素如表 2.3-1 所示。

表 2.3-1　质量协同管理要素

管理过程	管理要素
供方开发	构建资格预审、现场审核、首件样品送样检测及确认、小批量试用及跟踪、合格供方评审等供方开发程序，建立供方科学准入机制
采购招标	对大宗物料、常规通用物料公开招标采购，对项目物料采用项目招标采购
业绩考核	所有供方必须进行年度业绩考核，分别对其供货、质量、服务等方面进行评价，根据得分情况划分相应的等级，并调整相应的业务采购量。对在考核周期内出现过质量、交期、服务态度不良反馈的供方增加季度考核
质量改善	所有供方必须按业绩考核情况制定质量改善措施，对于考核预警的供方暂停合作，必须现场审核合格后才能采购，并增加考核频次。经常到供方或在线上开展质量交流活动，分享质量管理成功模式和方法，实现质量管理共同进步

a. 建立供应链管理体系，以推动供应链和公司间的质量信息交流和质量改进，增强公司的自主可控能力，实现质量协同

供应链"四协同"如图 2.3-1 所示。

战略协同

基于产品高质量的定位，进行全球优质采购资源的开发、整合。对关键材料、产品均选取行业一流、专业顶级供应商，建立长期战略合作关系，使公司产品质量从源头上获得有效保证。

交流协同

通过高层与供应商适时互访、供应商大会、供应商质量审核及各种分析会、研讨会、沟通会、供应商辅导等形式，建立良好的沟通机制和供应商帮扶渠道，确保双方携手共进、互利互赢、质量协同。

信息协同

建立供应商协同的 SRM 信息系统，供应商可在平台签订采购合同，获取询价单、招标信息、采购订单、保证金收取通知单、质量异常等信息，实现公司和供应商的双向沟通，提高供应链信息流转效率。

制度协同

与国际国内标杆企业对标，对供应链管理制度进行系统性重构和整体性重塑，包含供应商开发与选用、供应商管理、采购价格管理、合同管理、保证金管理、供应商档案管理等方面。

图 2.3-1 供应链"四协同"

1. 供应链开发

公司建立了《供方开发与管理规范》，按流程进行供方开发。公司按照"高于准入标杆才可引入"的原则引入新供方，确保能够持续满足公司品质、技术和服务方面的基本要求，且有一定的行业地位。采购部通过对供应商组织结构、财务状况、设备配置、产品质量、产能负荷、交期、价格、付款方式、体系运行情况等进行综合考查，评估其是否具备为公司提供产品和服务的相关能力，并将评审通过的厂家列入《合格供方名录》。公司的供方开发流程如图 2.3-2 所示。

2. 供应链管理信息系统建设及沟通交流

公司建立了 SRM 供应链管理信息系统，与各供应商就成本、作业计划、采购与招标管理、质量控制等进行信息交流和共享，保持信息沟通的一致性和准确性。SRM 供应链管理信息系统界面如图 2.3-3 所示。

b. 建立关键供方质量考核和保证制度，并在供应链上下游组织复制或推广其质量管理模式、方法或制度

1. 供方考核机制

公司制定了《新增供应商准入申请表》《供应商背调信息表》等文件，保证供应商选择和评价的客观性、公正性、科学性，确保所提供产品的质量以及交付、服务符合公司要求。

2. 质量管理模式在供应链的复制和推广

（1）每年组织供方大会，会上会下开展多方交流，分享成功和不足。

（2）对供方进行质量培训与精益生产培训，提升其质量和生产管理能力。

流程	说明	记录文件	责任部门
资格预审通过供方	意向供方通过资格预审后，正式进入开发程序	《供方资格预审表》	采购部、研发技术部、质量部
技术协议签订	由研发工程师与通过资格预审的供方进行技术交流，了解供方产品是否满足公司技术要求（包括产品的外观、几何约束、装配尺寸、性能功能及可靠性、耐久性等要求），达到要求者，进行《技术协议》交底	《技术协议》初稿	研发技术部
商务合作确定	采购工程师负责组织相关专业人员，与已经得到技术确认的意向供方进行商务洽谈，向供方提出质量、成本、产能和交付周期等要求，并签订《试制合同》《技术协议》	《试制合同》《技术协议》	采购部
样品验证及现场审查	供方根据上述《技术协议》进行产品的试制，公司研发技术部、质量部对供方样品进行检测、评估，并根据情况进行现场审查	《供方样品测试评审表》《供方现场审查总结报告》	研发技术部 质量部 采购部
小批量试用	如审查结果满足要求，采购部与供方签订《小批量采购合同》，并由采购部填写《小批量试用跟踪表》	《小批量采购合同》《小批量试用跟踪表》	质量部 客户服务部 采购部 供方
合格供方入围评审	根据《小批量试用跟踪表》上的意见，采购部组织合格供方进入评审流程，对是否纳入《合格供方名录》进行评审	《合格供方入围评审表》	采购部 质量部 研发技术部 客服部

图 2.3-2　供方开发流程

图 2.3-3　SRM 供应链管理信息系统界面

（3）收集和听取同业者及其他组织的声音，促成多方友好合作。

（4）对二级供应商进行生产制造、质量管理、交付保障能力方面的评估，敦促其进行技术升级和质量改善，并提供相应的技术支持或升级改造方案。

（5）分享豪特曼的质量文化和质量管理模式，加强供应商对公司质量文化和模式的了解和认识。

（6）联合开发，进行优势互补、利益共享，共同参与行业标准制定，提升自身实力，有效地促进行业发展。

c. 测量和评估供方绩效，并向供方反馈相关信息，帮助其改进产品和服务

1. 供方绩效测量和评估

根据《供方开发与管理规范》的规定，每年对所有供方进行绩效测量，在OA系统中由相关部门的人员参与测评，根据绩效测评结果及时更新《合格供方名录》，将绩效测评结果应用于采购管理中，并将绩效测评结果通报供方，帮助供方改进产品质量和服务中的问题和不足。

2. 供方绩效改进

豪特曼为供方不定期举办质量和精益生产培训。在豪特曼质量文化的熏陶下，一批供方迅速成长，其产品质量提升30%以上，成本降低20%以上，效率提升20%以上，质量问题分析能力和服务水平提升30%以上。

2.4 质量基础

a. 不断完善标准化、计量、检验检测、认证认可、知识产权等质量基础设施能力建设，提升管理水平

1. 标准化管理能力建设

公司建立标准化委员会，设立标准化管理岗位，对国内外法规、强制性标准进行定期收集、识别、引用、转化及更新，建成了完善的数控机床设备制造标准体系，形成从技术标准、管理标准到工作标准的标准化管理平台，保障公司经营符合国家法律法规、国家标准、国际标准、行业标准，并积极参与国家、团体、企业标准的制定。

2. 计量管理能力建设

公司依据《中华人民共和国计量法》、计量标准JJF 1033等，建立《计量管理手册》和《计量管理程序文件》，设立专岗对计量器具进行规范管理，包括现场管理、绩效考核、台账维护、分级管理等。

3. 检验检测能力建设

公司建立行业领先的检测中心，实现产品自动化检测和数字化管理，突破传统单一设备单项检测模式，实现多项试验的集成检测、自动检测，数据实现自动传输和保存。

4. 认证认可能力建设

公司产品全部通过国家认可第三方实验室型式试验，产品通过国内 3C 强制产品认证、多种国际认证体系认证。

5. 知识产权管理能力建设

公司建立知识产权管理体系，编制《知识产权管理手册》《文件控制程序》《知识产权管理控制程序》《知识产权信息资源控制程序》《人力资源控制程序》《知识产权岗位职责说明书》《保密管理控制程序》《知识产权内部审核控制程序》等。截至 2022 年底，公司拥有专利 66 项，其中发明专利及进入实质审查阶段的发明专利共 26 项、实用新型专利 51 项，软件著作权 10 项。

b. 运用成熟的管理制度、方法和工具，对生产现场或服务现场进行质量管理，提升生产或服务管理的信息化、智能化、数字化水平

1. 质量管理体系与数字化管理系统的融合

公司质量管理以数据为中心，以流程制度为依据，实现质量管理系统（QMS）与 OA、ERP 等系统的交互集成，形成智慧管理平台。借助数字化设备、首件检验系统、视觉检验系统、智能测试平台和自动仓储，收集产品质量数据，通过数据报表进行呈现，形成高效完善的数据链。严抓产品开发设计、生产制造和售后服务的质量，使产品整个生命周期的数据在开发设计、生产制造和售后服务中交互使用，解决产品和服务中潜在的质量问题。

2. 生产制造与数字化管理系统的融合

公司建有多条国际领先、国内一流的自动化生产线，已将现代数字技术与制造技术进行了深度融合，广泛采用互联网、大数据技术，实现数据信息在人、机器、系统之间的自动传输、计算、匹配、储存、分析、反馈和优化，实现智能制造，颠覆传统制造模式，显著提升了生产效率和产品质量。

c. 建立质量安全保证和风险防控机制，包括信息收集、关键风险因素识别及相关措施的制定与实施，以避免产生具有重大影响的质量、安全、环保事故

1. 收集质量、安全、环保等信息

公司建立健全了质量管理体系，通过了 ISO 9001 质量管理体系认证、ISO 14001 环境管理体系认证，严格按照体系的要求进行作业、管控。公司安全管理办公室采用系统方法收集质量安全信息，建立质量安全保证机制，持续识别潜在的风险并加以分析、消除和预防。

2. 关键风险因素识别及相关措施的制定与实施

公司建立了完善的风险管理体系，按既定的风险管理框架对相关风险进行有效控制。每年采取自下而上、纵向横向相结合的方式开展风险识别，重点梳理战略、财务、市场、运营、法律等方面的风险。制定应对措施，提升风险防御能力。

2.5　教育培训

a. 树立人才是第一资源的理念，激发人才的创造活力，推动可持续发展

公司树立人才是第一资源的理念，采用"职业双通道"发展模式，为员工提供多元化的职业发展通道，满足不同类型岗位人员的晋升需求。

公司通过职工代表座谈、员工满意度调查等方式了解员工的真实需求，积极改善员工工作和生活条件，完善员工文化娱乐设施，打造温馨祥和的人文环境。公司积极依托党、工、妇、团等各类组织，举办健康有益的文体活动，丰富广大员工的业余文化生活。

公司深度践行以人为本的管理理念，通过爱心基金，为困难员工纾困解难；通过多种途径解决员工子女上学问题，解决员工的后顾之忧。

b. 建立质量激励机制和质量考核制度，引导、鼓励和鞭策员工参与改进和创新

为引导、鼓励和鞭策员工参与改进和创新，公司设置了灵活的激励政策，

包括股权激励、年薪制、年度调薪、重大专项奖励、效益提升专项奖励、发明专利、论文奖励等。

公司制定了《质量管理追责制度》《QC 小组活动实施及奖励办法》《合理化建议评审及奖励办法》《年度员工评先管理办法》《研发项目奖励管理办法》《知识产权及成果申报管理办法》等制度，极大地激发了员工的工作热情，提升了公司的绩效。

c. 开展教育培训以提升员工素质，包括开展职业技术资格认定、质量技能教育和培训等

1. 质量教育与培训

为了提高全员的质量意识，公司建立了多层级的质量培训体系。

管理人员培训：与高校合作，利用公司平台，主办高级研修班、工程硕士班，提升管理人员的质量管理水平。

一线员工培训：主办工艺质量培训班，提升职业技能与职业素质，激发潜能，以适应公司业务快速发展的需要。

后备人才培养：制订"雏鹰计划"，用 1~3 年时间将一批有上进心、乐于学习、积极进取的新入职大学生，培养成为公司技术骨干、业务骨干，并作为关键岗位继任者和公司后备人才纳入人力资源开发体系。

2. 职业技能评定

公司积极开展职业技能等级认定工作，建立了《职业技能等级认定实施细则》《职业技能等级认定工作流程》《职业技能等级认定考评人员及认定工作管理制度》等。通过考核认定，截至 2022 年底，共有 22 人取得职业技能认定证书。

3. 内部岗位资格评聘

为规范员工岗位体系管理，完善员工职业发展通道，为员工晋升、任用、选拔、培养、调薪等提供重要依据，公司于 2021 年发布《职位等级管理和认证实施规定》，随即开展等级评定工作。

依据岗位对公司的重要程度、任职人的贡献程度、能力、资质以及其他因素综合评定后，划分岗位层级（简称职级），据此搭建职业发展通道，包括"管理发展通道"与"专业发展通道"。

2.6 工匠精神

a. 树立精雕细琢、精益求精的工匠理念，培育新时期的工匠精神，进一步提高员工素质和整体水平

1. 通过多种方式培育工匠理念，融入豪特曼文化

公司通过多种方式对员工进行宣传教育，把工匠理念融入企业文化，把工匠理念化为全体员工的精神品质，把"一次做对，持续改进"的质量文化及产品质量缺陷零容忍、产品质量诚信零不良、产品安全环保零投诉、产品服务响应零距离的质量行为准则，全面融入到产品研发、生产、质量管理各环节。目前，精雕细琢、精益求精的工匠理念已成为公司发展的强大内生动力。

2. 通过技能大赛提升一线员工的工匠意识

公司不定期举办能工巧匠技能大赛，积极参加市、区组织的技能比武，不断磨炼一线员工的操作技能，打造精品制造本领。通过以上活动和激励，公司员工已在生产一线形成良好的学习氛围，车间员工的工匠意识显著提升，涌现了一批能工巧匠。

b. 发扬工匠精神，提高服务质量，增强公司的核心竞争力

为发扬"执着专注、精益求精、一丝不苟、追求卓越"的工匠精神，打造高质量产品，提升公司的核心竞争力，公司采取了多种方法和措施。

1. 通过多种途径培养员工的工匠精神

通过各类技能培训、早班会、质量周会、月度质量分析会、内审、外审、看板、板报等各种途径，介绍典型案例，分析原因，找到症结，由此及彼，举一反三，教育全员，使大家牢固建立起"质量荣辱观"。多年来，这些分析与改进方法取得了显著成效，培养了员工的工匠精神。

2. 建立多种激励机制，激发和传承工匠精神

公司设立年度"质量标兵""质量工匠""豪特曼之星"，车间设立月度"比、学、赶、帮、超"竞赛制度，评选月度"生产标兵""学习能手""质量之星""好师傅""优秀实习生"等优秀个人，激励员工快速成长。同时，不定期评选优秀 QC 小组，奖励工艺质量获得较大突破的小组和有显著经济效益的质量工艺改进课题。通过这些活动，激发和传承了工匠精神。

2.7 质量变革

公司基于顾客需求及行业发展动态，梳理出质量管理中存在的问题，制定质量管理提升方案、变革方案并予以实施。

a. 不断提升产品质量水平，并通过不断改进产品质量，形成产品的独特竞争优势和对产业链的参与优势

公司坚持走"科技创新，质量为本，顾客第一"之路，持续实现产品升级和质量提升，优化产品技术和质量，形成了独特的竞争优势。

1. 质量全流程提升要点

（1）产品战略：前瞻性规划产品发展战略，提升产品质量水平。公司领导根据国家产业政策发展变化和公司"研发高起点、产品高品质、效率高增长"的质量战略，深入研究行业特征，找准行业突破口，研判行业产品发展方向，为公司整体质量水平的提升做好布局。

（2）产品研发：高起点研发新产品，提升产品质量水平。公司根据国际标准、国家标准、行业标准以及企业标准，研究数控机床设备、数据中心设备的特点，以高标准、高起点研发系列产品。

（3）产品制造：通过过程规范化管理，提升产品质量水平。公司不断优化全过程管理体系，覆盖研发、采购、制造、检验、服务各环节，不断优化程序文件、作业指导书，强化各环节质量责任，制定年度、月度质量目标，强化质量考核，从而使产品质量改善明显，市场竞争力明显提升。

2. 质量改进案例

2022年，公司实施质量重大专项，举全公司之力，解决质量管理突出问题。年终指标表明，2022年质量改善取得重大突破，质量不良反馈次数下降65%，横向进给数控全面提升，数据远好于行业水平，市场竞争优势凸显。

b. 改善产品或服务质量、工艺技术及管理水平等方面存在的差距，以提升产业链的稳定性

公司通过多种方式和渠道，识别产品、服务、工艺、技术、管理上与行业存在的差距，制订并实施了多项改进计划，促进经营管理科学化、规范化，提升运营水平，确保公司行稳致远，拥有可持续发展的稳健组织力。改进机

会识别方法如表 2.7-1 所示。

表 2.7-1 改进机会识别方法

类型		内容
战略规划研讨会		不定期研讨公司战略、产业规划、品牌建设、文化建设、新品研发、产能规划,及时发现问题和调整策略
月度班子会		总结月度经营工作,对比月度完成情况与月度目标,找到差距,提出改进措施
管理评审		重点评价公司管理体系状况,找出管理缺失,制定改进方案
体系审核	内部审核	内审员对公司管理体系的适宜性、有效性、合规性进行审核,找出存在的不足和改进机会
	第三方审核	外审员对公司管理体系的适宜性、有效性、合规性进行审核,找出存在的不足和改进机会
	客户审核	客户对公司管理体系的适宜性、有效性、合规性进行审核,找出存在的不足和改进机会
卓越绩效自评		按照卓越绩效评价准则对公司卓越绩效模式推行情况进行全年评价,找出管理短板
咨询公司专项评价		聘请外部评价机构对公司管理、技术、环境、安全、风险进行专项评价,找出问题
顾客反馈问题分析会		收集、整理顾客在产品技术、工艺、服务等方面反馈的问题,进行满意度、忠诚度分析,制定有针对性的改进措施
员工合理化建议		定期收集员工的合理化建议并进行评审;通过员工满意度测评,了解员工诉求,解决员工关心的事项
与对手、标杆对比		经常对标对手和标杆,发现公司短板,制订学习赶超计划

c. 持续开展质量改进活动,包括诸如质量提升小组或跨部门质量提升或质量改进团队的建设以及质量改进工具与提升方法的应用等

1. 建立多层级的质量改进组织

公司持续开展质量改进活动,建立了公司层、部门层、个人层三个层级的质量改进组织。不同质量改进层级的质量改进活动如表 2.7-2 所示。

表 2.7-2 不同质量改进层级的质量改进活动

层级	方式	内容	效果
公司	智能制造升级	公司根据国家智能制造政策,制订公司智能化制造提升计划,持续实施升级改造	产线已基本实现智能化生产

续表

层级	方式	内容	效果
部门	QC 小组活动	根据公司确定的质量、成本、效率目标，有关部门或跨部门组织实施改进活动	根据识别确定的产品工艺问题，磨床 QC 小组解决多项产品工艺问题，产品质量明显提升
个人	合理化建议	公司按季度收集合理化建议，并组织评审，确定优秀提案并奖励，组织实施后，对结果跟踪检查	按季度收集合理化建议并组织评选和奖励，公司已形成合理化建议的文化氛围

2. 采用多种质量管理工具或方法，提升效率和质量

公司通过 QC 五大工具、七大手法、PDCA、SCADA、流程再造、精益生产等质量管理工具或方法提升质量和效率。

3. 持续开展 QC 小组活动，不断提升质量和效率

公司发布了《QC 小组活动实施及奖励办法》，建立了 QC 小组推行委员会，由主任、副主任、推行委员等组成，明确了各岗位的职责，推进 QC 小组活动的开展。

4. 积极收集和采纳合理化建议，凝聚共识，提升质量和效益

为调动全体员工参与改进的积极性，充分发挥其主观能动性和激发创新意识，公司制定了《合理化建议评审及奖励办法》，鼓励员工提出合理化建议，促进管理、质量、安全、技术、研发、节能降耗、营销和服务等持续改善，提高公司经营效益，促进企业和职工共同发展。

2022 年度共计收到员工合理化建议约 200 条，采纳 60 多条，有效改善了公司管理过程，取得了一定的经济效益。

3 创新

创新是公司实现"成为世界一流、受人尊敬的高端智能装备企业"的愿景和高质量发展的第一动力。豪特曼是民营企业创新驱动发展的成功典范，在发展过程中先后完成三次产业升级；一是完成低端磨床设备向高端磨床设备的升级，贯彻实施产品的国际标准及行业标准，奠定了公司在数控机床行

业的基本地位；二是实现了从规模化向智能化及自动化的产业转型，实施 ISO 9001 质量管理体系；三是响应国家"双碳"发展战略，从传统机床行业装配升级到高端工业母机装备，实施 ISO 9001、ISO 14001 管理体系，成为国内工业母机装备的领军者。

3.1 动力变革

a. 创新是高质量发展的第一动力，将创新理念融入到组织之中，并建立、实施和保持创新管理体系，以提高组织效益和竞争优势

公司以创新为第一动力，坚持实施创新驱动发展战略。创新是豪特曼能动文化的重要组成部分。在多年的摸索和实践中，公司形成了能动创新文化、能动创新环境等。

公司的创新管理体系形成过程如图 3.1-1 所示。

1. 打造创新文化	2. 建立创新体系	3. 建设创新能力	4. 构建创新生态
・地蕴天成，能动无限 ・能动不息，活力豪特曼 ・弘扬创新企业精神 ・能动创造价值	・设立创新领导机构 ・创新小组 ・明确创新责任制	・人力资源 ・市场资源 ・技术资源 ・生产资源	・供应链 ・科研机构 ・客户

图 3.1-1 创新管理体系形成过程

1. 设立创新委员会

根据公司战略设立创新委员会，持续推动公司创新发展。坚持以创新为第一动力，增强公司的自主创新力，激励公司全体员工勇于创新，不断提高公司的综合实力及管理水平。

创新委员会组织架构如图 3.1-2 所示。

2. 创新改进机制

公司按照改进管理模式分层次实施创新改善活动，具体如表 3.1-1 所示。

b. 发现创新机会并管理创新过程，包括建立创新激励机制和管理制度等

公司通过导入卓越绩效管理模式进行绩效评价，在此过程中识别并发现创新机会，管理创新过程，推动创新、改进，提升公司的核心竞争力。

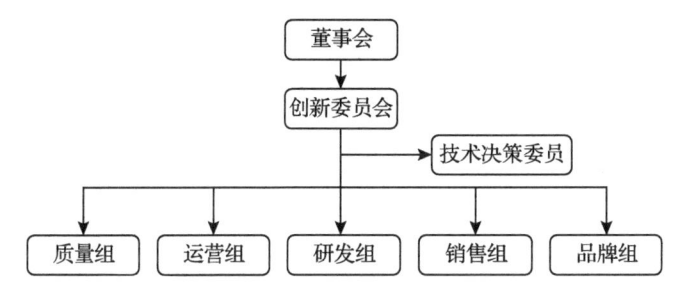

第二章 广东豪特曼机床股份有限公司

图 3.1-2 创新委员会组织架构

表 3.1-1 创新改进计划及改善活动

创新改进层	创新改进方式	创新改进计划及目标	实施过程
公司	卓越绩效模式 全面预算管理 质量管理体系	收集、分析数据，根据分析确定流程改善方向；依据全面预算理念向管理层提供改进依据，提高组织绩效	（1）公司导入卓越绩效管理，学习先进的管理模式，改善公司内部管理，实现公司绩效的提升。 （2）公司实施全面预算管理，通过业务、资金、信息、人才的整合，为作业协同、战略贯彻、经营现状与价值增长等方面的最终决策提供支持；同时，通过全面预算，对各部门、各制造中心的成本费用进行管控，有效地组织和协调生产经营活动，为完成既定的经营目标提供保障。 （3）公司坚持打造高质量智能化数控机床产品
跨部门	年度科技项目 技术管理创新	不断研发新产品，优化产品工艺，提升产品质量，致力于成为世界一流、受人尊敬的高端智能装备企业	依据项目规划、立项、过程跟踪、结题验收等实施流程，进行项目评审、项目推广
部门	QC 小组、供应链管理、精益生产、业务流程再造	根据质量、效率、成本指标确定改善方向，调动各部门组织改善活动	（1）普及 QC 小组活动，改善现场品质及效率。 （2）供应链改进的举措是实施战略采购，组织相关部门进行业务流程梳理，分析和评价业务结果，坚持总成本最低的原则。

续表

创新改进层	创新改进方式	创新改进计划及目标	实施过程
			（3）改善生产的过程管理，鼓励员工及时发现问题与解决问题，充分调动员工的积极性，自发参与到现场改善当中。 （4）对业务流程不断进行优化和重组，进一步提升工作效率
个人	合理化建议及关键事件改进案例	根据质量、效率、成本指标确定改善方向，调动各岗位员工参与改善	以各岗位个人为主，持续推进管理创新及改善

1. 发现创新机会

公司以市场为导向，充分利用客户拜访、售后服务系统、第三方机构调研、技术交流、行业协会及对标企业等各种渠道获得客户需求信息，量化后进行数据分析，识别出创新机会和方向，应用在产品研发中，以满足顾客需求。

2. 管理创新过程

公司建立了完善的创新管理制度，有《设计开发控制程序》《知识产权及成果申报管理规范》《合理化建议实施办法》等；拥有灵活的激励政策，包括股权激励、重大专项激励、效益提升专项激励等。同时，确定了自主开发、产学研合作、企业间技术合作开发模式，使产品开发设计、项目管理规范化、流程化，为实现产品高质量提供保障。

c. 追求被认定为可实现可控制的风险的机会，在合适的时机中断此活动以支持更优先的机会

公司根据战略发展方向和以往的数据，参考外部环境的变化情况，动态评估创新机会的可行性，从制度、设备设施、方法工具、人员、财务等方面进行配置，以支持机会的实施，同时在实施过程中实时监控，当发现产生不可控因素时及时调整改进，甚至中止该项活动以支持更优先的机会（见表3.1–2）。

表 3.1-2　追求被认定为可实现可控的风险的机会

层级	内容
把握大势	国家环境、国家政策、行业趋势、客户需求
高层主导	战略研讨、产业规划、产品规划
自上而下地推动创新机会转化	资源配置、激励机制、项目管理

风险机会管理模型如图 3.1-3 所示。

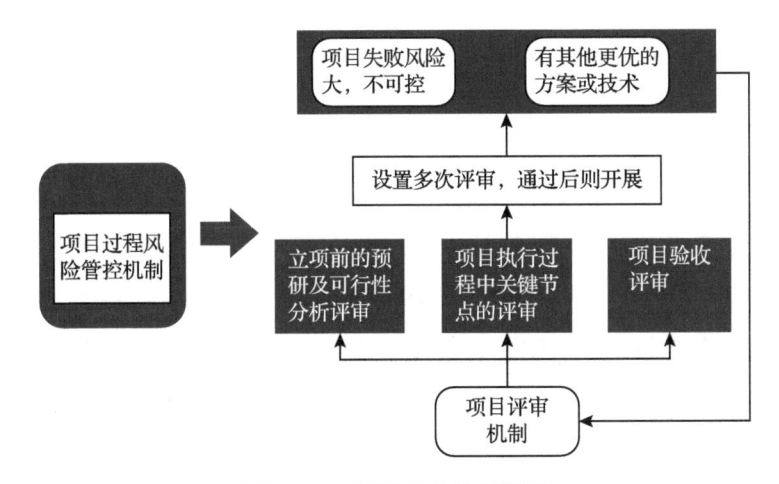

图 3.1-3　风险机会管理模型

3.2　创新能力

a. 建设创新平台和打造科研创新团队（包括参与重大科研项目），并保持创新平台的有效运行，以提升组织的核心竞争力

1. 创新平台

公司是国家高新技术企业、广东省专精特新企业、东莞市"倍增计划"试点企业、东莞市首台（套）重点技术装备项目资金资助企业。公司获得广东省机械工程学会科学技术奖，是广东省唯一一家具有规模效益及品牌、技术优势的集高端数控磨床研发、生产、销售于一体的高端制造企业，也是广东省首座"恒温恒湿防震地下工厂"。

2. 产学研平台

公司是东莞市"倍增计划"试点企业，2022 年与广东工业大学合作开展

"立式磨床液静压导轨、转台"项目，并实施成果转化，促进了技术创新和行业发展。

3. 先进的研发试制试验平台

公司拥有研发场地577平方米，拥有激光干涉仪、三坐标测量机等一系列先进的检验仪器设备，总价值为201.26万元。

4. 核心技术团队

人才是第一资源。公司拥有一支高素质、年轻化、专业化的技术队伍。研发人员高级职称1人、中级职称2人。公司与优秀的高校院所加大对科研队伍的联合培养力度，累计引进、培养技术人员26人，研发团队人数达到60人，其中本科（含中级职称）以上不少于25人。强大的人力资源储备，为公司研发项目的成功提供了有力保障。

b. 积极学习和应用先进技术和方法，系统管理运营过程中产生的信息和知识，持续提高组织的纠错能力、应变能力和创新能力，实现关键核心技术自主可控，解决"卡脖子"等技术难题

1. 积极学习和应用先进技术和方法

公司参观、学习具有国际先进水平的智能数控机床企业，先后邀请相关行业先进企业到访参观、交流；同时将现代数字技术与产品创新深度融合，在公司运营管理等各个方面广泛应用先进技术和知识，大幅度提升了公司的生产运营效率。

2. 系统管理运营过程中产生的信息和知识，持续提高组织的纠错能力、应变能力和创新能力

建立公司知识库，明确各单位信息收集与管理的职责、分析方法、识别与应用途径，对知识的识别、整理、分享、应用、总结和创新进行管理。

打造创新协同平台，建立以ERP为核心，全面集成销售、研发、制造、采购、质量、财务等信息的数据仓。通过创新协同平台，使产品与服务知识在客户、供应商之间相互沟通交流，推进知识收集与沉淀、知识应用标准化，形成知识共享和传递，共享创新成果。

3. 核心技术自主可控，攻克"卡脖子"技术

公司坚持走科技创新驱动发展道路，将技术创新作为业务发展升级的核心驱动力，持续优化创新平台和创新体系建设，加大研发资源投入。截至

2022年底，公司拥有专利66项，其中发明专利及进入实质审查阶段的发明专利共26项、实用新型专利51项，软件著作权10项。其中自主研发的高精密CBN在线自动修整技术、高精密磨削与研磨同步技术、G1曲轴磨床等十余项技术均达到国内领先水平。

3.3 管理创新

a. 根据组织的战略任务，结合技术和产品发展趋势，有组织、有计划地推动管理创新，包括针对具体质量问题，创新管理工具和方法，使组织的各项活动更加高效

公司每年多次聘请专家进行工具、方法应用方面的培训。通过在各创新改进活动中强化工具、方法的应用，促使员工养成规范高效地应用系统成套工具方法的良好习惯，极大地提升了工作和技术创新改进的有效性。公司的创新改进是全方位的，包括公司层面、部门层面和岗位层面，各层面创新改进活动中常用的工具和方法如表3.3-1所示。

表3.3-1 创新改进活动中常用的工具和方法

层次	创新改进活动	应用工具或方法
公司层面	战略调整	PEST分析、SWOT、KSF、趋势分析等
	管理改进	鱼骨图、流程图、平衡计分卡、专家打分法等
	信息化	调查表、标杆学习、对比分析、甘特图等
	卓越绩效管理	调查表、专家打分法、标杆学习等
部门层面	技术创新攻关	趋势分析、对比分析、标杆学习、试验设计、流程图、甘特图、流程再造等
	6S管理	调查表、对比分析、标杆学习、对策列表等
	质量改进	QC七大手法、MSA应用、SPC统计技术运用、失效分析法等
	环境健康安全管理	排列图、调查表、因果图、控制图等
	营销管理	对比分析、标杆学习、直方图、饼图、关键事件法、满意度指数分析等
	人力资源提升专项行动	调查表、关键事件访谈、人才测评等
岗位层面	QCC改善	调查表、分层法、因果图、排列图、直方图、控制图、头脑风暴法等
	改善提案	头脑风暴法、调查表、对策表等

为有效促进组织内部合作和管理创新，公司在现有组织机构的基础上，建立了相应的跨职能团队（项目小组），促进不同部门、不同职位间的内部合作和高效协同。

b. 进行组织的管理模式、经营模式、商业模式创新，如通过互联网开展业务、开展个性化服务或定制化服务等

公司利用信息化优势，将其与实际业务管理深度融合，实现管理模式、经营模式、商业模式创新，创造新的发展生态与价值，助力公司战略目标达成。

1. 利用数字资产，推进管理创新

公司建立了以ERP为核心的信息管理系统，在关键业务领域实现信息化，对工作流、信息流、物流、资金流进行有效管理，使资源共享和高度协同、业务流程一体化，实现管理和经营模式的数字化、智能化。

2. 贴合市场，进行经营创新

公司开展产业链创新整合，基于对顾客的细分识别及关键的销售策略，结合顾客特点，从方案设计、生产制造、设备供货等方面对项目进行整合，形成整体解决方案。公司通过经营创新在工业母机行业快速发展，公司的周边磨床、高精密数控成型平面磨床、高精密数控螺纹磨床等十余项新型高端数控磨床在国内同行业中处于领先地位。

3. 商业模式创新

基于整体解决方案的工程业务总包模式创新，缩短了工期，提高了工程质量，降低了项目成本，极大地提升了客户价值，使公司由单独销售产品的传统设备供应商转变为集成服务商，形成新的业务盈利模式，不仅带动自有产品的销售，产生盈利，而且可以通过该商业模式提供集成管理服务，产生额外的利润增长点。

4. 推进装备自动化升级并取得突飞猛进的效果

为提升装备产品的精度和实现高效产出，公司投入1339.47万元引进四套先进生产设备，其中包括单台325万元的日本进口TAIYO太阳工机Vertical Mate立式磨床，该机结构简单、合理，其多功能磨削能力、调试系统、加工能力使内圆、外圆和端面磨削等达到国际一流、国内领先水平。

3.4 技术创新

a. 围绕组织的使命和愿景，结合环境的变化，通过引进、消化、吸收、开发适用的先进技术和先进标准形成组织的技术体系，并有效保护自身的知识产权，包括海内外专利的申请和保护

结合公司战略，积极践行国务院发布的《中国制造 2025》行动纲领，抢抓工业母机行业快速发展的机遇，不断加强新产品开发，丰富及延伸产业链，抢先进军高端市场，为公司产品开拓广阔的市场。

技术中心有完善的管理制度，并根据技术中心的发展适时补充资源，这对强化研发能力、提高工作效率和工作效益、推进可持续发展起到了极其重要的作用。

公司的研发管理流程如图 3.4-1 所示。

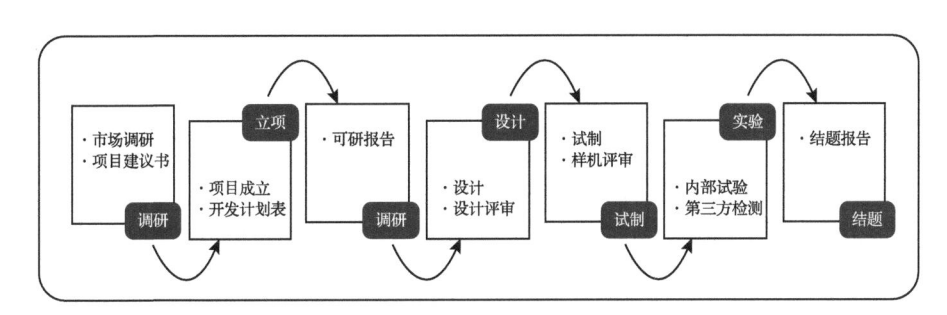

图 3.4-1 研发管理流程

公司以项目开发为基础，致力于为客户提供智能数控机床整体解决方案。公司自主研发的周边磨床、高精密数控成型平面磨床、高精密数控螺纹磨床等十余项新型高端数控磨床在国内同行业中始终处于领先地位。

公司拥有专利 66 项，其中发明专利及进入实质审查阶段的发明专利共 26 项、实用新型专利 51 项，软件著作权 10 项。其中自主研发的高精密 CBN 在线自动修整技术、高精密磨削与研磨同步技术、G1 曲轴磨床等十余项技术均达到国内领先水平。

同时，公司与众多客户建立了长期稳定的合作关系，拥有充足的客户市场和技术储备。公司将持续不断地进行技术创新，推出引领行业发展或替代进口的智能化数控机床装备，推动公司产品智能化、模块化、组合化、绿色化、标准化发展。

b. 建立、实施和保持技术评估体系，并与竞争对手和标杆进行比较分析，不断提高组织技术水平，以增强组织的核心竞争力

根据战略要求，公司组建了由董事会、管理层等组成的技术决策委员会，开展对技术先进性的综合评估，并通过对技术创新的评估和沉淀，不断提高公司的技术水平和核心竞争力。研发技术中心（机床研究院）对企业的技术能力与同行或国际先进技术进行对标分析，技术决策委员会定期开展相关技术管理及成果的评审鉴定。

公司机床研究院组织架构如图 3.4-2 所示。

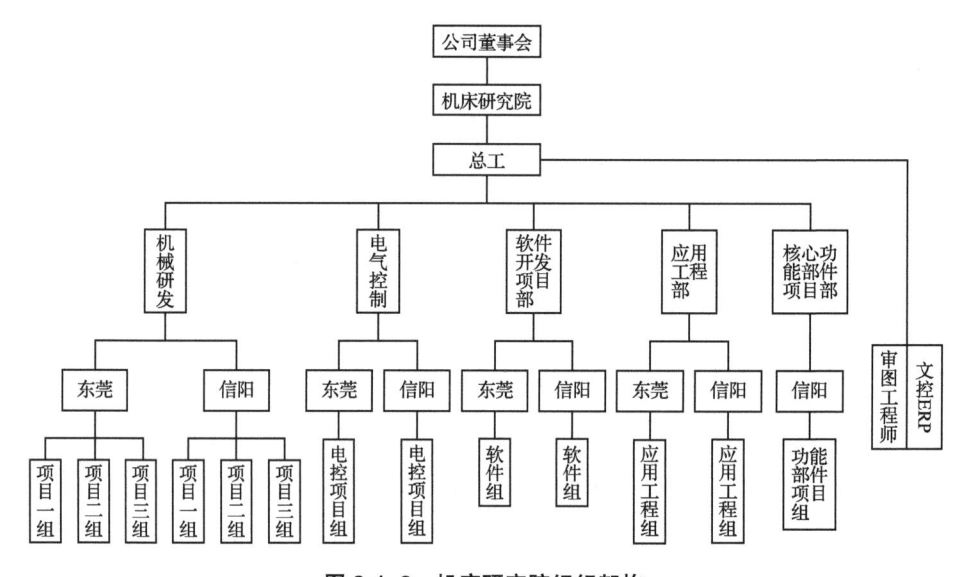

图 3.4-2　机床研究院组织架构

为不断提升高端产品的协同研发能力，公司建立了与美的电器、松下电器、宁德时代、天科合达、厦门金鹭、TTI、富士康、大洋电机、伯恩光学的深度合作关系，形成了强强联手的技术联盟。通过与行业标杆和竞争对手进行对标，公司收集了标杆企业和竞争对手的数据、信息，构建了完善的多维度产品技术识别、评价、对比分析和对标学习体系。通过对国内外行业技术发展趋势和竞争对手所拥有的技术进行分析，包括分析产品技术特点、主要技术参数水平等，为确定关键技术的定位和技术战略提供了充分的输入。通过与各类高校、研究院所建设合作开发平台，开展全方位的产、学、研、用合作交流，广泛吸收不同行业和单位的技术研发和技术评估经验，并实现整合集成创新，持续强化和完善企业的技术人才引进和培养、新产品开发、关键技术研究、技术发展规划、研发基础设施建设等。

c. 利用互联网、物联网、大数据、云计算、5G 等新一代信息技术进行诸如研发设计、制造工艺和产品性能等创新和改进

公司充分利用互联网、物联网、大数据、云计算等新一代信息技术，在制造工艺和生产运营上进行创新和改进，对降低成本、提高生产效率、缩短供货周期起到了显著的作用。近年来，公司相关产品的质量水平及出货合格率得到了持续提升。

4 品牌

公司始终坚持企业品牌与产品品牌统一的整合品牌发展战略，通过落实品牌规划和发展目标，不断强化品牌建设，持续提升品牌认同感和长期品牌价值。豪特曼品牌现有八个商标，如表 4-1 所示。

表 4-1 公司的商标

序号	商标名称	注册号	核定使用类别	有效期	取得方式	使用情况	备注
1	豪特曼	42524081	7	2030 年 8 月 13 日	原始取得	正常	广东豪特曼
2	豪特曼 HOTMAN	20691247	7	2027 年 9 月 13 日	原始取得	正常	广东豪特曼
3	HAO TE MAN	42537125	42	2030 年 9 月 6 日	原始取得	正常	广东豪特曼
4	豪特曼	42546615	35	2030 年 8 月 13 日	原始取得	正常	广东豪特曼
5	HAO TE MAN	42531830	7	2030 年 8 月 20 日	原始取得	正常	广东豪特曼
6	HAO TE MAN	42546611	35	2030 年 8 月 13 日	原始取得	正常	广东豪特曼

续表

序号	商标名称	注册号	核定使用类别	有效期	取得方式	使用情况	备注
7	HOTMAN	6897906	7	2030年5月13日	原始取得	正常	广东豪特曼
8	豪特曼	42540636	42	2030年10月6日	原始取得	正常	广东豪特曼

4.1 品牌规划

a. 基于顾客需求和期望进行品牌定位，建立以品牌核心价值和特性为中心的品牌识别系统

公司历经多年发展，形成了"让中国的高精密设备得以超越世界各国"的品牌理念、"生产有益于世界产业进步的产品"的品牌使命、"成为世界一流、受人尊敬的高端智能装备企业"的愿景，确立了"安全健康、环保节能，用真诚铸造以卓越品质和优质服务为内涵的豪特曼品牌"的管理方针。通过不断提升市场识别度、品牌知名度、顾客满意度、品牌忠诚度等关键指标绩效，逐渐有序地提升品牌价值。

品牌美誉度构成因素如图4.1-1所示。

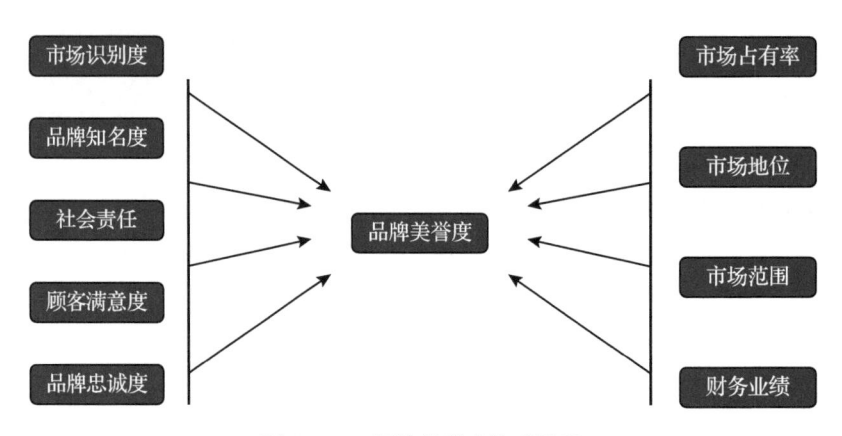

图4.1-1 品牌美誉度构成因素

公司打造了专业视觉识别系统和基础设计系统，通过持续规范基本设计与应用设计系统，成功地输出《广东豪特曼机床股份有限公司视觉识别管理手册》及品牌系统识别清单（见表4.1-1）。

表 4.1-1　品牌系统识别清单

类型	清单
办公用品	名片、信封、文件套、公文袋与资料袋、办公常用表格、PPT模板、文件夹、文件盒与文件柜、办公文具、签字笔、笔记本、纸杯、矿泉水、台历、工作证、来访证、活动纪念品、桌旗、厂旗、活动纪念品、周年庆活动衬衫、太阳伞等
礼品包装	纸箱、产品包装纸箱、公关手提袋
员工服装	男女款行政人员服装、车间技术人员服装、保安人员服装、安全帽、手套、雨衣
广告牌	企业形象牌、户外广告牌、单立柱户外广告牌、厂房楼顶广告牌、导向系统标识牌、宣传栏、车间宣传海报、挂旗
办公环境	办公室、会议室、办公楼通道宣传海报、楼层指示牌、卡座标识牌、会议室指示牌、玻璃门防撞贴、办公室挂画、宣传易拉宝
交通运输	车体广告、加强站点平面设计
媒体展示	企业宣传册、产品宣传折页、产品说明书、企业宣传片、条幅、广告、网页按钮、弹出广告

公司通过行业内参展、技术交流会、关键顾客参观等商务活动将品牌渗透至公众心中，并凭借过硬的产品质量和一流的服务提高品牌知名度、美誉度、信任度和忠诚度，逐渐构建和完善了品牌核心传播要素及配称能力。

b. 制定和实施品牌规划

自 2007 年成立以来，公司始终坚持创始人曾俊先生"根植东莞、立足广东、走出中国、面向全球"的发展思路，持续以技术创新推动企业转型，先后完成三次产业升级并开启第四次产业升级。2020 年起，公司无心磨床、数控车床陆续上市，光学曲线轮廓磨床、随动磨床完成研发并投产上市，由此迈入第四次产业升级的新赛道。

豪特曼将品牌建设纳入战略规划中，制定了中长期品牌战略。公司实施多品牌战略，通过强化技术力、质量力和品牌力建设，提高了品牌的持续竞争力。

c. 利用组织有价值的活动，提升品牌的知名度、认知度、忠诚度和美誉度

公司坚持"能动""创新""品质""共赢""四位一体"的品牌建设理念。

"能动"是豪特曼人的基因；"创新"是企业发展壮大的保障；"品质"是可持续发展的主线和底线；"共赢"是豪特曼感恩客户并与之长期良性合作的终极追求，同时也是豪特曼品牌知名度、美誉度、忠诚度、满意度的最好体现。

公司领导及相关技术专家参加机床行业展会，参与行业标准制定，策划主持新产品发布会，邀请相关媒体、客户、专家到场，通过媒体传播，提升公司品牌形象和产品知名度。近年来，公司持续加大对品宣的投入力度。

加强品牌统筹管理。保持对先进管理方式的敏感度，兼顾对外品牌管理与对内企业文化品牌管理，通过上与下、内与外相结合，齐心建设品牌力。明确与品牌相关的部门的工作职责，品牌管理部门负责制定发展规划，提出工作标准，制定工作办法，支持、监督品牌工作的开展，品牌部联合市场部统筹及制定年度整体品牌传播方案。

制定《新闻暨品牌信息发布管理规定》《集团对外宣传资料统一标准》《规范名片印制》等文件，进一步规范品牌管理工作，定期检查VI，确保使用无误。公司坚持统一的VI形象，从品牌内涵出发制作企业宣传片、企业文化手册、系列高端产品说明书，并保持与品牌核心理念一致。

4.2 品牌管理

a. 进行品牌管理，抓住时机进行品牌延伸扩张，并有效回避品牌延伸的风险

1. 通过技术创新，与顾客进行长期合作，提升品牌知名度

作为经营多年的专业数控机床制造商，豪特曼围绕战略规划确定了品牌管理目标并通过各种品牌活动落实了相关品牌绩效，产品销售涵盖汽车制造、航天工业、轨道交通、储能等重点行业，新型高端数控磨床产品的行业地位名列前茅。公司先后荣获广东省机械工程学会科学技术奖、广东省机械工业科学技术奖、中国机床商务十佳精机奖，其中高精度走心式CNC段差磨床荣获2017年东莞市首台（套）重点技术装备项目奖以及广东省科技成果奖。通过对标并全方位学习行业标杆企业，公司的顾客重复购买率、顾客流失率、回款及时率、顾客满意度、关键顾客忠诚度等指标呈逐年向好趋势。豪特曼品牌得到了内外部的广泛认可，近年来品牌影响力进一步提高，目前稳居中国外圆磨床行业十大品牌之一。

2. 不断提高产品和服务质量，夯实品牌质量基础，推进品牌建设

公司始终以行业标杆、具备国际领先水平的企业为学习榜样，长期研究与其在产品质量和售后服务方面的关键差距，及时有效地落实关键质量提升举措，确保公司的产品质量、服务水准始终处于行业领先水平，从而持续地提升品牌形象，增加企业品牌建设的绩效和关键效益。

3. 总结公司的优势、劣势、机会和威胁，规避品牌延伸的风险

公司基于产业关联性以及市场机会，有序推进品牌的延伸与扩张。通过运用SWOT分析来判断和整合内外部机遇和创新，促进公司治理、内部运营管理、产品设计研发及迭代管理的有效提升，及时采取措施有效规避品牌延伸的风险。

b. 预防市场垄断及倾销行为

公司长期以来积极遵守《中华人民共和国反垄断法》（以下简称《反垄断法》），公平参与市场竞争。认真研究市场开拓策略，进行反倾销、反垄断等市场调研，积极开拓海外市场。豪特曼依托专业律师团队，结合公司产品和服务特色及关键资源等，专心研究海外各市场区域的法律法规以有效规避风险。作为补充，豪特曼通过与国内大型企业合作，间接实现了开拓国际市场的目标。

1. 通过专业的法务审核，有效预防市场垄断

虽然公司处于充分竞争、开放、有序的市场，不具备市场支配地位，但是公司积极落实《反垄断法》的相关要求，由公司法务部门专人负责日常业务反垄断合规审核，确保各项规章制度、合同、规范性文件等均符合《反垄断法》的规定。

2. 反对倾销

公司一贯反对倾销行为。公司财务与销售部门建立了产品定价规则，确保出货价格高于成本价格，保证公司的利润。公司不会以低于国内市场正常或平均价格甚至低于成本价格的方式向海外市场销售产品，不存在倾销行为。

c. 开展品牌资产管理，实现品牌资产的保值和增值

公司重视品牌资产管理，多方位保护品牌资产，实现品牌资产的保值增值。公司做好商标申请，建立商标管理台账，及时维护，从法律角度对公司

品牌资产进行管理和保护。通过积极参与国家标准、行业标准的制定工作，承担重大科研项目，极大地提高了豪特曼在行业的影响力和话语权，实现了品牌资产的保值和增值。

4.3 品牌保护

a. 公司进行品牌保护，包括实施多品牌战略

公司注重培育和保护自主和国际化品牌，加强八大注册商标和品牌的管理。为此，公司建立了一套全面的商标管理制度和品牌管理的监视、预警机制，并辅以敏捷的法律维权多级管理流程。这些举措已在多地得到有效实施，确保了公司商标注册的顺利进行和品牌保护预警管理机制的有效运行。

b. 建立顾客投诉及快速协调解决机制，使组织有效避免潜在的品牌风险

1. 公司制定了《售后服务处理流程》等一系列售后服务文件，快速协调解决顾客投诉，避免潜在的品牌风险

公司的售后服务处理流程如图4.3-1所示。

2. 建立顾客投诉处理流程，进行投诉管理

公司相关部门根据顾客投诉处理流程（见图2.2-3），在接到投诉后及时进行反馈、协调、落实，并跟踪解决结果直至客户满意。另外，测量客户满意程度，改善客户关系，提高客户的满意度和忠诚度，有效避免潜在的品牌风险。

c. 建立和保持品牌危机预警和应急处理系统，评估公关方案的及时性和有效性，消除或降低品牌的负面影响

公司建立了危机事件预警机制与处理系统，坚持"专人负责、迅速反应、积极回应、真诚沟通、化害为益"的危机处理原则，规范和统一对外声音，防范重大危机事件发生并有效解决危机。品牌部定期对公司品牌名称和品牌符号、关键词进行监测，对有关公司的关键舆论报道做出情感预测与评估，做好公关处理，更准确、快捷地传递企业产品服务、品牌理念等信息，增强品牌影响力，提高品牌美誉度，维护企业品牌形象。一旦发现有侵犯注册商

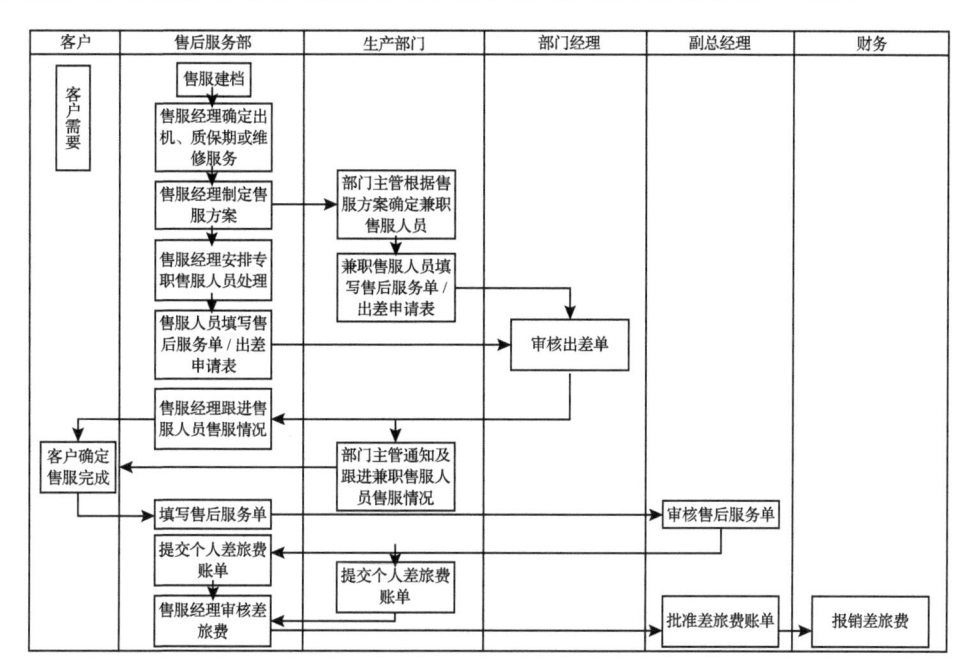

图 4.3-1　售后服务处理流程

标的行为，公司将通过法律途径发送侵权投诉函，维护"豪特曼"商标，降低或消除品牌的负面影响。

5　效益

效益部分涉及公司较多的商业数据，本书不再一一展示。

第三章 三友联众集团股份有限公司

1 领导

三友联众集团股份有限公司（以下简称三友联众或公司），是一家专业的集继电器研发、制造、销售于一体的高新技术企业，于 2021 年 1 月在深圳证券交易所创业板上市。旗下拥有 12 家子公司，职工 3000 余名。中国电子元件行业协会调研数据显示，公司连续八年入选中国电子元件百强企业，并且在继电器领域的销售额连续八年排名第二。

1.1 企业家精神

a. 弘扬企业家精神，引领组织高质量发展

20 世纪 80 年代末，公司董事长宋朝阳发现继电器行业为日本、德国厂商所垄断，格力、美的等民族家电企业都首选日本、德国的配件，因此建立民族继电器品牌的念头在宋朝阳的脑海里不停翻滚。

1. 增强爱国情怀，致力于打造继电器的民族品牌

2008 年 5 月，经历了数年的商场历练与洗礼后，宋朝阳与两个朋友怀揣着经验和资金毅然走上自主创业之路，正式成立东莞市三友联众电器有限公司（三友联众集团股份有限公司前身，以下简称三友联众），专业从事继电器的研发、制造和销售，开启了民族继电器品牌打造之路。从三友联众成立之日起，宋朝阳就立志将三友联众打造成为全球最知名、最优秀的继电器及相关产业的解决方案提供商，坚持自主品牌，坚持直销模式。

2. 重视创新，坚持可持续发展

董事长高度重视自主创新研发，加大人才的培养和引进。经过多年的努力，三友联众拥有高素质研发人员 400 余人，并自主研发了 100 多条自动化

生产线，不仅大大提高了生产效率，降低了生产成本，而且不断对产品技术进行更新迭代，实现了企业的转型升级。在他的带领下，公司始终坚持以振兴民族产业为己任，坚持"关注顾客，提高品质，降低成本，爱护环境，绿色三友，永续发展"的质量与环境方针，不断追求科技创新和至尊品质，先后获得国家专利500多项，其中国内外发明专利近80项，实用新型专利400多项，外观设计专利近20项。如今，三友继电器拥有100多个系列、20000多种型号，产品畅销80多个国家和地区。公司已成为全球最大的继电器制造商之一，全球顶尖的继电器设计及方案提供商之一。公司先后获得"高新技术企业""中国电子行业电子元件十大民族品牌""广东省制造业企业500强""工业企业知识产权运用试点企业"等多项荣誉。宋朝阳获得"中国电子行业十大领军人物"、广东省年度经济风云榜"创新人物"等诸多荣誉。

3. 坚持诚信守法

以信誉作为立身之本，董事长最早提出并践行"只做优等品"的理念；以合法合规为准绳，建立了"合规管理体系"，对公司内部的各项机制不断进行检视和优化，实施全面风险管理，确保安全运营；培养诚信守法的企业文化，除了高层领导带头示范外，还从细处着眼，实行"职业十大禁令""廉洁责任状"等制度，在制度建设、行为准则、监督问责等方面形成规范有效的保障机制。

4. 勇担社会责任

公司致力于为消费者提供优质、低碳环保的产品，引进和自主研发自动化生产设备，减少原材料和水资源的浪费，在环保、健康卫生、教育、扶贫、特定人群关爱等公益领域长期积极投入。

5. 革故鼎新，拓展全球视野

2022年初，董事长提出"革故鼎新、二次创业、再创辉煌"的战略指导思想，决心以上市为起点，进行二次创业，让三友联众的发展再上新台阶。为此，宋朝阳调整经营战略，优化组织架构，推行事业部制，让各事业部的目标及责任更为清晰；努力做大做强通用继电器、磁保持继电器和互感器，高速高质量发展车载继电器、新能源继电器、共模电感及磁性材料，投入巨资在宁波甬友建设数据化工厂，致力于实现数字化、智能化，同时大力开拓海外市场，带领三友联众实现持续高速发展。

b. 增强爱国情怀，把组织发展同国家繁荣、民族兴盛、人民幸福紧密结合在一起，主动为国担当、为国分忧

1. 办好企业，为国担当

宋朝阳董事长说："三友联众能走到今天，最主要的是公司成长在蓬勃发展的社会主义国家。没有国家的繁荣、社会的稳定和党的关怀和政策，就没有三友联众的今天。因此，公司要感恩这个伟大的时代，与人为善，打造一个充满爱心与社会责任感的企业。"因此，三友联众坚持以"为客户创造最大价值，为员工创造机会，为社会创造效益，为股东增创价值"为企业使命，为发展民族继电器品牌、掌握自主核心技术而奋斗。中国电子元件行业协会调研数据显示，公司连续八年入选中国电子元件百强企业，并且在继电器领域的销售额连续八年排名第二。

2. 诚信经营，依法纳税

三友联众在十多年的发展过程中，始终秉承"诚信经营，依法纳税"的基本原则，制定"廉洁十三条"，以诚信为基础，以法律为准绳，竭力搭建诚信管理体系，打造诚信企业，先后获得2012年"安徽省诚信企业"、2014年"东莞市诚信企业"、2016年"滁州市第十一届诚信企业"等荣誉。同时，三友联众坚持守法经营，依法纳税，切实履行企业公民责任，多次被评为"纳税大户"，为国家和地方经济社会发展做出了突出贡献。

3. 造福社会，关爱员工

公司在高速发展的同时，一直积极主动地承担社会责任，参与各项社会公益和慈善事业，传播正能量，弘扬真善美。宋朝阳董事长等公司高层领导以身作则，多次组织对敬老院孤寡老人、困难职工和农民工进行帮扶慰问，并多次资助困难学子圆大学梦。公司送温暖工程累计支出近百万元，公司多次被授予"热心公益 关爱老人""滁州市送温暖工程先进集体"等牌匾。

"员工最大"是宋朝阳董事长提出的核心理念之一。多年来，他始终将员工当成家人，努力打造"家文化"，切实保障员工利益，积极营造快乐工作、幸福生活的文化氛围。三友联众先后获得"优秀雇主"单位、员工满意企业等荣誉。

c. 拓展国际视野，并不断提高把握国际市场动向和需求特点、国际规则及国际市场开拓和防范风险等方面的能力，带动组织在更高水平的对外开放中实现更好发展，促进国内国际双循环

在全面深化改革、推动经济高质量发展的今天，宋朝阳董事长等高层领导为了使公司适应新的国际市场环境，立足中国、放眼世界，制定全球营销战略，打造全球化的三友联众。公司拓展国际视野的措施和内容如表 1.1-1 所示。

表 1.1-1　拓展国际视野的措施和内容

措施	具体内容
把握国际市场动向和需求特点	制定全球营销战略，成立海外销售部，认真分析国际市场动态及变化，根据行业特点，主动针对市场需求进行产品研发，并且判断出新能源汽车将进入快速发展时期，将新能源继电器、汽车继电器作为公司未来发展的重点领域
把握国际规则及防范风险	三友联众针对产品建立了产品安全设计规范，严格按照国际、国家以及行业的要求，通过相应的认证，严格执行国际、国家以及行业的质量安全责任制，确保顾客得到安全及高质量的产品及服务。三友联众积极把握国际市场规则以规避风险，积极开展国际商标和专利认证，已注册多个国际商标和专利，并利用北美、欧洲等地的分公司对海外客户进行市场分析，让三友继电器更好地"走出去"
国际市场开拓	三友联众先后在北美、欧洲、韩国成立销售子公司，在墨西哥、印度、波兰等地设立销售网点，为海外客户提供产品和技术支持，大力开拓国际市场，已形成全球化的营销网络，实现国内与海外市场销售规模各占 50%
国内国际双循环	利用强大的生产能力、完善的配套能力和品牌美誉度，三友联众畅通国内大循环，推动形成国内国际双循环，更好地联通国内市场和国际市场

1.2　组织文化

a. 确定使命、愿景和价值观，并有效贯彻落实到利益相关方

在公司成立之初，宋朝阳董事长就立志将三友联众打造成为全球最知名、最优秀的继电器及相关产业的解决方案提供商，而要实现这个目标，必须以优秀的企业文化作为灵魂。因此，三友联众确立了以企业文化引领企业在生产、质量、研发、服务、品牌等各方面综合竞争力提升的企业文化建设思路。公司成立了专职的企业文化宣传部门——战略企划部，统筹协调公司的各方

面资源，推动企业文化建设；以企业报刊、官网、企业之歌、微信公众号、文化宣传栏、企业画册等为主要平台，开展企业文化建设，指导和监督企业文化建设规划、方案的实施和推进；对公司的企业文化建设进行梳理。

三友联众企业文化体系的主要内容及诠释如表 1.2-1 所示。

表 1.2-1　三友联众企业文化体系的主要内容及诠释

企业文化	内容	诠释
愿景	让三友联众成为全球最知名、最优秀的继电器及相关产业的解决方案提供商	打造成全球化企业； 主要经济指标处于全球继电器及相关行业的领先水平； 在全球继电器及相关行业具有领导地位及品牌美誉度； 产品质量指标达到世界级水平（5PPM）； 拥有强大的研发、设备、制造和资金实力； 具有价值观高度统一的经营管理团队； 制造数量及销售收入进入全球前三名
使命	为客户创造最大价值，为员工创造机会，为社会创造效益，为股东增创价值	为客户创造最大价值。为客户提供优质的产品和专业化的服务是三友联众存在和发展的基础。公司不仅要满足客户当前的产品和服务需求，而且要通过不断创新，精益生产，追求规模效应，制造出优质多样、性价比优越的继电器产品。公司坚持客户至上，优质服务，诚信经营，为顾客创造超过预期的价值，帮助客户成功，与客户携手共进，成为客户亲近的长期合作伙伴，成为客户敬仰的企业。 为员工创造机会。员工是三友联众最宝贵的资源。尊重员工、关爱员工，通过企业实际的生产经营为公司和社会培养优秀的人才一直都是三友联众所坚持的理念。公司将为所有员工进行有效的职业生涯规划，激励员工发挥自我价值，尽展员工所长；同时，公司将为所有员工创造尽可能多的培训机会，通过学习和培训使员工能力和素质得到提升，从而使员工在与三友联众共同成长的过程中，体验自我价值实现，快乐地工作、幸福地生活，共同创造温馨和谐的大家庭。 为社会创造效益。作为受人尊重的企业公民、社会大家庭的一员，公司不仅要实现企业的快速发展，也要积极地回馈社会，为社会履行责任。三友联众承诺合法经营，依法纳税；解决就业，稳定社会；同时积极参与公益事业，并鼓励公司员工积极参与志愿者活动和慈善事业，回馈社会，报效祖国。 为股东增创价值。公司与股东的利益紧密相连，在打造百年三友的征途中，股东是公司的重要合作伙伴。公司必须保持高速发展，让股东的资金快速增值，保证股东的利益

续表

企业文化	内容	诠释
核心价值观	质量第一，顾客至上；少说多做，结果导向；诚信经营，多方共赢；爱岗敬业，开拓创新；忠诚和谐，廉洁奉公	质量第一，顾客至上：质量是企业的生命，是企业的尊严，也是客户的要求。只有坚持质量第一，才能保证三友联众实现其愿景。 少说多做，结果导向：拒绝浮夸，务实肯干；关注过程，更注重结果。 诚信经营，多方共赢：遵纪守法，讲究商业道德，坚持诚信经营，创百年基业；尊重及关心所有利益相关者，荣辱共存，共同进步，追求多方共赢。 爱岗敬业，开拓创新：具有高度的责任感及关注细节与过程的求实精神；具有向本专业纵深钻研的"钉子精神"，不断提高自己的专业水平、管理能力、发现问题和解决问题的能力；不懈追求改善和创新；沉下心去扎实地工作，追求卓越与完美。 忠诚和谐，廉洁奉公：对企业忠诚，具有良好的职业道德；互相尊重，培育和谐的人际关系；遵纪守法，廉洁奉公，不做有损国家、企业的行为，敢于与一切不良行为做斗争

战略企划部协同企业各职能部门、各事业部、各分公司通过开展企业文化活动等多种方式向员工、合作伙伴、客户和其他利益相关方进行企业文化的传播，并分层次、分领域、有重点地宣传企业文化，创造出充满活力的企业文化氛围。

b. 建立以质量为核心的组织文化，并以其自身言行展现质量承诺

公司在确立的愿景、使命与价值观的基础上，确立了"关注顾客，提高品质，降低成本，爱护环境，绿色三友，永续发展"的品质方针。宋朝阳董事长提出"质量第一，客户至上"的质量理念，积极宣传"不接收、不制造、不流出"不良品的质量原则，大力弘扬追求完美、精益求精的工匠精神。公司以产品质量为基石、以精益生产为路径、以客户满意为目标，增强全体员工的质量意识，打造三友联众的质量文化。

三友联众建立了完善的质量管理体系，严格遵守《中华人民共和国安全生产法》《中华人民共和国产品质量法》，并设立了品质部、技术部、市场部等相关部门。公司定期召开早会、内外销价值链经营检讨会、品质例会、产

品例会、营销例会等，确保企业所提供产品和服务的质量安全。同时，三友联众通过开展"质量月"活动、品质征文、品质技能竞赛等活动，以及在生产车间张贴质量标语，将质量意识进一步贯彻到员工的工作中，增强员工的质量意识，从而形成"人人关注质量，人人重视质量，人人参与质量，人人改善质量"的良好氛围。

c. 对组织文化建设进行评估并持续改善

公司通过总经理信箱、员工座谈会、自助服务平台等员工反馈渠道，开展企业文化建设工作有效性的调查，评估与员工方的文化理念的一致性和文化深入度，针对弱项进行分析，及时采取改善措施。年终对文化建设工作进行总结回顾，通过对内外部相关方进行访谈、调查等方式，对文化建设方案实施的有效性、文化理念的认同度进行评估，形成评估报告。评估内容主要包括组织氛围、组织制度、工作环境、管理方式、内部沟通、员工激励、领导和决策、员工满意度、文化建设以及理念与价值观等，并与行业标杆的企业文化进行比较分析，识别优势和不足，调整优化，以制订下一年度的文化建设工作计划。

1.3 战略管理

a. 进行战略管理，包括质量战略、品牌战略等

战略制定的相关内容具体如下。

（1）确定战略制定的机构及其职责。公司立足于"为客户创造最大价值，为员工创造机会，为社会创造效益，为股东增创价值"的使命和"让三友联众成为全球最知名、最优秀的继电器及相关产业的解决方案提供商"的愿景，高度重视战略管理，有效利用战略规划管理工具科学制定和实施战略规划，引领公司的发展。

公司的战略委员会组织架构及工作职责如图1.3-1所示。

公司的战略管理体系如表1.3-1所示。

公司将长期战略确定为三年（当期为2022—2024年），短期战略定为一年，根据对年度内外部经营环境的基本判断，制订短期计划，逐年滚动修订。战略制定过程由战略委员会及各部门负责人共同实施。

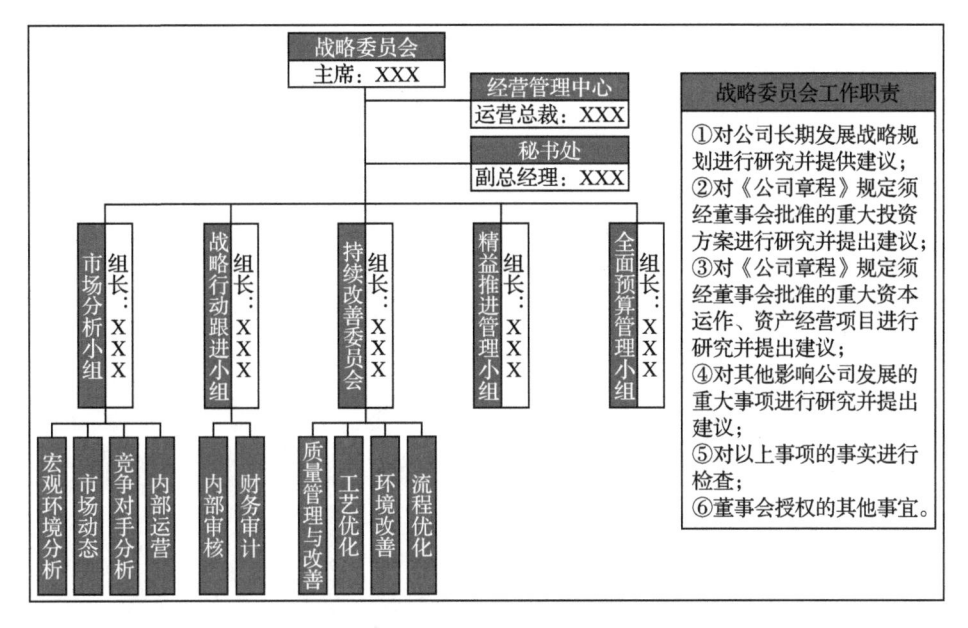

```
                        ┌─────────────┐
                        │  战略委员会  │
                        │  主席：XXX  │──┐ ┌─────────────┐
                        └──────┬──────┘  │ │ 经营管理中心 │
                               │         ├─│ 运营总裁：XXX│
                               │         │ └─────────────┘
                               │         │ ┌─────────────┐
                               │         │ │    秘书处    │
                               │         └─│副总经理：XXX │
                               │           └─────────────┘
```

图 1.3-1 战略委员会组织架构及工作职责

战略委员会工作职责：
① 对公司长期发展战略规划进行研究并提供建议；
② 对《公司章程》规定须经董事会批准的重大投资方案进行研究并提出建议；
③ 对《公司章程》规定须经董事会批准的重大资本运作、资产经营项目进行研究并提出建议；
④ 对其他影响公司发展的重大事项进行研究并提出建议；
⑤ 对以上事项的事实进行检查；
⑥ 董事会授权的其他事宜。

小组：市场分析小组（组长：XXX）——宏观环境分析、市场动态、竞争对手分析、内部运营；战略行动跟进小组（组长：XXX）——内部审核、财务审计；持续改善委员会（组长：XXX）——质量管理与改善、工艺优化、环境改善、流程优化；精益推进管理小组（组长：XXX）；全面预算管理小组（组长：XXX）。

表 1.3-1 公司的战略管理体系

层面	战略单位	战略管理职责
第一层面	公司	确定公司愿景和总体发展战略，规划产业组合，明确资源需求和收益保障，培育核心能力，建立健全组织体系，以及完善公司治理、制定产业发展战略，侧重于业务成长、技术进步、投资配置以及跨部门、跨业务的协同
第二层面	各子公司、事业部	制定并实施经营单位战略、竞争策略、行动计划

公司战略委员会属于战略决策机构，公司总经理是公司战略管理及实施效果的第一责任人；总经办与人力资源部作为战略委员会的决策参谋与支持机构，具体承担公司战略管理的日常工作；各职能部门参与战略制定，编制职能战略规划、年度经营计划并组织实施

战略规划的内容与编制方法如图 1.3-2 所示。

（2）战略制定的过程。公司战略委员会统一领导战略的制定，总经办与人力资源部统筹战略制定过程，通过上下联动的方式，统一思想、明确任务，各单位、职能部门层层发动，使用多种方式、多种渠道听取各方面的意见和建议，集思广益。战略制定的过程如表 1.3-2 所示。

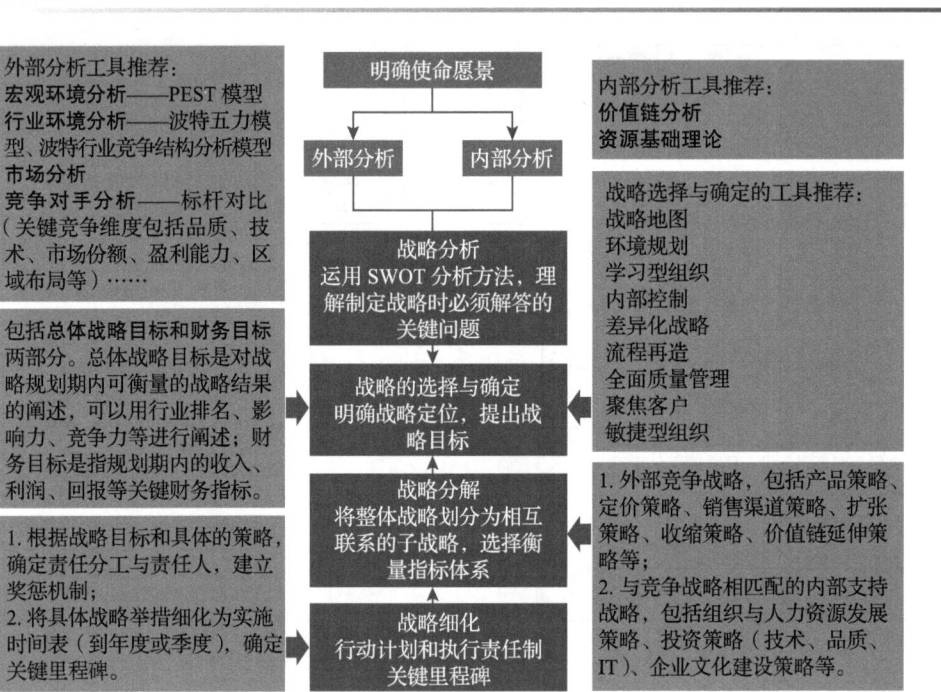

图 1.3-2 战略规划的内容与编制方法

外部分析工具推荐：
宏观环境分析——PEST 模型
行业环境分析——波特五力模型、波特行业竞争结构分析模型
市场分析
竞争对手分析——标杆对比
（关键竞争维度包括品质、技术、市场份额、盈利能力、区域布局等）……

包括总体战略目标和财务目标两部分。总体战略目标是对战略规划期内可衡量的战略结果的阐述，可以用行业排名、影响力、竞争力等进行阐述；财务目标是指规划期内的收入、利润、回报等关键财务指标。

1. 根据战略目标和具体的策略，确定责任分工与责任人，建立奖惩机制；
2. 将具体战略举措细化为实施时间表（到年度或季度），确定关键里程碑。

流程节点：
- 明确使命愿景
- 外部分析 / 内部分析
- 战略分析：运用 SWOT 分析方法，理解制定战略时必须解答的关键问题
- 战略的选择与确定：明确战略定位，提出战略目标
- 战略分解：将整体战略划分为相互联系的子战略，选择衡量指标体系
- 战略细化：行动计划和执行责任制 关键里程碑

内部分析工具推荐：
价值链分析
资源基础理论

战略选择与确定的工具推荐：
战略地图
环境规划
学习型组织
内部控制
差异化战略
流程再造
全面质量管理
聚焦客户
敏捷型组织

1. 外部竞争战略，包括产品策略、定价策略、销售渠道策略、扩张策略、收缩策略、价值链延伸策略等；
2. 与竞争战略相匹配的内部支持战略，包括组织与人力资源发展策略、投资策略（技术、品质、IT）、企业文化建设策略等。

表 1.3-2 战略制定的过程

制定步骤	主要内容
外部数据收集与整理	公司将战略制定需要了解的信息分为宏观环境信息、顾客与市场信息、产品与服务信息、财务信息、内部运营信息、人力资源信息、竞争对手及行业标杆信息、技术创新信息，覆盖了必须关注的所有领域，并将其收集任务赋予各部门，分别由人力资源部、市场营销部、财务部、研发中心、供应链管理部、品质保证部、证券投资部、第一事业部、第二事业部、第三事业部、第五事业部、第六事业部、第七事业部等承担。这些部门通过互联网、行业协会、产品展览会、供应商研讨会、顾客问卷调查、员工问卷调查、绩效测评等各种渠道和方式进行信息收集、整理和筛选。为了便于收集行业信息，公司订阅了《元协简报》《电动汽车资源》《继电器参考》等多种刊物
分析与讨论	利用收集到的信息和数据，人力资源部、战略企划部（战略管理部门）进行三个步骤的连续分析。 第一步：从国际国内环境、行业环境、公司的市场环境三个层面进行宏观环境分析，运用 PEST 工具确定影响公司发展的政治、经济、社会、法律法规、技术创新和服务创新等方面的因素，初步识别公司可能拥有的机会和可能遇到的威胁；同时与竞争对手和行业标杆对比，对公司的技术、生产、采购、营销、人力资源、财务、制造等内部运营状况进行分析研究，运用 KSF 工具，确定公司的差异点和关键成功要素，初步识别公司的优劣势。

续表

制定步骤	主要内容
分析与讨论	第二步：进行多项对比和制衡分析，将顾客的需求和期望、供方的讨价还价能力、替代品、行业新加入者的数量和竞争能力、竞争对手的优劣势进行综合对比和分析，运用五力模型工具确定市场定位和竞争风险。 第三步：在以上分析的基础上，进行综合对比和遴选匹配，运用SWOT工具确定公司的优势、劣势、机遇、威胁，确定发展方向和战略定位
拟定战略和战略目标	发展方向和战略定位确定后，公司战略委员会展开讨论，对分析结果进行评价；讨论和评价工作结束后，由人力资源部根据战略委员会确定的要点和事项，形成匹配方案，并根据优势、劣势、机遇、威胁多种因素进行优选，拟订战略草案
论证与反馈	战略草案出台后，公司从员工代表、部门经理两个层次召开会议展开讨论，征询意见和建议。由人力资源部、战略企划部收集和整理讨论结果，并对草案进行调整或修订
战略和战略目标修订与发布	草案修订后，总经理主持召开战略研讨会，召集各部门负责人，听取战略规划汇报，进行可行性分析和研讨评审。人力资源部、战略企划部根据评审结果再次修订草案，形成正式的战略文本

（3）战略举措。公司对面临的长短期挑战进行了因果分析，确定了以市场为导向、以客户为中心、以产品为经营重心的应对举措，并将应对举措落实到了具体的战略绩效目标之中。

表1.3-3为战略挑战应对举措一览表。

表1.3-3 战略挑战应对举措一览表

战略举措	指标
引进卓越绩效管理模式，构建高效管控体系，优化品质保证工程，改善制造不良率，强化品质管理，以巩固行业地位	新产品销售占比、市场占有率、专利数量、客户工程不良返回率、外部质量损失率、顾客满意度、销售收入、出口总额
提高零部件送检合格率，优化生产和供货流程，提高流动资金周转速度，争取相对利润	单台产品能耗、外协外购工程达标率、经营利润、总资产周转率
以市场为导向，以基础技术研究为支撑，完善研发体系，推动产品和技术的双重进步	新产品销售占比、顾客满意度、市场占有率
继续开展精益制造，通过设备自动化、物流布局调整、低值高耗工序外移，实现少人化	专利数量、客户工程不良返回率、外部质量损失率

续表

战略举措	指标
构建高效管控体系，强化品质管理，进行资源整合规划	应收账款周转率、市场占有率、人均产值
品牌营销方面，有规划地推进品牌建设工作，提升品牌知名度及溢价能力，逐步夯实品牌营销基础	销售收入、出口总额、知名度调查、关键词排名
客户结构方面，大力拓展海外市场，构筑全球市场格局；积极开发国内外客户，进一步优化客户结构	市场占有率、销售收入、出口总额
绩效管理方面，推进以激励机制为主的营销管理机制，跨越发展瓶颈	人均产值
组织变革方面，采取小集团、大事业部体制，推行数据化、智能化建设	总资产周转率

公司高度关注市场、销售、研发、生产等信息的更新，定期收集计划和分解目标的落实情况，关注竞争对手和行业标杆的营销策略、产品定位等的变化，确保适时对战略和战略目标进行研讨、调整和修正。当相关因素发生一定变化时，由人力资源部组织各相关部门进行评审与调整。

（4）质量战略。质量战略是三友联众发展战略的重要组成部分。公司每年10月根据《公司战略规划管理办法》启动质量战略工作，由市场分析小组发出通知，各事业部、各分公司按要求收集、提交内外部信息，战略委员会对这些信息进行汇总和审查，同时运用宏观环境分析、行业环境分析、内部资源能力分析、核心竞争力分析及SWOT矩阵等工具和方法制定公司总体战略，进一步提炼相应的质量战略。

（5）品牌战略。一直以来，三友联众始终坚持打造民族继电器品牌，不断加强研发创新，提高继电器产品的核心竞争力。市场营销部、战略企划部作为三友继电器品牌管理部门，从产品与市场、行业发展趋势、市场容量、竞争对手四个维度，结合波特五力模型进行继电器行业环境分析，识别其中对企业可能存在的机会与威胁，确定了以市场为导向、以客户为中心、以产品为经营重心的品牌战略。

b. 制定战略目标并分解到组织的各个层次，并建立绩效监测、分析、评价与改进体系，确保战略目标的达成

制定战略规划后，公司运用战略地图工具，制定年度关键行动计划和关键绩效目标（关键行动计划包括时间节点和责任人等信息，落实到人；关键绩效目标主要针对关键行动计划而制定，包括可量化指标和里程碑指标），并通过与各级主管签订年度绩效协议来保证关键行动计划和关键绩效目标的实现。

三友联众的战略地图如图 1.3-3 所示。

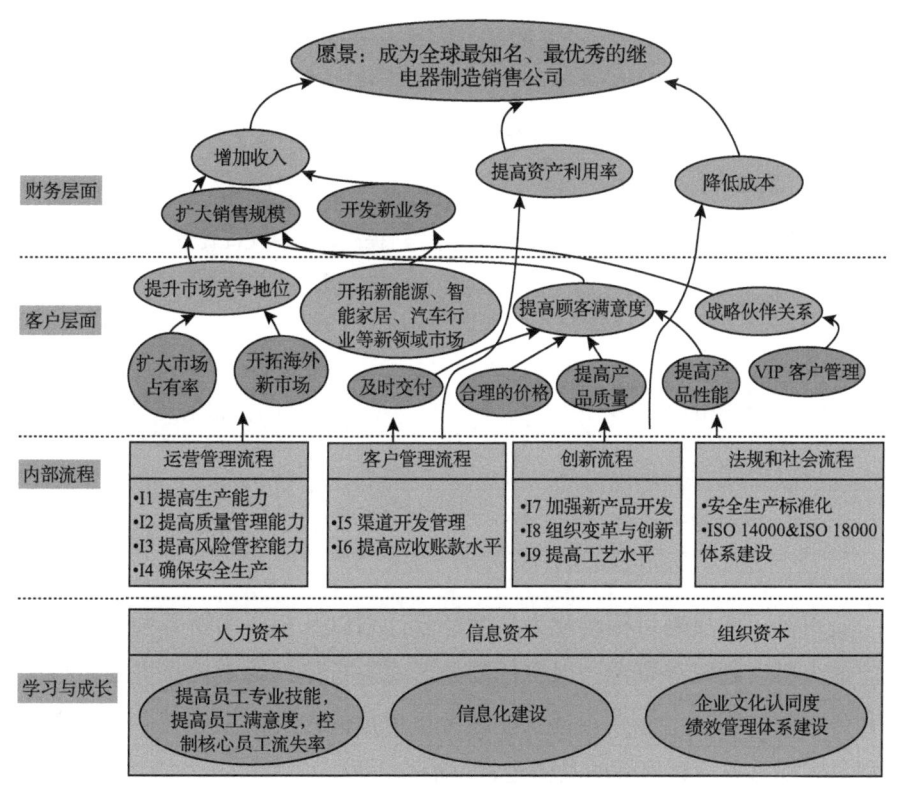

图 1.3-3 三友联众的战略地图

公司基于总体战略发展规划，制定和部署品牌战略规划，并形成长短期实施计划（见表 1.3-4）。品牌战略规划由战略委员会组织各事业部制定，公司批准。

表 1.3-4 公司长短期实施计划

计划类型	短期计划（2022年）	长期计划（2022—2025年）
营销工作计划	开拓中国市场 优化客户结构 与重点客户结成战略合作联盟 全球市场占有率提升 开拓海外市场 重点开拓印度、南非、中东非市场	开发光伏继电器、共模电感、磁性材料等新产品，领先于竞争对手的产品策略和竞争策略 提高品牌在海外的影响力，使内销与外销规模达到 1∶1
研发工作计划	推出光伏继电器、共模电感等新产品 性能提升 新领域产品开发（工控继电器） 核心技术人才引进	产品力全面领先于行业；重点研发光伏继电器、共模电感、磁性材料；加大设备研发投入，建设数据化工厂
供应链工作计划	提高战略供应商比重 推进恰时供货 订单交付准时	提高战略供应商比重；实现供应链价值一体化
生产制造计划	效率提升 库存控制 工人控编	实现宁波甬友数据化工厂投产，通过数字化、智能化建设，全面达成高品质、高效率、低成本模式，领先于行业

公司将短期战略目标转化为年度经营计划以及相应的财务预算，并配置相应的人员、物资等资源，以责任制的形式进行绩效约束，作为公司高层领导和各部门之间确定经营责任及业绩考核指标的主要依据。其中，年度经营计划是实现财务预算目标的具体经营举措与手段。

战略委员会通过全面预算将关键绩效指标分解成若干个细化指标，按照组织层级（班组→部门→公司）和时间顺序（月度→年度）测量指标的完成情况（见表 1.3-5）。同时，每月召开经营分析会，适时分析战略结果，跟进重点工作进展，对不能达成的关键绩效指标重点分析缘由，调整策略，确保战略目标的达成。

表 1.3-5　公司级关键绩效指标的监测

层面	关键成功因素	战略绩效指标	收集方式	责任部门
财务	F1 增加业务收入	销售收入	财务统计	财务部
		其中：出口总额		
	F2 提高盈利水平	经营利润	财务统计	财务部
	F3 提升财务监控力	总资产周转率	财务统计	财务部
顾客	C1 稳固市场竞争地位	通用功率继电器市场占有率	市场调研	营销部
		磁保持继电器市场占有率		
		汽车继电器市场占有率		
		高压直流继电器市场占有率		
	C3 提高顾客满意度	顾客满意度	客户调研	营销部
内部运营	M1 领先技术自主创新	科技投入比率	研发统计	研发中心
		新产品销售占比	财务统计	财务部
		专利件数（受理数）	研发统计	研发中心
	M2 卓越供应商	来料下线不良率	品质报表	品质部
	M3 精益生产制造	客户投诉次数	品质报表	品质部
	M4 降低质量成本	外部质量损失率	品质报表	品质部
		内部质量损失率	品质报表	品质部
学习成长	L1 提高人员效率	人均产值	财务统计	财务部
	L2 加强员工队伍建设	核心员工流失率	人力统计	人力资源部
	L3 提高员工满意水平	员工满意度	问卷调查 员工访谈	人力资源部
社会	S1 降低能耗	单台产品能耗	品质报表	品质部

c. 识别创新机会并应用到战略制定和/或调整中

公司制定战略时充分考虑国内外形势、宏观经济环境、产业政策、行业相关发展趋势、竞争对手等方面带来的挑战，通过市场调研、研讨分析、问题导向发现机会，识别可抓住的创新机会并分类，如营销、产品、服务、运营等创新机会，并制定相应的战略措施。公司识别出的创新机会及应对策略如表 1.3-6 所示。

表 1.3-6 公司识别出的创新机会及应对策略

领域	创新机会	应对策略
创新产品	光伏继电器、共模电感、磁性材料	推出新产品，建设新厂房，扩大生产规模和提高市场占有率
关键技术	宁波数据化工厂建设	加快数字化、智能化建设
销售	继电器行业需求增长，新能源继电器市场前景广阔	加大营销力度，进一步开拓国际市场，实现国内外销售各占比50%
服务	互联网技术不断进步，信息共享持续加快，企业品牌塑造更方便快捷	大力拓展海外市场，构筑全球市场格局；积极开发国内外客户，进一步优化客户结构
管理	数字化工厂建设促使生产效率不断提高，企业智能化管理更高效	推进以激励机制为主的营销管理机制变更，促进突破发展瓶颈

1.4　组织治理

a. 进行组织架构设计和治理系统建设，以激发组织活力

三友联众根据《中华人民共和国公司法》等法律、法规和规范性文件的规定，基于公司的发展战略，建立了由股东大会、董事会、管理层组成的公司组织架构，形成了权力机构、决策机构、监督机构和管理层之间权责明确、运作规范的相互协调和相互制衡机制，为公司的高效经营提供了制度保证，具体如图 1.4-1 所示。

在企业内部管理上，公司实行董事会领导下的总经理负责制。董事会负责公司重要战略决策，总经理负责执行工作，对公司高管实行按责授权，以实际经营效益进行激励。

b. 对组织的领导和治理机构成员的绩效及合规性进行评价，使其为决策和活动的影响承担责任

公司推行"效率驱动"，注重系统性梳理研、产、销等价值链关键环节的运作模式，并通过 IT 运营系统固化流程，形成高效协同的执行力系统。公司推动"简单化经营"，以组织扁平化减少管理和业务层级。

公司每年用销售收入、利润率等财务指标对公司及下属各部门和工厂进

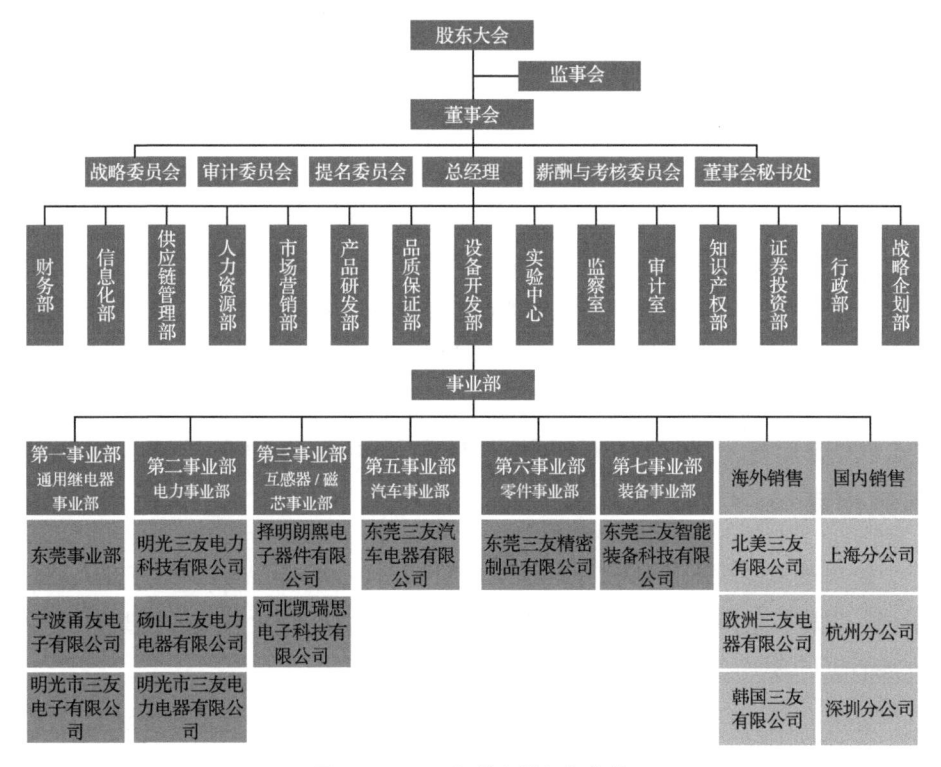

图 1.4-1　三友联众的组织架构

行绩效评价。定期召开月度 / 季度 / 年度经营检讨会、高管周例会等，制定相关绩效考核方案来评定绩效，改进管理。公司定期进行绩效评审，并根据《干部问责管理制度》逐级考核部门及工作绩效。高层领导通过绩效评审来评价公司的快速反应能力。

公司高层评价组织绩效和能力的方式如表 1.4-1 所示。

表 1.4-1　公司高层评价组织绩效和能力的方式

评价模块	评价内容（指标）	评价形式	评价周期	改进部门
长短期绩效目标达成情况	KPI 指标达成情况（包括财务状况、交期、质量、成本等）	经营分析会	月度、季度、半年度、年度	公司和公司高层
	战略实施情况、战略调整	战略分析会	次 / 半年	公司中高层
竞争绩效	主要指标与标杆企业的对比 与竞争对手的比较	对标管理	次 / 月	公司中高层

续表

评价模块	评价内容（指标）	评价形式	评价周期	改进部门
体系管理有效性	生产、消防安全及职业健康工作落实情况	人力资源部、安全管理员安全工作会议	次/月	公司
	各项管理体系运行情况	体系管理部门内部审核	次/半年	公司
社会责任	相关方利益保护	各相关方信息反馈、社会责任调查；年度社会责任报告	年度	公司中高层

c. 运用绩效评价结果改进自身和治理机构的有效性，以促进组织发展

公司基于组织和高层领导的绩效评价结果，以 PDCA 循环的方式，通过制订、实施、跟踪与评价绩效改进计划，促进公司和相关方绩效的共同提高，改进的成果及经验纳入公司知识系统管理。

公司高层领导确定改进内容时主要聚焦于业务、管理的重要度和紧急度。通过绩效评审结果，公司领导层确定改进业务、管理的优先次序，一是提升顾客满意度，二是提升市场销售份额，三是优化影响战略目标实现的内部管理运营。此外，还考虑公司整体应变能力、相关方利益保护、资源充分性、过程有效性等。具体的实施措施有组织架构的调整、工作职责和权限的调整、管理制度和工作流程的调整、产品和服务的创新，以及聚焦绩效指标开展改善活动等。

1.5 社会责任

a. 履行公共责任，包括质量安全、节能环保、资源消耗、低碳发展等方面的责任

三友联众在产品质量安全、环境保护、资源利用、安全生产、公共卫生等社会责任方面的具体工作如下。

1. 质量安全

为做好质量安全工作，公司通过加强操作人员培训，激发员工工作激情，提高工作积极性；成立设备研发部门，自主研发自动化生产设备；加强原辅

料质量管理，试图打造一体化的供应链系统，以保证源头质量；提升质量管理标准，严格把控每一道质量关；打造舒适洁净的工作场地，保证产品质量。

2. 节能环保

公司专业研发和生产继电器，其在生产使用过程中会产生废气、废水、废渣、噪声等，给环境带来轻微污染。为此，公司认真贯彻国家相关法律法规，确立减少污染排放的环保工作目标，按照"关注顾客，提高品质，降低成本，爱护环境，绿色三友，永续发展"的质量与环境方针，通过实施对安全和环境的危害辨识、风险评价，落实环境因素识别与评价控制程序、环境运行控制程序、环境监测与测量控制程序、危险源辨识与风险评价控制程序、职业健康安全管理方案控制程序等，实现环保目标。

3. 安全生产

公司制定安全生产规章制度、安全生产事故应急救援预案制度，执行"安全第一，预防为主"的方针，各部门、车间正职领导签定安全管理目标责任状；建立安全预警机制和安全事故应急处理机制，定期开展消防演练活动，实现安全生产目标。公司成立安全管理委员会，构建三级安全管理机构（公司级、部门级、班组级），层层落实消防安全、生产安全管理工作，全面贯彻OHSAS 18001职业健康安全管理体系，保证员工安全、生产安全。

4. 低碳发展

为节约资源、保护环境，公司在产品设计、生产、销售、设备投资等各个方面均严格控制资源投入，减少环境影响。公司在产品设计时充分考虑使用新型节能环保材料、新工艺、新技术。公司每年都在科研投入上不断加大力度，以卓越的低碳创新和超前的环保理念，为促进中国环保继电器的生产，推动中国低碳事业大踏步前进而努力。在实施新的投资及技改项目前，公司从发展全局及长远计划出发，先论证技改项目的节能性，然后再组织实施。

b. 树立法治意识、契约精神、守约观念，并建立道德规范和实施质量诚信体系，包括实行产品召回制度等

一直以来，三友联众重视职工法治教育，倡导诚实守信的理念，始终坚持依法经营、遵纪守法，注重职业道德建设，树立职业道德模范，建立了完善的诚信经营机制，保证企业和员工遵守道德准则。

1. 树立法治意识、契约精神、守约观念

制度保障：公司建立了完善的管理制度。通过制定《员工行为准则》《员工手册》以及约定岗位职责等方式引导员工树立正确的价值观和规范员工行为，强化法治意识。氛围营造：公司通过员工培训、会议讨论、专题讲座等方式，定期组织广大职工学习廉洁自律、商业运作等方面的法律法规、政策以及行业规章制度等，增强员工的廉洁自律意识，引导员工遵纪守法、诚实守信。

2. 制定"廉洁十三条"，签署廉洁协议

三友联众内部通过制定"廉洁十三条"、签署《廉洁自律承诺书》约束员工，倡导廉洁自律，提倡企业与个人遵守文明道德标准与要求，防止不道德行为的发生。公司企业文化从理念、解析、误区三方面为员工树立道德标准与要求，《员工行为准则》细化规范员工行为举止，明确违规处罚细则。在与经销商和供应商的交往中，公司明确规定不允许出现收受供方回扣和吃请等行为。完善财务报销制度，规范资金使用。此外，设立总经理信箱，公开总经理联系电话，采取"来信、来电必复，来信、来电必果"的原则，鼓励员工互相监督，真实反映企业日常管理的问题。

3. 建立与实施质量诚信体系

"诚信"是三友联众的企业内涵。公司秉承"诚信经营""和谐共赢"的商业道德观，遵守《中华人民共和国公司法》等各项法律法规，恪守诚信的商业道德准则。公司根据运营的主要过程建立了质量诚信体系，并形成诚信档案机制，从四个方面构建评价指标，将诚信等级划分为A、B、C、D四个等级。公司以产品质量作为诚信考核的立足点，通过自上而下的质量指标分解，从诚信的维度真正做到对客户负责，让客户满意，与所在社区、客户、供应商、合作商谋求共同发展与成长。

4. 建立道德行为的关键过程及测量指标

公司通过建立道德行为监测体系及道德行为规范来确保组织行为符合道德规范，如表1.5-1所示。

表1.5-1 三友联众道德行为规范控制

理念	根据企业核心价值观即"质量第一，顾客至上；少说多做，结果导向；诚信经营，多方共赢；爱岗敬业，开拓创新；忠诚和谐，廉洁奉公"，协调个人利益、公司整体利益、客户利益、供应商利益、合作商利益，实现共赢，这是遵守经营道德的思想基础

续表

制度	外部	公司对外秉承"诚信经营"的商业道德观，遵守《中华人民共和国公司法》，遵守上市公司的经营规范
	内部	公司对内制定规章制度，防止不道德行为的发生。《三友联众廉政自律管理规定》和《廉洁自律承诺书》明确了员工在企业内外的行为准则，规定了警告等处分措施。在与经销商和供应商的交往中，公司明确规定不允许出现收受供方回扣和吃请等行为
监管部门		设立审计监察部，负责接受道德行为违规方面的监督举报，并对公司开展日常审计工作
测量方法		道德测量与评价主要从人、事件两个维度进行。①在对领导岗位与员工的考核中都设立道德评价栏，在360度评测中也将道德作为重点评测内容之一。②在对工作事项的过程与结果进行评价时，将职业道德与社会道德作为考察项，进一步强调工作开展中对道德准则的坚守。通过人、事件双向的道德测量评价，约束企业经营中的不道德行为，内化公司理念与制度中的道德标准，提高效率，促进和谐与发展
测量指标		针对高层：违纪违法事件； 针对中层：重大经营活动违规、劳动合同履行率、依法纳税、按时还贷； 针对员工：违法违纪行为； 针对公司：违法违纪行为

5. 设立监察机构，加强监督

公司设立监察投诉机构与监察岗位，负责道德行为违规事件的受理、调查与处理，并对公司开展日常审计工作。设立基础监察机制，对员工道德行为进行及时奖罚。设立营销专项监察机构，明确营销岗位的道德规范与要求。

c. 进行公益支持，包括关爱员工（稳岗就业、关心员工健康、同员工携手渡过难关）、参加社会组织（担任一定职务）、发挥行业引领作用，以及参加社区活动并营造重视质量、关注质量和享受质量的氛围

1. 关爱员工

公司建立"特困补助机制"，对遭遇突发事件的个人与家庭提供救助帮扶。同时，公司积极为有困难的员工及其家庭申请各项公司与社会援助项目，帮助其渡过难关。

2. 投身公益

三友联众在高速发展的同时，始终以高度的社会责任感积极投身各项社会公益事业。公司将参与公益事业视为企业社会责任的重要组成部分，秉承"取之于社会，用之于社会"的理念，以及"回报社会，做优秀企业公民"的宗旨。公司在扶困助学、弱势群体健康救助、安居工程、体育赛事等一系列公益慈善活动中进行各种捐助、赞助活动，践行"为客户创造最大价值，为员工创造机会，为社会创造效益，为股东增创价值"的企业使命，积极发出自己的光和热。

3. 参加社会组织

宋朝阳董事长以身作则，以实际行动投身于各项公益活动，赢得了社会各界的广泛赞誉。2013年4月，宋朝阳董事长当选为东莞市浙江商会慈善基金会理事长、监事会常务副会长；2014年10月，当选为东莞市企业联合会理事会副会长；2016年12月，当选为东莞市工商联合会、东莞市总商会常务委员；2017年9月，被评为"东莞市商协会慈善事业领军人物"；2022年7月，当选为西安交通大学第三届校友会会长。

4. 稳岗就业，关心员工健康，同员工携手渡过难关

"员工最大"是宋朝阳董事长提出的核心理念之一。一直以来，宋朝阳董事长积极打造"家文化"，努力营造"家"的氛围，让员工在三友联众感受到家一般的温暖。

新冠疫情期间，三友联众为数千名员工提供稳定的工作岗位，真正做到"不裁员、不降薪、不降福利"，与全体员工共渡难关。三友联众建立了完善的福利制度，按国家规定为员工足额缴纳社会保险。企业内部还提供中高层购房购车免息贷款，每年开展留守儿童扶助项目，设立重大疾病救助专用基金等。

公司不仅为员工提供食宿，而且不断改善食堂伙食条件和宿舍环境，让每一位员工吃得香、住得舒心。每逢春节、妇女节、端午节、中秋节等重大节日，公司都为员工发放各种贴心的礼品、福利。为了丰富员工的业余文化生活，公司每月都开展各种丰富多彩的文化娱乐活动，让员工在活动中增强归属感和幸福感。

5. 参加社区活动并营造重视质量、关注质量和享受质量的氛围

为了营造质量氛围，打造质量文化，公司开展"质量月"活动、质量技能竞赛、质量征文等多个活动，并在生产区域张贴质量标语，倡导广大员工积极参与质量改善，为质量管理工作做出贡献，形成人人关注质量、人人参

与质量、人人改善质量的良好氛围。

2 质量

2.1 管理体系

a. 进行组织管理体系的建设和融合，如质量、环境、知识产权、创新等体系的建立、实施、保持和融合

1. 建立多标一体管理体系

公司的管理体系运行归口部门为集团总经办。公司建立和完善了生产管理制度，按照现代工厂程序化、标准化经营管理模式的要求，建立了一系列的管理体系。公司相继获得 ISO 9001 & IATF 16949（质量管理体系）、ISO 14001（环境管理体系）、GB/T 29490（知识产权管理体系）四大体系认证以及 UL、CQC、TUV 等产品认证。通过体系的建立，将各项标准转化为指导公司各过程的可操作管理文件，规范公司的各项工作，提高公司的整体质量管理水平。

2. 体系融合

为进一步提高企业管理体系运行的效率，由集团总经办统筹，结合企业实际，以"协调统一，整体优化"为原则，将各管理体系进行了整合，建立了质量环境一体化管理体系，统一制定了管理体系标准文件，由原来的 83 个体系文件精简到 43 个，形成使用共有要素的管理体系。通过各类体系整合避免了重复工作，有利于整体策划、资源配置，实现优势互补的目标并评价企业的整体有效性，大大减少企业的管理成本，提高管理体系的运行效率。目前，通过探索一体化体系管理模式，已经实现了质量、环境体系的整合。

b. 运用互联网、物联网、大数据、云计算、5G 等新一代信息技术对组织的物流、资金流和信息流进行有效控制和管理，以增强组织竞争力

1. 数字化赋能生产管理

公司通过开发 ERP 信息系统，建立了大数据平台，收集从订单发出到客户售后服务的生产运营全过程的信息、数据，并进行专业分析，供各层级领导决策。

2. 全自动化生产线及检测设备的运用

公司自成立以来一直非常重视智能制造和自动化生产设备的运用。公司成立设备研发中心以来，自主研发、设计、制造、生产 100 余条全自动或半自动生产线，协同 AGV 智能物流搬运系统进行生产，多种型号的产品使用全自动生产线进行智能化生产，达到了少人化、高品质、高利润三个目的。公司使用 3D 数字孪生技术，实现对生产现场的实时监控，并通过仿真模拟推演未来的生产情况，从而制定方案预防突发的品质、设备等异常问题。

3. 新一代信息技术的应用

公司构建虚拟化桌面与服务器，通过大数据应用服务实现企业经营各系统的互联互通（包括核心财务、ERP、BPM、CRM、WMS、SRM、MES、APS、PLM 等）。建立信息化技术标准体系、信息管理规范和制度。实行数字化管理，实现供应链数字化、生产数字化、营销数字化，分析和掌握运营数据，把握企业发展方向，加速业务流程，提高决策效率（见图 2.1-1）。

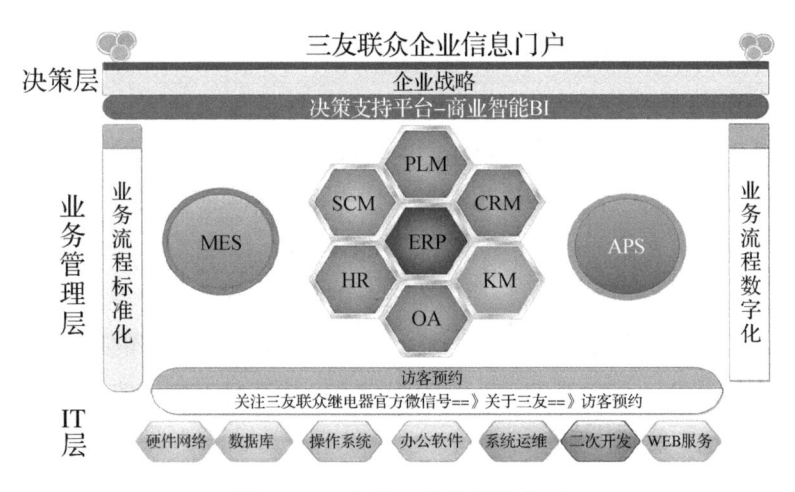

图 2.1-1 集团 IT 整体架构蓝图

4. 构建"端—网—云—用"企业信息化系统

公司针对生产过程、生产设备、产品质量和性能及原料成型等方面的传统生产难题，构建"端—网—云—用"App 体系，利用工业大数据的采集、存储、处理和分析等，将设计、制造、仿真、测试等环节高度融合，实现产品定制设计、工艺优化、生产优化、能耗优化。

5. 其他信息技术、物联网的应用

公司应用信息化系统对来料和制程进行主动的分析与统计，形成相应的质量分析报告，建立了质量管理信息化系统，例如产品质量追溯系统、CCD 自动检测系统。

c. 对管理体系的建设、运行和融合进行监测和评审，并不断提高其有效性和效率

为保持各管理体系的适宜性、充分性和有效性，提升公司管理水平，公司建立了一系列的管理体系监察和考核制度，并在个人绩效考核中体现（体系监察包括每月的体系目标监测和考核、日常检查和分析、过程审核、产品审核、管理评审、内审、第三方 TUV 外部审核等）。

2.2 顾客需求

a. 识别并确定顾客及其他利益相关方的需求和期望，包括质量、安全、健康、知情权、选择权、补偿权、隐私权、交货期等，并将这些需求和期望转化到组织的产品和/或工艺设计、创新和质量改进中

公司坚持"为客户创造最大价值"的使命，全面布局国内销售网点，可完全覆盖所有客户，做到快速响应，同时在亚欧美三大继电器使用地设立销售网点，快速响应客户需求。另外，公司对多样化的客户需求进行调查汇总，从而提供满足客户要求的产品和服务。

1. 识别并确定顾客及其他利益相关方需求和期望的方式

公司现有的顾客群体可细分为通用功率继电器、汽车继电器、磁保持继电器、高压直流继电器、互感器、光伏继电器、共模电感、磁性材料等用户群。公司在坚持直销与非直销模式并存的前提下，采用事业部营销制，分为通用功率继电器营销中心、磁保持继电器营销中心、汽车及新能源继电器营销中心，与细分市场以及对应的客户群体建立良好的沟通渠道，从不同的角度充分了解顾客在质量、安全、健康、知情权、选择权、补偿权、隐私权、交货期等方面的需求。

基于销售额的客户细分如图 2.2-1 所示。

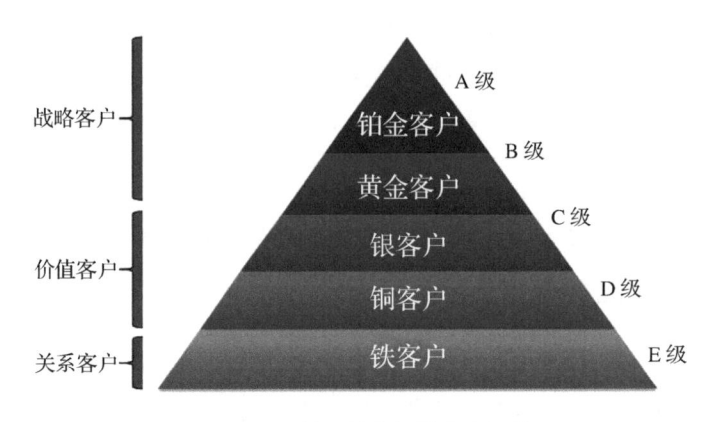

图 2.2-1 基于销售额的客户细分

公司针对不同的顾客群采取不同的方法了解其需求和期望，重点考虑那些影响顾客偏好和重复购买的产品和服务特征，如产品特点、产品质量、安全、健康、交付周期、售后服务等。

2. 将顾客需求和期望转化到组织的产品和/或工艺设计、创新和质量改进中

为了对顾客进行产品和服务质量的跟踪，及时有效地获得顾客的反馈信息，并将其应用于改进与创新活动，以提升公司品牌形象和形成产品更精准的市场定位，公司利用百度大数据、中国电子元件平台等权威媒体，了解该产品的趋势与顾客需求，提出改善建议。公司依据不同顾客的不同需求，开发其期望的产品和服务，不断丰富产品线，满足顾客的多样化需求。公司会将通过大数据分析获得的客户信息应用到组织内部工作的改进与创新中，主要包括市场战略的制定、品牌的传播、产品的改进、服务体验的提升等活动。

b. 应用适宜的技术和方法有效管理顾客关系，并定期测量顾客满意度，以提高产品质量和服务水平

公司一直以来非常重视顾客满意度，不断强化顾客关系管理，通过经销商满意度调查、顾客回访、市场数据收集等多种方式了解顾客对公司产品和服务的满意度、产品和服务的状况及问题，并及时调整改进，从而比竞争对手更好地满足顾客需求，构筑起企业市场竞争的有利优势。

1. 顾客关系的建立

经过多年的顾客关系管理和市场研究，公司沉淀出一套有效的、系统的加强顾客关系的方法和途径。为了与客户建立良好稳固的合作关系，公司建立了完善的直销与非直销并存的事业部营销制，形成了一套完整的信息交流管理程序，针对不同客户的特点提供相应的服务，从而进一步完善顾客关系管理体系。

公司与顾客建立信任的途径如表 2.2-1 所示。

表 2.2-1 公司与顾客建立信任的途径

序号	建立信任的途径
1	提供质量可以达到或超出客户要求的产品
2	信守承诺，确保产品交期达到客户的要求
3	积极进行降低成本的改善，并与客户共享改善成果
4	支持客户的特殊技术要求
5	进行高频的客户走访及市场调研，与时俱进地提供满足客户要求的产品或服务
6	与客户进行开放式交流
7	积极解决共同的问题
8	高层管理者时刻关注大客户的发展
9	进行感情投资

不同客户等级对应的服务策略如表 2.2-2 所示。

表 2.2-2 不同客户等级对应的服务策略

服务项目/等级	铂金	黄金	银	铜	铁
联合开发	有	有	商定	商定	无
技术支持	有	有	有	有	商定
新品推介	优先	优先	优先	商定	商定
订单优先	有	有	个别	个别	商定
免费送货服务	有	有	有	有	一半
售后服务	有	有	有	有	有
专职客服	有	有	有	有	按需
定期拜访交流	有	有	商定	商定	无

公司还通过市场调研、第三方调查、客户网站、微信公众平台、定期走访等渠道，了解并确定客户需求，与顾客建立信息传递渠道。定期向现有客户及潜在客户邮寄《三友人》报刊，邀请客户或潜在客户参加公司的展会等活动，执行年度、季度、月度的客户走访计划，邀请客户对公司进行现场审核，针对不同的顾客选择有效的沟通方法，加强信任感。

2. 定期测量顾客满意度

公司重视顾客意见与建议，通过定期调查顾客满意度了解产品与服务的状况，识别顾客的满意和不满意，并及时调整改进，从而比竞争对手更好地满足顾客需要，构筑起相对的市场竞争优势。公司规定了顾客满意度调查的职责分工，明确了工作流程、结果分析，以及评价、应用与改进要求。公司的顾客满意度调查方式如表 2.2-3 所示。

表 2.2-3　顾客满意度调查方式

测量方法	具体说明	顾客群
电话调查	测量顾客满意度时，最直接有效的方法是通过电话回访方式开展顾客满意度调查，调查内容包括产品、用量、价格、服务等方面	所有客户、竞争对手客户
深度访谈	销售负责人上门一对一进行深入沟通，了解顾客更深层次的信息，主要包括顾客关注的满意度指标及顾客的期望	已合作客户、潜在客户
市场调研	市场客服人员通过邮件方式进行沟通并汇总分析，获取顾客需求和期望	已合作客户、潜在客户
现场审核	顾客直接来生产基地进行审核，建立完善的客户接待体系	已合作客户、潜在客户

公司利用顾客满意度调查分析报告，收集产品质量问题和服务问题，提炼出服务或产品中存在的不足，明确整改的责任部门，要求各相关部门在指定的期限内立项整改，形成问题 100% 闭环管理，形成全员关注和全员共同改进的机制。公司每年定期开展管理评审，针对顾客的意见和建议，组织专项改善小组进行深入分析，并针对存在的问题明确提出改进要求。为确保改进措施的有效实施，成立相关项目小组，专项负责问题的识别和解决方案的制定。同时，不断修订满意度调查方法，确保其与公司战略及业务发展保持同步。此外，公司积极学习借鉴同行标杆企业的先进经验，结合公司发展方向和业务需要，适时调整顾客满意度测量方法，以实现持续改进和顾客满意度的持续提升。

c. 快速有效地处理顾客的投诉和抱怨，并对其原因进行分析以推动组织及合作伙伴不断改进

公司建立了全链条的顾客投诉处理流程，制定了《客户质量关联问题管理办法》《产品交付管理程序》等处理顾客投诉和抱怨的管理制度，详细规定了产品售后处理流程和处理方法，高效解决客户反馈及投诉问题。

顾客投诉处理执行部门权责明细如表 2.2-4 所示。

表 2.2-4　顾客投诉处理执行部门权责明细

负责项目	责任部门
业务员/客服发起申请客诉通知单（获取客诉信息，如型号、规格、数量等信息）	市场部
事业部品管团队根据客诉通知单，及时更新并维护客诉处理单，对客诉进行详细的分析判断。对应的责任客诉工程师将依据分析结果，上传完整的 8D 报告	品保部
客诉通知单有选围堵，审核后自动生成围堵单	市场部/品保部
客诉通知单有选退货，审核后自动生成退货申请单	市场部/品保部/仓务课
客诉通知单有选解禁申请，审核后自动生成解禁申请单	市场部/品保部

公司的投诉管理体系如图 2.2-2 所示。

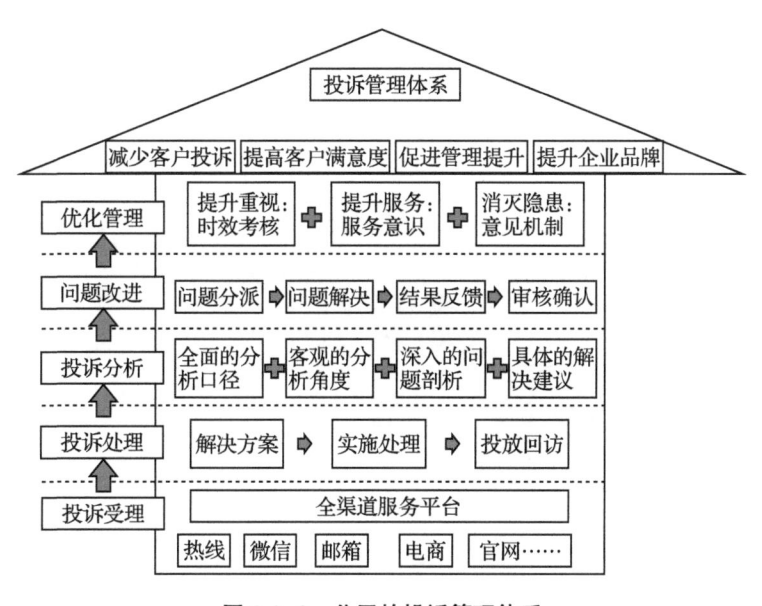

图 2.2-2　公司的投诉管理体系

面对日益发展的市场，公司对投诉处理机制进行持续改进优化，向更加系统化、数据化、便民化等方向发展。公司建立了多元化、畅通化的投诉渠道（见表2.2-5），明确了责任部门，规范了处理要求，积极地处理客诉，用最优质的售后服务换取顾客对品牌的信任与信心。

表2.2-5 顾客投诉渠道及关键要求

投诉渠道	联系方式	负责部门	关键要求
电话	营销中心	市场服务课	2个小时对接回复
邮件	营销中心	市场服务课	2个小时对接回复
信访	直接拜访公司	市场服务课	24个小时对接回复
其他在线投诉	营销中心	市场服务课	日常检索客诉，并及时反馈售后服务部

2.3 质量协同

a. 有效进行供应链管理，以推动供应链组织之间的质量信息交流和质量改进，增强产业链自主可控能力，实现质量协同

1. 供应链管理机制

公司秉持"合作、利他、共赢"的相关方合作理念，建立了一整套供应商管理控制流程，从"供应商开发、评审、选择，供应商关系管理，供应商绩效评价及应用，供应商质量改善，供应商退出"五个方面进行管理，如图2.3-1所示。

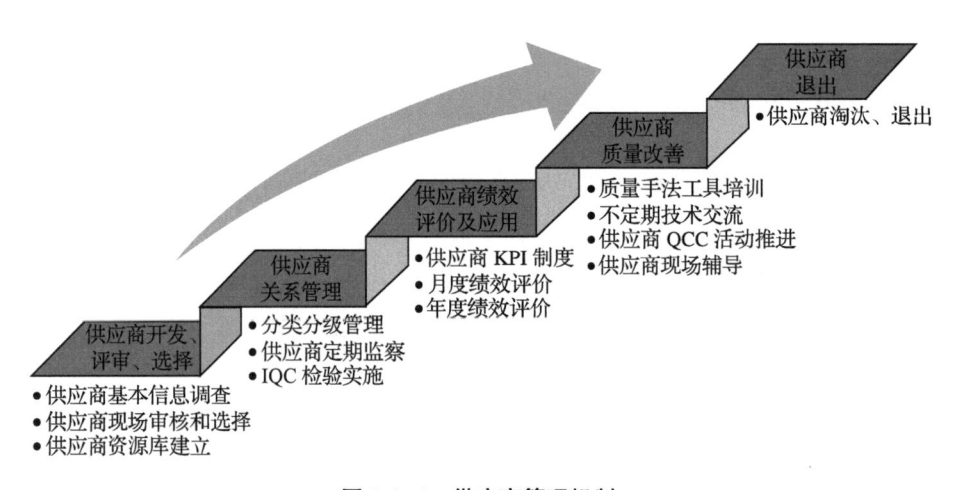

图2.3-1 供应商管理机制

2. 供应链信息化应用

公司建立 SRM/QMS/CRM 质量信息的收集、传递、反馈等管理流程，及时准确地传递内外部质量信息并进行有效处理，实现质量协同。在供应链管理体系框架下，通过信息技术的运用，高效地收集、整合、统计和分析质量数据，将正向与逆向质量管理相结合，实现信息化对质量管理的全面优化，做到对供应链上下游的质量实时监控、质量事前预防、关键过程控制、售后质量问题追溯与改善闭环，从而完善倒逼整改机制，增强产业链自主可控能力，形成产业链上下游质量信息系统的集成化，确保各环节信息同步迸发，高效执行质量管理，实现内外协同 – 端到端流程可视化，提高整个制造流程的质量和产量，形成供应链的质量协同。

b. 建立关键供方质量考核和保证制度，并在供应链上下游组织复制或推广其质量管理模式、方法或制度

1. 建立关键供方质量考核和保障机制

公司建立了《供应商管理程序》和《采购管理控制程序》等一系列供应链内外质量保证制度，通过多种渠道进行多方寻源，从供方规模、行业地位等多维度层层筛选，锁定公认的优秀供方，并进行严格的现场审核，包括质量水平、质量＆环保体系、供货价格、生产设施、技术开发水平、组织结构、财务状况等，考核评审不合格则不引入，合格后才可以引入，作为正式供应商。供应商引入流程如图 2.3-2 所示。供应商审核评价如图 2.3-3 所示。

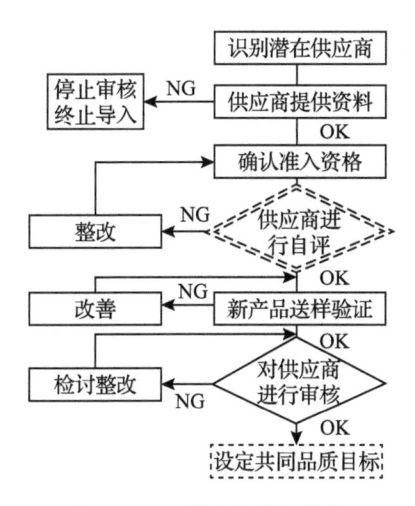

图 2.3-2　供应商引入流程

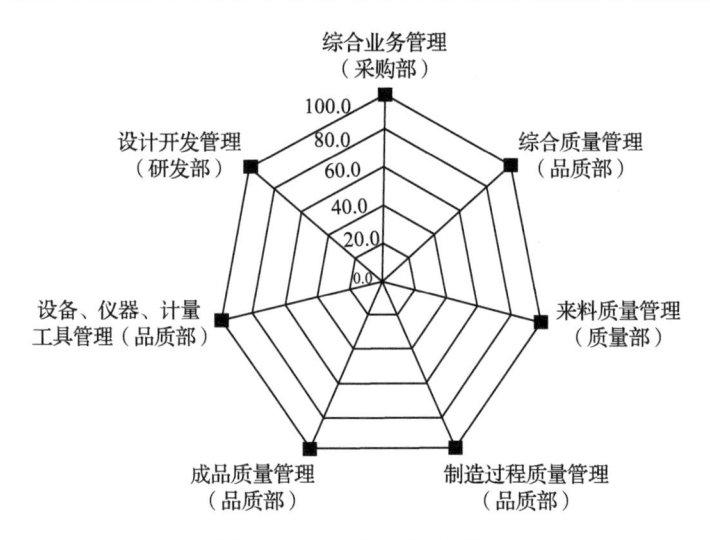

图 2.3-3 供应商审核评价

公司根据集团经营发展需要，选择有实力的供应商企业参股公司，做到真正的合作共赢。公司建立供应商管理机制，不定期地进行研讨交流、经验对碰、输出管理等，推动供应链上下游企业质量信息共享和质量改进，确保上下游协同，达到供货产品的质量要求，从而与供应链企业共同成长。

2. 复制推广质量管理模式

公司通过宣导、帮扶、制定目标、奖励等多种形式向供应商、经销商推广全价值链质量管理模式，如表 2.3-1 所示。

表 2.3-1 在供应链上下游复制推广质量管理模式的措施

供应链	复制推广方式	具体措施	成果
上游（供应商）	通过现场推广、帮扶指导、季度供应商质量宣导会议及每年一度的供应商质量大会，推广质量管理模式	与供应商签订质量承诺书，制定质量目标，对质量优秀的供应商进行奖励，推动供应商建立质量管理模式，激励供应商进行品质提升	供应商来料合格率提高
下游（客户）	通过宣导、帮扶、奖励等多种形式向经销商推广质量管理模式	通过经销商现场推广、帮扶指导、培训帮扶、年度大会，推动经销商建立质量管理模式	扩大市场需求和份额，降低产品前期的高额成本，实现双赢，提升终端客户满意度

c. 测量和评估供方绩效，并向供方反馈相关信息以帮助其改进

公司结合供应商管理流程，根据经营方向及供应关系策略，秉承优胜劣汰法则，建立了供应商绩效考核管理办法，详细规定了对供应商进行评价的标准和考核评级。供应商绩效考核和改进机制如表 2.3-2 所示。

表 2.3-2 供应商绩效考核和改进机制

供应商评价	措施说明		
评价方法	多维度（质量、交付、成本、技术）绩效考核评分		
评价等级标准	评级	得分条件	说明
	A 级	95≤考核得分≤100	表示优秀供应商，应增加采购量
	B 级	80≤考核得分<95	表示满意供应商，维持当月供货量
	C 级	70≤考核得分<80	表示不满意供应商，要求减少供货量
	D 级	考核得分<70	表示进入淘汰边界供应商
考核处理	月度评级结果的处理		
	月度级别	月度评级结果处理	
	A 级	连续半年评为 A 级供应商，在原供货比例的基础上，上调 5%~10%，半年度更新一次配比，调整后第二个月执行	
	B 级	连续半年评为 B 级供应商，维持原标准供货比例	
	C 级	连续半年评为 C 级供应商，在原供货比例的基础上，下调 5%~10%，半年度更新一次配比，调整后第二个月执行，同时要求供应商整改	
	D 级	暂停供货，限期三个月整改，如三个月整改不合格将淘汰。若暂停供货对生产造成很大影响，允许各事业部采购提出延缓暂停供货申请，同时要求采购在三个月内引入新供应商，若后三个月没有明显改善（没有到达 C 级以上），将强制淘汰，停止采购。若引入的新供方仍不如即将淘汰的供方，可以暂特批保留	
	年度评级结果的处理		
	年度级别	年度评级结果处理	
	A 级	关键物料评分第一的年度 A 级供应商优先享有 10%~20% 的供货比例待遇，并与其建立战略合作关系	
	B 级	维持原状，不做处理	
	C 级	关键物料供应商年度评为 C 级，下调 10%~20% 的供货比例，并考虑淘汰	
	D 级	强制淘汰	

公司通过对供应商现场审核的交流反馈、约谈、联络发函等多种形式向供方反馈，供应商根据绩效反馈情况进行改进，同时公司通过约谈、培训辅导、现场帮扶等形式帮助供应商进行改善，根据供应商的回函、改善报告、整改进度现场确认及后续交易状况进行改进验证，确保供应商改进的有效性。

2.4 质量基础

a. 进行标准化、计量、检验检测、认证认可、知识产权等质量基础设施能力建设，并提升其管理水平

根据公司的总体战略，建立了全方位、全过程、全链条的质量保证"一站式"基础设施平台。

1. 标准化建设工作

公司严格按照国家标准、行业标准、法律法规等，对管理体系和产品质量体系进行标准化评估，查找漏洞、系统梳理、优化体系，推行最佳的工作方法，制定并实行《工序作业规程标准化制度》《设备操作规程标准化制度》《生产设备和安全设施标准化制度》等，从采购、研发、生产、质量、培训、绩效考评等维度全方位推行标准化工作，使员工始终能在安全、良好的作业环境中工作。

2. 计量

公司安排专人进行计量仪器的管理，包括计量仪器的台账管理、校准计划及实施、MSA 分析等，确保公司的计量设备满足产品检测的要求。

3. 检验检测

三友联众集团检测中心成立于 2011 年 9 月，致力于继电器安全性能测试及分析，与 CQC、TUV、VDE、UL 等国内外多家知名认证测试机构以及行业专家有着密切联系与合作，并与哈尔滨工业大学、河北工业大学等多所高等院校开展继电器相关可靠性研究和测试设备开发。目前已获得 CNAS 认可实验室、UL WTDP 目击实验室、VDE-TDAP 数据认可实验室等多项资质，综合检测技术能力在国内继电器行业处于领先水平。

4. 认证认可

公司通过 ISO 9001、ISO 14001、IATF 16949、知识产权等体系认证，产

品通过 CQC、UL、TUV、VDE 等产品认证。

5. 知识产权

公司成立知识产权组织，由专人负责知识产权的申请、跟进和维护，并通过知识产权管理体系认证。公司针对研发过程中的创新技术做好专利申请；在事关企业竞争力的重大科技领域，致力于掌握关键技术及其知识产权，确保专利授权总占有率在行业中保持领先地位。

b. 运用成熟的管理制度、方法和/或工具对生产或服务现场进行质量管理，并提升生产或服务管理的信息化、智能化或数字化水平

为保证质量管理过程的有效性，公司建立健全了质量管理文件，如《检验控制程序》《IQC 作业管理办法》《IPQC 作业管理办法》《QQC 作业管理办法》《5S 推行考核管理制度》《纠正预防措施控制程序》《不合格品管理控制程序》《标识与追溯控制程序》《生产异常过程管理办法》等。公司每年底对文件的有效性进行评审，持续优化。

公司在对生产或服务现场进行质量管理的过程中运用多种先进的方法和工具，如表 2.4-1 所示。

表 2.4-1　质量管理方法和工具

层次	方法和工具	具体措施	实施过程
质量	QC 小组、自/互检活动、合理化建议、品质知识竞赛	根据质量战略目标、公司效率指标确定改善方向	以现场一线班组人员、工艺和品质人员为主，持续开展小改善大成就活动，设立质量基金，大力推行各项改善活动，改善现场品质、效率及流程
制造	精益生产	大力开展精益生产，应用 DFM 理念与 IE 手法进行改善	实施现场 5S 与目视化管理，优化员工技能训练场所，提升员工技能水平。加大自动化生产和 CCD 检测设备投入，举办工装制作大赛，推行防错防呆措施，确保产品质量卓越
研发	QFD、DFMEA	成立研发院，负责公司产品核心技术开发与前瞻性技术研究，确保行业领先地位	开展 QFD（质量功能展开）需求分析，明确产品设计和质量要求。应用 DFMEA 预测并评估设计中的潜在失效，确保设计的可靠性

c. 建立质量安全保证和风险防控机制，包括信息收集、关键风险因素识别及相关措施的制定与实施，以避免产生具有重大影响的质量、安全、环保事故

公司建立了《风险和机遇管理程序》《应急准备和响应控制程序》和质量风险控制组织，以识别质量风险，设定风险控制目标，保证质量安全管控有效。近年来，公司未发生重大质量、安全、环保事故。

公司质量风险管理以研发、供应商、制造、市场等为质量风险识别的窗口，利用《ISO 31000：2018 风险管理指南》，结合六西格玛、5M1E 等方法进行识别，并按照问题严重程度、发生频率、可测量范围等进行评估，坚持 PDCA 循环推进，最终通过机制与信息系统的支持将质量风险控制在可接受范围内。

通过对全价值链的风险识别，共识别出质量风险源 100 多项，并启动对应的风险分析、评价及应对。

根据风险识别与分析评价绘制风险地图，如图 2.4-1 所示。

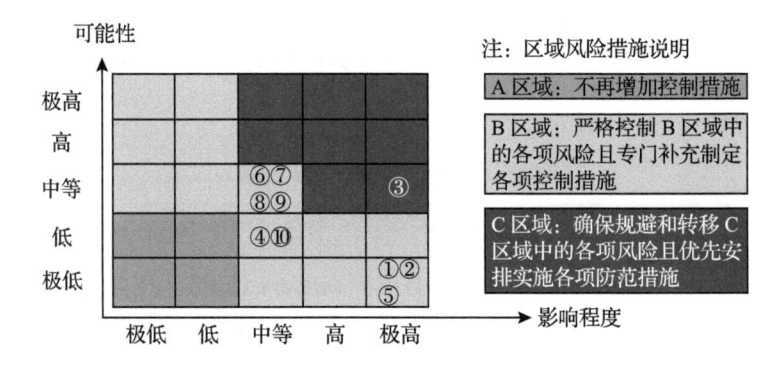

图 2.4-1 部分关键风险地图

针对可能的风险项目，公司制定了管理目标和控制措施，以确保风险管理总体可控，符合国家法律法规和公司可持续发展的要求。

2.5 教育培训

a. 树立人才是第一资源的理念，激发各类人才的创造活力，以推动组织可持续发展

公司一直倡导"以人为本，尊重人的价值"的核心价值观，把人才视为公司最重要的资源，主张关爱员工，充分满足各类人才的需求，并给予有针对性、个性化的支持；让人才主动参与公司的经营、治理活动，通过各种激励措施推动各层级的改进和创新，以推动组织的可持续发展。

1. 福利和政策支持

公司针对各类人才提供有针对性、个性化的支持（见表2.5-1），在满足人才需求的基础上，激发人才的创造力，以取得更卓越的成果。

表 2.5-1　公司针对各类人才的支持

人才	需要	支持
高层管理人员	薪酬	高年薪，高层人员绩效激励
	激励	高年薪，高层人员绩效激励
	授权	授权手册
	沟通	决策委会议、经营管理分析会、电子化信息平台
中层管理人员	薪酬	高月薪，团队年终绩效分配
	激励	薪资、福利、年终奖，团队年终绩效，董事创新奖
	授权	授权手册
	沟通	生产基地管委会、项目组业务沟通会
	培训	专题讲座、新管理模式培训、考察学习
	职业发展	中层管理人员储备制度、轮岗培训
技术人员	薪酬	薪酬管理制度
	激励	创新奖励，绩效管理
	福利	社会保险、公积金、公司互助基金等福利
	工作支持	管理制度、电子化信息平台
	沟通	部门例会、管理制度、电子化信息平台
	培训	专题讲座、委外培训、学历深造等
	职业发展	技术人员职业发展通道、晋升制度、管理人员储备制度、轮岗培训
专业人员	薪酬	薪酬管理制度
	激励	绩效管理、优秀评选
	福利	社会保险、公积金、公司互助基金等福利
	工作支持	管理制度、电子化信息平台
	沟通	部门例会、管理制度、电子化信息平台
	培训	专题讲座、委外培训、内部培训课程体系等
	职业发展	专业人员职业发展通道、晋升制度、管理人员储备制度、轮岗培训

续表

人才	需要	支持
营销人员	薪酬	薪酬管理制度
	激励	绩效管理、年度先进营销人员评选
	福利	社会保险、公积金、公司互助基金等福利
	工作支持	管理制度、绩效管理、电子化信息平台
	沟通	营销年会、营销各区域例会
	职业发展	营销人员职业发展通道、轮岗培训、管理人员储备制度
操作人员	薪酬	薪酬管理制度
	激励	绩效管理、员工先进个人评选
	福利	社会保险、公司互助基金等福利
	培训	操作人员岗位技能培训
	环境健康	环境职业健康安全体系

2. 鼓励人才参与公司的管理改进活动，推动组织的可持续发展

公司通过季度员工座谈会、员工关系访谈、总经理信箱、基地总经理接待日等渠道收集员工的合理化建议，员工可以随时随地向上级、公司提交合理化建议。公司出台《合理化建议奖励规定》，内容包括：对提议人员进行即时激励；对合理化建议创造经济价值的，实行提成奖励；对经采纳的QC项目进行评比奖励。公司对各项目的工作成果及时组织评优、给予奖励，激发员工的创新动力与主人翁精神。

公司对参与管理改进活动的事迹表彰举例如表 2.5-2 所示。

表 2.5-2　公司对参与管理改进活动的事迹表彰举例

类别	奖项	说明
营销管理创新	优秀经销商	对经销商排名奖励
	业绩优秀品牌与个人奖	对综合业绩排名奖励
技术改进创新	改进奖	产品技术、生产工艺创新
	专利奖	技术发明创新
	QC 奖	对产品质量问题的纠正及对生产工艺的创新
产品研发创新	新产品上线奖	设计的产品投产上线成功
	新产品销售奖	设计的产品获得较明显的销售提升
管理创新	先进集体与优秀个人	部门与个人综合业绩优秀

续表

类别	奖项	说明
安全管理改进	安全奖	对安全工作改进创新的奖励
环保管理改进	环保奖	对环保工作改进创新的奖励
成本优化	节能降耗奖	通过自动提升、流程再造,提高生产效率,降低材料与耗用的成本
技能提升	技能能手	在技能比赛中胜出

b. 建立员工的质量激励机制和质量考核制度,引导、鼓励和鞭策员工积极参与组织的改进和创新

1. 质量激励机制

公司根据自身特点建立了多样化的质量改善激励机制(见图 2.5-1),专门设立《项目激励管理制度》,设有专门的管理委员会,常年接收部门及个人的创新奖励申请,全方位激励全员提升工作质量。

自实施激励机制来,公司员工参与提案改善的数量呈现稳步上升趋势,公司已形成了"全员质量管理"的氛围。

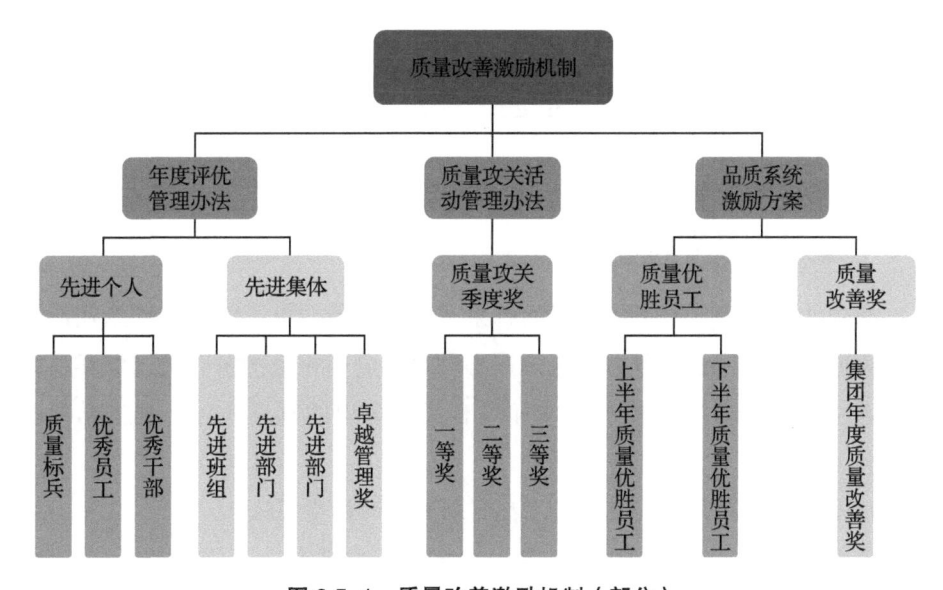

图 2.5-1 质量改善激励机制(部分)

2. 质量考核机制

公司根据岗位类别、职级建立了完善的考核管理机制,包括《管理人员绩效管理制度》《销售人员绩效管理制度》《技术人员绩效管理制度》，建立了定性与定量相结合的岗位考核指标、工作质量标准、产品质量内控标准，通过培训和检查，严格执行，并纳入岗位人员绩效考核，与奖金、评优、晋升挂钩。针对生产一线工人，开展了专项管理考核（与产量、品质、损耗率、改善、降本增效等指标挂钩），考核结果与个人奖金相关联。公司的质量绩效考核指标如表 2.5-3 所示。

表 2.5-3　质量绩效考核指标一览表

考核对象	考核内容及指标	考核周期
研发人员	新品量试不良数、新品量试通过率	月度、季度、年度
制造人员	成品合格率、重大质量/安全/环保等管理事故	月度、季度、年度
品质人员	来料批次合格率、成品抽查合格率、质量流程与管理标准化、实验室建设与计量、客诉率、市场报废率、维修率、批量客诉及质量事故	月度、季度、年度
采购人员	来料批次合格率、重大质量/安全/环保等管理事故	月度、季度、年度
客服人员	用户服务满意度、备件订单满足率、品质事故 4 小时回复率、用户投诉 7 日结案率、客诉率、消费者投诉率（差评率）	月度、季度、年度
销售人员	经销商和顾客重大投诉	月度、季度、年度

c. 开展教育培训以提升员工素质，包括开展职业技术资格认定、质量技能教育和培训等

在企业公众化、数字化发展的背景下，围绕着"员工就是推动企业经营战略迈向成功的核心竞争力"这一核心理念，公司积极为所有员工创建良好的学习氛围，培养新型技术人才和具有经营意识的管理人才，建立学习型组织。

1. 全员教育与提升，打造学习型、创新型的精英团队

公司成立了三友培训中心，帮助更多人走向成功。公司制定了"三鹰"人才工程战略，为不同层级、不同类型的人才设计专门的培养模式和项目，实现定制化培养，为企业持续输出后备人才。公司的人才培养体系如图 2.5-2 所示。

图 2.5-2　人才培养体系

（1）雏鹰计划培养项目。重视新生代后备人才培养，制定了"3+1"校招生培养计划，每年举办校招生特训营，从通识知识、专业知识、领导力知识三个维度设置培养内容。建立"师带徒"导师制，帮助新人融入企业，实现快速成长。

（2）飞鹰计划培养项目。每年对中层一线管理者和后备人才，以"管理+专业"的能力维度设计学习地图，规划技能及初级管理课程，实行达标考核制，使基层班组长及后备人员得到有效提升。

（3）雄鹰计划培养项目。针对企业部长或总监级以上管理干部制订TOP计划，提升高层管理者的领导力、系统思维、战略思维和创新能力。

2. 建立内部讲师体系，打造传承文化

公司拥有完整的讲师培养和认证体系——"TTT"师匠计划。共有认证讲师43名，是企业内训的主要力量。

3. 搭建移动学院，打造全员线上学习新平台

公司搭建线上移动学院，服务内部员工以及区域运营商。截至2021年底，平台拥有线上课程2838门，用户数量25776人，累计总访问量已达1029287人次，累计学习总时长94458.3小时，累计考试合格30943人次。

4. 通过学徒制开展技能培训

为加大公司技能人才培养力度，推进生产经营高质量发展，公司与智通培训学院联合开展产教融合、工学一体的新型学徒培养计划。此培训分为工业机器人和电工两个工种，通过线上、线下、实操一体的模式开展教学，截至2021年底，参训人员236人，总计培训时间18880小时。

5. 开展职业技能认证

公司建立系统的企业自主考核评定体系，形成标准、培训、考核、认证体系，设立等级补贴。与人社局联合制定职业资格标准，推动企业职业资格认定体系的搭建和推行。截至2021年底，共计398人通过技能认证（其中电子仪器仪表装调工五级30人、四级55人、质检员四级313人）。同时，公司也获批东莞市职业技能等级认定试点企业，后续可通过企业自评的方式开展人才评价，进一步推动公司技能人才团队建设。

2.6 工匠精神

a. 树立精雕细琢、精益求精的工匠理念，培育新时期的工匠精神，进一步提高员工素质和整体水平

公司制定了多项工匠培育激励政策，每年评选出质量标兵、技术标兵等先进个人，并举行隆重的表彰大会，树立匠人标杆；同时，树立精益求精、追求极致的工匠理念。

1. 树立工匠典型

为持续培育和弘扬工匠精神，树立学习标杆，形成"人人争当先进，人人争做贡献"的良好氛围，公司制定了《评优管理办法》，每年评选质量标兵和技术标兵各5个。同时，公司推荐标兵参加东莞市举办的"首席技师"评选。

2. 宣传工匠精神

公司通过内外部网站、电视台、报刊等媒体对质量标兵、技术标兵的事迹进行宣传，表彰他们为公司继电器领域的生产技术革新所做的重大贡献。

3. 组织学习和培育工匠精神

为培育工匠精神，公司举办了工匠精神学习活动，号召全员学习锲而不舍、精益求精、勇于创新、追求卓越的工匠精神。

b. 发扬工匠精神，打造高质量的产品，提高组织的核心竞争力

公司在"产品领先，品质制胜"发展理念的引领下，在标兵评选、科技进步奖评选、师徒传承和技能比武四个方面建立了激励机制，激励员工在工

作中精益求精、持续创新和追求卓越，从而打造高质量的产品，提高公司的核心竞争力。

1. 建立工匠培养和激励机制，发扬工匠精神

为了鼓励进步、表彰先进、弘扬工匠精神，公司制定了《评优管理办法》《科技进步项目评选管理办法》和《技能比武管理办法》等激励政策。为了宣扬创新驱动发展、科技引领未来的理念，公司每年举办科技进步奖评选活动。从2018年开始，公司每年开展技能比武活动，营造学技术、练绝活、当能手的良好氛围，培育了一批能工巧匠。

2. 激励员工打造高质量产品，提高公司的核心竞争力

公司坚持"产品领先，品质制胜"的发展理念，通过开展各项评比活动，激励员工精益求精、追求卓越。公司将质量标兵和技术标兵作为核心人才培养，充分调动员工持续创新和追求极致的积极性，从而提高公司的技术水平、创新能力、质量管控能力、渠道与服务能力等核心竞争力。

3. 发扬工匠精神，打造高质量产品

公司通过匠人标杆宣传、质量标兵和技术标兵评选、科技进步奖评选、师徒传承和技能比武等多种培育和激励形式，孵化了一大批内部工匠，2019—2021年共培育30名内部工匠。工匠们在各自的岗位上发扬精雕细琢、精益求精、追求极致的工匠精神，打造高质量的产品，为公司做出了重大贡献。

2.7 质量变革

a. 提升产品的质量水平，并通过不断改进产品质量，形成产品的独特竞争优势和对产业链的参与优势

公司应用PDCA循环管理方法建立了质量改进管理模型（见图2.7-1）。以"追求卓越质量"为目标，由最高管理者发起，根据当年质量绩效结果确定次年质量改进目标，通过制定方案、实施改进、测量改进结果及分析改进的预期效果，不断推动产品质量持续改进，不断超越原有的质量绩效水平，使公司产品在国际、国内一直保持领先水平。

2019—2021年，公司多项产品质量改进项目成果达到了国际、国内行业领先水平，并取得了相应的专利。

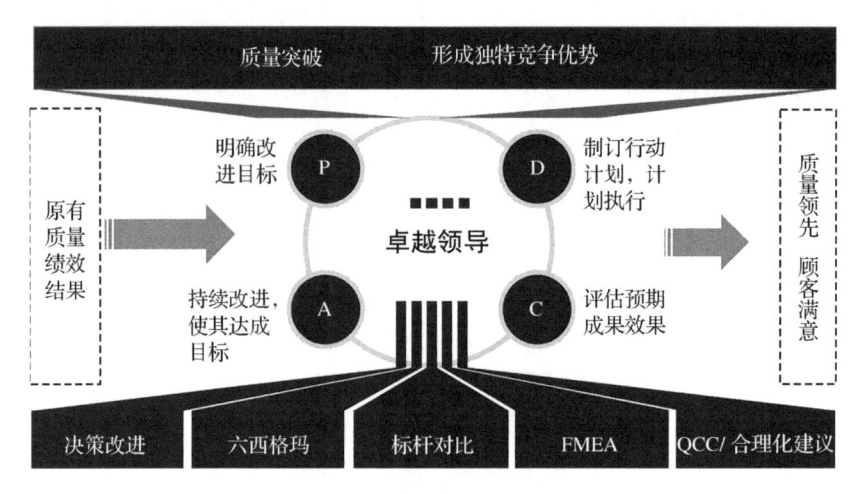

图 2.7-1　质量改进管理模型

b. 改善产品或服务质量、工艺技术及管理水平等方面存在的差距，以提升产业链组织的稳定性

公司秉承"产品领先，品质制胜"的发展理念，以"识别差距，改善差距"为改善主轴，推进产品质量持续提升和服务升级，保障公司的产品质量、服务质量满足不同顾客的各种需求，以此提升产业链组织的长期稳定性。

公司每年组织开展内外部正向与逆向产品质量对标工作，每月召开质量绩效结果分析会，长期通过信息平台收集、分析竞争对手与标杆企业的信息，时刻监测、识别公司在产品质量、服务质量、工艺技术及管理水平等方面存在的差距。根据识别的差距，结合公司战略发展需要及当前实际情况，确立改进计划与目标，并采用任务分解的方式将改进项目落实到对应部门，由责任部门负责制定执行方案，灵活组建项目小组，在公司内部有序、有效、系统地推动产品质量、服务质量、工艺技术及管理水平不断改进，保持组织的长期稳定性。

公司的差距识别及改善方法如表 2.7-1 所示。

表 2.7-1　差距识别及改善方法（节选）

差距类型	识别方法	采取的措施及改善方法	产生的效果
产品售后差距	售后服务部门收集产品投诉	对产品存在的劣势进行分析，明确现时的产品应用在哪个区域，可能存在的不足之处；技术人员对销售人员进行相关的培训，以便销售人员可以对一些客户进行正确的宣导	正确使用产品，减少误区

续表

差距类型	识别方法	采取的措施及改善方法	产生的效果
管理水平差距	以行业数一数二的管理水平作为标准进行对标，识别管理水平差距（质量、成本、效率、安全、环保）	（1）通过组织学习，掌握必要的管理工具和方法，如针对生产质量问题，使用鱼骨分析法，组织生产相关管理人员进行攻关以解决生产实际问题，提升管理水平； （2）制定产量、质量、损耗、各部门成本控制等考核目标，纳入月度考核，以提升管理人员的管理意识及水平； （3）定期组织管理人员对生产管理过程中的一些案例进行总结、复盘，以提升管理经验； （4）公司人力资源部每年组织各管理人员进行管理能力提升的培训	提升整体管理水平，产品质量、品质更加稳定，提升生产效率，降低生产成本，安全环保工作符合政府要求

c. 开展质量改进活动，包括诸如质量提升小组或跨部门质量提升或质量改进团队的建设以及质量改进工具与提升方法的应用等

公司十分重视质量改进与创新，建立了包括四个层级的改进管理模式，即以合理化建议和技术管理创新提案为基础的个人改进层级，以QC小组、6S现场管理、精益化生产为主导的部门改进层级，以年度科技项目、技术管理创新项目为核心的跨部门改进层级，以标准化管理为框架的公司改进层级。

为了解决不同层次、不同影响程度和难度的问题，公司组织各层次员工参与培训并有针对性地应用适宜的改善工具、方法，开展改进与创新活动。

1. 推行设备规范化管理

公司大力推行设备规范化管理，第一，建立完善的设备管理流程，规范生产设备管理各环节的工作要求和工作流程；第二，建立设备管理档案，对主要生产设备进行一台一档式的管理，从设备购进、验收、使用、检修到报废进行全程管控和资料归档管理，为设备管理提供溯源信息；第三，推行设备TPM活动，导入全员设备维护，建立设备点检机制，根据设备特性明确点检项目内容与标准，做到隐患及时发现、及时处理；第四，利用自动化检测软件，录入设备管理要求，自动检测设备、定期保养以及进行维修提醒，有效预防设备故障，延长设备使用寿命，提升设备有效运行率，使全厂设备有

效运行率超过 95%。

2. QC 小组活动

由品管部牵头各部门、生产车间围绕公司方针、目标，针对产品设计开发、生产制造、经营服务中存在的问题或具有持续改善空间的课题，成立 QC 小组，运用检查表、柏拉图、特性要因图（鱼骨图）、直方图、散布图等 QC 手法，通过 PDCA 的方式开展改善活动。公司共成立 QC 小组 75 个，通过专项质量课题攻关，提升了产品质量，减少了不合格产品。

3. 改善提案活动

为改进和完善公司生产制造工艺、日常管理等，由品管部牵头开展了持续改善活动，这是发挥员工积极性、创造性和主人翁作用的有效形式。公司全体员工结合自身的工作，采用 PDCA 手法，通过多种质量工具，对公司的各项活动进行改善。

4. 标准化管理

公司通过使用各类改进与创新方法，形成了标准化管理体系，通过持续改进，保持了标准化管理体系的有效运行，为规范企业管理、保证产品质量发挥了支撑和保障作用，有效实现了节能降耗、提高生产效率、降低生产成本的目标，提高了企业的知名度和市场竞争力。

3 创新

3.1 动力变革

a. 公司将创新视为高质量发展的第一动力，将创新理念融入到组织之中，并建立、实施和保持创新管理体系，以提高组织效益和竞争优势

三友联众将创新融入企业文化中，在经营管理中始终坚守"创新"的核心价值观。"大胆创新，严谨落实"的创新与研发理念深入每一个员工的心底。公司始终将创新视为高质量发展的核心动力，并建立、实施和保持创新管理体系。树立"崇尚创新，宽容开放"的创新导向，倡导"持续改进，勇于超越"的创新精神,营造浓厚的创新氛围。按照"突出参与性,突出解决实际问题"的原则,开展创新课题研究和 QC 小组活动、行业对标管理等群众性管理创新活动,交流管理经验,推广应用优秀管理成果和管理经验,推动创新成果的转化和应用。建立了开放的创新管理体系,从用户需求出发,通过引进、消化、吸收以及自主开发等途径,利用合作开发、外包、战略联合等手段,以产品和技术创新为核心,实现管理模式、商业模式的变革及创新。

b. 发现创新机会并管理创新过程,包括建立创新激励机制和管理制度等

公司通过销售及市场需求分析、竞争对手分析、高校技术对接、展会及市场调研等多种渠道来发现创新机会,并将其用于产品的设计中。在识别出创新机会后,公司通过组织保障、制度保障、流程保障来实现对创新过程的规范管理。在流程保障方面,公司的研究开发控制程序如表 3.1–1 所示。

表 3.1–1　研究开发控制程序

项目	控制的关键点
立项审批	关键点 1:严格审核研发计划提出的依据 关键点 2:客观、完善地进行项目研发可行性研究及预算审核 关键点 3:制定研发项目立项审批责任制度
人员配备	关键点 1:合理配备专业研发人员,严格落实岗位责任制 关键点 2:制定有效的保密制度及竞业规定 关键点 3:安排合适的人员负责统筹安排工作
研发过程控制	关键点 1:多级协同管理研发进度 关键点 2:开展研发中的评估与调整工作 关键点 3:及时准确地进行进度登记、问题跟踪、解决措施状态报告工作
成果转换	关键点 1:建立市场、科研、营销、生产一体化的自主创新机制 关键点 2:开展研发成果试生产,测试市场反应
成果验收	关键点 1:建立独立评审和验收机制,对研发成果进行验收 关键点 2:建立包括开发进度、取得成果、项目资金、市场地位等多因素的全面考量体系
成果保护	关键点 1:提前约定研发成果归属,提前布局专利申请;宣传推广用语的申请和保护 关键点 2:建立完善的研发成果保护制度,对研发成果及研发过程中的文件、资料进行严格保护
研发评估	关键点 1:充分评估研发费用投入及研发成果的市场价值 关键点 2:建立完善的研发评估结果应用体系

c. 追求被认定为可实现可控制的风险的机会，以及在合适的时机中断此活动以支持更优先的机会

公司从研发、设备、市场多方面建立规范的流程以及风险防范机制，综合应用 FTA、PFMEA、DFMEA 等工具来控制设计风险。公司研发中心制定了完善的研发活动评估制度，建立了项目风险管控体系来抵御可能发生的风险。公司将项目从研发前的评审到研发完成分为五个阶段，每个阶段制定了具体的评估时间和评估内容，由项目经理成立评估小组，针对项目进度和内容在规定时间内做出分析和决策，每个阶段都有《阶段性转移审批单》来确认放行。

公司的研发风险评估等级如表 3.1-2 所示。

表 3.1-2　研发风险评估等级

级别	适用情形
一级	可控
二级	存在小问题，但已经制订有效的计划来解决问题，没有发现潜在问题
三级	目前可控，但存在潜在问题需要解决，以免问题恶化
四级	存在严重问题，有可能超预算或超进度，需要立即制订纠偏计划，采取有效的手段来控制局面

项目多功能小组制订研发改进行动计划。主要包括：一是对发现的主要问题进行清楚的描述；二是分析如果问题不被解决将造成什么样的后果；三是提供解决问题的办法；四是确定解决问题的负责人；五是制定解决问题的时间表。随后，将研发过程中可能出现的风险点分成十大类（见表 3.1-3），并针对每一类别的风险点做出详细的说明，从而增加评估小组对风险点管控的全面性。最后，针对每个风险点制定控制关键点，建立预防机制。

表 3.1-3　研究开发的风险点

项目	风险点内容
风险1	研发计划与企业科技发展战略不匹配，研发负责人不具有相应资质。 研究项目未经科学调研和论证，评审把关不严，可能导致创新不足或资源浪费。 研发项目选用的材料不符合相关性能要求，厂家资质与长远供货能力不足，不利于项目如期进行。 研发项目新设备（装备）技术发展有限，外协件配套资源条件不足，不具有项目研发（开发）的可行性

续表

项目	风险点内容
风险2	研发人员配备不合理或研发过程管理不善，可能导致研发成本过高、舞弊或研发失败
风险3	科研合同管理不善，导致权属不清，知识产权存在争议
风险4	委托（合作）单位选择不当，知识产权界定不清
风险5	与合作单位存在沟通障碍，合作方案设计不合理，权责利不能合理分配，资源整合不当
风险6	因验收人员的技术、能力、独立性等造成验收成果与事实不符
风险7	测试与鉴定投入不足，导致测试与鉴定不充分，不能有效降低技术失败的风险
风险8	研究成果转化应用不足导致资源闲置，新产品未经充分测试导致大批量生产不成熟或成本过高，营销策略与市场需求不符导致营销失败
风险9	未能有效识别和保护知识产权，权属未能得到明确规范，开发出的新技术或产品被限制使用
风险10	对核心研究人员缺乏管理激励制度，导致形成新的竞争对手或技术秘密外泄

公司组织不同职能部门的领导参与到项目活动中，从不同的角度提供专业意见，将风险控制在最前端。根据研发项目性质的不同，项目组成员的构成会相应地有所调整。对于技术革新项目，项目主体成员由生产、研发、检测、标准办相关领导等组成；对于性价比提升项目，除技术人员外，计量、财务人员也会参加，协助技术人员对产品性能与产品价格之间的平衡做出专业的判断，并在需要的时候提出项目中断的建议。

3.2 创新能力

a. 建设创新平台和打造科研创新团队（包括参与重大科研项目），并保持创新平台的有效运行，以提升组织的核心竞争力

1. 建设创新平台

在创新平台建设方面，公司根据战略发展的需要，搭建了技术研究中心，通过了政府认定。目前，公司是政府认定的东莞市工程技术中心，并正在申报省级工程技术研究中心。公司设立了技术部（下设新产品研发课）、实验室、技术管理部、知识产权课等核心部门，并由技术委员会和专家委员会对

工程中心的研发运作进行技术支持。

  2. 打造科研创新团队

  三友联众与西安交通大学、河北工业大学等高等院校建立产学研合作机制，为培养专业人才提供强有力的支持。公司非常重视产学研相结合的科技创新模式，以项目合作为纽带，加强与国内外高等院校、研究院所的联系及沟通，进行项目的选题立项及重点项目的研发合作。公司充分借助各高等院校、研究院所雄厚的师资力量和优良的科研装备，实行强强联合，推动公司科技研发的进一步发展。在广泛的产学研合作中，形成了向专家借脑、与一流高等院校和研究院所共同发展的良好格局。

  除了与高等院校、研究院所开展产学研合作之外，公司还积极参与国际交流与合作。公司与日本第一电机株式会社（DEC）建立战略伙伴关系，选派优秀技术骨干到日本 DEC 进行较长时间的研修，定期与 DEC 进行技术交流和互访，致力于掌握新产品开发中的核心技术。

b. 积极学习和应用先进技术和方法，并对运营过程中所产生的信息和知识进行系统管理，持续提高组织的纠错能力、应变能力和创新能力，实现关键核心技术自主可控，解决"卡脖子"等技术难题

  1. 积极学习和应用先进的技术和方法

  公司在创新过程中，始终注重对创新方法的学习，通过以下方式不断提升创新能力和纠错能力。一是为创新人员提供一个广阔的发展空间，同时针对技术人员存在的问题，对技术人员进行相应的内部培训；二是聘请外部技术专家进行系统的培训；三是选拔优秀的技术尖子参加行业学术交流、接触客户和产品工作现场，及时了解行业技术发展的最新动态；四是定期组织召开各部门技术开发人员探讨会，讲解一些开发中先进的技术和方法，以及一些技术行业动态；五是大力支持技术人员进行技术创新和产品研发，始终追踪最前沿的技术，对有贡献者给予高额的物质奖励。

  公司通过内外部培训、现场指导、项目评比等活动，积极学习先进技术和方法，如 TRIZ、PPAP、六西格玛等工具，不断提升创新能力（见表 3.2-1）。

表 3.2-1 学习应用的先进技术和方法（部分）

技术方法	应用领域	学习途径	结果
六西格玛	制造	理论知识培训、现场辅导	产品故障率连续三年下降1~2个百分点，实现降本增效
TRIZ技术创新理论	研发	理论培训、小组模拟	自主研发多项行业壁垒技术；技术创新项目在研多项，每年申请专利超30个，其中发明专利10个以上
FEMA	研发/制造	理论培训、现场辅导、项目模拟	有效降低产品设计、制造的风险，为公司减少了由风险带来的材料、人工、工艺、设备等方面不可估计的经济损失

2. 对运营过程中所产生的信息和知识进行系统管理

三友联众按照知识管理体系的要求，采用先进的工具和手段，依靠规范的架构和制度，按来源、表现形式等对知识进行及时有效的获取、管理和应用。对于不同的知识与信息，由PLM系统集中管理。

信息与知识的管理方法与制度如表3.2-2所示。

表 3.2-2 信息与知识的管理方法与制度

类型	知识分类	管理方法与制度	涉及的主要部门
外部知识	来自市场和顾客的知识	知识管理制度	市场部、营销中心
	来自合作伙伴的知识	三友联众集团供应商管理办法	供应部
	来自竞争对手、标杆企业的知识	知识管理制度	市场部、营销中心
	来自政府管理部门的知识	知识管理制度	所有部门
内部知识	专利、版权、商标，合同	知识产权管理制度	法务部
	档案	三友联众集团档案管理制度	总裁事务办
	图纸、资料	知识管理制度	设计院
	管理制度	三友联众集团档案管理制度	所有部门
	企业标准	三友联众集团公司文件管理制度	标准办
	科研项目、科技项目技术秘密	研究开发管理制度	研发部

公司搭建PLM产品生命周期管理系统，并对全公司各业务线的知识结构进行梳理、调研，形成体系化的知识管理构架，通过平台进行有效的知识管理。

3. 持续提高组织的纠错能力、应变能力和创新能力

公司通过对先进技术和方法的学习和应用，及时了解生产和运营中的各类信息，并将其用于产品的设计，提升了公司的纠错能力、应变能力及创新能力。

4. 开展重大科研项目攻关，实现关键核心技术自主可控

关键核心技术是国之重器。攻克关键核心技术是深入实施创新驱动发展战略的关键所在。三友联众持续加大对基础研究的投入，实现了关键核心技术自主可控，解决了困扰行业的"卡脖子"技术难题。例如高压直流继电器抗短路结构设计与灭弧关键技术研究、降低触点接触电阻的技术研究。

3.3 管理创新

a. 根据组织战略任务，结合技术和产品发展的趋势，有组织、有计划地推动管理创新

公司遵循 IATF 16949 质量管理体系及 APQP 手册的基本原则，基于公司产品类别及市场的具体情况，制定了适合公司内部的产品设计开发流程。通过该流程能准确识别顾客的需求与期望，以合理的开发成本及在规定的时间内，开发符合法律法规及顾客需求与期望的产品，降低公司的产品开发风险。公司通过 PLM 平台实施精准管理，实现产品质量的前期规划，设定确保某产品满足顾客需求所需步骤的结构化流程，以保障所有关键步骤如期完成。

公司产品质量先期策划 APQP 管理模式如表 3.3-1 所示。

表 3.3-1 公司产品质量先期策划 APQP 管理模式

周期阶段	产品质量先期策划 APQP
第一阶段：立项	计划和确定项目：市场调研，对项目进行可行性评估，确定计划和任务、资源
第二阶段：产品设计和开发	产品评审，制造样品，验证和确认产品设计
第三阶段：过程设计和开发	定义制造过程，工装样件制造，验证和确认生产资源
第四阶段：产品和过程确认（PPAP）	由样件制造转入批量生产前的生产确认
第五阶段：反馈、评定及纠正措施（SOP）	实现新产品量产

此外，针对具体的质量问题，公司采用了许多先进的创新管理工具和方法。在质量创新方面，公司导入全面质量管理体系、现场力改善小组、QCC等，从各方面调动员工的积极性，开展质量改善活动。公司使用了 QCC、检查表、控制计划、SOP、饼状图、因果图、柏拉图、控制图、趋势图等工具，让下一道工序成为上一道工序的质量官，建立了生产过程全流程的质量管理监督体系。

b. 进行组织的管理模式、经营模式、商业模式创新

公司在发展过程中也十分注重利用互联网手段，开展个性化以及定制化服务，对管理模式、经营模式以及商业模式进行创新。

公司根据工业互联网的标准架构，建立底部设备控制层、企业应用层和管理 BI 层，形成内部业务和数据安全稳定运行的平台架构；同时，将采集的产品数据、设备数据、工艺数据、能耗数据等应用于订单管理模型、排产模型、工艺模型等管理模型中，形成行业的数据驱动模型，指导企业的生产运营管理，形成行业数据分析，优化管理决策。通过"5G+ 工业互联网"改造升级及各项智能技术的应用，甬友数字化车间实现生产信息的收集和汇总，形成 ERP、MES、WMS、IOT 等各系统间的接口，建立底层生产自动化设备和上层管理系统的桥梁，打破企业信息系统孤岛现象，打造企业闭环信息流，支撑面向工厂内的柔性制造和智能生产、面向工厂外的远程控制和关键产品追溯、面向工厂内外结合的个性化定制和全生命周期管理等集成创新应用。"产业 +AI"智能制造系统使全资子公司新明实现了高度自动化、智能化的生产模式以及全程监控的环保、能源管理模式，使集团在质量管理、排产管理、仓储管理等多个方面开创了行业先河。

3.4 技术创新

a. 围绕组织的使命和愿景，结合环境的变化，通过引进、消化、吸收、开发适用的先进技术和先进标准形成组织的技术体系，并有效保护自身的知识产权，包括海内外专利的申请和保护

1. 形成领先的技术体系

公司在多年的发展中不断探索、不断创新，积累了较为雄厚的技术基础，

形成了业内强大的研发能力和制造能力,在一些关键技术以及技术的创新迭代上形成了自主特色,使得公司在行业中实现发展领先、技术领先、产品领先。

2. 保护自身的知识产权

公司根据研发战略,制定了《知识产权管理办法》,由总经办负责知识产权管理,定期通过智慧芽专利系统进行行业专利检索与分析,建立标杆企业和重点领域的专利情报库,为公司的新产品开发、专利申请和知识产权保护提供全面的支持。同时,按照专利申请流程,将公司的关键核心技术变成专利,保护自身的知识产权。

b. 建立、实施和保持技术评估体系,并与竞争对手和标杆进行比较分析,不断提高组织技术水平,以增强组织的核心竞争力

1. 建立技术评估体系

公司外聘专家,借用"智慧芽"为公司的创新发展服务;研发中心建立项目立项评估机制,通过项目组组建、小组总结讨论进行项目评估;公司还不定期从产品、核心技术、专利、标准、鉴定、平台建议等方面对竞争对手和标杆进行分析。公司以国际先进技术为目标,积极主动对标国内外行业标杆的先进技术和行业先进标准,引进、消化、吸收并自主创新、优化提升,以达到行业领先的技术和标准作为自身追求。

2. 与竞争对手和标杆进行比较分析,提高组织技术水平

公司制定了《对标样品分析程序》《对标样品评价方案》等制度,定期对标国际一流企业,组织竞品分析,做全方位的参数对比,形成竞品分析报告,为技术开发提供参考,同时进行专利分析、行业交流,不断消化、吸收领先技术,优化公司产品的结构、工艺等,提高公司的技术水平。

与同行业竞争对手和标杆对比的途径如表3.4-1所示。

表3.4-1 与同行业竞争对手和标杆对比的途径

比较途径	比较方式	作用
购买竞品	通过市场调研,采购竞品进行对比分析,关注市场流行趋势及消费者需求,了解同行业发展状况和技术水平	学习和吸收同行业的先进经验和最新技术,促进企业技术创新,确保产品在市场中的竞争力

续表

比较途径	比较方式	作用
专利分析	通过专利检索、浏览同行官网和国内外权威机构发布的信息等方式，了解同行业的最新专利技术、专利申请情况及专利区域	进行更符合公司情况的专利布局，获得专利竞争优势，促进公司技术创新，拓展技术领域
行业交流	通过积极参与行业论坛和研讨会议，与同行交流产业链现状及未来发展趋势	及时全方位地收集比较性和竞争性数据，分析产业链现状及未来发展趋势

通过与竞争对手和标杆企业进行比较，不断吸收、消化和开发新技术，提高公司的技术水平，提升产品质量，增强组织的核心竞争力。

3. 开展技术评估，增强组织的核心竞争力

在重大的新产品新技术新装备研发、推广应用和重大关键技术攻关上，公司按照所制定的章程及管理办法进行审查把关，甚至组织行业专家进行技术评估。公司制定了一系列的规范流程来对产品技术水平进行评估与判定，务求技术项目的方向、创造性、前瞻性、市场前景等得到预先分析和评估。具体来说，公司通过内部评估和第三方评估的方式进行技术评估。

公司的技术评估流程如表 3.4-2 所示。

表 3.4-2　技术评估流程

评估方式	评估内容
内部评估和第三方评估	1. 集团公司的科技发展规划、方针、企业技术法规 2. 对集团公司的重大科技决策、重大技术攻关项目、重大技术改造项目和重大技术引进项目进行调研、论证，提出咨询建议 3. 及时解读政府有关部门在科技、产业、环保和人才等方面的信息，并在集团公司内部发布，促进集团公司用好用足相关政策 4. 对国家、省、市各部门组织安排的重大项目技术攻关、技术开发、试验项目的可行性进行审议，协调集团公司的产学研活动 5. 指导、主持或参与相关技术标准、企业标准的编制或审查 6. 对集团公司国内外大型项目的招投标技术方案、施工组织设计、重大项目技术难题提出咨询和审查意见 7. 对集团公司系统内知识产权的创建和整合提出建设性意见，对各类专利和软件著作权的申请进行审查，确定是否涉及公司核心技术秘密，并对是否申请专利和软件著作权做出评判 8. 对集团公司新技术新产品开发的立项、鉴定及科技奖励进行评审，并对集团公司申请国家、省、市各部门的新技术新产品鉴定、科技奖励提出建议和意见

在以上范围内，公司各创新主体部门提交项目调研报告、可行性分析报告，申请进行技术评估。由公司科技委牵头，进行咨询、调研、审查，并组织评估，以此来保障技术项目的前瞻性、有效性，确保项目技术创新的可行性，为公司决策提供充分的依据。

c. 利用互联网、物联网、大数据、云计算、5G 等新一代信息技术进行诸如研发设计、制造工艺和产品性能等创新和改进

三友联众积极推动工业化、信息化的两化融合，深化制造升级，强化产品创新。公司完成了从传统制造向精益制造的升级，经历了信息化、自动化、智能化三个阶段的跨越，以"全局＋业务"的模式打造了完整的工业信息化应用场景，通过 CCS 中控系统、数据中台、DIM 数智平台、大数据平台等近百个底层后台和前端应用模块，形成了完整而高效的工业信息化应用矩阵，打造了更强大、更均衡的系统经营能力。公司通过产线"智造升级"提升生产效能，将数字孪生技术用于研发设计，应用 5G 技术进行设备管理，通过数字化技术提升产品性能。

4 品牌

4.1 品牌规划

a. 基于顾客的需求和期望进行品牌定位，建立以品牌核心价值和特性为中心的品牌识别系统

1. 基于顾客的需求和期望进行品牌定位

公司将现有顾客群体细分为珀金客户、黄金客户、银客户、铜客户、铁客户，不同类别的顾客有着差异化的需求和期望（见表 4.1-1）。

品牌定位：围绕"打破日本垄断，进入汽车领域，让中国继电器在中高端领域绽放"的战略目标，通过产品增值、科技增值、服务增值，确定"做一个知名继电器民族品牌"的品牌定位，致力于打造知名的"三友"品牌，成为全球领先的电子元器件及相关产品的解决方案提供商。

表 4.1-1　公司各类客户的需求和期望

顾客群体	需求和期望
珀金客户	（1）行业内有较高的知名度； （2）一对一服务，响应速度快； （3）需求量巨大，要求产能高、品质好、价格低； （4）订单稳定，肯定度高，获得多年肯定； （5）年度占有额稳步提升
黄金客户	（1）行业内有较高的知名度； （2）一对一服务，响应速度快； （3）需求量特大，要求产能高、品质好、价格低； （4）订单稳定，肯定度高，获得多年肯定； （5）年度占有额稳步提升
银客户	（1）资质需要齐全； （2）二对一服务，响应速度快； （3）需求量中等，要求产能高、品质好、交期快； （4）订单稳定，肯定度高，获得多年肯定
铜客户	（1）资质需要齐全； （2）三对一服务，响应速度快； （3）需求量一般，要求产能高、品质好、交期快； （4）订单稳定，肯定度高，获得肯定
铁客户	（1）资质需要齐全； （2）多对一服务，响应速度快； （3）需求量少，要求产能高、品质好、交期快； （4）订单零散，肯定度高，获得多年肯定

2. 建立以品牌核心价值和特性为中心的品牌识别系统

公司围绕品牌定位以及品牌主张，建立了特色鲜明的品牌识别系统（见表 4.1-2），并于 2009 年注册了中英文商标。目前，公司的品牌标识系统得到了统一、连贯、规范的使用，固化了消费者的记忆，起到了很好的识别、宣传效果。

表 4.1-2　公司的品牌识别系统

类别	常规标识系统
品牌价值	公司围绕战略目标，通过产品和技术的不断革新，打造知名的"三友"品牌，成为全球领先的电子元器件及相关产品的解决方案提供商。因此，在品牌标识上，体现了公司对产品和技术的不懈追求

续表

类别	常规标识系统
品牌标识	三友继电器 SANYOU RELAYS
品牌口号	做一个知名继电器民族品牌
标识应用	
品牌包装	

b. 制定和实施品牌规划

公司业务中台下设品牌建设的专职责任部门——企业宣传策划部，负责公司品牌内容规划及建设、市场策略制定、活动场景搭建、媒体关系拓展和运营。同时，公司强化专业分工，健全协同机制，提升品牌管理质效，为实现高质量发展注入内生动力。

1. 品牌规划流程

品牌管理部门基于公司的愿景、使命、核心价值观，通过分析品牌所在市场的环境、战略客户与竞争品牌的关系等，确定品牌定位与发展目标，在董事会办公室的指导下，联合七大事业部和两大销售战区制定品牌战略规划与传播策略，推进公司的品牌建设。

2. 品牌内外部分析

（1）市场环境分析。继电器是实现自动控制不可或缺的电子元器件，用于航空、通信设备、汽车产品制造、家用电器生产、工业控制等领域。目前，继电器行业整体技术已经比较成熟，中国继电器电气行业专注于深耕中端产业链，着力提升家电、新能源设备以及汽车制造等领域的继电器产业技术，实现从"中国制造"到"中国创造"的飞跃。中端制造产业升级为继电器行业带来了崭新的发展机遇。根据华经产业研究院《2024—2030年中国继电器行业市场调查研究及投资潜力预测报告》，2025年我国继电器市场规模将达到11343百万只左右。此外，功率继电器主要应用在家电领域，而近年来我国家电零售市场保持平稳发展状态。

数据显示，受益于家电市场向好态势，家用电器用继电器的产量也在稳步提升。根据工信部的数据，预计2025年全国家用电冰箱产量同比增长3.2%，家用电器用继电器需求量预计为4991百万只左右；2025年全球通信用电磁继电器需求量预计为1204百万只左右；2025年全球光伏逆变器领域用继电器需求量预计为220百万只左右。公司通过对外部环境的分析，归纳总结了公司主要产品面临的市场机会和威胁。

（2）与竞争品牌的比较。公司将浙江美硕电气科技股份有限公司作为主要竞争对手，将厦门宏发电声股份有限公司作为标杆，从规模、市场份额占比、品牌知名度、品牌销售业绩等维度进行评估。通过分析得知，公司品牌与竞争品牌在产品、渠道、市场营销上各有所长，竞争激烈，但还没有形成绝对的优势差异。

（3）战略客户分析。公司已累计服务超过6000家客户，主要涉及家电、智能家居类、充电桩类、汽车、共模电感类、光伏类、安防、工控类等行业，拥有完善的客户管理系统。公司客户资源丰富，匹配服务顾客的人力充足。公司拥有自主研发的自动焊锡机、自动组立机、自动检测机、自动封胶机、自动插脚机、自动整形机等自动线装备，同时拥有自动化集成、智能能源及环境管理等业务能力，几乎覆盖继电器制造的各个环节，具有较强的综合实力，可满足各类顾客的需求。

（4）品牌目标。公司根据品牌定位制定的品牌目标为：紧抓新能源汽车、智能电网、智能家居等带来的市场机遇，不断变革创新，进行自动化应用系统和智能能源与环境管理系统的业务布局，通过研发底层技术，实现高端电子产品国产替代，突破国外技术封锁，打造中国的民族品牌。公司将围绕产品、科技、服务方面进行整合，在直销与非直销合并营销下，全面拉升公司品牌的市场占有率，将三友继电器打造为一个知名继电器民族品牌，跻身中国继电器一流品牌。

公司未来的品牌目标规划如表4.1-3所示。

表 4.1-3 公司未来的品牌目标规划

总目标	品牌目标
未来公司将通过募投项目的实施，不断加大研发投入，在四个方面实现发展目标	在境外主要继电器销售地区成立销售公司，大幅度提升境外市场的销售额与市场占有率，让境外销售成为公司利润增长新的支撑点
	强化继电器产品的研发，在通用与磁保持继电器优势领域保持盈利能力的同时，完善汽车继电器、新能源继电器等领域的产品线，形成新的利润增长中心
	强化设备研发能力，探索智能制造，形成"自动化＋信息化"的生产模式，进一步提升拳头产品的生产制造能力
	打造产业纵向一体化；整合供应系统，完善继电器关键零部件的生产能力、保障关键技术的研究开发能力以及打造全球化的客户服务能力等，保证公司对产品质量、成本控制、客户服务等拥有自主权和控制权，逐步实现高可靠性、高品质、高效率的发展模式

3. 实施品牌发展规划

根据公司的品牌目标，公司制定了中长期的品牌发展规划，并层层分解，通过行动计划来支撑中长期规划的实施。根据品牌战略规划目标及行动计划，制订年度重点工作计划，落实到责任部门，确保目标如期达成。

c. 利用组织有价值的活动，提升品牌的知名度、认知度、忠诚度和美誉度

1. 整合营销手段，提升品牌知名度

（1）在场景建设方面，公司通过参加大众和行业展会、校企交流，打造品牌影响力，同时通过组织技术交流会，增加与市场的互动，增强客户对品牌的黏性，提高品牌的知名度和认知度。

（2）在内容建设方面，公司围绕产品、研发、客户、文化进行多元化的宣传推广。比如，发布了企业形象宣传片，参加《慕名而来》讲述研发故事，参加《约见资本人》讲述企业成长故事，组织"品质讲解"专题报道等，有效树立了品牌形象，增强了品牌影响力。

2. 实施多维度推广策略，提升品牌的认知度

除了通过参加行业展会和行业论坛、在主流行业媒体刊登广告、客户推荐、组织客户实地考察、直接上门拜访等多种方式进行市场推广外，近年来，因新冠疫情影响，公司增加了线上广告投放、电话推广、异业合作、社群推

广等一系列方式，升级了品牌定位和目标客户管理体系，通过IT规范满足客户群体扩大的数据需求，实现对获客周期的精细化管理。

3. 升级品牌形象，提升美誉度

公司结合品牌定位，对品牌形象进行全面升级，如总部基地建设，展厅形象升级，官网、产品宣传画册、形象升级等，以客户需求为出发点，优化品牌宣传工具，提升客户体验，以达到提升品牌美誉度的目的。

4.2 品牌管理

a. 进行品牌管理，抓住时机进行品牌延伸扩张，并有效回避品牌延伸的风险

1. 进行品牌管理

公司通过制定《目视化管理规定》《知识产权风险控制程序》《信息资源控制程序》《销售阶段知识产权控制程序》《知识产权保密控制程序》《知识产权实施和许可控制程序》等一系列制度流程，构建起了品牌管理机制，对品牌形象、品牌内容、品牌渠道、品牌资产等方面进行全面管控，保障公司从上到下、从内到外、从表及里有序进行品牌管理，为品牌战略目标的实现而服务。

公司的"五程一规"品牌管理机制如表4.2-1所示。

表4.2-1 "五程一规"品牌管理机制

品牌形象	品牌内容	品牌渠道	品牌资产
统一对外形象	确保精准输出	渠道维护/建设	品牌保值/增值
《目视化管理规定》	《信息资源控制程序》	《销售阶段知识产权控制程序》	《知识产权风险控制程序》《知识产权保密控制程序》《知识产权实施和许可控制程序》
提高品牌形象辨识度	保障传播内容合法、合规	强化销售活动中的识别与管控能力	确保将无形资产转化为有形资产

2. 抓住时机进行品牌延伸扩张

公司一直投身于继电器行业，从转折点、设备、效率方面抓住时机进行品牌延伸扩张。

公司品牌延伸历程如 4.2-2 所示。

表 4.2-2　公司品牌延伸历程

发展阶段	品牌定位	延伸时机	公司战略	品牌延伸
2008 年至 2009 年	以生产家电类电磁继电器为主	转折点：以生产家电类电磁继电器为主 设备方面：自动化设备转型升级 效率方面：工厂全部采用集团自行研发的装配线进行生产，公司 400 多人生产的数量是升级前生产数量的 5 倍	采用自行研发的装配线进行生产	取代日本品牌进入二、三线家电企业的供应商行列
2009 年至 2010 年	以生产互感器以及磁性材料为主	转折点：以生产互感器以及磁性材料为主 设备方面：拥有全自动或半自动设备 1500 台 效率方面：互感器月产能 1400 万只，磁芯月产能 1400 万只	成立青县择明朗熙电子器件有限公司，实现集团多元化发展和长期战略规划	抢占互感器以及磁性材料市场份额
2010 年至 2016 年	以拓展海外市场为主	转折点：收购国家级高新技术企业明光万佳联众电子有限公司 设备方面：采用少品种大批量的手工 + 自动化生产为主体的生产模式 效率方面：年产能达到数亿只	推动生产模式的转型升级，在欠发达地区设立生产基地	抢占海外市场份额
2016 年至今	以生产新能源继电器及零部件为主	转折点：第五事业部主要负责新能源继电器及零部件的生产 设备方面：采用自动化设备进行生产 效率方面：每年产能 500 万只以上	扩建二期新厂	抢占新能源汽车继电器市场份额

3. 有效回避品牌延伸的风险

品牌风险回避的原则及措施如表 4.2-3 所示。

表 4.2-3　品牌风险回避的原则及措施

风险回避原则	具体措施
品牌差异性	在创建及经营品牌的过程中，在品牌定位、品牌个性、价值主张、目标人群画像等方面始终坚持差异性原则，为不同类型的消费人群提供差异化的产品和服务
产品相关性	公司利用品牌进行产品延伸的过程中，确保延伸的产品与原品牌主营产品有较强的关联性，形成产业协同效应，不断丰富、强化品牌的价值主张
定位一致性	公司在品牌延伸的过程中，不断坚持并强化品牌的定位，确保品牌形象和品牌资产持续提升

b. 预防市场垄断及倾销行为

公司主要通过以下措施来预防市场垄断及倾销行为（见表 4.2-4）。

表 4.2-4　公司预防市场垄断及倾销行为的措施

主要措施	具体内容
了解国际国内相关法律法规和监管趋势以及行业动态	在公司内部加强对有关垄断及倾销的法律法规及监管趋势的培训和宣导，全面学习有关的法律法规、管理机制、监管趋势，全面评估企业潜在的垄断风险领域及场景，制定反垄断合规管理的整体目标和方案，审批相关管理制度和流程并推动其有效落实，实现合规经营，避免出现法律禁止或类似的行为
结合市场地位和业务场景制定合规指引	通过了解本公司所在行业和市场的竞争状况、收集整合公司的生产销售数据，结合反垄断法专业知识，确定公司在产业链中的位置、具有核心竞争力的产品或服务、主要竞争对手。根据业务场景，将垄断协议、滥用市场支配地位和倾销的法律要求分配到企业采购、销售、投资、技术合作和市场推广等几个场景中，把法律语言转换为业务语言
在日常的经营合同中嵌入独立的反垄断合规审查	结合业务流程嵌入内控体系，将审查流程与合同审查相关联，规定一定的反垄断合规审查触发点，一旦触发，马上要求业务人员填写表单，与合同审查并线启动。反垄断合规审查意见根据不同情况分为禁止、提示两类意见
尊重客户的自主选择权	不得强制或变相强制客户交易，不以任何方式干涉或限制下游经销商的自主定价权

c. 进行品牌资产管理，实现品牌资产的保值和增值

1. 开展品牌资产管理

公司通过不断对品牌资产进行管理来维护和提升其价值，让品牌真正成为公司资产的一部分。公司品牌资产管理的措施如表 4.2-5 所示。

表 4.2-5　品牌资产管理的措施

维度	管理措施
提升品牌知名度	通过广告传播、营销推广、品牌公关、口碑维护等持续建立品牌知名度、维护客户忠诚度以及提升品牌认知度。公司经过多年的沉淀，通过更加精准的消费需求洞察，不断优化产品的目标人群定位，建立与消费者的良好关系
加强顾客满意管理	保证卓越的产品质量，提供优质的售后服务，建立良好的企业信誉，加强顾客满意管理，将公司全体系产品的质量管理透明化，以标准化、自动化、用户中心化、平台化保障质量管理；提供高品质的产品和服务，超越顾客的期待，完善服务体系，加强顾客关系管理

维度	管理措施
提升顾客的忠诚度	公司逐步建立起一套独立且完整的客户服务标准体系；选择品牌联想的关键因素，满足消费者个性化的价值需求，并通过传播工具巩固、提升顾客的忠诚度
保护品牌知识产权	明确知识产权管理方针和管理目标，确保知识产权管理"领导落实、机构落实、制度落实、人员落实、经费落实"。明确规定企业研究与开发、原辅材料采购、生产、销售、对外贸易等重要环节的知识产权管理规范要求，以确保企业生产经营各主要环节的知识产权管理活动处于受控状态，避免自主知识产权流失或侵犯他人知识产权

2. 实现品牌的保值和增值

公司根据品牌年度策略、整体预算规划、产品竞争策略等进行多维度考量分析，对比行业竞品和品牌自身的品牌健康度相关数据，制定品牌资产提升方案及目标。

公司以可持续发展为思考核心，在品牌的规划目标下，进行市场调研，了解市场环境和需求，熟悉竞品及自身产品的特性，确定品牌定位，随后，开展品牌设计和创意、品牌传播、品牌组合等活动，前后环节协同联动，持之以恒。公司多次获得重量级的品牌荣誉，有效促进了品牌价值的提升。

公司历来实行"产品未动，商标先行"的品牌资产战略，重视品牌的知识产权保护。在进行商标注册时，公司通过跨类别、跨行业、近似防御注册等多种注册形式进行商标保护，提高品牌的价值。

4.3 品牌保护

公司经过多年的发展，在品牌建设方面取得了骄人的成绩。为了让品牌持续发展下去，公司需要进行品牌维护。公司主要通过知识产权体系管理、商标注册、诉讼维权以及品牌危机处理来实现品牌保护。

a. 进行品牌保护，包括组织注册国内外的商标

1. 开展品牌保护

公司十分注重品牌的知识产权保护，由法务部、品牌部协同建立了以著作权、商标权、域名保护为主的全方位品牌保护体系，并将商标作为重点保护内容。围绕公司品牌，公司根据商标法进行一系列的注册保护，并持续进

行商标监测,当发现他人对公司商标进行不当注册、混淆或有侵权行为时,快速启动维权机制,通过发起投诉、申请行政保护或采取诉讼等手段进行品牌维权打假工作。近年来,公司对多个恶意混淆公司商标的注册行为发起了异议、无效等程序,提起商标侵权诉讼3起、行政投诉1起,成功制止了他人对公司品牌的侵权行为,有力保护了公司的品牌形象。

2. 进行商标注册

公司对作为核心商标的"三友继电器"进行了全类别的注册保护,对三友联众、SANYOU、SANYOULIANZHONG、三友、择明、择明朗熙、朗熙等系列商标均在核心商品类别上进行了防御性注册。商标"🌀"除了在国内核心商品类别上进行注册外,还通过欧盟、墨西哥商标注册进行了国际注册。目前,公司已在重点海外市场如印度、墨西哥、美国等国家进行了商标注册,公司国内外注册商标112个。

b. 建立顾客投诉及快速协调解决机制,使组织有效避免潜在的品牌风险

公司通过分析引发品牌风险的来源,找出品牌风险的关键点,并在关键点上实施相应的防范措施,防止品牌风险的发生,提高公司防范品牌风险的水平,为公司发展奠定坚实的基础。公司从风险的来源方面建立品牌风险的分析逻辑树,具体如图4.3-1所示。

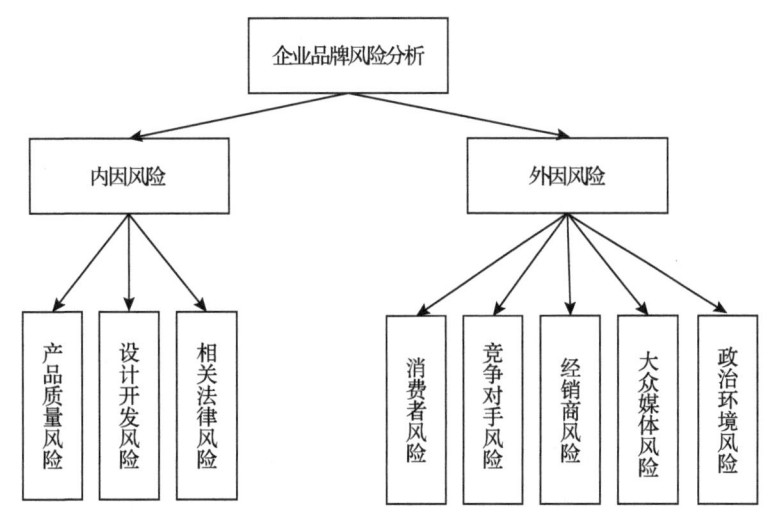

图 4.3-1 品牌风险来源分析

公司针对品牌风险来源，开展风险评级，以管理品牌风险（见表4.3-1）。

表4.3-1 品牌风险级别

风险级别	具体标准
一级风险	基于思想观念认识不足的风险，表现为企业价值观与市场不符，这是最底层、最基本的风险
二级风险	品牌价值增值过程中由于各环节工作不到位而导致的风险，这种风险有一些可见的细小的风险兆头，如果不采取措施，风险就会进一步扩大，这种风险较第一种风险更容易发现，也更为普遍
三级风险	突发事件所带来的风险，这种事件往往难以预料，所带来的风险很大，且处理不好，风险会进一步扩大，给企业、品牌造成毁灭性的打击

为此，公司建立了顾客投诉及快速协调解决机制，使组织有效避免潜在的品牌风险。此外，为最大限度地减少客户不满和业务流失，公司针对不同顾客群体的服务需求制定了差异化的投诉管理机制，并成功推出了独具特色的服务模式。公司建立了全链条的顾客投诉处理流程，制定了《客户质量关联问题管理办法》《产品交付管理程序》等处理顾客投诉和抱怨的管理制度，详细规定了产品售后处理流程和处理方法，高效解决客户反馈及客诉问题。

c. 建立和保持品牌危机预警和应急处理系统，评估公关方案的及时性和有效性，消除或降低品牌的负面影响

公司建立了《危机管理制度与流程》，按照一般、较大、重大突发危机，采取一级、二级、三级分级应急响应机制，提高预防和抵御品牌危机的能力，妥善解除危机并最大限度地降低危机损失。公司及其各基地构建危机联合处理体系，设置专门的危机管理部门。公司职能部门总经理、总监，各事业部总经理，以及各生产制造基地总经理担任危机管理第一责任人，共同构建统一的危机管理组织。

公司建立和保持品牌危机预警和应急处理系统，当遇到突发重大危机事件时，将启动危机应急响应机制，由公司品牌负责部门牵头，与危机事件涉及的第一职能部门联合组成危机应急响应工作组，作为突发重大危机事件的临时处理机构，全权负责危机事件的处理工作，直接向董事会汇报，及时消除或降低负面影响。

5 效益

效益部分涉及公司较多的商业数据，本书不再一一展示。

第四章　东莞市爱玛数控科技有限公司

1　领导

1.1　企业家精神

a. 弘扬企业家精神

东莞市爱玛数控科技有限公司（以下简称爱玛或公司）董事长王国权在践行公司"成就客户，服务为先；团队合作，同担共享；创新为魂，赢在速度；核心积累，知识赋能；持续变革，环境协同；坚定自律，长期主义；创造价值，追求卓越；高效工作，快乐生活"的核心价值观中，以身作则，率先垂范，弘扬企业家精神（见表1.1-1）。

表 1.1-1　董事长弘扬企业家精神的举措

角色	做法
开拓创新者	王国权董事长亲自主持公司重大科研项目，带领全体员工坚持自主研发，勇于创新，为实现公司愿景而努力奋斗。针对市场和顾客需求，主导自主研发的以"智能裁切+视觉"技术为导向的智能裁切设备，首创的视觉应用、旋转式裁切方式、真空吸附材料固定等技术，成功解决了"一体化运动鞋面二次对位复裁"的世界级难题，广泛应用于耐克、阿迪达斯、安踏等国际/国内一线品牌的生产环节，填补了国际空白，达到国际领先水平。另外，解决了天然真皮智能裁切及第四代鞋面二次复裁的技术难题，在裁切品质、生产速度、工作噪声、维护成本等多个领域超越进口技术，替代了进口产品，并且推动全球鞋业第四次鞋面制造技术革命
管理者	王国权董事长坚持诚信是企业立足之本，践行诚信守法、合规经营。公司成立以来，一直合法经营，秉持契约精神、守约观念，连续数年获得"守合同重信用"企业，并获得国家级高新技术企业、国家级专精特新"小巨人"企业、广东省单项冠军企业、广东省专精特新企业、东莞市百强企业等荣誉及资质

续表

角色	做法
客户服务者	王国权董事长始终以顾客为关注焦点，利用公司的先进技术和产品为客户和用户服务，改善品质，提高客户满意度： （1）改善冲刀组件杆品质，提高稳定性，树立口碑（A级优先）； （2）改善耗材品质，提高客户满意度，降低客户使用成本； （3）对老客户制订年度关怀计划，提高老客户满意度； （4）建立福建、温州、山东、成都四大服务基地，增加地区业务量及新进入业务机会，并扩充湖南、莆田、清远、江苏等地服务点

b. 增强爱国情怀

王国权董事长对国家、对民族怀有崇高的使命感和责任感。作为科研人，王国权董事长以"技术报国"实现人生价值。1990年，他创办鞋厂，以制造舒适皮鞋作为理想；1992年，应用制鞋CAD/CAM系统，成为中国第一代推广数字化制鞋技术的先行者；2002年，在废旧粮仓中创办爱玛数控，成为中国第一代数控制鞋技术的开创者。从技术带头人走向企业管理者岗位后，王国权董事长以"产业报国"践行初心使命。2018—2022年，爱玛年收入增长率始终保持在30%以上，年均上缴税金1372.86万元。

c. 拓展国际视野

在当前复杂多变、竞争激烈的内外部环境中，公司仍能保持稳定增长态势，得益于王国权董事长的领导和追求卓越的经营团队。公司自主研发的主导产品"柔性材料智能裁切机"，打破国外的技术垄断，实现进口替代，甚至在多项技术上超越国外技术。公司自主研发的以"智能裁切+视觉"技术为导向的智能裁切设备，首创的视觉应用、旋转式裁切方式、真空吸附材料固定等技术，成功解决了"一体化运动鞋面二次对位复裁"的世界级难题，广泛应用于耐克、阿迪达斯、安踏等国际/国内一线品牌的生产环节，填补了国际空白，达到国际领先水平。近几年，爱玛主导产品的出口额持续增长：2020年的出口额为4242万元，出口额占比48.79%；2021年的出口额为7641万元，出口额占比42.86%；2022年的出口额为11837万元，出口额占比58.65%。

1.2 组织文化

a. 确定使命、愿景和价值观

1. 确定企业文化

公司组建企业文化工作小组,通过全面总结公司发展历程,反复研讨、提炼、总结、升华,确定企业文化。爱玛的企业文化体系如图 1.2-1 所示。

图 1.2-1 爱玛的企业文化体系

公司将软件、设备、数据和服务完美整合,以"数字化、全物料"为特点,"全物料智能裁切系统"为基础,树立了全球柔性材料智能裁切系统生产方式的新标杆,通过文化引领、品质驱动、技术创新、服务提升、品牌影响五大体系支撑,致力于建设全优产业链,发挥全生命周期质量管理的作用,不断探索形成了适合行业发展的具有爱玛特色的"四横四纵"质量管理模式(见图 1.2-2),实现了供应商、客户、企业的多方共赢。

2. 深植和传播企业文化

公司积极贯彻企业文化,通过《员工手册》、宣传片、品牌画册等多元媒介进行宣传,同时领导亲自授课,树立榜样,并通过各类会议、活动及教育培训深化员工对企业文化的理解。另外,公司还制作《公司简介》、活动海报等,利用周年庆、节假日等时机,向股东、员工、客户及合作伙伴全方位展示企业文化。公司领导与员工及相关方保持双向沟通,广泛听取意见,确保企业文化有效传播。

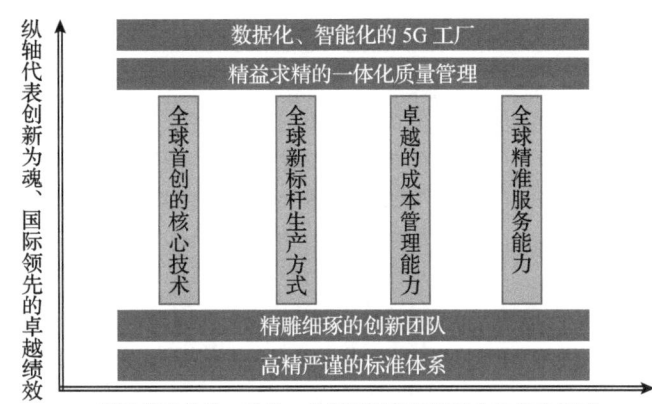

第四章　东莞市爱玛数控科技有限公司　183

图 1.2-2　"四横四纵"质量管理模式

企业文化内外部传播方式及途径如表 1.2-1 所示。

表 1.2-1　企业文化内外部传播方式及途径

沟通对象	传播方式	传播途径	传播内容	周期
全体员工	自上而下	绩效目标传达	通过年度工作会议、年度管理目标评审会议等公司级大型会议确定年度工作目标、经营方向，引导员工关注公司经营文化，为统一发展方向而共同努力	每年
		文化宣导	通过公司内刊、公司网站、员工手册、宣传栏、活动海报、公司微信平台、企业宣传片等媒介展示企业文化，引导员工全面感知、认知、认同爱玛的企业文化	每月
		文化培训	通过新员工入职培训、班组长培训、技工技能培训、技能大赛、在职教育等多种途径，提升员工素质	定期
		文化活动	公司每年通过集体旅游、团队拓展、女职工三八节活动、安全月户外培训活动、关爱职工子女亲子活动、教师节活动、羽毛球赛、篮球赛、志愿者系列活动、年终迎新晚宴等丰富多彩的文化活动，增加员工对公司的认同感和归属感	定期
顾客与供应商	平行	沟通会议	通过供应商大会、顾客答谢会、重点大顾客服务等与上下游企业等进行沟通，提供优质产品和服务，帮助供应商提升产品质量，实现共赢发展	不定期

续表

沟通对象	传播方式	传播途径	传播内容	周期
社会公众	平行	公益活动	爱玛秉承"构建人与所有生命的和谐关系"的理念，积极参与义务植树、旧衣回收、"社区公益日"等社会公益活动。另外，发明了"电脑全自动皮革排版软件"，使皮革利用率比传统生产模式提升6%，并以智能科技减少制造皮革所需的干净水源以及制革化工原料对大自然的污染	随时
		品牌宣传	通过企业网站、各种新闻媒体、微信公众号等平台，对企业文化进行宣传，提升公司的品牌形象	随时

b. 建立以质量为核心的组织文化，并以其自身言行展现质量承诺

1. 建立以质量为核心的组织文化

公司将软件、设备、数据和服务完美整合，以"数字化、全物料"为特点、"全物料智能裁切系统"为基础，树立了全球柔性材料智能裁切系统生产方式的新标杆，通过文化引领、品质驱动、技术创新、服务提升、品牌影响五大体系支撑，致力于建设全优产业链，发挥全生命周期质量管理的作用，不断探索形成了适合行业发展的具有爱玛特色的"四横四纵"质量管理模式，实现了供应商、客户、企业的多方共赢。

2. 以自身言行展现质量承诺

公司领导以身作则，率先垂范，把公司的核心价值观作为自身行为的准则，遵守公司制度要求和行为规范，自觉接受来自公司内外的监督，身体力行地推动公司的企业文化建设，树立知行合一的榜样。

c. 对组织文化的建设进行评估并持续改善

1. 制订企业文化工作计划并推进实施

公司制订企业文化工作计划，组织各类活动，丰富员工业余生活，提升团队意识。组织实施各类员工关怀活动，关爱员工，提升员工的幸福感和对企业的认同感。公司的全年文化活动计划如图1.2-3所示。

图 1.2-3　全年文化活动计划

2. 定期对企业文化工作进行测量评估和改善

公司行政部负责策划、实施、测量、评估、考核和改善企业文化建设工作，制定企业文化推进计划完成率、单项活动满意度等考核指标，并将指标分解到负责推进工作的岗位，作为其绩效考核指标之一。通过单项活动问卷调查、企业文化建设合理化提案、员工满意度调查等形式对公司的企业文化建设进行评估，从而形成改善方案，不断提升企业文化建设水平。在企业文化建设活动中，公司设立评优奖励机制，提升员工的参与度和认同感，不断激励员工，实现与公司共同成长。

1.3　战略管理

a. 战略管理，包括质量战略、品牌战略等

为适应公司科技发展的需要，增强公司的核心竞争力，成立了由董事长牵头、总经理负责、各主要职能部门负责人参与的战略管理委员会，通过科学系统的管理方法，制定卓有成效的战略管理体系，对公司重大决策实施情况和发展中的突出问题进行调研，向董事会及高层领导提供第一手资料，为解决公司全局性、前瞻性、方向性的问题提供决策建议，为公司战略制定和

部署提供组织保证，使公司得到持续发展。

公司的战略管理委员会架构如图1.3-1所示。

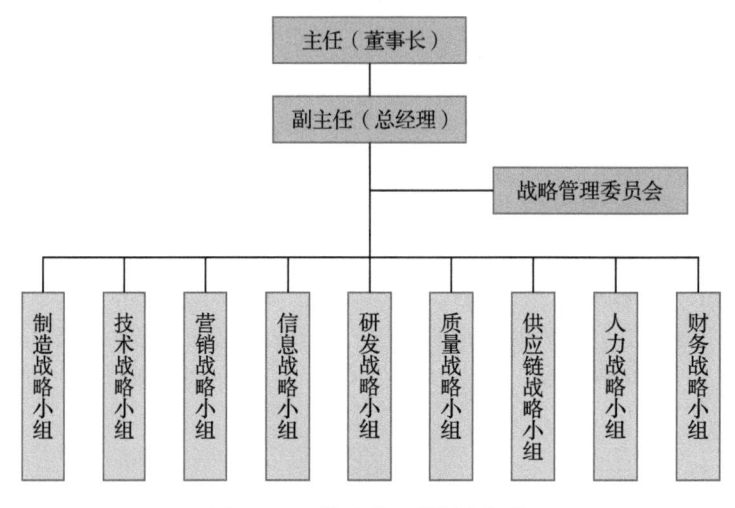

图1.3-1 战略管理委员会架构

公司战略制定过程主要分为信息收集、外部环境分析、内部环境分析、战略规划、战略评估与调整五个阶段。公司采用科学先进的分析工具，通过自下而上、自上而下的反复分析论证确定公司的发展战略，同时注重借助外脑提升企业的战略管理水平。

公司所在的柔性材料智能裁切行业与国民经济发展息息相关，为应对行业竞争的挑战、有效整合产业链和供应链及适应国家的每个五年规划，爱玛将短期战略、中期战略、长期战略的周期分别设定为1年、3年和5年。

b. 制定战略目标并分解到组织的各个层次，建立绩效管理系统

1. 战略信息收集

为确保战略制定的科学性、客观性和竞争性，公司建立了较为全面的战略信息收集系统，明确战略制定需要了解九大类信息。公司各职能部门根据职责，充分利用内外部资源，负责战略信息的收集，为战略分析及战略制定提供事实依据，同时有助于监测、评估战略的实施状况。

信息收集和分析方法如表1.3-1所示。

第四章　东莞市爱玛数控科技有限公司

表 1.3-1　信息收集和分析方法

信息层面	关键信息类别	主要内容	信息数据来源	收集方法	分析工具及方法
宏观环境	经济、社会、道德、法律法规及其他方面的潜在风险国内外经济形势的变化	国内外政治局势 国内外宏观经济形势 劳动法、RoHS等法律法规 产业技术发展趋势	各相关网站 国家统计局网站 "十四五"规划 政府工作报告 行业协会 海关	利用公共信息平台查询；向行业协会专家咨询；查阅各类机构分析资料；购买信息数据	PEST 分析
行业环境	顾客和市场的需求、期望及机会 竞争环境及竞争能力 影响产品、服务及运营方式的重要创新或变化	市场容量及需求状况 行业竞争状态 顾客需求与期望变化 产品类型 销售量及市场份额 产品策略变化趋势 盈利能力、运营能力等指标 技术、产品、售后及其优劣势	竞争对手网站 购买的行业分析报告 第三方研究机构报告 行业协会 行业刊物 上市公司年报	利用公共信息平台查询；向行业协会专家咨询；查阅各类机构分析资料；询问政府部门、行业协会购买第三方信息数据聘请第三方机构做专项调查	行业趋势分析、波特五力分析
内部环境	资源方面的优势和劣势，资源重新配置到优先考虑的产品、服务或领域的机会 组织特有的影响因素，包括品牌、合作伙伴和供应链方面的需要及公司优势和劣势等 可持续发展的要求和相关因素 战略的执行能力	人力资源优劣势 品牌 研发水平 销售渠道及服务能力 各项财务指标 资源配置 组织结构 环境制度 学习创新	各相关职能部门整理汇总 内部信息系统、报表 内部讨论和访谈报表	目视观察法；现场调查法；采访法；对比分析法；趋势分析法	经营能力分析、竞争对手及标杆对比分析、内部资源分析

2. 宏观环境（PEST）分析

公司结合行业协会、第三方专业调研机构、专业书刊等提供的信息数据，采用 PEST 模型对公司经营的大环境进行分析，主要是对政治、经济、社会、道德、法律法规、技术、创新等方面的若干影响因素进行列举，帮助公司分析和总结关键和重要的影响因素，以确立最终的战略方向。

3. 波特五力分析

公司全面收集内外部环境信息，进行关键因素分析。

4. SWOT 分析

公司运用 SWOT 分析工具对内外部环境进行组合分析，从而确定公司的战略选择。

5. 战略目标和对应的关键的量化指标

公司经过多轮研讨决策，综合考虑选择的关键要素，最终确定公司战略为稳健扩张型战略：把握"工业机器人+裁切技术"等技术的发展机遇，立足于柔性材料智能裁切行业，通过成熟的视觉、订制、真皮、规材、样品室五大解决方案，推动爱玛成为全球最具规模的柔性材料智能裁切系统供应商。

公司采用平衡计分卡，从财务、顾客、内部运营、学习与成长四个维度进行关键业绩指标预测。

6. 对战略目标进行分解、监测、分析、评价与改进

（1）建立绩效管理系统。公司建立指标管理体系，每年底制定次年各层次的 KPI 目标，逐层承接。为保障战略目标的实现，公司还建立了支撑战略目标达成的项目管理体系，制订目标达成行动计划，并根据 KPI 考核结果进行战略的修订和调整。

公司的绩效管理系统如图 1.3-2 所示。

（2）对绩效进行监测、分析、评价与改进。全面绩效分析是以 KPI 和事业计划完成数据和信息为基础，对关键指标进行分析。全面绩效分析的步骤如表 1.3-2 所示。

表 1.3-2　全面绩效分析的步骤

步骤	步骤说明
目标检查	通过每月的绩效测量对目标完成情况进行检查，检查工作由管理部定期开展

续表

步骤	步骤说明
数据收集	对完成情况与目标偏差较大的KPI进一步收集数据，数据收集方法有信息系统数据导出和现场调查等，数据收集方式有KPI承担部门独立调查和多部门联合调查等
数据分析	对收集到的数据进行分析与评价，找出目标偏差的原因
解决方案	根据原因分析结果，提出解决方案，由责任部门落实改进，每月召开会议报告落实情况

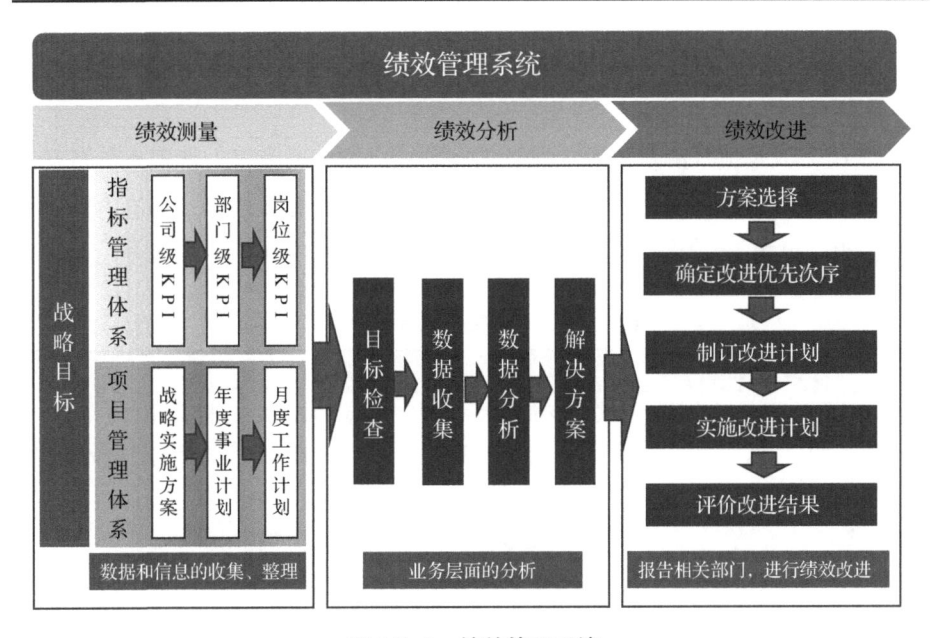

图 1.3-2　绩效管理系统

c. 识别创新机会并应用到战略制定和/或调整中

1. 通过数据对比识别创新机会

公司通过外部数据和内部数据对比，按照战略目标的要求确定目标值，保证目标值的科学合理性。目标值的制定过程如图 1.3-3 所示。

以国内外领先水平对比情况为例，通过竞争对手和行业标杆数据对比，结合对市场容量的预测，以规划登峰战略、造极战略。

2. 通过定期评审识别改进机会

公司每年进行指标管理体系和项目管理体系的评价，以确保两个体系适应战略规划的发展要求。每年年中，结合公司上半年绩效测量的结果和项目落

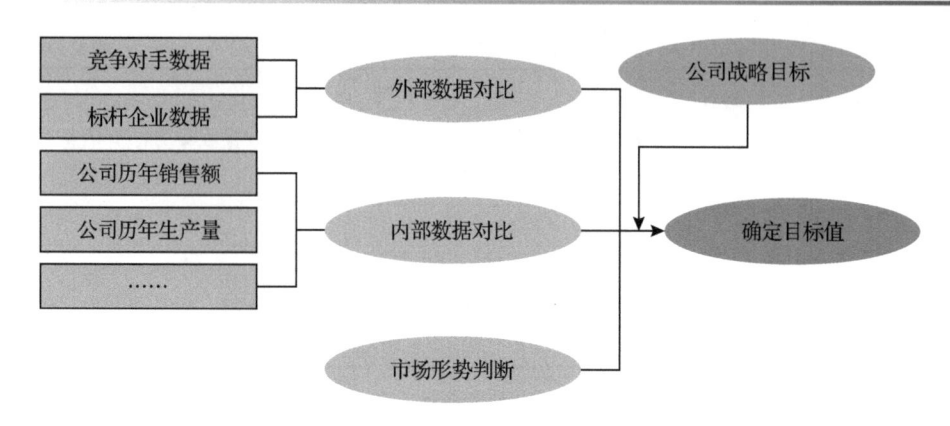

图 1.3-3　目标值的制定过程

实的情况，以及绩效测量过程中遇到的问题，组织中层及以上管理人员召开年中会议，结合外部环境分析，评价两个体系的适宜性和有效性。评价内容包括 KPI 检视（见表 1.3-3）、目标值评价、权重评价和统计部门评价（见表 1.3-4）。

表 1.3-3　KPI 检视五因素分析表

分析维度	思考的问题
该指标是否与整体战略目标一致	该指标是否与某个特定的战略目标相联系 指标承担者是否清楚该指标如何支持战略目标的实现
该指标是否可控制	该指标的结果是否有直接的责任归属 绩效考核结果是否能够被基本控制
该指标是否可实施	是否可以用行动来改进指标的结果 员工是否明白采取何种行动对指标结果具有正面影响
该指标是否可信	是否有稳定的数据来源来支持指标或数据构成 数据能否被操纵以使绩效看起来比实际更好或更糟
该指标是否可理解	是否以简单明了的语言说明 是否有可能被误解

表 1.3-4　目标值评价、权重评价和统计部门评价

评价项目	评价因素
目标值	目标具有激励作用，可通过部门努力实现； 目标的完成最终保证战略目标的实现
权重	以战略目标和经营重点为导向； 明确被考核部门工作职责的主次
统计部门	能够提供准确、及时的数据； 由第三方部门统计

1.4 组织治理

a. 组织架构设计和治理系统建设

1. 组织架构设计

公司严格按照《中华人民共和国公司法》的要求设立合理适宜的组织治理架构和议事规则，不断完善公司治理。公司建立了以《公司章程》为基础的内部治理结构，形成了以股东、董事会、管理层为主体结构的决策与经营体系。设置职能式和矩阵式相结合的组织结构，明确分工，合理授权。同时建立矩阵式的跨职能委员会或工作组，以专项形式开展工作，加强横向组织的职能发挥，充分发挥员工的积极性和创造性，适应公司战略要求，优化管理。

2. 治理系统建设

公司从管理责任、财务责任、管理透明性和信息披露、内外部审计独立性、股东及其他相关方利益的保护五个方面完善治理系统建设。

b. 对组织的领导和治理机构成员的绩效及合规性进行评价

1. 股东对高层领导的绩效评价

公司股东每年通过董事会对公司运营情况及高层领导的绩效进行评价，评价方式分为定量评价（业绩概要）和定性评价（大事记及反省）两种。

股东对高层领导的绩效评价如表 1.4-1 所示。

表 1.4-1 股东对高层领导的绩效评价

项目	控制指标	测量方法	关键过程	负责部门
经营状况	营业额增长 利润率 经营违法违规	董事会报告 信用报告	经营管理	财务部
质量安全	质量安全事故 市场抽查不合格	新闻报道、市场监督管理部门通报、客户投诉等	质量管理	质量管理部
环境保护	废弃物产生量削减 化学物质大气排放量削减	委托第三方检测机构检测；按照公司评分项目进行自评	生产制造 开发设计 设备管理	制造部 开发设计部 设备管理部
能源资源消耗	二氧化碳排放量削减 用水量削减	每月对生产生活用电、用水进行统计	生产制造	设备管理部 制造部

续表

项目	控制指标	测量方法	关键过程	负责部门
安全生产	安全事故 灾害事故 职业病事故	事故报告统计	生产制造 设备管理	各部门
公共卫生	有害固体废弃物转移 新冠感染人数	委托外部资质机构转移 卫生部门检测	生产制造	设备管理部

2. 高层领导开展绩效评审

公司高层领导通过月度经营会议、年度战略检讨会议、管理评审会议等开展绩效评审，对比自身与竞争对手的情况，测量和评价绩效完成水平，提出改进方法和措施，并将绩效结果在公司工作会议上进行汇报，由公司中层以上干部参与评价，促进公司绩效的改善。

高层领导评价组织绩效的方式如表 1.4-2 所示。

表 1.4-2　高层领导评价组织绩效的方式

评价模块	评价内容（指标）	评价形式	评价周期	改进部门
长短期绩效目标达成情况	360°测评、KPI 指标达成情况（包括财务状况、按时交付率、质量、成本等）	经营会议	月度、半年度、年度	各部门和公司高层
	战略实施情况、战略调整	年中、年度工作会议	半年度、年度	公司中高层
竞争绩效	主要指标与标杆企业的对比与竞争对手的比较	对标管理	季度、月度	公司中高层
体系管理有效性	生产、消防安全及职业健康工作落实情况	安全与环保生产管理安全工作会议	月度、年度	各部门
	各项管理体系运行情况	体系管理部门内部审核、外部审核	年度	各部门
社会责任	相关方利益保护	各相关方信息反馈、社会责任调查及社会责任总结	年度	公司中高层

3. 对公司领导的合规性评价

公司高层领导签署年度目标责任状，每年组织进行合规性自查，营造诚实守法、遵章守纪的环境。另外，公司委托第三方对公司高层领导行为的合规性进行定期审查。

c. 运用绩效评价结果改进自身和治理机构的有效性

根据高层领导和治理机构成员绩效的评价结果,结合公司的长远发展方向、年度规划及季度/月度目标、市场及管理的变化,确定改进关键业务的次序和优化组织架构,并与相关方进行沟通,确定改进方向和改进方案。同时,合理地将绩效评价结果应用于绩效工资、调岗、调薪、年终奖金、培训等方面,确保公司持续发展。确定改进优先次序的方法如表 1.4-3 所示。

表 1.4-3 确定改进优先次序的方法

改进方式要素	持续性改善		突破性变革	
	考虑因素	解决方法	考虑因素	解决方法
影响程度	仅在某一方面有主要影响	董事会会议、经营会议、专案评估会议、QC 小组活动等	在许多方面都有重要影响	项目立项、技术改造等
紧急程度	必须立即完成		可以有计划地解决	
趋势对比	绩效持平		绩效持续下降	

1.5 社会责任

a. 履行公共责任

公司谋求与环境和谐发展,在取得合理利润与经济效益的前提下,积极投入先进设备和技术,严格遵照法律法规要求,采取各种有效的治理措施,维护社会公共利益。公司履行公共责任采取的措施如表 1.5-1 所示。

表 1.5-1 公司履行公共责任采取的措施

项目	措施
质量安全	公司严格遵守国家法律法规和标准开展质量管理,建立总经理为第一责任人的危机管理委员会,处理公司产品重大质量安全事故。通过质量管理体系认证和 CCC 等产品认证,不断完善质量安全管理过程。自上而下制定各层级的质量考核指标,明确各部门负责人绩效与质量挂钩。从质量管理、质量检验与试验、计量理化检测等多方面控制产品质量,同时制定《不合格品控制程序》等制度文件,保证产品的质量安全

续表

项目	措施
环境保护	导入清洁生产评价体系和环境管理体系，通过环境管理体系认证和清洁生产评审。组织集中式的内部审核管理，设立能耗、水耗、废弃物排放、二氧化碳排放削减等目标指标，对体系运行情况进行实时监督。委托第三方机构定期进行废气、废水监测和废物转移，确保达标。每年至少组织一次法律法规合规性评价和环境因素评价，以衡量法律法规的符合性，保持体系的有效性
节能降耗	公司在产品设计和技术改造方面注重节能降耗和资源综合利用，采用补能节能技术设计产品，在工艺上选用减废降耗的材料，减少对环境的污染。制定水、电年度削减指标，控制空调温度，使用节能灯具，循环用水
低碳发展	公司以国家绿色工厂认定为契机，建设绿色工厂，开发绿色产品，并将公司对产品的绿色要求传递到整个供应链。同时，制定公司碳达峰和碳中和的远景目标，在停车场、雨棚等可利用的地方增加太阳能发电，购买林地、绿色电力等，实现低碳发展
安全生产	公司按照职业健康安全管理体系要求和安全生产标准建设要求，建立总经理为第一责任人的安全生产管理委员会和安全生产办公室，制定全员安全生产责任制，落实安全生产管理工作。积极开展安全教育培训、危险源分级管理和隐患排查等工作。制定各项安全管理制度和操作规程，确保公司安全管理有据可依，危险作业人员全部持证上岗，遵章作业。每年定期进行一次职业病危害因素监测、法律法规合规性评价，确保生产经营工作安全运行
公共卫生	公司污水经处理后进入城市污水管网。依据《废弃物管理规则》，确保可回收废弃物得到再生利用，危险废弃物得到妥善处置。为员工提供干净卫生的饮用水，定期对水质进行检测。新冠疫情发生后，公司成立了公共卫生安全应急小组，严格执行国家有关防疫抗疫政策要求，顺利实现复工复产。持续向员工发放口罩等防疫物资，坚持公共密集场所戴口罩、勤洗手，定期对办公场所进行消毒

b. 树立法治意识、契约精神、守约观念，并建立道德规范和实施质量诚信体系

公司坚守诚信守法的经营底线，把诚信守法摆在突出位置，以诚信守法推进企业文化建设。公司领导以身作则，充分发挥带头作用，在树立法治意识、契约精神和守约观念方面率先垂范。全体员工从知法守法做起，参加相关的教育培训，做诚信守法模范。公司营造人人讲诚信、事事依法纪的浓厚

氛围，将诚信守法转化为公司宝贵的无形资产。公司连续获得"广东省诚信示范企业"和"广东省守合同重信用企业"。

1. 建立道德规范

公司发挥党员在员工中的先锋模范作用，以廉洁勤政为重点，不断加强各级领导班子和领导成员的思想作风建设，增强各级领导干部的反腐倡廉意识，确保遵纪守法。

2. 实施质量诚信体系

公司定期开展质量诚信监督、品质合规性自主检查，并主动接受政府部门的监督，确保公司质量管理行为符合法律法规要求及职业道德标准。在监督评价过程中，若发现违反质量诚信承诺和规定的行为，则依据《工作过失责任追究管理规则》对责任人进行问责。

c. 公益支持

公司一直秉承"致力于成为客户实现高效和可持续发展的首选数字化技术合作伙伴，为人类的美好生活和社会的健康发展做出贡献"的使命，将从社会而来的资源，重新投入到社会中去，从关爱员工、保护环境、扶贫、助学和志愿者服务五大方向参与社会公益活动。

2 质量

2.1 管理体系

a. 组织管理体系的建设和融合

公司导入质量管理、环境管理、职业健康安全管理体系，先后通过了ISO 9001：2015质量管理体系认证、ISO 14001：2015环境管理体系认证、ISO 45001：2018职业健康安全管理体系认证，获得了测量管理体系认证证书、产品采用国际/行业标准认证证书、产品CE证书等，为公司的可持续发展奠定了管理基础。经过各部门对管理体系的实施和不断优化，公司加深了对各管理体系标准要求的理解，由质量行政部组织各部门进行管理体系一体化可行性评估，在一体化框架下重新进行过程识别和整合，着手优化各控制程序，形成一份融合各体系的管理手册及一套完整的程序文件、规章制度、操作规程以及行为规范。

公司通过内部审核、专项评审、文件评审、流程优化、管理评审、外部审核、管理体系知识培训等活动，持续保持管理体系的有效性。

b. 运用新一代信息技术对组织的物流、资金流和信息流进行有效控制和管理

公司根据信息系统架构整体规划，实施信息化项目，构建适应公司发展的核心业务信息化运作平台，对公司物流、资金流和信息流进行有效控制和管理。公司依托ERP、CRM等现代工业生产管理系统，结合6S现场生产管理模式，打造数字化、智能化制造的全新5G智慧工厂。

同时，爱玛智能裁切系统的MES系统可与企业ERP系统、CRM系统进行无缝对接，在智能设备的生产管理上实现自动化、智能化。另外，公司PLM系统的开发及应用将进一步提高科学化管理水平，减少资源浪费，确保产品品质，降本增效，使公司的自动化、智能化制造综合水平实现行业领先。

使用ERP、PLM和CRM系统后，企业的数据会更加可靠和准确。ERP系统可以提供企业运营的整体数据；PLM系统可以跟踪产品的设计和工艺信息；CRM系统则可以捕捉客户数据，包括市场情况、客户需求等。这些系统互相补充，可以更好地保障数据质量。这些系统的联用也可以帮助公司快速响应客户请求，提供更高效的客户服务。

c. 对管理体系的建设、运行和融合进行监测和评审

公司每年通过品质合规性自主检查、目标监控、文件评审、内部审核、外部审核和管理评审等措施对管理体系的建设、运行和融合进行监测和评审，确保各管理体系的持续适宜性、充分性和有效性，不断提高公司管理体系的运行效果和效率。

公司管理体系监测评审及频率如表2.1-1所示。

表 2.1-1 公司管理体系监测评审及频率

项目	评价内容	频率
品质合规性自主检查	公司依据《法律法规合规性评价表》对公司产品实现过程涉及的外部法律法规及顾客要求、认证认可管理、变更管理、业务流程规定执行情况、外部要求转化落实情况、证据管理、证据符合性、现场作业步骤遵守情况，组织评审团队，通过文件资料审查、现场观察、对话调查、样品验证等方式，进行质量合规性检查确认，找出风险点和管理薄弱环节，推动持续改善，提升合规管理水平	1次/年
环境因素和危险源识别与评价	公司根据法律法规变化、内外部环境变化、业务变化等进行环境因素和危险源识别与评价，并且每年定期进行一次全面的识别与评价	1次/年
环境和职业健康安全合规性评价	公司定期到司法部及各主管部门官网查看法律法规的发布和修订，收集最新的法律法规，进行适用性评价，将其转化为公司内部管理制度要求，并组织相关人员进行全面的合规性评价	1次/年
目标达成监控	公司每月对管理目标达成情况进行监控，定期对目标适宜性进行评审，当发现目标与实际偏离过大时，立即采取措施进行改善	1次/年
文件评审	公司各部门不定期对部门内文件的适宜性、充分性和有效性进行评审，更新文件，并定期组织所有部门进行一次全面评审	1次/年
内部审核	公司对质量、环境、职业健康安全、两化融合、知识产权、实验室管理体系进行内部审核，每年至少进行一次覆盖各管理体系的综合内部审核	1次/年
专项检查	公司对供应商管理、工艺、研发项目、信息化项目、环境事务、职业健康安全事务、安全隐患等进行专项检查	不定期
外部审核	每年通过第三方认证审核，找出问题点，推动各部门落实改善	1次/年
管理评审	每年由总经理主持管理评审会议，对各管理体系运行情况进行评审，并根据决议推动持续改进	1次/年
培训	公司根据需要对管理人员和一线员工进行质量、环境、职业健康安全、信息安全、知识产权等培训，提升相关人员的意识和能力	不定期
应急演练	公司定期进行防火和疏散、化学品泄漏、机械伤害、触电、特种设备事故、自然灾害等应急演练	按季

2.2 顾客需求

a. 识别并确定顾客及其他利益相关方的需求和期望

1. 采用不同方法了解顾客及其他相关方的需求和期望

公司通过上门拜访客户、举办培训、召开研讨会、互访等方式与顾客进行沟通，及时了解顾客需求和期望，具体如表2.2-1所示。

表2.2-1 公司了解顾客需求和期望的方法

获取方法	终端顾客	渠道顾客	竞争对手顾客	潜在顾客	频次	信息收集内容	信息收集部门	信息使用部门
各层面的上门拜访	●	●	●	●	随时	考察现场，倾听顾客对产品和服务质量、安全、健康、知情权、选择权、补偿权、隐私权、交货期等的意见	区域负责人技术负责人质量人员高层	市场推广部研发部品质部
不定期的电话联络	●	●	●	●	随时	了解基本用途、质量、选择权、隐私权、交期等	区域负责人	市场推广部
微信、展厅意见反馈表	●	●		●	随时	了解顾客对产品或服务质量、安全等的评价	行政部市场推广部	行政部市场推广部
电子邮件	●	●		●	每年一次	了解顾客对产品的基本用途，确定质量、安全、交期等需求及竞标安排、设计方案	市场推广部	市场推广部
通过专业网站	●	●	●	●	定期	了解顾客对产品的基本用途、需求	市场推广部	市场推广部
登门演讲	●	●	●	●	不定期	倾听顾客在不同使用情况下的意见，让顾客了解产品设计工艺、功能效果、结构设计、实施保障等内容	市场推广部	市场推广部
技术交流会	●	●	●	●	不定期	了解顾客对技术方面的最新要求，如安全、隐私	研发部市场推广部	研发部市场推广部
研讨会、展会等	●	●	●	●	定期	了解顾客对技术、用途方面的最新要求	研发部市场推广部	研发部市场推广部

续表

获取方法	顾客类型				频次	信息收集内容	信息收集部门	信息使用部门
	终端顾客	渠道顾客	竞争对手顾客	潜在顾客				
顾客回访、满意度调查	●	●			不定期	了解顾客对产品和服务质量、安全、健康、知情权、选择权、补偿权、隐私权、交货期等的意见	市场推广部	市场推广部
邀请顾客来访考察	●	●		●	不定期	了解顾客对产品的基本用途，让顾客了解公司的生产情况、质量管理、交付管理等	市场推广部	市场推广部
市场调研	●	●	●	●	定期	委托第三方调研机构进行顾客与市场调研，收集市场信息，了解顾客最新需求	市场推广部	研发部 市场推广部

2. 利用顾客相关信息不断改进产品与服务

公司从各个渠道收集顾客在产品生命周期各阶段的需求和期望信息，进行分类汇总。通过OA、爱数等方式分别向相关部门传递，由对应的部门深入研究顾客的需求，转化成产品、业务流程改进提升的具体实施方案或经验知识库，提高顾客满意度，逐步增强公司在市场上的竞争力。

顾客在产品生命周期各阶段的需求和期望及满足顾客要求的方法如表2.2-2所示。

表2.2-2 顾客在产品生命周期各阶段的需求和期望及满足顾客要求的方法

生命周期	需求和期望	方法
选择期	产品适销对路	进一步了解和确认客户需求，提供对应的产品
	平台兼容	提供配套的系统解决方案
合作期	产品稳定，兼容性好，交付及时	专人跟踪测试、改进
	产品运行好，性能稳定	专人跟踪测试、改进

续表

生命周期	需求和期望	方法
稳定期	质量稳定，交付及时，根据行业要求、技术要求及时升级	专人跟踪、改进，定期巡检，工厂维修
	质量稳定，交付及时，售后技术支持与维修及时响应	专人跟踪、改进，定期巡检，上门维修
退化期	价格降低，开发新产品，对产品的部分功能进行全新升级	深度结合行业应用与客户需求，加强产品、结构、工艺和表现力创新，开发出具备差异化领先优势的新产品

公司充分利用顾客相关信息，结合产品开发规划，在开发设计中推动产品和服务改进和优化，以下案例是影响力较大的改进。

公司研发的智能裁切系列设备（见图 2.2-1）实现了技术升级，打破了国外的技术垄断，实现了进口替代，目前甚至在裁切品质、生产速度、工作噪声、维护成本等领域超越进口技术。

图 2.2-1　公司设备进化

（1）公司自主研发的以"智能裁切+视觉"技术为导向的智能裁切系列设备，首创的智能裁切方面的视觉应用、旋转式裁切方式、真空吸附材料固定等技术，填补了国际上智能裁切方面视觉应用及旋转式裁切方式的空白，并且推动了全球鞋业第四次鞋面制造技术革命。

（2）公司主导产品"柔性材料智能裁切机"经过多次技术迭代更新，实现了传统轻工业设备的一体化、智能化、自动化。未来，公司将加大研发投入，对"工业机器人+裁切技术"进行深度探索，实现"降低成本""保证品质""降低能耗""减少安全隐患""提升管理效率"的目标。

b. 应用适宜的技术和方法有效管理顾客关系，并定期测量顾客满意度

1. 顾客关系管理

公司经过多年的市场摸索，积累了顾客关系管理经验，逐步探索出"以市场服务为先"的顾客服务模式，建立了完善的顾客关系管理体系（见图2.2-2）。公司针对现有顾客和潜在顾客，采用不同的顾客关系管理方法，为顾客提供优质的产品和高效的服务，提高顾客满意度和忠诚度。

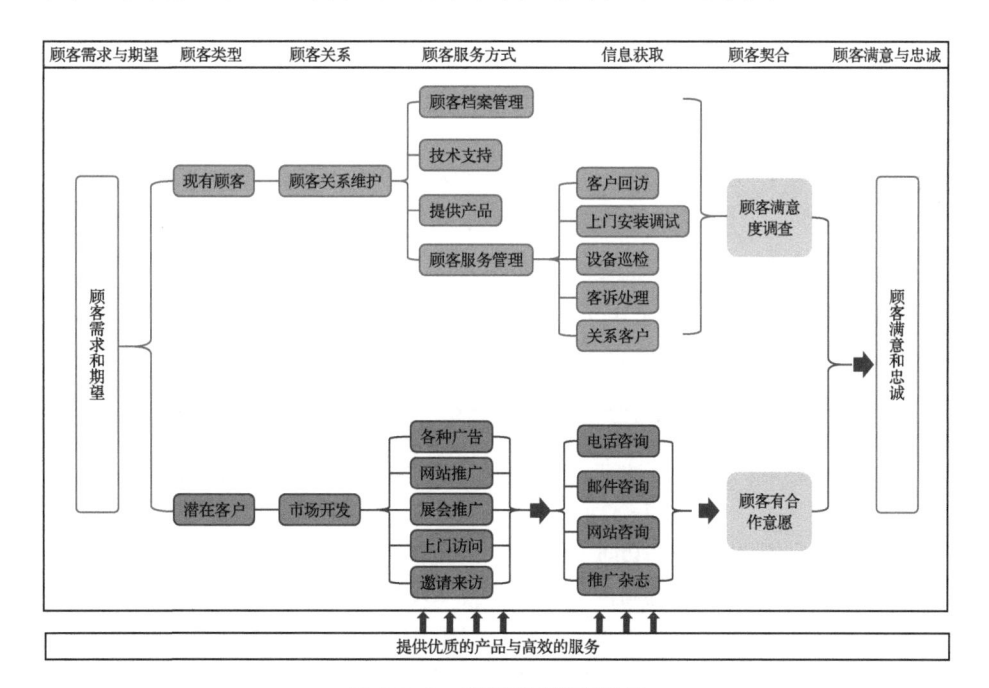

图 2.2-2　顾客关系管理体系

公司对产品实现的各环节进行跟踪，与顾客保持紧密的联系，适时了解行业发展动态、顾客需求与期望。公司建立了售前、售中、售后各阶段与顾客沟通交流的服务标准（见表2.2-3）。

表 2.2-3　顾客服务标准

阶段	方法	关键要求	执行部门
售前	顾客拜访，通过电话和邮件联系推介产品	获取准确的顾客需求信息，通过沟通制定解决方案	市场推广部
	通过媒体广告、网站、展会推介产品	及时向顾客传递产品信息和推出的最新服务	市场推广部
	组织、接待顾客参观工厂	让顾客了解公司的生产情况、质量管理、交付管理等	市场推广部 行政部
	举办技术交流会	与顾客共享最新技术成果和技术要求，及时了解顾客对技术方面的最新要求	市场推广部 研发部
售中	高层互动（大顾客）	了解顾客需求信息，建立战略合作关系	市场推广部 行政部
	工程安装、调试技术支持	确保产品满足顾客需求	市场推广部
售后	顾客回访	了解现有产品的使用情况、最新需求动态	市场推广部
	顾客满意度调查	每年一次	市场推广部 品质部

2. 顾客满意度调查方法

公司秉承"以顾客为关注焦点"的原则，建立并逐步完善顾客满意度测量体系，并根据《顾客满意度调查》等文件，每年进行顾客满意度调查。针对不同的调查对象，公司采用了不同的调查方法（见表2.2-4）。

表 2.2-4　顾客满意度调查方法

调查类别	调查对象	调查方式	负责部门	输出
第一方调查	终端顾客	电话访问、问卷调查、拜访	品质部	终端顾客满意度调查报告
	渠道顾客	电话访问、拜访	市场推广部	渠道顾客满意度调查报告
第二方调查	终端顾客	问卷调查	市场推广部	网络工厂及营运公司满意度调查报告
第三方调查	终端顾客	电话访问、问卷调查	第三方机构	顾客满意度调查报告 竞品客户满意度调查报告

3. 顾客满意度调查流程

公司的顾客满意度调查流程遵循 PDCA 原则（见图 2.2-3）。

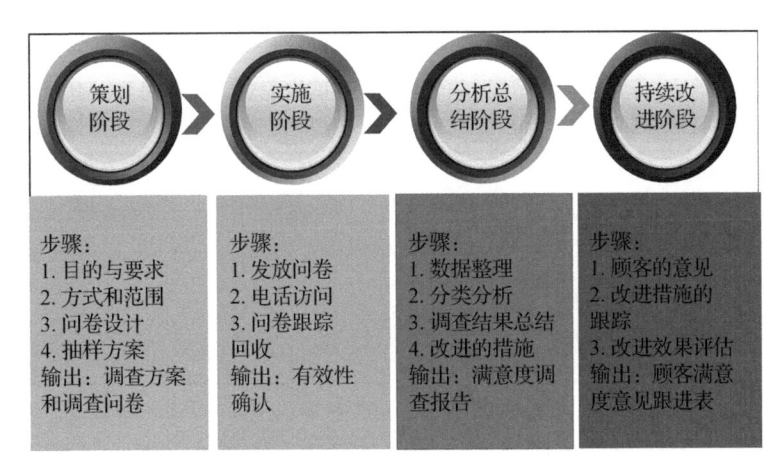

图 2.2-3 顾客满意度调查流程

4. 顾客满意度调查内容

公司针对不同类型的顾客或不同产品的使用者，采用不同的调查问卷，调查的内容重点有所不同，并且每年进行权重和顾客关注点的调整，主要调查维度是顾客对公司品牌形象、外观质量、产品质量、服务质量等方面的满意情况。

5. 顾客满意度和忠诚度评价

公司建立并执行《顾客满意度测量程序》，对终端消费者、经销商的满意度采用不同的方法进行测量，如表 2.2-5 所示。

表 2.2-5 顾客满意度测量方法

测量方法	终端消费者	经销商
调查方案	－实行日常连续调查（客户回访系统），月度、年度汇总 －抽样调查	－实行年度集中调查 －按国内客户、国外客户抽样调查
问卷设计/ 关键因素	－品牌预期、性价比、商品品类、产品质量（美观、质感、外形规格）、服务质量（营销活动、购物环境、导购服务、投诉及退换货等）	－品牌预期、品类规划、新品适销、营销推广、商品配送、产品质量、平台管理与服务支持、合作关系等 －按国内客户、国外客户分别设计调查问卷

续表

测量方法	终端消费者	经销商
实施方式	－日常连续调查采用客户回访系统，由客服电话回访客户，征询意见并记录	－由营销中心牵头组织实施 －调查方式灵活掌握，在调查方案规定时间内完成，如利用公司召开的经销商会议、走访交流等
统计分析	－日常连续的终端消费者满意度调查结果按月度统计，并结合月度投诉汇总分析，形成综合的月度顾客反馈信息报告 －年度综合的消费者满意度测量结果由月度调查结果平均计算	－按集中调查的结果进行统计分析，形成年度经销商满意度调查报告

为客观、准确地测量顾客忠诚度，公司针对终端消费者、经销商采用了不同的绩效指标进行测量和综合分析。对终端消费者而言，其消费通常是一次性的消费行为，因此顾客忠诚度测量主要是结合顾客满意度调查中相关问题（推荐产品、宣传公司等）的回答进行综合分析，以确定公司在终端消费者忠诚方面取得的绩效和改进机会。针对经销商，公司主要采用经销商合作时间、门店净增数、销售增量等量化指标进行客观评价，并结合日常合作过程中经销商管理配合、关注公司发展并积极提案、文化认同等方面的定性评价进行综合分析，以确定公司在经销商忠诚方面取得的绩效和改进机会。

c. 快速有效地处理顾客的投诉和抱怨，并对其原因进行分析以推动组织及合作伙伴不断改进

1. 建立健全投诉处理机制

公司针对顾客投诉制定了《售后服务流程》（见图 2.2-4），对流程各个节点的服务要求、处理时间、信息收集、信息分析、信息处理做出详细明确的规范，指引相关责任人及职能部门按流程要求跟进处理。

2. 投诉处理流程信息化

公司在 QMS 系统上建立了一套信息化的投诉处理流程，从投诉受理、处理过程跟进、回访顾客处理结果、原因分析到制定纠正措施等统一按流程要求进行运作管理，确保有效、及时地对顾客投诉形成端到端的闭环管理，为顾客提供优质的售后服务。

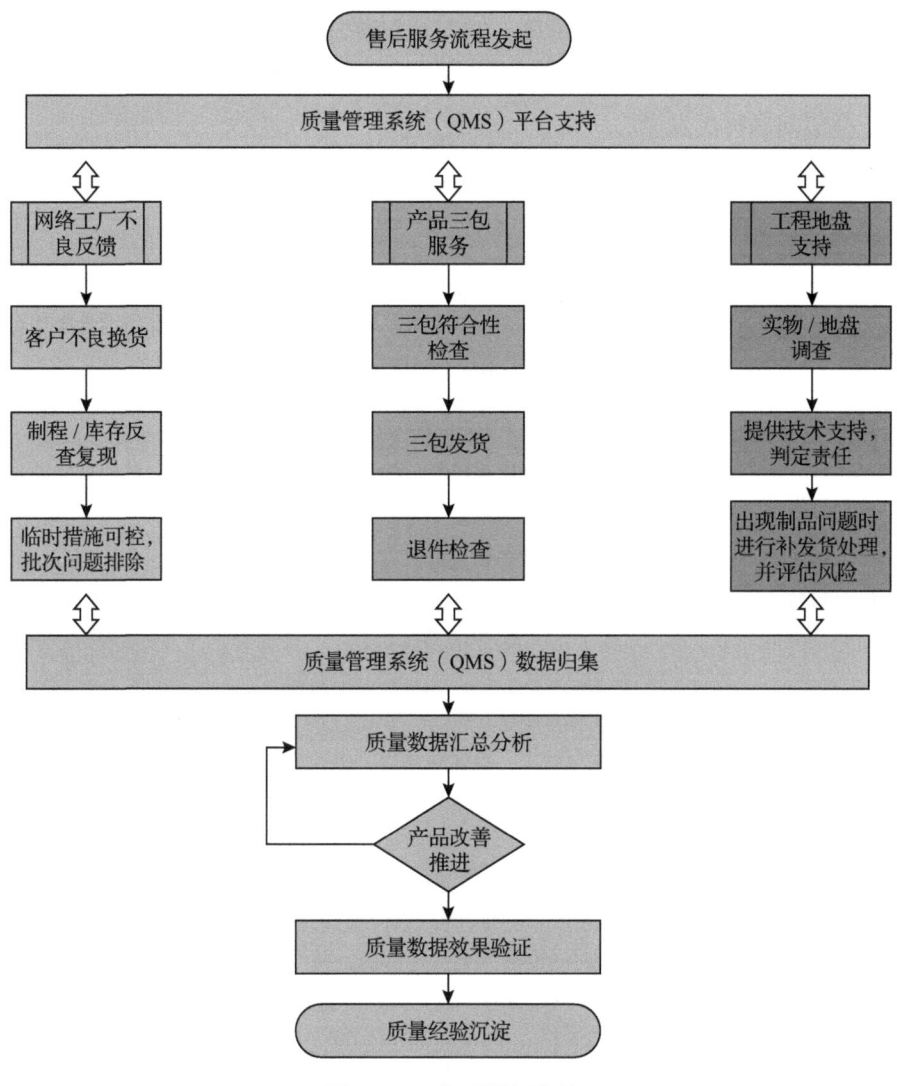

```
                        售后服务流程发起
                              ↓
                    质量管理系统（QMS）平台支持
         ⇕                    ⇕                    ⇕
    网络工厂不            产品三包              工程地盘
    良反馈                服务                  支持
       ↓                    ↓                    ↓
    客户不良换            三包符合性            实物/地盘
    货                    检查                  调查
       ↓                    ↓                    ↓
    制程/库存反           三包发货              提供技术支持，
    查复现                                      判定责任
       ↓                    ↓                    ↓
    临时措施可控，        退件检查              出现制品问题时
    批次问题排除                                进行补发货处理，
                                                并评估风险
         ⇕                    ⇕                    ⇕
                    质量管理系统（QMS）数据归集
                              ↓
                        质量数据汇总分析
                              ↓
                         ◇产品改善
                          推进◇
                              ↓
                        质量数据效果验证
                              ↓
                        质量经验沉淀
```

图 2.2-4　售后服务流程

3. 分类管理顾客投诉

为了更好地处理顾客投诉，公司对不同的顾客投诉进行了分类管理。顾客投诉分类及相关职责如表 2.2-6 所示。

4. 分析与改进

在投诉处理过程中，公司质量行政部把质量、服务等问题及时反馈给相关责任部门进行分析、讨论及提出解决方案，并定期对一定阶段内的顾客投诉问题召开专题改善会议，分析投诉信息，确定共性问题、根本原因及改进的重点，以制定系统的纠正措施，同时通过运用 QCC、拾落穗、8D、5W 等改善工具和分析方法，将有效纠正措施标准化，应用到全部产品实现过程，防止类似问题再次发生。

表 2.2-6 顾客投诉分类及相关职责

项目		内容
投诉类型	产品质量投诉分类	A. 重大投诉：公司负主要责任且给顾客造成重大经济损失的投诉，包括但不限于人员伤亡、被社会媒体点名曝光、被政府主管部门书面警告批评、需投入较大资源实施现场整改等严重质量安全事故 B. 再投诉：首次接到顾客投诉 24 小时后，因公司主要原因造成被投诉问题处理应对不及时或未彻底解决，从而发生顾客再次投诉同类问题 C. 一般投诉：未造成质量损失，但影响公司品牌、声誉，影响顾客忠诚度，从而给公司造成间接损失
	服务投诉分类	A. 重大投诉：针对服务质量问题造成重大影响的投诉 B. 一般投诉：针对服务不规范、服务不及时、服务技术欠缺等的投诉
投诉处理时间		要求售后负责人接到投诉 10 分钟内必须与顾客联系并了解详情，2 小时内答复顾客处理计划；不能马上给予答复处理的，在 2 小时内告知处理进度，24 小时完成处理方案
投诉处理职责	市场推广部	1. 负责记录顾客投诉，与顾客联络，组织处理顾客意见，负责保存相关服务记录 2. 负责组织对顾客满意度进行测量，确定顾客的需求和潜在需求
	质量行政部	1. 负责详尽记录顾客投诉，积极与顾客保持沟通，明确质量投诉的具体类别。随后，组织相关责任部门对投诉进行妥善处理，及时向顾客反馈改善方案。同时，准确界定责任部门，并严密监督其执行纠正措施，在确保顾客投诉得到妥善解决后，关闭并验证处理结果 2. 对于典型的案例，采用 8D 分析、5W 分析、拾落穗等方法，整理成经验案例，进行经验分享，并纳入公司经验库
	其他部门	负责制定顾客投诉处理方案并实施

顾客投诉改善案例如图 2.2-5 所示。

5. 向合作伙伴展示改善成果，共同提升

公司积极参与客户、合作伙伴、供方举办的各种技术交流会、研讨会、展会、改善成果发表会等活动，向合作伙伴介绍公司成功的管理经验，并针对顾客关注的问题进行原因分析，展示解决方案。同时，公司每年定期组织各类行业研讨会、QCC 成果发表会等活动，邀请客户、合作伙伴、供方等到公司交流，探讨如何解决客户关注的问题，提升产品和服务质量水平，从而与合作伙伴共同提升、共同成长。

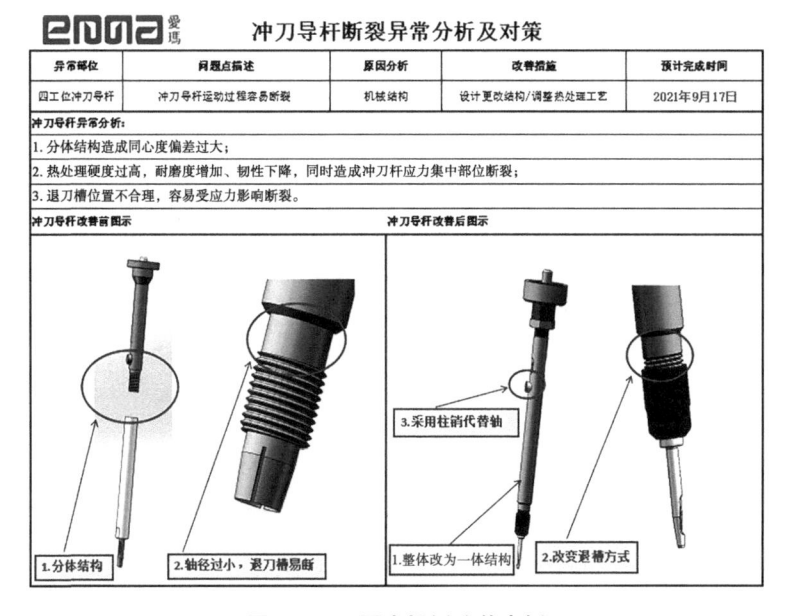

图 2.2-5　顾客投诉改善案例

2.3　质量协同

a. 有效进行供应链管理

公司根据《采购控制程序》《供应商评审及监控程序》对供应商进行选择及评价，评估供应商的基础情况、体系资质、法规合规性、质量控制、生产技术、研发能力等。

公司的供应链管理流程如图 2.3-1 所示。

1. 供应商选择

公司按业务发展需要和各职能部门的采购需求，开展新增供应商选择工作。通过供应链上下游推荐、网络平台等渠道拟定供应商名录，使用《供应商评审表》开展具体的供应商调查、评审，批准、确定合格供应商清单。

2. 供应商分类

公司根据供应商所供物料的重要性等级及采购金额占比，将供应商划分为Ⅰ级供应商、Ⅱ级供应商、Ⅲ级供应商，对供应商进行分级管理，以确保采购及供应链管理的重大影响因素可控。公司与主要供应商建立了长期合作关系，共担风险，共享信息。

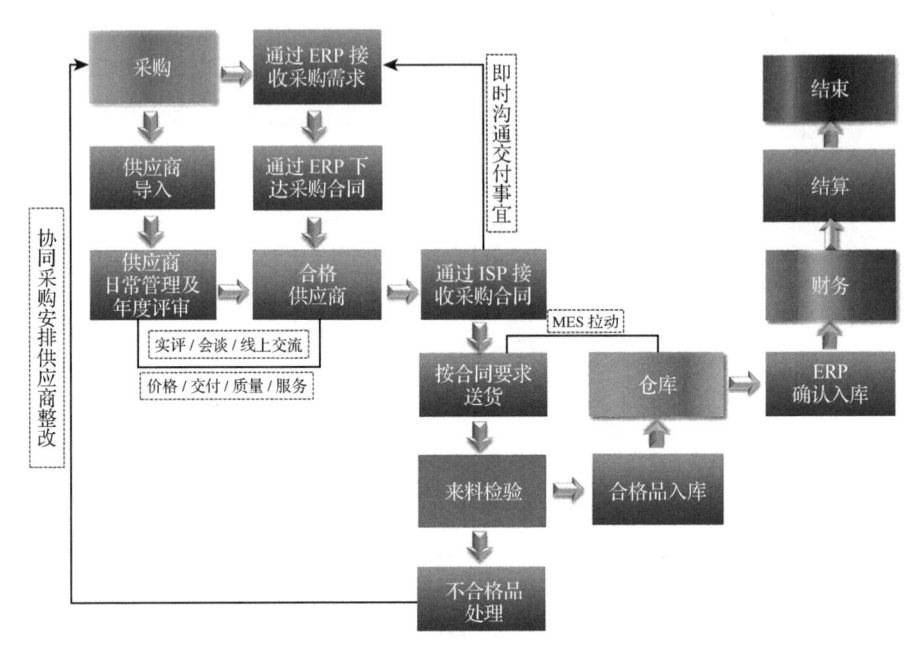

图 2.3-1 供应链管理流程

公司的供应商分级管理表如表 2.3-1 所示。

表 2.3-1 供应商分级管理表

类别	Ⅰ级供应商	Ⅱ级供应商	Ⅲ级供应商
供应商管理模式	战略伙伴长期合作关系	一般合作关系	一般交易关系
评选要求	（1）所供物料为重要物料 （2）上一年交易总额占比90%的前序供应商 （3）关键器件的供应商	所供物料为重要物料的供应商	所供物料为一般物料的供应商
基本策略	双赢策略	最低成本策略	管理成本最小化
管理重点	（1）详细的市场调查和需求预测 （2）制定采购成本战略 （3）增强企业黏性 （4）服务配合度	（1）建立采购优势 （2）目标价格管理 （3）订购批量优化 （4）服务配合度	（1）产品标准化 （2）订购批量优化 （3）库存优化 （4）业务效率
安全库存量	中等	较低	最小化
订购批量	中等	较小	经济批量

3. 推动和促进双向交流，实现互利双赢

公司通过供应商会议、年度评审、高层互访等方式实现与供应商之间的有效沟通，并邀请长期合作的供应商参与公司新产品的早期开发，通过信息和知识的共享进行产品技术的改善，缩短产品开发周期，保证产品质量稳定。

公司与供应商的双向交流方式如表 2.3-2 所示。

表 2.3-2　公司与供应商的双向交流方式

类别	沟通方式	沟通频率
Ⅰ级供应商	高层互访	1~2 次 / 年
	供应商大会	1~10 次 / 年
	年度评审	定期
	采购、品质、生产技术、研发走访	不定期
	邮件、电话等	随时
Ⅱ级供应商	供应商大会	不定期
	年度评审	定期
	采购、品质、生产技术、研发走访	不定期
	邮件、电话等	随时
Ⅲ级供应商	邮件、电话等	随时

b. 利用信息化手段加强供应商管理

公司配备 ERP 等系统，及时准确地向供方传递需求等信息，并实现对供方来料情况的实时查询。同时，供方可自主登录门户查看订单、结算等情况，提高双方的沟通效率。

c. 建立关键供方质量考核和保证制度

公司建立了《供应商质量评价办法》等供应商管理制度，本着"互利共赢，长期合作"的原则，与供应商建立长期稳定的合作关系。公司每月根据供应商的表现采取不同的管理策略，对于表现不好的供应商，除了邀请参与每月的检讨会外，还会对其进行培训和现场辅导，与其分享优秀供应商的质量管理模式或方法；对于表现优秀的供应商，在年度供应商大会上进行表彰，并让优秀供应商分享管理经验。

d. 测量和评估供方绩效，并向供方反馈相关信息以帮助其改进

公司每年根据供应商质量、交付、价格及服务等实际情况，进行供应商绩效考核评估（见表2.3-3），根据考核结果，对供应商实行分级管理。针对不同等级的供应商，制定不同的管理策略（见表2.3-4），对表现优秀的供应商给予表彰奖励，对表现不好的供应商给予改进机会，并进行现场辅导或教育培训，与供应商共同成长。

表 2.3-3　供应商绩效评估项目表

考核维度	考核部门	考核权重
能力符合度	工程	20%
体系/流程保障	品质	20%
成本/交期	采购	20%
配合度	财务	5%
综合	项目	20%
	中心负责人	15%

表 2.3-4　供应商等级及应对措施

供应商等级	应对措施
A级供应商 （得分≥90）	（1）可获得品质免检或放宽检验； （2）可增加采购额度或采购种类； （3）年终可获得"优秀供应商"奖励； （4）年终可推荐到公司采购总部参与"战略供应商"评奖
B级供应商 （80≤得分<90）	（1）对于具有大批量供货能力的供应商，保持采购额，培养成专业的配套厂家； （2）对于有培养前途或新产品的供应商，通过辅导使其成为A级供应商
C级供应商 （75≤得分<80）	（1）对于符合基本要求的供应商，可以继续保持采购额； （2）对于有培养前途或新产品的供应商，通过辅导使其成为B级供应商
D级供应商 （得分<75）	（1）应进行订单减量或停止交易，采取各项稽查及改善辅导措施； （2）如需继续供货，须整改至满足合格供应商的基本考核要求，或供应方获得制造部部长审批，否则取消供货资格； （3）对于停止交易的供应商，若要恢复交易，需重新评审，并采用逐步加量交易的方式

同时，公司与供应商建立相互学习的机制，每年制订供应商培训计划（见表2.3-5），与供应商共享市场情况以及供应情况，并将优、劣供应商的表现及案例与众多供应商分享，互助共勉，共同成长。

表 2.3-5　2022年供应商培训计划

培训/会议名称	培训/会议对象	计划培训时间
2022年度采购需求	合格供应商	2022年3月
供应链可持续性交流	合格供应商	2022年4月
绿色采购宣导	合格供应商	2022年5月
来料不良交流会	合格供应商	2022年6月
送货要求培训	合格供应商	2022年7月
供应商变更、封样培训	合格供应商	2022年8月
供应商系统运用平台培训	合格供应商	2022年9月
供应商环境区分调查、环境法规合规调查	合格供应商	2022年11月
节能降耗宣讲会	合格供应商	2022年12月

2.4　质量基础

a. 标准化、计量、检验检测、认证认可、知识产权等质量基础设施能力建设

公司非常重视质量基础建设，配置了充足的资源，建立并实施了质量管理体系，覆盖市场、开发设计、生产制造、设施设备管理、质量管理等与产品实现相关的过程和所有部门活动。公司设有独立的品质控制部门，负责履行公司质量管理职责。

公司的质量基础设施能力建设情况如表2.4-1所示。

表 2.4-1　质量基础设施能力建设情况

能力	建设情况
标准化能力	公司坚持"说写做一致"的标准化原则，按照ISO 9001、ISO 14001、ISO 45001等国家标准编制体系文件，包括管理手册、程序文件、工作指引和规章制度，以及各类产品检验标准、检验设备操作规程、检验规程、作业指导书等，为公司标准化运行提供依据和要求。同时，2019年取得国家标准化管理委员会颁发的《采用国际标准产品标志证书》和《广东省采用国际标准产品认可证书》，对于非标设备，公司制定多项企业标准。主持修订了1项行业标准，名称为GB/T 2011-2015《制鞋机械 数控刻楦机》。未来，公司将继续发挥技术优势，参与到其他相关行业技术标准的制定中

续表

能力	建设情况
计量能力	公司建立了《计量管理控制程序》等一套完善的计量管理规章制度，科学管理公司计量器具，定期进行检定和校准，对不符合要求的设备停用、封存处理，直至报废，或维修后重新计量合格并经确认方能再次投入使用。公司于2022年7月获得 AAA 测量管理体系认证证书
检验检测能力	公司建立有实验室，配置有国内外先进的实验设备，可对产品进行可靠性分析，并逐步完善实验室管理，对比国际标准和采用国家标准、行业标准、企业标准等对产品开展可靠性检测。生产现场有先进测试工装或检测试验，导入了首件检验系统、自动化检测试验台等自动化检验检测工装
认证认可能力	品质部负责公司相关的认证认可能力建设，设有专职体系工程师和产品认证工程师，可以独立进行管理体系标准和产品认证标准的贯标工作，能够自主开展新管理体系的策划、建立、实施、保持和改进工作，形成了较强的管理体系建设能力。公司通过了质量管理、环境管理、职业健康安全管理、测量管理、知识产权管理等管理体系认证，产品获得 CE 等认证
知识产权能力	公司通过了知识产权管理体系认证，每年制定知识产权目标和规划，在产品开发设计、工艺设计、工装设计、检验方法等方面挖掘知识产权。为鼓励创新，公司设立《专利激励、专利权管理制度》，对创新结果形成专利的进行奖励。公司设有专业的技术研发机构，建立了全面且严谨的科研管理制度，2021—2022年研发费用占营业收入的比重均超过5%。公司拥有一支由48名人才组成的研发团队，人才结构合理，具备专业化和创新性的特点。在自主研发方面，截至2022年底，公司已成功获得77项专利授权，其中包括9项发明专利、45项实用新型专利和23项外观设计专利。此外，公司还累计获得了25项软件著作权，并注册了44个商标，充分展示了公司在知识产权方面的积累和实力

b. 运用成熟的管理制度、方法和/或工具对生产或服务现场进行质量管理，并提升生产或服务管理的信息化、智能化或数字化水平

公司将业界成熟的现场管理经验，如6S管理、精益生产，与公司实际相结合，总结出适用于公司生产制造现场的可视化管理，旨在消除浪费，提质增效。如利用二维码质量追溯系统、自动化测试平台、智能视觉检查技术等，在行业率先解决了产品全流程追溯问题，是行业最先推出产品质量追溯方法的企业，对行业起到了示范作用。

QMS质量管理系统示意图如图2.4-1所示。

图 2.4-1　QMS 质量管理系统示意图

c. 建立质量安全保证和风险防控机制

1. 建立质量安全保证机制

公司领导认识到公司是产品和服务质量安全的责任主体，总经理是产品和服务质量安全的第一责任人。公司以质量管理体系为基础，建立了质量安全责任制。

公司落实产品和服务质量安全的举措如表 2.4-2 所示。

表 2.4-2　落实产品和服务质量安全的举措

对策	内容
任命管理者代表	总经理任命质量管理部部长为管理者代表，统筹落实产品和服务质量安全责任
加强质量安全主体责任教育	公司坚守"安全＞法规＞质量＞交期＞成本"的原则，以未然防止为目标，高层领导以身作则，提倡全体员工讲诚信、重品行，在质量问题上要负责任、讲良心，对自己的产品负责，对消费者负责，对社会负责，对国家负责
完善质量管理制度	公司不断完善质量管理体系、环境管理体系、职业健康安全管理体系，并完善计量保证要求，提升质量管理水平，确保产品质量符合国家有关标准要求。定期对相关质量管理制度进行评审和修订，并完善产品质量岗位责任制，严格岗位责任制的考核，落实"说写做一致"
加强产品实现过程质量控制	公司在从市场营销到产品售后服务的整个过程，设置了不同的产品质量监控关键节点，通过评审、FMEA、控制计划、样品认定、试验、检验等措施，确保法律法规及顾客要求有效转化及传递到开发设计、采购、生产制造和交付各环节
加强不合格品管理控制	公司建立了《不合格品控制程序》，加强对来料、制程、成品、出货、售后等各环节不合格品的管制，专人负责各类不合格品处理情况的跟进，确保出厂的产品 100% 合格

续表

对策	内容
完成售后服务管理	公司通过 QMS 系统建立顾客投诉和三包流程，通过对顾客投诉、三包、售后维修等数据的分析，找出失效原因，从源头改善，避免问题再次发生。每年根据《顾客满意度调查办法》对顾客满意度进行调查，对调查结果进行分析并将处理结果反馈给顾客

2. 建立风险防控机制

公司根据客户要求、产品性能、国内外标准，从可靠性风险、产品质量风险、有害有毒物质风险、过程风险等方面进行风险管控。通过设计失效模式及后果分析、生产过程失效模式及后果分析和控制计划等质量工具，进行产品质量符合性监控测试和产品认证一致性确认，并建立监察监督体系，进行"防、控、管"的全面风险管理。

公司的风险防控举措如表 2.4-3 所示。

表 2.4-3　风险防控举措

对策	内容
成立危机管理委员会	以总经理为委员长成立危机管理委员会，下设工作组，综合应对在生产经营等活动中可能出现的战略、财务、市场、运营、法律、安全、环境、质量等方面的风险。通过识别公司面临的宏观风险和机遇、业务过程风险、产品质量安全风险，进行质量风险管理
建立监察监督体系	公司已经建立起内、外部审计监察监督体系，通过集中、独立检查形式对各业务领域的控制执行情况进行评估，保证内控执行质量。对存在的风险向管理层汇报建议，督促改进和完善
风险应对措施的制定与实施	在开发设计方面，收集最新适用的产品相关的国家标准、国际标准及行业标准，以及客户要求和以往发生过的问题，通过使用设计失效模式及后果分析工具，识别出产品设计过程风险，提前解决设计问题，并进行专利查新，规避侵权风险，保护公司的知识产权。在设计过程中还采取绿色设计理念，降低产品有害物质含量，减少对客户和环境的影响。在生产制造过程中，应用生产过程失效模式及后果分析和控制计划对进料、生产、检验、仓储、放行产品的全过程进行风险管理，同时针对产品和设备的可靠性制定了定期的检验和评估制度，量化和评估产品可靠性水平，有效降低产品质量风险
强化风险意识	公司通过全员参与关键风险因素识别、合规性评价、教育培训、案例学习等提高全员风险意识，让员工清楚公司在生产运营中存在哪些质量、环境、职业健康安全风险，从而提高风险管控能力

公司的审计监督系统如表 2.4-4 所示。

表 2.4-4 审计监督系统

方法	具体措施
内部审核监察	公司内部定期对质量管理体系、职业健康安全管理体系和环境管理体系进行审核和监察，确保管理体系的有效运行
管理评审	每年召开由部长以上成员参加的管理评审会议，并对体系方针及目标体系运行情况进行评审
外部审核	定期邀请第三方实施年度审核
合规自主检查	公司每年按照体系标准、文件制度、法律法规等进行合规性评价
例行监察	定期进行独立监察活动，包括安全体系监察、环境体系监察、品质监察、合规监察、例行审计、离任审计、经营过程审计，以确保股东和其他利益相关者的利益
会计师事务所进行外部审计	在外部审计方面，公司每年接受投资方指定的会计师事务所进行独立财务、IT、SOX 审计，以确保投资方的权益

2.5 教育培训

a. 树立人才是第一资源的理念，激发各类人才的创造活力

1. 树立人才是第一资源的理念

（1）建立"优才计划"。自 2013 年起连续开展"优才计划"，选拔各业务部门的优秀人员，组建公司储备人才库，并制定《优秀人才引进制度》，构建人才发展通道：优才库→关键人才库（含优才和核心人才）→中核人才库→干部任用。不定期开展人员素质测评，对人员进行深度摸底，识别出其优缺点，制定相应的培训课程并如期开展。

（2）建立员工职业发展通道。公司紧密围绕集团发展战略和公司发展需要，结合员工工作能力、性格特点、价值取向，为不同类型的员工构建四种不同的职业发展道路（见图 2.5-1），促进员工和企业的共同成长。同时在员工发展过程中，从培训、薪酬、考核等方面提供充分指导和支持，确保各项发展措施的落实。

（3）提供多样化的员工福利。公司提供种类多样的员工福利（见表 2.5-1），增加员工的归属感，以留住人才。

管理类	主管	科长	部长	副总经理	总经理
技术类	助理工程师	工程师	项目工程师	担当主任工程师	主任工程师	高级主任工程师
专业类	员级	助理/初级	中级	高级	资深	专家
操作类	初级	中级	高级	技师	高级技师

图 2.5-1　员工职业发展通道

表 2.5-1　员工福利（部分）

序号	福利内容	序号	福利内容
1	员工周年表彰，发放纪念品	9	法定节假日发放礼金、礼品等各类补贴
2	公司自有食堂，提供工作餐	10	派送生日礼券
3	依法缴纳五险一金	11	入职满一年的员工每年一次免费健康体检
4	为员工购买商业意外险	12	结婚、生子、住院等发放慰问金
5	每年至少一次旅游	13	发放产能提升奖金
6	为符合条件的员工解决小孩入学问题	14	为员工及亲属搭建保险平台
7	每年进行系列评优活动，并给予表彰及发放奖金	15	设立多功能员工活动中心
8	举办关爱外地职工子女活动、三八妇女节活动	16	举办企业运动会、技能比拼、周年庆等各类活动

（4）促进组织学习和员工成长。公司高层非常重视员工的培养和成长，每年安排专项培训资金，用于内部、外部培训，鼓励员工通过在职学习的方式，不断提升个人技能，并在公司范围内形成主动学习的氛围。例如，公司建立了具有自身特色的内部讲师团，并推行云课堂，设立图书室，购买书籍引导员工学习，鼓励员工在工作之余不断充实自己。

2. 创建有利于改进和创新的环境，激发各类人才的创造活力

（1）鼓励员工积极主动参与改进和创新活动。公司通过 QC 小组活动、发明创新奖、专项改善、合理化提案、现场 6S 管理等鼓励员工积极主动参与改进和创新活动。例如，公司持续开展"一线技能大比拼活动"。

（2）开展丰富多彩的员工活动。公司着力改善工作生活环境，组织丰富

的员工活动。加大员工生活硬件设施的建设投入，设立员工活动中心，购置跑步机、桌球、乒乓球等娱乐设施，增加摄像头、电子门禁等安全设施。依靠党组织、工会组织、社会力量等资源，举办各项联谊活动，如每月生日会、团建活动等，为员工的社交提供便利，尽可能地满足员工的情感需求，让员工工作满意、生活舒心。

b. 建立员工的质量激励机制和质量考核制度

公司将绩效指标分解到各部门各层级，制定了《绩效管理规则》，从工作业绩、工作态度、工作能力、安全、绩效执行五方面对员工开展绩效评价与考核，其中工作业绩方面包括重点任务和定量指标完成情况，以及质量方面获得的奖励表彰和处罚。

公司的质量激励机制和质量考核制度如表 2.5-2 所示。

表 2.5-2　质量激励机制和质量考核制度

项目	内容
QC 小组活动	公司制定《QC 小组活动管理制度》，参与 QC 小组活动获得奖励的，奖金全部由 QC 小组成员分配，而且在绩效考核时，获奖员工能够获得相应等级的加分，辅导员另外还可以获得相应的奖励
合理化提案	公司制定《提案活动管理规则》，建立专家组对提案进行评审
6S	每月进行 6S 检验评比，获得好成绩的班组将获得奖励，并在绩效考核中加分
绩效考核	公司在员工绩效考核标准中规定，员工在工作过程中造成质量问题的，根据影响程度将扣绩效分，发现质量隐患的将加分

c. 开展教育培训以提升员工素质

根据公司战略发展和经营管理的需要，公司配置了教育与培训所需的软硬件资源，并且每年选派人员前往国内外行业标杆参观学习，为各层次、各专业领域员工提供相应的培训，不断提升员工能力，完善员工的知识结构。

1. 培训资源配置

（1）硬件资源。公司配置了充足的培训硬件资源，包括独立培训室、阶梯会议培训室、多媒体会议培训室、技能培训室、生产质量展示区培训室及 13 个普通会议培训室等，同时配备了先进的多媒体教学设施，可开展各种形式的培训，如课堂教学、视频教学、室内拓展培训等。

（2）软件资源。公司建立了完善的培训组织管理体系，制定了《培训管理工作细则》，对培训管理做了明确的规范。公司坚持自主培训为主，打造了一支优秀的内部讲师队伍，并编制了《内部培训讲师管理规则》，明确讲师队伍的工作要求及考核标准。公司每年根据培训需求投入相应的培训经费，公司领导亲自参加课程学习、讲授。公司将内部讲师开发的课件上传到内部云平台，方便员工随时学习。

2. 培训工作的组织实施

（1）对培训需求进行有效的分析。公司将战略目标与员工的个人成长及需求有机结合起来，进行培训需求分析，有效开展员工培训。为确保培训工作的有效性与针对性，公司通过多种方法进行教育与培训需求的调查与分析，确保教育与培训符合不同层次员工的需求和公司战略规划。

培训需求调查方法如表 2.5-3 所示。

表 2.5-3　培训需求调查方法

方法	目的
岗位能力调查	从岗位能力要求出发，匹配相应的培训
问卷调查	通过了解员工自身的兴趣、爱好，发现培训需求
观察法	到工作岗位了解员工的具体情况，从而获得关于培训需求的最原始的一手资料
报告记录法	通过对组织效力指标的分析与评价，确定培训需求
访谈法	与员工进行面对面的交流，加深对员工工作的了解以获取培训需求信息
培训评估	通过培训效果的评估确定是否还需要进一步加强

（2）制订教育培训计划。公司各部门负责人于每年 11 月底提出下年度员工培训计划，并填写《员工培训需求申请表》。人力资源部确认培训计划后，汇总编制《年度培训计划表》，呈高层领导批准后，统筹安排公司培训。

公司的培训课程类型如表 2.5-4 所示。

表 2.5-4　培训课程类型

类型	具体内容
内部课程	为适应岗位职责要求，公司员工应参加公司内部举办的各种培训课程。课程类别主要有公司理念培训、安全知识培训、管理研修、专业技能训练等。或被指定到一线单位去学习锻炼 3~12 个月

续表

类型	具体内容
外部课程	对于表现突出的骨干人员，为开拓其思维，进一步提高管理水平和业务能力，可选送到外部专业培训机构参加短期课程，也可以聘请外部专业培训师到公司上课
个人进修	公司除举办各种培训班提高员工的素质外，也鼓励员工到大专院校或专业培训机构进修学习（包括攻读 EMBA 学位、上岗培训、参加职称及其他资格证书考试等），所学专业与工作对口、培训进修前获分管领导批准并在人资部备案、取得证书并愿与公司签订服务协议的，可以报销学费和考证费用
外出考察	为拓展视野、丰富知识，公司将组织管理人员、专业人员到外地考察。考察单位包括境内外的优秀企业或机构

（3）教育与培训实施。公司依据总体教育与培训规划，建立了分级培训体系（见表 2.5-5），针对不同层次的人员分别采用不同的培训方式，使培训项目的实施更加符合公司整体战略发展规划。

表 2.5-5　分级培训体系

培训级别	培训目的	主要培训内容	培训方式
高管人员	掌握经营环境的变化、行业发展趋势以及进行决策的程序和方法，以确保正确地履行职责	侧重于观念、理念方面，如管理学、组织行为学、领导科学与艺术等	以引入外部培训机构为主。如领导力核心团队沙盘实战模拟
中层人员	使其更好地理解和执行企业高层管理人员的决策方针，具备多方面的才干和更高水平的管理能力，为企业决策层培养接班人	管理知识与技能：管理学、组织行为学、领导科学与艺术等课程。业务知识与技能：负责的业务领域，如技术、销售等领域的知识与技能。工作改进：工作分配、工作方法等	以公司内训为主，外训为辅
基层人员	提高其专业技术水平和业务能力，掌握本专业的新知识和新技术	对岗位职责、专业技能、操作规程、业务流程等进行反复强化培训，使员工在充分掌握理论的基础上加以应用	参考中层管理人员

除了现场培训外，员工还可以通过内部云服务平台，使用电脑、手机等多种终端进行随时随地的学习。另外，公司鼓励员工持续学习，不断提升个

人学历水平等，对取得毕业证书的给予学费补助。

（4）教育与培训效果评价。公司通过问卷调查、学习报告等多种方式收集员工培训结果，并根据培训对象、培训内容、培训目的等进行分层次评估（见表2.5-6）。

表 2.5-6　培训效果评估

测评方式	测评时间	适用的培训类型	测评人	测评重点
考试	培训后	入职培训、岗位技能培训	培训老师	岗位技能的掌握程度
问卷调查	培训前后	各类培训均可	人力资源部	适用性、有效性
面谈	试用期结束转正后	试用期考核评定	人力资源部	告之优缺点与改进措施
学习报告	培训后	素质、管理学方面的培训	人力资源部	学习重点收获，行动
心得体会	培训后	素质、管理学方面的培训	人力资源部	学习重点收获，行动
绩效考核	每月	工作能力	部门负责人	月度计划完成情况
实习总结	培训后	素质、管理学方面的培训	人力资源部	学习重点收获，行动
行动学习	培训后	素质、管理学方面的培训	部门负责人	学习重点收获，行动

（5）教育与培训改进。公司十分注重对培训效果的评估并及时改进相应的培训方法。公司在培训结束后都会进行培训总结，分析培训实施过程中遇到的问题，制定改善对策，形成经验库，方便后续举行同类培训时借鉴。同时，公司还不定期举行各类培训沙龙，采用头脑风暴的方式让员工发表各自对培训管理的意见和建议，促进公司培训管理水平持续提升。

（6）职业资格认定。公司鼓励员工积极申报相关职业技能资格与职称，组织员工参加各类专业的职称认定、评审，或参加外部机构组织的各类职业资格考试等，持续提升个人工作技能。

2.6　工匠精神

a. 树立精雕细琢、精益求精的工匠理念，培育新时期的工匠精神

1. 形成工匠理念，践行核心价值观

公司从企业文化、质量文化建设着手，树立"做事严谨，待人热情，聚

焦目标，全神贯注，系统规划，尽心制胜"的工匠理念，并通过宣传标语、公告栏、展板等宣传工匠精神，向员工宣贯工匠精神对公司永续经营和员工成长的重要性和必要性。公司开展技能大比拼和质量月活动，评选出技能过硬的员工并进行表彰，激励员工在工作中对每件产品、每道工序都凝神聚力，做到精益求精、追求极致。

2. 畅通职业培养机制

公司重视一线员工和技术类员工的培养，为提升员工意识和技能，结合内外部资源，开展产品知识、工艺知识、质量工具、沟通、设备操作等知识培训课程。云课堂是公司内部知识沉淀、传递、获取的主要方式和途径，员工可以随时随地通过手机、电脑进行学习，为员工学习提供了便捷的知识平台。

b. 发扬工匠精神

1. 健全规章制度，形成培育工匠精神的保障机制

公司建立了《科技人员的培训与进修》《职工技能培训》《优秀人才引进》《研发人员绩效考核制度》等制度，对员工进行技能等级评定，明确技能等级的评定流程和评定标准。采用考试和评审相结合的机制，确保满足标准的员工获得对应的等级，从而提升员工的待遇和工作积极性。

2. 建立激励保障制度

公司建立了《科技成果转化的组织实施与激励奖励制度》《知识产权管理制度》等制度，保障员工创新的著名权和获得报酬的权利。通过设置优秀项目奖、发明专利奖等，使员工表现与其奖惩、发展挂钩，以此树立标杆，鼓励赶超，激励全体员工不断进取，弘扬工匠精神。同时将内部优秀"工匠"推荐到公司及外部参与各类评比活动，让他们"扬名立万"，以此加强工匠精神建设。

3. 组织和参加各类技能竞赛活动

为深入开展员工群众性创新活动，公司发动、引导员工立足岗位，自觉提升技能水平，进一步弘扬工匠精神，更好地推动公司高质量发展。公司通过组织一线技能大比拼、技能等级评定、知识产权工作评优、职称评审申报、优秀员工评选、优秀项目评比、竞赛等一系列的活动，鼓励员工争先创优，弘扬工匠精神。

2.7 质量变革

a. 提升产品的质量水平

为提升产品的质量水平，公司从对标竞争对手和行业标杆着手，实施一系列提升产品质量水平的举措（见表 2.7-1），从而不断改进产品质量，形成可持续竞争优势。

表 2.7-1 提升产品质量水平的举措

对策	内容
对标竞争对手和行业标杆	公司在研发产品时，根据不同产品确定竞争对手和行业标杆，持续收集同行产品质量数据，在比较中提升产品质量标准，以超越竞争对手的质量水平。同时，在产品概念阶段，收集客户和终端用户对产品的特殊特性需求，通过转化为关键特性标准，例如耐腐蚀、耐电压畸变和耐高寒等，更全面地适应各地区的产品使用需求，以获得独特的竞争优势
加强研发测试验证能力，建立研发质量回溯机制	公司对研发测试、试验验证和研发质量回溯过程进行了全流程梳理，找出存在的关键问题，并从缺陷管理、研发测试、问题回溯与改进、研发质量管理四方面进行优化，细化公司研发测试、试验验证流程，实现产品质量问题闭环管理，确保产品迭代升级、设计优化改善及国产化等过程的质量稳定性和提升。在试验评审中，特别聚焦于变更差异点的细致评审，并加大对变更点的测试力度。积极拓展试验的覆盖广度，深入探索常规试验标准的优化，以提升对潜在风险的检出能力
强化供应商质量管理	公司选定关键供应商，每年与关键供应商逐家确定来料合格率指标，定期对关键供应商进行现场评审和指导，邀请供应商参与公司组织的QCC活动，推动供应商改善质量。在样品认定过程中，严格准入标准，并定期对关键物料进行确认检验，确保供应商质量管理水平和来料合格率满足公司不断提升的质量标准
提升质量管理自动化和信息化水平	公司通过导入QMS系统、ERP系统、CRM系统提升产品生产和测试的自动化水平，确保各关键控制点的数据及时反馈，以便相关人员了解各关键控制点的产品质量动态，及时采取应对措施，预防不良品产生
设立专项改善小组	公司持续推进产品质量改善，在研发、制造、售后等环节设立了质量改善攻关小组，每个质量工程师最少负责一类关键产品的质量改善攻关活动。经过专项改善，相关产品的售后不良反馈和三包量持续快速下降，取得了很好的效果

续表

对策	内容
加强经验总结分享和培训	公司要求各部门持续开展经验总结和分享活动，让开发设计、试验、工艺、质量管理等人员分析整理过往产品质量问题及解决方案，归纳总结出各类产品高频出现的问题，形成产品问题库和经验库，上传到固定共享盘给相关人员学习和参考。在各类评审中，修订对应的评审检查清单，重点关注对应问题是否得到了考虑和解决，避免同类问题再次发生。同时，公司组织相关人员学习 SPC、MSA、FMEA、8D 等质量工具，提升问题解决能力

b. 改善产品或服务质量、工艺技术及管理水平等方面存在的差距

公司通过日常经营分析、内审、管理评审、外审、标杆对比等方式，不断识别公司产品、服务、工艺、管理等方面的差距和改善机会，并结合《公司战略规划》《年度经营计划》及相关方需求等，制订改进计划，实施改进活动。必要时组建跨部门小组，通过 QCC、专项攻关等方法进行改善，促使公司经营管理科学化、规范化，提升公司运营绩效水平。

改善机会识别方法和过程如表 2.7-2 所示。

表 2.7-2　改善机会识别方法和过程

方法		识别过程
日常经营分析		各部门总结上一阶段业务成果，根据现状与目标的差距对各部门提出改进要求
管理评审		对公司管理目标达成情况进行评审
专题研讨		对战略制定与调整、新产品开发、品牌建设等专题不定期展开研讨，及时发现并解决问题
体系审核	内部审核	由内审员对公司各管理体系的有效性、充分性、适宜性等进行评审
	三方审核	由第三方认证机构对公司各管理体系进行评审
	客户审核	根据客户标准要求进行各管理体系评审
环境安全监测		对重大污染源制定环境管理方案，对可能具有重大健康安全影响的关键特性进行监测，采取有效措施加以改进
产品质量监测		过程控制中出现产品质量偏离目标值时，由品管人员提出纠正措施要求，相关部门制定改进措施
顾客反馈		市场推广部收集各公司、经销商及终端顾客需求及投诉，实施顾客满意度调查，基于顾客反馈信息寻找改进机会

续表

方法	识别过程
员工反馈	通过员工合理化建议、员工满意度调查等方式，处理员工的意见和建议
相关方反馈	通过供应商满意度调查、政府或社区交流、协会交流、展会交流等方式，获取其他相关方的意见和建议
卓越绩效自评	卓越绩效评审人员根据评价准则识别公司经营质量需改进的项目，实施改进
第三方评价	请外部咨询公司、调查机构等为公司进行测评（如研发效能是否提升），为公司指明改进方向，提出改进要求或建议
竞争对手比较和标杆对比	通过与竞争对手及标杆的最佳管理实践进行对比分析，发现自身存在的改进点

c. 开展质量改进活动

公司针对不同的质量改进内容，采用多种形式，组织各层次员工开展质量改进活动（见表2.7-3）。

表2.7-3 质量改进活动节选

活动	参与人员
质量管理小组（QC）	全员
合理化提案	全员
专项改善	全员
模块变革	生产制造
6S评比	生产制造

1. 深度开展QC小组活动

公司制定了《QC小组活动管理制度》，鼓励全员参与主题难度较小、周期短、见效快的品质改善项目。

2020—2022年QC活动获奖小组如表2.7-4所示。

表2.7-4 2020—2022年QC活动获奖小组

年份	获奖小组
2020	服务队
2021	号角队
2022	合金队

2. 根据合理化提案进行改善

公司建立《提案改善制度》，设立提案活动审议委员会，专门负责合理化提案的收集、评审、实施、评比及推进工作。

3. 专项改善

随着公司业务量的逐年增加，公司大力开展自动化改造，同时设立工艺设计改善小组，专门从工艺角度分析、审查产品结构的合理性和可加工性等特性。近几年小组共推动工艺设计改善项目数百项，提升了制造和研发水平。

4. 模块变革

公司每年都会进行一次模块变革活动——"百日改善活动"。公司开展的目的就是直面失败，从失败中获得经验，并将经验应用到日常工作中，不断改进各模块的管理。

5. 开展 6S 活动

公司成立 6S 评比小组，制定《6S 管理评比活动》方案。按照计划由评比小组对制造、仓储、物流等作业现场进行评比和表彰，对取得前三名的班组集体进行奖励。在该活动开展过程中，员工提出合理、有效、有利于 6S 管理的建议的，逐一奖励，不设上限。

3 创新

3.1 动力变革

a. 创新是高质量发展的第一动力，公司将创新理念融入到组织中，并建立、实施和保持创新管理体系

1. 建立创新文化

公司创新理念辐射各个模块，具体如下：

［经营理念］以客户需求为中心，以行业发展为导向；
　　　　　　以质量竞争为核心，以卓越服务为手段。
［市场理念］适应市场，满足市场，发现市场，创造市场。
［资源理念］资源不在于你拥有多少，而在于你用了多少。

[营销理念] 先获客户信任，再得合作商机。

[用人理念] 有德有才，大胆录用，可三顾茅庐，高薪礼聘。

有德无才，委以小用，可教育培训，促其发展。

无德无才，自食其力。

无德有才，坚决不用，如伪装混入，后患无穷。

[人才理念] 搭建成长平台，强化学习培训，实施精英计划，成就员工价值。

[研发理念] 精心研究需要，用心创造需要，倾心满足需要。

[产品理念] 以品质取得信任，以品牌提升价值；

以创新制造差异，以成本赢得竞争；

以设计获得优势，以服务创造信誉。

[管理理念] 终端的问题就是领导的问题；

看不出问题就是最大的问题；

重复的问题是作风上的问题；

部下素质低不是你的责任，但是不能提高部下的素质是你的责任。

[发展理念] 高起点发展，低成本扩张。

[财务理念] 首重资金安全，追求零出错率，投资谨慎评估，注重长期回报。

[竞争理念] 倡导宏观联合，坚持协同竞争，在竞争中发展，在合作中共赢。

[服务理念] 急人所急——以负责任的专业树立信誉；

将心比心——以感恩式的真诚服务客户。

[工作理念] 站在客户的角度考虑每一个问题，全身心地关注客户的每一个细节。

2. 创新组织保障

公司建立产品决策管理团队、项目管理委员会、专家库、产品日常管理团队等跨职能组织，明确各职能部门和跨职能组织在创新中的角色及其职责和权限，确保公司创新持续有效地进行。公司在全球倡导"Green For Future 绿创未来"的创新理念，"绿创未来"战略是爱玛为实现企业生存与发展质量的持续提升、企业生产经营活动的绿色化，而对企业绿色可持续发展目标，达到目标的途径和手段等进行的全局性、长远性总体谋划。

3. 细化公司战略目标，逐步推进创新战略

公司从技术创新、管理创新等方面制定公司的创新战略和创新目标，并进行分解和细化，制定实现创新目标的举措，推进创新。公司以打造精品的理念，每年推出一项革新产品，为下游用户提供超越期望的价值，例如，以核心智能化全自动皮革识别及排版技术，配合数控多刀头高效皮革切割机，比传统手工排版裁剪最高可提升 6% 的天然皮革利用率。绿色产品战略是真正的环保、低碳、节能技术创新发展战略，为公司持续创新能力建设指明了方向。同时，公司在 2022 年制订了下一个五年计划——爱玛 2023—2027 年造极战略（见图 3.1-1）。

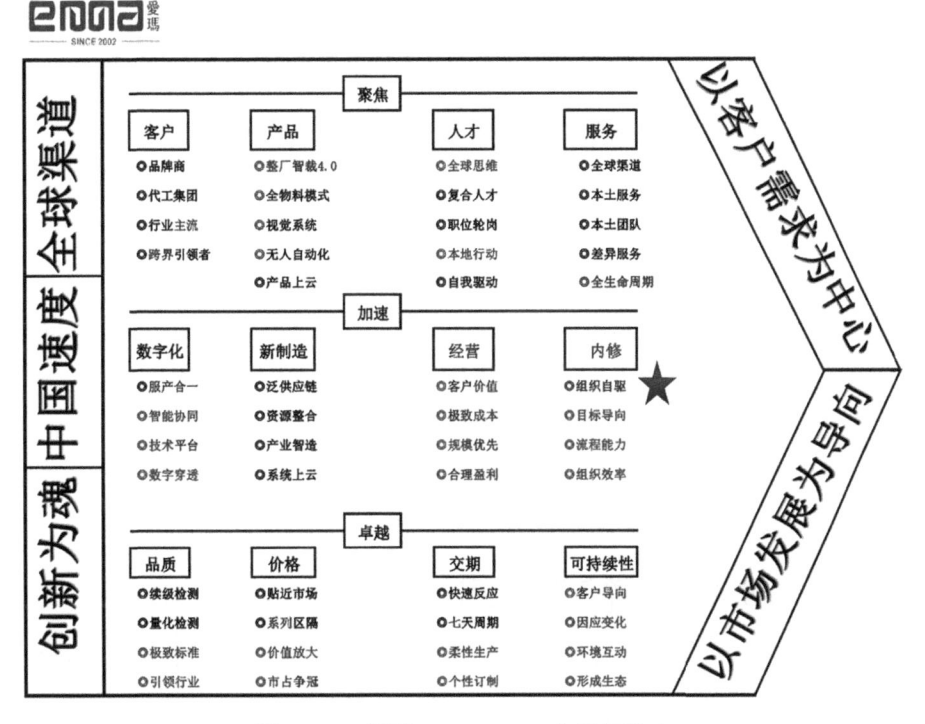

图 3.1-1　爱玛 2023—2027 年造极战略

4. 以提高自主创新能力为核心，不断提升公司的核心能力

公司认为只有拥有强大的自主创新能力，才能在激烈的国际竞争中把握先机、赢得主动。公司提升自主创新能力的措施如表 3.1-1 所示。

表 3.1-1　公司提升自主创新能力的措施

措施	内容
以自主创新推动行业创新	公司结合自身在行业的优势，瞄准国际创新趋势进行自主创新，并推动行业乃至国家的自主创新，从而站在国际技术发展前沿
集中资源关键突破	将优势资源整合聚集到公司战略目标上，力求在公司的重点领域、关键技术上取得重大突破
模式创新	天然皮革是皮革制品行业的重要资源，但是毕竟属于天然资源，即使能再生，也不可能源源不断，随时取用。公司倡导高效节能的制造方式，将智能化技术运用于生产过程中，以达成人与自然和谐共生的可持续发展创新模式

5. 构建以企业为主体、市场为导向、产学研相结合的技术创新体系

公司通过技术创新、管理创新等方式不断让自己成为技术需求选择、技术项目确定的主体，成为技术创新投入和创新成果产业化的主体。公司与华中科技制造工程研究院、东莞职业技术学院共同开展"柔性材料智能裁切机器人研发及运用"项目，主要攻关柔性材料加工前的原料数字化、图像纹理识别、自动排版（排样）、高精度数控裁切加工等关键技术；与华中科技大学共同开展"数控皮革切割机智能排版关键技术研究与运用"项目，主要基于智能优化算法和图像处理技术进行研究，提高柔性材料切割生产装备水平，节约制造成本，创造新的利润增长点，有效促进企业转型升级。

公司与华中科技制造工程研究院、华中科技大学、东莞职业技术学院等建立了专业学位硕士生校外导师机制，形成了长期稳定的产学研合作关系以及常态化的人员互访和学术交流的渠道。

b. 发现创新机会并管理创新过程

公司将创新过程定义为将新的知识转化为新的产品或新的服务的过程，从资源、能力、意识、沟通、工具和方法、战略情报管理、知识产权管理等方面支持创新过程有效运行。为把握创新机遇，公司策划和制定创新方案或创新计划，通过创新路径来实施创新方案，使创新过程遵循 PDCA 循环，实现持续的动态运行。

公司的创新过程管理步骤如表 3.1-2 所示。

表 3.1-2 创新过程管理步骤

步骤	内容
创新机会识别与传导	公司通过与顾客、合作伙伴、供方等相关方沟通，充分收集各类数据和信息并对其进行分析，以便确定创新所要解决的具体问题和优先级别，以及创新将会面临的困难、时间分配等。同时，公司将自身与竞争对手和行业标杆的过程和产品进行对比，了解其在该领域的相关工作进展，以便做到知己知彼，降低创新风险
创建概念	公司根据创新机会识别的结果，建立项目组，邀请市场销售人员参与其中，通过头脑风暴、合并组合等相关方法，列出尽可能多的解决方案，并应用创造性思维找出全新的解决方案
验证概念	为找出解决方案存在的缺陷，公司尽可能找到多种替代方案，对方案的时间、成本和风险进行分析，确定每个方案是否容易复制、是否具有高风险、是否具有高成本或实施是否需要花费较长时间等，以降低创新的风险，提高创新的收益。在此过程中，公司还进行专利查新，检查任何知识产权的侵权情况，根据查新结果，确定是否对公司自身的知识产权进行保护
开发解决方案	公司根据选定的最佳解决方案，进行产品开发，必要时，与客户、合作伙伴、供方进行协同开发，根据技术合作、委托开发项目等与协同开发方签订技术协议，明确双方权责和知识产权归属。在与顾客共同试验和测试的过程中发现问题，并将问题解决，以降低或规避创新风险。同时，在开发过程中进行专利查新，申请专利，以便对公司所创造的知识产权进行保护
部署解决方案	公司将易于交付和易于使用的解决方案交付给顾客，通过交付合格率、用户满意度、投诉反馈等综合评价创新成功与否，并持续收集顾客使用过程中发现的问题，予以解决，为后续迭代和创新做好准备
创新考核和激励	公司制定了《科技人员的培训与进修》《职工技能培训》《优秀人才引进》《研发人员绩效考核制度》《科技成果转化的组织实施与激励奖励制度》《知识产权管理制度》《科研项目管理制度》《研发投入管理办法》等制度，激励员工进行创新，增加员工的创新激情和动力

c. 追求被认定为可实现可控制的风险的机会，以及在合适的时机中断此活动以支持更优先的机会

公司根据《科研项目管理制度》对创新项目进行风险管理，识别创新机会可能伴生的风险，评估风险的大小和对风险的控制能力。为契合公司追求卓越的发展路径，公司将那些可能开辟新业务、新市场，且经过评估后显示机会远大于风险的战略机遇，视作可追求、可实现且可控制的优质机会。在

规划行动方案时，将风险监测与控制纳入考量，确保把握战略机会的同时，承担适度合理的风险。

3.2 创新能力

a. 建设创新平台和打造科研创新团队

1. 创新平台建设

公司是双软企业、国家高新技术企业、广东省民营科技企业、东莞市民营科技企业、东莞市专利培育企业、中国十佳创新企业、中国十佳鞋机企业、工业设计优秀企业、国家级专精特新"小巨人"企业。公司是全球第二大数控鞋楦生产系统供应商、全球第五家拥有独立知识产权的数控皮革排版及切割系统生产商，其系统广泛应用于鞋类、皮具、手袋、箱包、服装、软体家具、汽车座椅及内饰、运动用品、文具、家居用品等多个行业，已被众多世界顶级奢华品牌和多家世界级皮革制品生产商采用。

2. 利用信息技术建设现代化的技术创新管理体系

为实现科研项目的规范化、标准化、精细化和高效率管理，公司先后导入 ERP、PLM 和 CRM 等先进管理系统。ERP 系统为订单管理、采购管理、库存管理和销售管理提供全面的数据支持，PLM 系统可以追踪产品的设计和开发流程，CRM 系统则可以提供客户相关的市场数据。当 CRM 系统和 ERP、PLM 系统联合使用时，可以更高效地收集客户数据、跟踪客户活动和需求等，从而更好地满足客户的需求。这些系统的联用也可以帮助公司快速响应客户请求并提供更高效的客户服务。同时，公司成功自主研发了一款企业级产品——智能信息化管理平台，该平台集工装硬件制作、软件测试于一体，实现了标准化与流程化的高效管理。

3. 科研创新团队建设

公司紧随市场需求，构建了梯度合理、专业创新的研发团队。截至2022年底，研发团队共48人，其中，本科及以上学历成员占比37.5%，均具备深厚的行业背景，确保新产品、新技术的持续研发。同时，公司建立了健全的科研管理体系，涵盖设备、经费、人员考核与培训等方面，对项目立项、投入、人员调配、审批、验收等流程均设有明确规范，实现科研工作的系统化和规范化管理。

4. 提高参与重大科研项目的能力

公司在柔性材料智能裁切技术领域经过多年的技术创新、稳步经营和品牌推广，已具备明显的技术优势和品牌影响力。公司凭借明显的技术优势和品牌实力，已获得多项国家、省、市级荣誉及资质，参与了多项部委、省、市级科研项目并都完成了验收，产出了较好的科技成果。

b. 积极学习和应用先进技术和方法，并对运营过程中所产生的信息和知识进行系统管理

1. 与高校、科研机构、行业佼佼者共同开发新产品

除了独立研发外，公司还注重对资源的整合利用，充分利用社会资源共同开发新的技术和产品，积极与科研院所开展技术合作，提高公司的技术创新能力。

近几年与高校科研机构、政府单位共同开展的科研项目如表3.2-1所示。

表3.2-1　近几年与高校科研机构、政府单位共同开展的科研项目

项目名称	合作方/组织单位
柔性材料智能裁切机器人研发及运用	华中科技制造工程研究院、东莞职业技术学院
数控皮革切割机智能排版关键技术研究与运用	华中科技大学
爱玛C-1510电脑数控皮革切割机	科技部－中小企业技术创新基金
数控皮革切割机智能排版关键技术研究及应用	广东省科技厅－广东省级科技计划项目
电脑数控排版切割机的研究及产业化	东莞市中小企业局－中小企业发展专项资金技术进步项目

2. 采用先进的研发管理方法

为提高新产品研发项目效率及产品交付质量，公司以ERP信息管理平台为载体，并结合自身的实际情况，全面优化研发流程体系、项目管理体系、研发管理制度、研发绩效管理等，进一步夯实研发体系的基础，提升研发的精细化管理能力和研发内驱力。

3. 系统管理信息和知识

公司高度重视并积极倡导知识管理，将知识视为公司生命力的核心和创新源泉，致力于打造知识型组织。通过总结归纳，形成知识管理体系，不断

通过"外部知识内部化""隐性知识显性化""业务流程化"的模式收集和传递各种知识，不断积累和沉淀对公司有价值的、可复制的、可运用的有效知识，并通过持续的知识学习、知识利用和创新，不断提升企业的核心竞争力。

公司的知识源开发及识别如表 3.2-2 所示。

表 3.2-2　知识源开发及识别

信息类别		信息内容	信息需求部门	信息开发渠道
外部信息源	宏观环境	政府信息	高层、各部门、技术总监室	政府网站、媒体、文件
		行业发展动态信息		行业协会
		技术信息		行业协会、与研究机构进行项目合作
	市场	竞争对手信息	高层、销售	第三方调研机构、客户、经销商、供应商、网络、媒体等
		顾客信息、销售信息		会议、拜访、回访
		标杆信息		行业协会、政府信息
	供应商	供货能力	高层、采购	招标、供方培训
		战略发展		项目交流
		诚信度		银行
	合作伙伴	经营实力	高层、各部门	财务报表、银行
		战略发展		项目交流
		诚信度		银行
	顾客	资金能力	营销	审计报告
		顾客需求		拜访、回访、会议、网站
		诚信度		银行
内部信息源	员工	个人能力	各部门、人资、工会	考核制度
		综合素质		民主测评
		满意度		满意度调查
		稳定性		工会
	研发、生产、采购等	管理经验、成败分享	高层、各部门	员工座谈会、招投标等
	领导	最新规章制度	高层、各部门	OA 平台、通知公告

4. 实现关键核心技术自主可控，解决瓶颈等技术难题

经过不懈努力，公司已经成为数控行业的头部企业。公司研发了具有自主知识产权的数控裁切技术，主导产品"柔性材料智能裁切机"打破国外的技术垄断，实现进口替代，甚至在多项技术上超越国外技术。公司自主研发的以"智能裁切+视觉"技术为导向的智能裁切设备成功解决了"一体化运动鞋面二次对位复裁"的世界级难题，广泛应用于耐克、阿迪达斯、安踏等国际/国内一线品牌的生产环节，填补了国际空白，达到国际领先水平。另外，解决了天然真皮智能裁切及第四代鞋面二次复裁的技术难题，在裁切品质、生产速度、工作噪声、维护成本等多个领域超越进口技术，替代了进口产品，并且推动了全球鞋业第四次鞋面制造技术革命。

3.3 管理创新

a. 有组织、有计划地推动管理创新

在信息技术日新月异的环境下，公司根据发展战略和产品特点，在业务流程、组织架构、管理方法、管理制度等方面进行持续创新（见表3.3-1），使公司各方面的运营更加高效。

表 3.3-1 管理创新识别

类型	内容
业务流程信息化创新	为提升公司管理的信息化水平，公司对各种业务流程进行了信息化，打破了各部门业务流程的信息孤岛，形成完善的信息化集成平台。公司以OA流程为主，结合ERP、PLM和CRM等系统，将公司可信息化的流程全部进行了信息化
组织架构创新	随着公司经营规模的不断扩大，如何继续快速高效增长是公司长期关注的话题。公司主要通过以下措施来营造一个快速反应的环境： （1）设置扁平化的组织架构，信息纵向流通快，管理费用低，而且由于管理幅度较大，被管理者有较大的自主性，有利于加快上下级之间信息的传递，提升下级人员的积极性和满足感； （2）开发建设了办公OA系统、爱数文档共享系统等进行跨部门的业务沟通，实现业务流程的自动流转和审批； （3）建立了充分授权的管理体系，并配置健全了责任制，以绩效考评表等明确团队和个人在实现组织长、中、短期战略中的职责权限，提高企业的市场反应能力

续表

类型	内容
管理方法创新	公司根据业界成熟的管理经验，结合公司实际，实施卓越绩效模式，开展经营模式、业务模式等创新，并通 QC 小组活动、专项改善、合理化提案等活动鼓励员工积极主动参与改进和创新活动
管理制度创新	公司制定了《技术创新和管理创新奖励方案》等创新评优激励制度，鼓励员工在工作上多多创新创优，树立工作学习标杆，营造人人争优创先的文化氛围，激发大家的创新潜力。同时，公司将规章制度分为公司制度、体系制度以及各部门内部制度，使公司的管理制度更加具体、有针对性，从而提升公司的管理效率

b. 管理模式、经营模式、商业模式创新

公司结合自身实际情况以及内外部相关方的需求，开展了管理模式、经营模式和商业模式等的创新（见表3.3-2）。

表3.3-2　模式创新类别

类别	内容
管理模式创新	公司结合几十年积累的质量管理经验，提出"质量是产品的生命线"的质量管理理念，将质量管理工作由被动转化为主动，在开发设计、生产制造、售后服务等各环节推行事先预防措施，将潜在的质量隐患或风险消灭在萌芽状态，有效实现了"未然防止"的初衷，形成了"未然防止，追求卓越"的质量管理模式
经营模式创新	公司在传统业务发展的基础上，促进高端装备与新材料产业突破发展，引领中国制造新跨越，打造智能制造高端品牌，推动智能制造关键技术装备迈上新台阶。公司关键核心技术的多项指标为国际领先，实现了填空白和补短板，打破了国外的技术垄断，实现进口替代。公司以"智能裁切+视觉"技术为导向的智能裁切系列设备，填补了国际上智能裁切方面视觉应用及旋转式裁切方式的空白，并且推动了全球鞋业第四次鞋面制造技术革命
商业模式创新	经过长期的技术积累及对产业链的深度布局，爱玛凭借技术创新打造出独特的商业模式，现已成为工业4.0时代众多国际知名品牌及350余家世界级皮革制品生产商的智能裁切技术战略合作伙伴。公司凭借在设备、耗材、配件服务及软件升级技术领域的卓越表现，实现收入显著增长，2021—2022年营业收入平均增长率高达59.12%，且主营业务收入占比达100%
通过互联网开展业务，开展个性化服务或定制化服务	公司通过客户的各信息系统、企业微信等平台，与客户或合作伙伴协同开发产品和定制化服务，不仅提升了沟通效率，还减少了双方多次验证和确认的时间，缩短了产品研发周期。目前，公司针对多数产品提供个性化与定制化服务。为精准把握客户定制需求，公司推行产品模块化策略，让客户自由组合功能模块以满足个性所需。依托一体化集成应用、业务实用化、操作便捷化和数据开放化等多维度创新，公司持续研发新产品，并为客户提供量身定制的设计方案

3.4 技术创新

a. 引进、消化、吸收、开发适用的先进技术和先进标准，形成组织的技术体系

1. 先进技术和标准的采用情况

公司开发设计的产品种类齐全，面向全球客户，产品同时遵循中国GB标准、欧洲EN标准与日本JIS标准，并制定了比中国GB标准更高的企业技术标准。公司十分重视采用先进标准，2019年取得国家标准化管理委员会颁发的《采用国际标准产品标志证书》和《广东省采用国际标准产品认可证书》，对于非标设备，公司制定了多项企业标准，并进行登记。公司采用的主要标准如表3.4-1所示。

表3.4-1 生产执行标准

标准名称	标准号
智能裁切机	企业标准-QAM2-2021
高精度智能裁切机	企业标准-QAM3-2021
视觉识别智能裁切机	企业标准-QAM4-2021
电脑皮革切割机	企业标准-QAM1-2012

2. 积极参与国家、行业标准的制定

经过多年努力，公司不仅成为行业发展的引领者，更成为行业标准的制定者之一。公司研发团队自2002年起研究鞋楦自动刻楦技术，经过近20年的技术研究，鞋楦自动刻楦技术已达到世界先进水平，获得业内认可。目前，公司主持修订了1项行业标准，名称为GB/T 2011-2015《制鞋机械 数控刻楦机》。未来公司将继续发挥技术优势，参与到其他相关行业技术标准的制定中。

3. 积极申报专利

公司核心研发团队持续的开发与改进是确保公司各类产品始终处于国际先进及以上水平最为坚强和具有决定性的力量。为了鼓励创新，公司建立了激励制度，对创新结果形成专利的进行奖励。截至2022年底，公司累计申请知识产权146件，拥有授权专利77项，其中发明专利9项，实用新型专

利45项，外观设计专利23项，另外拥有软件著作权25项，国际国内注册商标44项。

4. 打造全球首创技术

公司主导产品"柔性材料智能裁切机"经过多次技术迭代更新，已实现了传统轻工业设备的一体化、智能化、自动化。通过在柔性材料智能裁切技术领域持续深耕，公司产品规格齐全，灵活性高，技术居世界领先水平，成为全球时尚产业柔性材料智能裁切技术的领跑者，在裁切品质、生产速度、工作噪声、维护成本等多个领域超越进口技术，替代了进口产品。爱玛在全球业界首创的360度旋转式视觉识别智能裁切技术，颠覆了整个行业的设计原理，被业界誉为"全球鞋业第四次鞋面制造技术革命"。继全球首创360度旋转式视觉识别智能裁切技术，公司又推出"iloading"（爱取）智能抓取技术、"ismart"（爱智）智能排程系统等多个产品，在拔得市场头筹之后，2022年推出AMOM（ALL MATERIAL·ONE MACHINE）全物料智能裁切系统，成为全球柔性材料智能裁切的主流应用系统，引领行业发展趋势。

b. 建立、实施和保持技术评估体系

公司通过中国皮革协会等进行科技信息和情报分析、技术交流，利用国家专利检索系统，对国内外先进技术和竞争技术进行分析评价，形成技术评估体系，衡量公司的科技水平，保持公司技术创新的领先性。

1. 产品认证

公司研发的新产品主要由公司内部实验室进行检验测试，部分认证产品需通过第三方机构的型式试验和产品认证，以证明符合相应的国家或国际标准的要求。

2. 行业协会评定

公司依托高新技术企业协会、中国皮革协会等，调查研究本行业国内外发展方向，分析本行业经济与技术形势，接受协会组织的科技成果鉴定，开展技术咨询活动，参加行业新技术的推广应用和交流。公司多次组织参观考察规模以上的工业互联网标杆企业，举办技术讲座等活动，进行技术交流，借鉴龙头企业的优秀创新管理办法，提高公司的创新能力。

3. 客户的评估

公司积极响应客户对公司及产品的各种要求，对比较大的客户或者重要

的高端客户，采用请进来的方式，积极吸引客户对公司进行全方位的评估。这些客户在对公司进行全方位评估的过程中，也对公司的技术水平做出了比较客观和准确的评估。

4. 技术转化与评估

公司建立了科技查新体系，通过科技查新和分析，当发现公司某些产品的技术水平处于领先地位或者独创地位的时候，公司就会将自身的技术通过转化为标准或者转化为专利的方式固定下来。在技术向标准和专利转化的过程中，通过标准审查、同行评议、技术查新等方式，也很好地对自身的技术水平进行了进一步的评估。

c. 利用新一代信息技术进行诸如研发设计、制造工艺和产品性能等创新和改进

1. 利用新一代信息技术进行研发设计创新和改进

为打造高效能的开发设计能力，公司采用"总体规划，分步实施，效益驱动，平滑过渡"的策略，分步实行开发设计信息化。公司导入 ERP、PLM 和 CRM 等系统进行集成，使其爱玛智能裁切系统的 MES 系统可与企业 ERP 系统、CRM 系统无缝对接，对接包括裁切任务的智能导入和裁切进程的实时智能导出两部分，从而实现裁切过程的智能化数据闭环（见图 3.4-1），在智能设备的生产管理上实现自动化、智能化。另外，公司 PLM 系统的开发完成及应用将进一步提高科学化管理水平，减少资源浪费，使自动化、智能化制造综合水平达到行业领先，为公司研发设计获取、传递、分析和发布数据和信息提供强有力的支撑平台，提升研发效率和研发质量。

2. 利用新一代信息技术进行制造工艺和产品性能创新和改进

使用 ERP、PLM 和 CRM 系统后，企业数据的质量会更可靠和准确。ERP 系统可以提供企业运营的整体数据；PLM 系统可以跟踪产品的设计和工艺信息；CRM 系统则可以捕捉客户数据，包括市场情况、客户需求等。这些系统互相补充，可以更好地保障数据质量。同时，可以实现工艺路线和标准工时信息化，提升制造过程的质量稳定性和生产效率。

通过对生产设备和检验工装的自动化、智能化和数字化改造，建立了自动化生产线和智能测试平台等，自动收集相关的生产和检验数据。通过实现质量数据的自动采集、集中管理以及高效交换共享，推动跨部门的质量协同

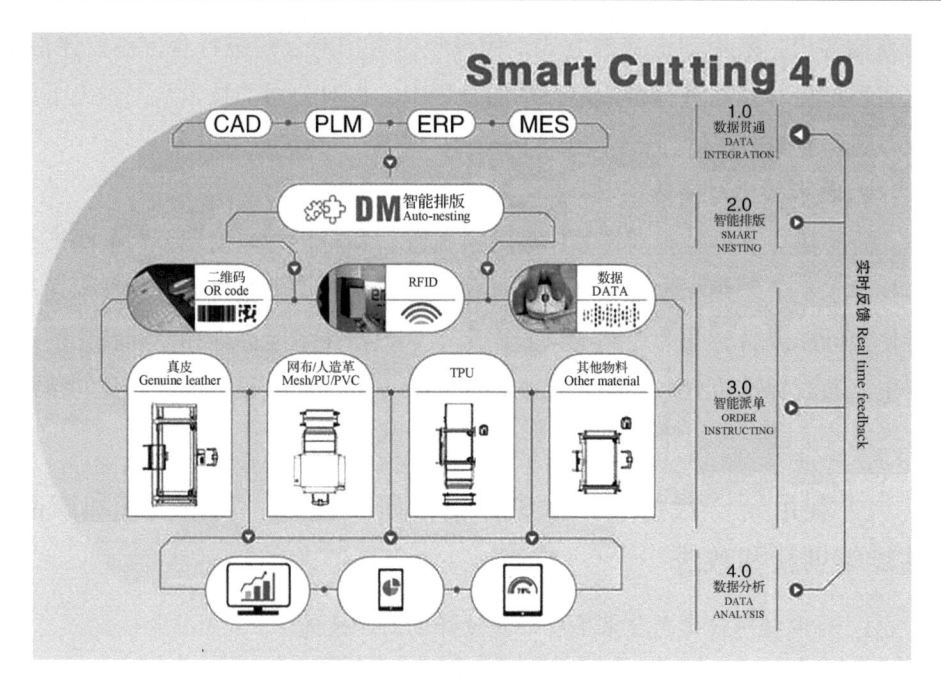

图 3.4-1　智能化数据闭环示意图

和产品服务创新，优化制造工艺和产品性能试验测试的组织结构和流程，进而提升公司的整体管理水平，并显著提高管理效率。

当 CRM 系统和 ERP、PLM 系统联合使用时，可以更高效地收集客户数据、跟踪客户活动和需求等，从而更好地满足客户的需求。这些系统的联用也可以帮助公司快速响应客户请求并提供更高效的客户服务。

4　品牌

4.1　品牌规划

东莞市爱玛数控科技有限公司是中国皮革协会副理事长单位，努力以高科技来装备时尚产业，为全世界的客户提供全球领先的数控裁切解决方案，使客户大幅度提升创造力及竞争力。公司秉承"站在客户的角度考虑每一个问题，全身心地关注客户的每一个细节"的工作理念，坚持"以企业为主体、市场为导向、产学研相结合"的管理模式，始终为达成"联动人与万物，协同创新，打造一个更美好、更有价值、更可持续发展的世界"的美好愿景不断前行。

a. 品牌概况

自公司成立以来，公司领导就非常重视品牌建设，确定了"emma""爱瑪"等品牌，于2011年登记注册并获得商标注册证。爱玛通过多年的积累与发展，在行业内已经享有相当高的知名度。公司在国内建立了8个区域技术服务中心，可以为超过50个城市的客户提供高效服务。同时，公司已经在全球多个主要国家进行了商标注册，注册商标共计44件，其中国际有效商标9件，并与众多区域代理商紧密合作，为全球多个国家的客户提供优质服务。

b. 打造柔性材料智能裁切引领品牌

公司的主导产品为"柔性材料智能裁切机"，位于产业链关键环节，发挥"补短板""填空白"等重要作用，引领中国制造新跨越。公司是2020年度国家级专精特新"小巨人"企业，2021年国家重点"小巨人"企业，全球率先拥有成熟的视觉、订制、真皮、规材、样品室五大解决方案的多物料智能裁切系统供应商，已成为工业4.0时代众多国际知名品牌及350余家世界级皮革制品生产商的智能裁切技术战略合作伙伴。

4.2 品牌管理

a. 开展品牌管理

在践行爱玛价值观的过程中，公司得到行业、社会的认可，其系列产品在裁切品质、生产速度、工作噪声、维护成本等多个领域打破技术垄断，甚至超越进口技术，填补了国际上智能裁切方面视觉应用及旋转式裁切方式的空白，让爱玛从众多国内外竞争对手中脱颖而出，成为众多国际一线品牌智能裁切的首选品牌。

b. 预防市场垄断

近年来，公司从建立制度、加强培训和合规文化建设三方面预防市场垄断，具体如表4.2-1所示。

表 4.2-1　预防市场垄断的举措

对策	控制措施
建立合规制度	公司建立了《出口管理规则》《公司对外付款类合同管理规则》《报价管理规范》《特许经销商管理制度》《公司招标管理规则》等反垄断合规管理规章制度，对公司出口、销售、招标、特许经销商等进行管控。公司把合规审查作为规章制度制定、重大事项决策、重要合同签订、重大项目运营等经营管理行为的必经程序，及时对不合规的内容提出修改建议，未经合规审查不得实施，避免发生市场垄断行为，触犯《中华人民共和国反垄断法》
合规教育培训	公司自上而下加强合规教育培训，主动识别竞争行为的风险。高层领导每年参与公司组织的合规性培训，学习"防止贿赂""反垄断"等合规要求。公司每年组织全员参与合规性培训，组织法治宣传教育，增强员工的合规意识，确保员工理解、遵循合规目标和要求
合规文化建设	公司通过制定员工手册、合规性自查、关键岗位签订合规承诺书等方式，开展合规文化建设，强化合规意识，树立依法合规、守法诚信的价值观，筑牢公司合规经营的思想基础。在合规文化建设过程中及时发现、制止并纠正不当经营行为，防范风险，从事后被查处转为事前预防，积极主动维护公平竞争的市场秩序

c. 深化技术创新，增强品牌的竞争力

公司通过技术创新为用户提供优质产品与服务，通过产学研项目合作进一步提升品牌影响力。

公司坚持走国际化道路，主导产品"柔性材料智能裁切机"打破国外的技术垄断，实现进口替代，甚至在多项技术上超越国外技术。公司自主研发的以"智能裁切+视觉"技术为导向的智能裁切设备，首创的视觉应用、旋转式裁切方式、真空吸附材料固定等技术，成功解决了"一体化运动鞋面二次对位复裁"的世界级难题，填补了国际空白，达到国际领先水平，并且推动全球鞋业第四次鞋面制造技术革命。

4.3　品牌保护

a. 进行品牌保护，包括组织注册国内外的商标

公司大力提倡技术创新，重视知识产权、无形资产的运营和管理，成立知识产权管理委员会，专门负责知识产权制度的制定、管理和执行工作。公司制定了《知识产权管理制度》《商标使用管理细则》等制度，通过制度的

规范指引，公司商标的使用和管理都朝着良好的方向发展。公司对商标的保护逐步完善，并根据情况在国外进行商标注册，以便更好地保护公司的知识产权。

公司注册的商标（部分）如表 4.3-1 所示。

表 4.3-1　公司注册的商标（部分）

序号	商标名称	国际分类	证书号	注册日期	有效期
1	爱玛	7	第 8615211 号	2011-12-28	2021-12-27
2	enna	7	第 8615200 号	2011-12-28	2021-12-27
3	PGM	7	第 8615172 号	2011-12-07	2021-12-06
4	爱沃	7	第 66626961 号	2023-02-07	2033-02-06
5	爱厚	7	第 66630261 号	2023-02-21	2033-02-20
6	爱静	7	第 66626528 号	2023-02-21	2033-02-20
7	爱对	7	第 66644585 号	2023-02-21	2033-02-20
8	ismart 爱智	7	第 66637228 号	2023-02-21	2033-02-20
9	爱双	7	第 66621459 号	2023-02-21	2033-02-20
10	爱扫	7	第 66641975 号	2023-02-21	2033-02-20
11	iloading 爱取	7	第 66638766 号	2023-02-21	2033-02-20

b. 建立顾客投诉及快速协调解决机制

公司重视顾客反馈，针对顾客投诉，制定《爱玛顾客投诉处理流程》，明确规定各部门快速协调解决顾客投诉的流程节点，并明确处理时间、收集信息、处理方法、回复方式等要求。公司建立了信息化质量管理系统，从投诉受理、处理过程跟进、回访顾客处理结果、原因分析到制定纠正措施等统一按流程要求进行运作管理，确保有效、及时地对顾客投诉形成端到端的闭环管理，为顾客提供优质的售后服务。

c. 建立品牌危机预警及应急处理系统和顾客满意度调查系统

公司利用大数据监测网络舆情，建立危机预警机制。通过关键词搜索、微博热议话题、论坛贴吧、热帖等进行品牌舆情监测，利用大数据技术实时抓取和分析舆情数据，预测未来的舆情走向，以实现品牌危机评估诊断。公司建立了《品牌管理程序》和《顾客满意度调查程序》及配套文件《危机处理手册》，实施相关的品牌维护工作，致力于维护品牌价值。

公司的品牌维护及应急处理措施如表 4.3-2 所示。

表 4.3-2　品牌维护及应急处理措施

内容	主要举措	责任部门
品牌宣传	建立品牌管理委员会，弘扬企业文化，建立广告宣传渠道，开展广告宣传活动	总裁办
危机处理	设立危机管理常务工作组，负责危机分类，明确操作指引，并执行媒体危机应对措施	总裁办
	发布《危机处理手册》和《危机速报表》	总裁办
	按公司《危机处理手册》的要求，使公司的危机处理与各层级危机处理形成有效衔接	管理部

5　效益

效益部分涉及公司较多的商业数据，本书不再一一展示。

第五章　东莞市雅康精密机械有限公司

1　领导

1.1　企业家精神

a. 弘扬企业家精神，引领组织高质量发展

东莞市雅康精密机械有限公司（以下简称雅康或公司）成立于2001年，是一家集研发、制造、销售于一体的高新技术企业，专业研发制造高精密、高性能锂电池关键生产设备，广泛应用于高品质液态、聚合物、动力等锂电池的生产。公司铸就了涂布设备、辊压设备、分条设备、制片卷绕设备等具有国际品质、本土价格的系列化产品，引领了中国锂电设备技术的飞跃发展。公司以其卓越的品质、持续的创新、与国际同步的设计理念，得到行业的肯定和信赖。2016年，雅康正式成为赢合科技子公司，在广东省东莞市布局雅康新能源装备生产基地，不仅可以满足新能源动力电池装备业务的产能需求，还可以为国内核心新能源产业聚集地的珠三角下游的客户提供更好的配套服务。公司积极倡导和践行"精诚合作，共享双赢，求真务实，开放创新"的核心价值理念，坚持"不断自我批评，永远追求卓越"的企业精神，经风雨历练，铸就了雅康人"务实、简单、高效、有序"的品格和"坚韧、奋进、创新"的企业家精神，引领公司高质量发展。公司成为推动中国锂电池行业转型升级、可持续发展的重要力量，树立了中国新能源产业绿色、低碳、可持续发展的标杆。

b. 增强爱国情怀，把组织发展同国家繁荣、民族兴盛、人民幸福紧密结合在一起，主动为国担当、为国分忧

锂离子电池是依靠锂离子在正极与负极之间移动来达到充放电目的的一

种可充电电池。过去若干年世界锂离子电池需求增长主要来自消费类电子产品以及电动工具市场等的发展，未来以消费类电子产品为代表的传统锂离子电池市场的需求将呈现稳步增长的局面，同时传统锂离子电池市场需求增长还来自锂离子电池对其他类型电池的替代。另外，随着储能电站和新能源汽车技术的发展，锂离子电池未来的市场需求还将来自储能电池与新能源汽车动力电池市场的快速增长。

c. 拓展国际视野，并不断提高把握国际市场动向和需求特点、国际规则及国际市场开拓和防范风险等方面的能力，带动组织在更高水平的对外开放中实现更好发展，促进国内国际双循环

雅康对标国际先进企业，2006年成功研发第一款卧式制片机，2009年后被同行竞相模仿，成为行业的标准，并因成功推出首台片式自动卷绕机而闻名业界；2008年推出首台转移式涂布机、首台锂电分切机，其技术水平均已达到国际先进水平；2012年推出首台狭缝式挤压涂布机、首台双伺服电镀辊压机，并成功研发出ARECONN精密涂布头及厚度检测系统；2014年推出具有自主知识产权的狭缝式挤压涂布机，涂布技术达到世界先进水平，同时还推出了在线调辊缝热压机、首台窄条（7 mm）锂电分切机、首台T型卷绕机和方形蓝牙全自动卷绕机；2016年推出了涂布速度100 m/min、零速对接双面贴胶狭缝式挤压涂布机，转塔式自动收放卷辊压机，无摩擦取料双转塔式自动分切机和EV全自动动力卷绕机。公司基于自身的行业影响力，与赢合科技实现强强联合，完成资产重组，成功进入资本市场。

1.2 组织文化

确定公司使命、愿景和价值观，并有效贯彻落实到利益相关方。

a. 确定公司的组织文化

公司的使命、愿景、价值观是企业文化的重要组成部分。雅康管理层认为企业文化也是生产力。2016年，雅康成为赢合科技的全资子公司后，逐步融入"赢合"文化，通过对文化管理、行业趋势、时代特征及赢合企业文化进行深入思考、充分研讨，最终对使命、愿景、价值观达成共识。另外，通过线上调研、访谈、研讨会、检阅大赛等活动，汇聚集体智慧，深化文化内涵。

公司的企业文化及诠释如表 1.2-1 所示。

表 1.2-1　企业文化及诠释

企业文化	内容	诠释
使命	帮助客户卓越，成就奋斗者梦想！	为客户提供世界最先进的设备，以领先的商业模式帮助客户提升市场竞争力。 为员工提供舞台，实现奋斗者的自我价值
愿景	创造全球最领先的新能源装备，帮助我们的客户更卓越！	以客户为中心，全面提升综合实力，继续紧跟行业发展步伐，朝着世界一流的智能制造企业大步向前
价值观	精诚合作，共享双赢，求真务实，开放创新	积极对公司新人以及宁德时代 ME/PE/OPN/CAS 新人进行了多次培训指导，共同交流学习，共同成长

b. 将使命、愿景和价值观传递到全体员工和其他利益相关者

要实现公司的使命和愿景，除了全体员工的响应外，还必须取得供方、合作伙伴、顾客和其他相关方的理解、配合、支持。要让公司的使命、愿景和价值观影响相关方，需要通过不同的传播方式来进行宣传（见表 1.2-2）。

表 1.2-2　企业文化传播方式

传播方式	对象	传播内容
文化理念意见征集	员工、股东、客户	高层领导亲自投入到企业文化建设中，指导核心价值观、使命、愿景的提炼，促使价值观转化为员工的自觉行为
优秀评选、先进访谈	员工	高层领导倡导在企业内部充分发挥榜样力量，通过评先评优，在企业内部树立榜样，营造你追我赶的良性竞争氛围
献爱心活动	员工、股东、社会	每年组织员工开展献爱心活动。针对内部困难员工、社会困难群众，号召员工开展捐赠等爱心活动，深化企业使命、愿景、价值观
召开营销、生产、经营管理等会议	员工、股东	通过年度/年中/季度的经营会议、生产管理会议、专题工作会议、党员大会、员工座谈会等会议，领导进行重要讲话并对员工提出要求，使与会员工加深对企业使命、愿景、价值观的理解并予以执行
举办节庆、文体活动	员工	以员工为核心和主角，通过年度多项节庆活动（如年会、周年庆等）、文体活动（如职工运动会、员工生日会等），让员工感受到企业内部团结、创新、融洽的良好氛围，感受到人性化的企业文化，从而在企业内形成积极向上的价值观，提高企业员工的凝聚力。高层领导与员工共同参与，实现企业价值观

续表

传播方式	对象	传播内容
员工培训	员工	根据不同的员工群体，开设相应的企业文化、岗位职业技能课程。在新员工入职培训、在职员工/干部培训等内部培训中传播文化理念，通过全方位的培训，确保企业员工明确无偏差地理解企业文化，并不断创新、深化企业文化
员工手册	员工	将企业文化以书面文字的形式固化下来，使全体员工不断学习、体会
宣传栏等	员工、经销商、社会、消费者	在宣传栏上发表关于企业使命、愿景、价值观的文章，展开交流和讨论
经营生产场所标语展示	员工、股东、客户	在企业办公、生产场所张贴有关企业愿景、使命、价值观的宣传语及宣传画，使企业的文化理念潜移默化地影响员工、伙伴和客户
官方微信	员工、经销商、社会、消费者	在官方微信上发布企业文化内容及活动新闻，使员工、客户增加对企业文化的了解
官方网站		在官方网站上发布企业文化内容及活动新闻，使员工、客户增加对企业文化的了解
媒体、互联网工具		在对外媒体（电视、新闻、报纸、杂志）以及互联网上，对企业文化活动、品牌进行推广，传播企业文化，实现企业价值观

c. 建立以质量为核心的组织文化，并以其自身言行展现质量承诺

质量是融于雅康的文化基因，具有深厚的历史基础。雅康建立了以质量管理为中心的综合管理体系，用科学、严密、严格的规章制度具体明确公司各个岗位的职责，规范全公司工作的程序、标准和考核要求，以工作的高质量保证产品的高质量，以工作的高效率保证全公司的高效益。雅康明确了相关质量文化，贯彻"持续改善组织效能，倾心助力顾客发展"的质量方针。

公司宣导"在锂电池制造设备领域，为客户提供伟大的产品和完整的解决方案"的经营理念，研发和生产对社会有益的产品，并向组织传达满足客户和法律法规要求的重要性。

d. 公司对组织文化的建设进行评估并持续改善

对于已制定的企业文化，公司每年定期评价其适用性及适宜性，以及评

估企业文化的贯彻方式，并根据内外部环境变化、公司战略发展实际情况不断调整企业文化传播模型，持续改进企业文化贯彻方式。

公司运用 PDCA 的方式进行企业文化评估，如图 1.2-1 所示。

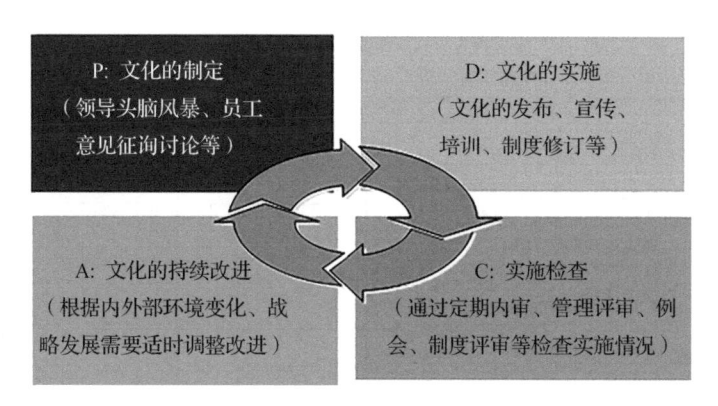

图 1.2-1　运用 PDCA 的方式进行企业文化评估

1.3　战略管理

a. 公司进行战略管理，包括质量战略、品牌战略等

公司战略规划的管理机构包括公司董事会、战略委员会、各职能战略小组。各职能战略小组由主管的公司副总经理担任组长，相关部门负责人和骨干担任组员。战略管理组织结构图如图 1.3-1 所示。

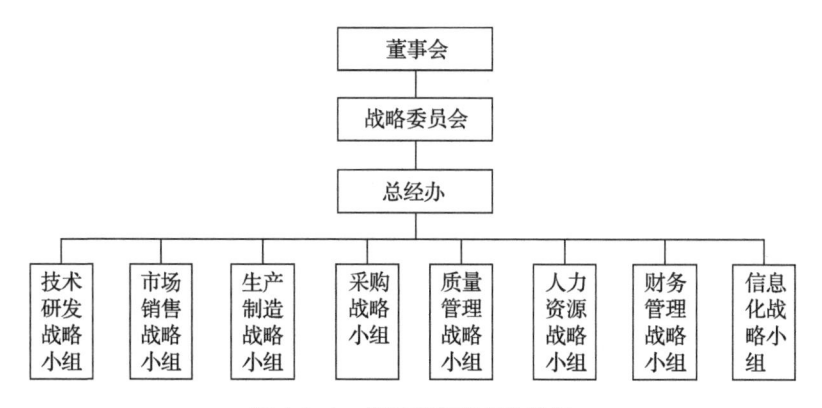

图 1.3-1　战略管理组织结构图

公司战略由董事会下设的战略委员会负责制定，总经办统筹实施，各职能部门和分公司参与，战略制定流程如图 1.3-2 所示。

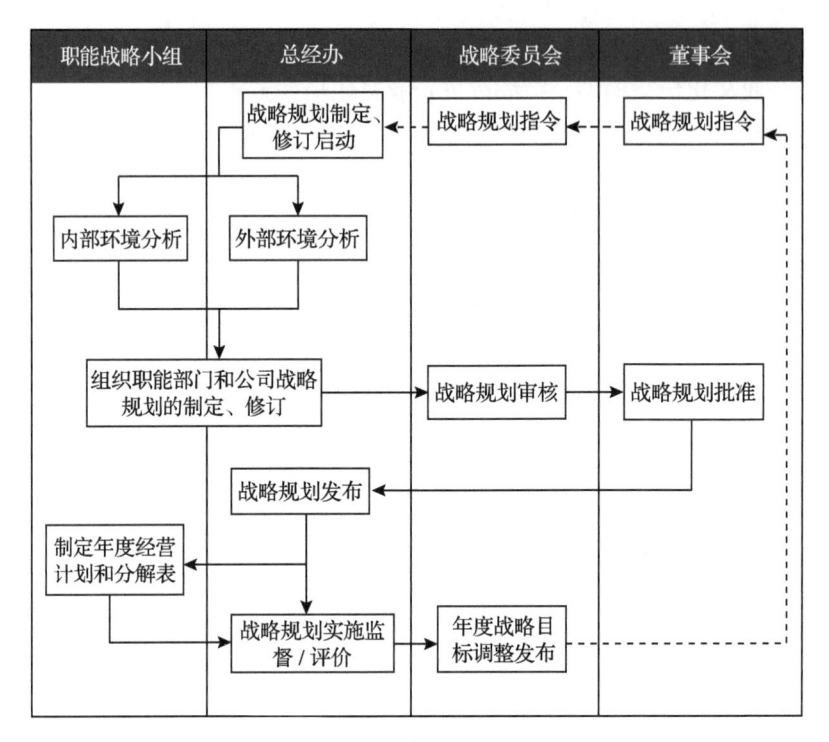

图 1.3-2　战略制定流程

质量战略：雅康坚持"持续改善组织效能，倾心助力顾客发展"的质量方针，全面建设"安全、环保、质量、效益"四大生命工程。公司严控产品质量，始终秉承"品质第一，客户至上，持续改进"的质量理念，以满腔热情竭诚为广大客户提供卓越的产品和优质的服务。

b. 制定战略目标并分解到组织的各个层次，并建立绩效监测、分析、评价与改进体系，确保战略目标的达成

1. 制定战略目标

为保证战略与宏观环境、行业竞争情况相适应，公司将长期战略的周期定为五年，短期战略的周期定为一年，短期战略即年度经营计划。

长期战略按照年度分解为短期目标、具体举措和相应的战略指标体系，短期战略目标落实到年度经营计划，年度经营计划按照月度量化分解到各系统各部门，并通过月度目标考核的形式确保战略的落地执行。战略委员会每年年底结合年度经营目标完成情况、公司内外部环境的变化对战略实施情况进行监督评价，形成战略评估报告，报领导审批，并以此决定是否对下一年

度的战略目标进行调整,从而确保公司长短期战略目标的有效实现。

2. 建立绩效监测、分析、评价与改进体系

(1)建立绩效测量系统。为确保公司战略目标的达成,按照平衡计分卡的四个角度(财务、客户、内部运营、学习与成长)建立公司及各部门的 KPI 指标体系,每年年底制定次年各层次(公司、部门、班组、岗位)的 KPI 目标,目标逐层承接,确保公司战略目标与各部门目标的一致性,保障战略目标的实现。同时对各层次 KPI 指标设定数据收集及统计部门,对各项指标进行检讨分析,并对未达到目标的部门实施改进措施。

公司通过 KPI 考核对各层级的绩效进行测量,并根据考核结果进行战略的调整和修订。绩效测量系统的四个层次如图 1.3-3 所示。

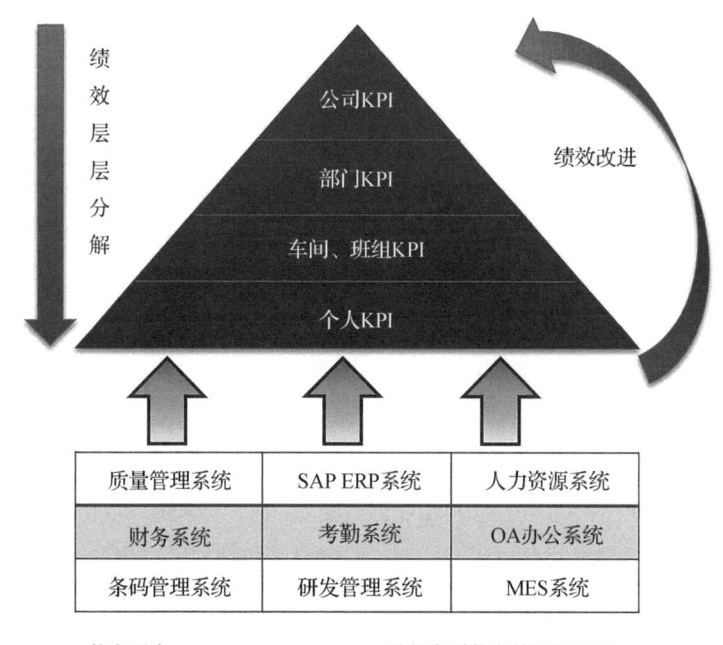

图 1.3-3 绩效测量系统的四个层次

(2)应用相关的数据和信息,监测日常运作及组织的整体绩效。公司按照《绩效管理制度》和《绩效考核实施细则》的要求,运用信息系统对相关数据和信息的收集、整理、分析、传递过程实施规范化管理,真实、准确、完整和及时地收集、整理数据和信息,监测日常运作及组织的整体绩效,并有效应用关键的对比数据和信息,支持组织的决策、改进和创新,确保绩效

测量系统适应发展方向及业务需要，确保对组织内外部的快速变化保持敏感性。

考核部门将月度 KPI 指标数据和各部门日、周、月报表作为监测部门绩效监测的依据，用以评价组织成就、竞争绩效以及长短期目标达成情况。

公司监测的关键绩效指标如表 1.3-1 所示。

表 1.3-1　公司监测的关键绩效指标

层面	关键成功因素	战略绩效指标	收集方式	信息系统	责任部门
财务	提高销售收入	销售收入	财务统计	ERP/财务系统	财务部
		利润	财务统计	ERP/财务系统	财务部
	提升资产运作收益	存货周转次数	财务统计	ERP/财务系统	财务部
		应收账款周转次数	财务统计	ERP/财务系统	财务部
客户	提高市场占有率	核心产品市场占有率	卷绕机	第三方机构调研	销售部
			制片机	—	销售部
	提升顾客满意度	顾客满意度	调研统计	—	销售部
	战略伙伴关系	A类客户数量占比	营销中心	ERP/财务系统	销售部
运营	及时交付	交货及时率	财务统计	财务系统	财务部
	领先技术自主创新	专利受理数量	研发统计	—	技术研发部
	精益生产制造	设备完好率	设备统计	生产流程系统	设备管理部
	降低质量成本	产品合格率	品质报表	生产流程系统	质检部
		不良率	品质报表	生产流程系统	质检部
学习	提高人员效率	人事费用率	财务统计	ERP/浪潮财务系统	财务部
	加强员工队伍建设	招聘完成率	人资统计	HR系统	人力资源部
	提高员工满意水平	培训完成率	人资统计	HR系统	人力资源部
		员工满意度	问卷调查 员工访谈	—	人力资源部
社会	降低能耗	工业总产值单位能耗	财务统计	ERP/财务系统	环保能源部

（3）分析、评价与改进绩效。雅康建立了公司、部门、班组、岗位四个层次的绩效分析和评价系统，各级人员自下而上逐级分析汇报关键绩效指标达成情况，各部门自上而下按考核方案对员工的绩效进行考核评价，对暂时未能达成的指标提出改善措施。

公司绩效分析与应用如表 1.3-2 所示。

表 1.3-2　公司绩效分析与应用

分析周期	指标类别	分析方式	主导部门	应用结果	主要使用工具
每周	重点工作	运营管理例会	总经办	决策决议	标杆对比法、趋势分析
		各部门办公例会	公司各部门	决策决议	趋势分析
月度	过程绩效	质量分析会	质检部	完善质量管理细节	标杆对比法、趋势分析
		工艺技术分析会	技术研发部	加强工艺管控，工艺攻关小结	趋势分析
		生产调度会	生产部	生产经营计划调整，完善安全措施	趋势分析、方差分析
	公司KPI	部门月度计划制订分析会	各部门	重点工作计划制订及总结	排列图、因果图
		生产经营分析会	生产部	经营情况及生产指标完成情况分析	趋势分析、发展分析
		公司月度考核会	总经办、人力资源部	绩效激励，优化各项指标	同期比、累计值、趋势预测、聚类分析、现状分析
		营销例会	销售部	营销策略调整	标杆对比法、趋势分析、发展分析
年度	公司KPI	股东大会	总经办	战略目标调整	趋势分析、因果图、标杆对比
		质量体系审核	质检部	完善企业管理体系和制度	审核表、纠正预防措施
		环境体系审核	环保能源部	完善环境管理相关制度	审核表、纠正预防措施
		安全生产总结会	生产部	重点工作计划制订及总结	趋势分析
		公司年度方针目标计划发布会	总经办	计划制订、执行	审核表、趋势分析
		公司年度/半年方针目标诊断会	总经办	计划执行、陈述、改进、调整	SWOT 分析、标杆对比、趋势分析、因果分析
		公司战略分析会	总经办	公司战略制定及调整	趋势分析、因果图、标杆对比、柱状图、SWOT 分析

c. 识别创新机会并应用到战略制定和／或战略调整中

公司制定战略目标时会识别创新机会并均衡地考虑长短期挑战和机遇，制定应对策略。

公司管理层保证公司战略在较长时期内保持相对稳定，以确保战略的有效实施。除非情况发生重大变化，公司战略一般不做重大调整。

1.4 组织治理

a. 进行组织架构设计和治理系统建设，以激发组织活力

公司法人治理结构由股东大会、董事会、监事会组成，它们的产生和组成、行使的职权、行事的规则等均符合《中华人民共和国公司法》的具体规定，并遵循法定原则、职责明确原则、协调运转原则、有效制衡原则。

b. 对组织的领导和治理机构成员的绩效及合规性进行评价，使其为决策和活动的影响承担责任

1. 高层领导的绩效评价

公司制定了《公司高层领导考核方案》，规定各高层领导的考核指标、权重比例、计算方法与考核流程等。人力资源部根据公司高层领导关键绩效评价指标，统计公司高层领导年度绩效考核得分，报总经理、董事长，据此评审公司高层领导的整体绩效及战略目标执行情况。

高层领导绩效评价结果的运用：公司高度重视高层领导绩效评价结果的运用。一方面，人力资源部将高层领导绩效评价结果反馈给个人，作为高层领导对照检查不足、提出业绩改进和能力提升计划的依据；另一方面，人力资源部将高层领导绩效评价结果作为发放高层领导奖金的依据。

2. 治理机构成员的绩效评价

公司监事会对董事、董事长和其他高级管理人员履行公司职务的行为进行监督，对违反法律、行政法规、公司章程或者股东大会决议的董事、高级管理人员提出罢免的建议；当董事、总裁和其他高级管理人员的行为损害公司的利益时，要求其予以纠正；发现公司经营情况异常时，可以进行调查；必要时，可以聘请会计师事务所、律师事务所等专业机构协助其工作。

c. 运用绩效评价结果改进自身和治理机构的有效性，以促进组织发展

公司注重运用组织绩效评审及领导绩效评审的结果来改进领导体系的有效性，并通过收集意见、分析原因、提出措施、整改落实、检查反馈等改进流程进行提高。在经营管理中，公司高层及时调查研究竞争对手及市场发展态势，及时调整运营策略，并将其纳入年度高层领导重点工作，以达到完成年度生产经营任务的目标。针对绩效评审发现的问题，各级领导组织围绕战略目标及结合部门业务特点，找出绩效短板，逐级排期落实。需要跨部门解决的，申报项目，制订计划排期，列入绩效指标进行考核。

1.5 社会责任

a. 履行公共责任，包括质量安全、节能环保、资源消耗、低碳发展等方面的责任

公司明确了产品质量安全、节能环保、资源消耗和低碳发展等关键领域的相关影响指标和风险识别，并参照国家行业标准，确定了内控指标、测量方式以及相应的控制流程和方法。

公司社会公共责任控制表如表 1.5-1 所示。

表 1.5-1 公司社会公共责任控制表

重要环境因素		环境影响	环境目标	环境指标
固（液）体废物	工业固废及生活垃圾、废油等	土壤污染	固体废弃物分类回收	污染环境的废弃物100%回收处理，危险废物委托有资质的单位处理
能源消耗		空气污染、水污染等	节能降耗，杜绝浪费，再生利用，清洁生产	每千万元产值综合能耗持续下降
火灾、爆炸		大气污染等	提高对应急事件的预警和控制能力，应急准备充足，响应及时	重大环境污染事故发生率为0，应急演练计划落实率为100%

公司锂电池设备生产线各项生产环境评价指标优于国际清洁生产先进水平，具体指标如表1.5-2所示。

表 1.5-2　生产环境评价指标

评价指标		单位	雅康指标	国际清洁生产指标
资源和能源消耗指标	万元产值能耗	kWh/t	25	38
	单位产品综合能耗	kgce/t	0.037	0.05

b. 树立法治意识、契约精神、守约观念，并建立道德规范和实施质量诚信体系

公司严格遵守经营、环境、安全、质量等法律法规，做好相关法律法规的收集、整理、学习，保障公司依法经营、依法决策、依法管理；对员工进行道德规范教育，在内部开展道德方面的学习，并且建立全面的道德监测体系（见表1.5-3），确保组织行为符合道德标准。

表 1.5-3　公司道德监测体系

监督对象	监测过程	监督方	测量方法	测量指标
公司高层	公司治理结构	党支部、审计部	民主会议、检查、公报	重大经营活动无违规
	勤政、廉政	母公司总经办、董事会	投诉举报	无违纪违法事件
公司中层干部及职能部门	管理行为的公正性	法务部、总经办	内部审计、效能监察	重大经营活动无违规
		合作伙伴	满意度测评	顾客满意度
		工会	监督和通报	集体劳动合同履行率
		员工	满意度测评	员工满意度
	生产经营活动的规范性	税务部门	税务检查及评价	依法纳税
		银行	银行信用评价	按时还贷
		有关主管部门	财务检查	财务报表客观真实性
		合作伙伴	合同兑现	合同兑现率
		供应商	监督	无受贿事件
公司员工	日常行为	媒体、监察部门、各级管理者	媒体曝光、违纪处理	无违纪违法事件

c. 进行公益支持，包括关爱员工、参加社会组织、发挥行业引领作用，以及参加社区活动并营造重视质量、关注质量和享受质量的氛围

多年来，公司认真履行公民义务，大力支持社会的扶贫和支教事业，开展公益性捐款捐物，获得了社会和公众的认可，特别是高层领导起到模范作用，引导和带领广大员工做出自己的贡献。2015年成立雅康爱心基金，组建基金管理委员会，制定公司爱心基金管理章程，对于有需要的雅康家人给予特别援助。2018年成立雅康职工志愿服务队，关爱员工，回馈社会，奉献爱心。

2 质量

2.1 质量体系

a. 进行组织管理体系的建设和融合

为建立健全公司质量管理体系，公司在各流程、各环节都建立了一套完整的质量管理标准，以确保产品和服务符合客户要求。雅康已导入ISO 9001质量管理体系并获得认证。在2021年导入卓越绩效模式之后，公司对质量目标做全盘考虑，在流程和制度设计上，考量多要素和要求，并进行整合和优化。公司以卓越绩效为理念，以质量管理体系为基础，融合其他管理体系的模式，进一步深入展开全面质量管理，提升企业的核心竞争力。

b. 运用互联网、物联网、大数据、云计算、5G等新一代信息技术对组织的物流、资金流和信息流进行有效控制和管理，以增强组织竞争力

公司基于工业4.0的智能化方案，通过充分利用信息通信技术，采用网络空间虚拟系统与信息物理系统相结合的手段，将整个工厂向智能化转型。公司投入高额资金在生产设备控制系统中，以实施自动控制。例如，DCS、

MCS、QCS全自动控制程序可以对生产线各设备进行更加精密的控制，使得生产工艺调整更加准确、及时，并减少人力。公司购置了全自动控制机械手等配套自动化设备，使生产线设备达到国内行业先进水平。

c. 对管理体系的建设、运行和融合进行监测和评审，并不断提高其有效性和效率

为保证管理体系持续改进，确保各管理体系的符合性和运行的有效性，公司制定了《内部审核程序》，每年组织集中式的内部审核，出具年度内审报告，报公司最高管理者审批，并对审核发现的问题组织整改和跟踪，落实改进措施，达到改进效果。

2.2 顾客需求

a. 识别并确定顾客及其他利益相关方的需求和期望，将这些需求和期望转化到组织的产品和/或工艺设计、创新和质量改进中

锂电池制造行业是市场集中度较高的行业，全球市场主要集中在日本、韩国和中国。随着锂电产业进一步向中国转移，以雅康为代表的掌握锂电设备核心技术的制造企业会面临巨大的市场机遇和广阔的市场空间。公司按历史数据（交易额、品牌知名度、付款准确性、价格等）进行多维度评价，将雅康的客户划分为战略客户、重点客户和一般客户三个价值等级，同时按客户类别分为终端客户和经销商客户。公司通过市场走访、电话调查、客户拜访、网络意见收集、产品订货会等方式了解各类顾客的需求和期望，以及影响其购买的因素。

相关方需求识别如表2.2-1所示。

表2.2-1 相关方需求识别

相关方	要求	期望
政府机构	安全生产，环保生产，熟悉产品相关的法律法规、知识产权等相关要求	就业最大化，热心公益事业
公司客户	产品质量符合要求，及时交货，响应客户的需求，提供专业、高效的服务	物美价廉，性价比高；提供专业定制服务；配合公司发展战略

续表

相关方	要求	期望
外部供方	账期合理，准时付款	订单稳定；质量要求合理；产品单价合理
公司员工	准时发放工资，工作稳定，工作环境舒适	福利好，薪资体系完善；公司发展平台广阔，有自我发展空间，有体系化的培训机制；企业对员工有认同感
审核机构	符合体系标准要求	公司体系运作的有效性、充分性和符合性较高
总经理	公司经营合法、安全生产、盈利	公司运营正常，产品附加值不断增加，持续改进

不同类型顾客的需求及影响购买的因素如表 2.2-2 所示。

表 2.2-2 不同类型顾客的需求及影响购买的因素

| 顾客类型 | 顾客的需求 |||||| 影响购买的因素 |
	质量	价格	性能	品牌	服务	个性定制	
战略客户	5	4	5	5	5	5	对产品质量、性能管控以及服务方面有较高的要求，注重整个销售过程中的全面服务能力
重点客户	5	4	5	4	5	5	对产品质量、性能管控以及包装方面有较高的要求，注重整个销售过程中的全面服务能力
一般客户	5	5	5	3	3	4	对产品质量、价格、性能、物流方面有较高的要求，注重价廉物美

注：表中的数字表示顾客的关注度和影响程度，5 为最高，1 为最低。

公司根据不同顾客的不同需求，开发其期望的产品和服务，并通过新技术合作与推广、新产品开发、质量改进等赢得潜在的市场和客户。

b. 应用适宜的技术和方法有效管理顾客关系，并定期测量顾客满意度，以提高产品质量和服务水平

1. 顾客关系管理

为了和顾客建立良好稳固的合作关系，公司建立了客户服务体系，形成了

一套完整的顾客沟通控制程序，针对不同顾客的特点提供相应的服务，从而进一步完善顾客关系管理体系。针对战略客户和重点客户，公司制定了服务要求和服务标准，以提供更好的服务，留住客户，提高客户的忠诚度（见表2.2-3）。

表2.2-3 顾客关系管理

顾客群细分	顾客需求	与顾客建立关系的方法及展开
战略客户	1. 个性化定制 2. 完善的解决方案 3. 政策、资源支持 4. 品牌影响力 5. 沟通便捷，快速及时响应 6. 高层及时沟通 7. 绿色通道	● 共享联合获得的专利 ● 解决方案的联合开发、推广、受益 ● 最好的商务政策、最低的产品价格 ● 充分的资金支持 ● 最大的市场推广、宣传力度 ● 优先响应需求 ● 每天电话/邮件沟通 ● 高层领导互访
重点客户	1. 产品专有保护 2. 产品研发能力 3. 政策支持 4. 培训需求 5. 中高层及时沟通	● 区域、行业项目保护 ● 区域、行业宣传推广支持 ● 较好的商务政策和产品价格 ● 充分的资金支持 ● 定期的上门培训 ● 快速响应需求 ● 每天电话/邮件沟通 ● 中高层定期拜访
一般客户	1. 商务支持 2. 价格优惠 3. 市场推广 4. 技术支持 5. 沟通顺畅	● 优惠的商务政策、产品价格 ● 一定的资金支持 ● 一定的市场推广、宣传支持 ● 不定期的电话/邮件沟通 ● 定期培训

2. 日常维护顾客关系的方法

（1）开展高层定期互访。通过与顾客高层人员的定期互访，建立牢固的信任关系，倾听顾客高层的诉求和想法，为公司市场经营策略的调整和服务水平的提升提供第一手资料。

（2）建立信任。合作关系的最初建立和继续发展的意愿，都有赖于相互信任的程度，否则合作关系就建立不起来，即便建立起来也会很快终止。在相互信任的氛围下，合作各方的任何一方在采取行动时都会很充分地考虑到其他合作方的利益。

要做到互相信任，合作各方彼此之间首先要做到互相关注。具体到销售人员来说，就是要让客户确认销售人员不仅关注其需要和利益，而且掌握与其确立和发展和睦关系的方式与技巧，让客户明白他们可以把自身利益托付给销售人员。与客户建立密切关系是巩固和增加客户信任的重要途径。关心客户的利益、倾听客户的意见、珍惜客户的时间等都是营造和睦关系的方法。

建立信任的途径、内容及要求如表 2.2-4 所示。

表 2.2-4　建立信任的途径、内容及要求

建立信任的途径	内容及要求
组织各个层次的人到厂区参观	通过组织各个层次的人员到厂区互访，可以给双方一个最直观的感受
举办社会活动以及娱乐活动	在活动中相互认识、相互沟通和理解，从而建立良好的合作关系
进行高频率的接触	高频率的接触可以让双方充分地认识彼此，为合作打下基础
支持客户的特殊活动	通过支持顾客的活动，构建相同或者相似的理念，增加认同感
积极履行承诺	通过积极履行承诺，给顾客足够的理由来相信企业
与客户开展开放式交流	不限于形式，最大限度地了解彼此
积极解决共同的问题	通过应对共同问题，巩固合作关系
高层管理者时刻关注大客户的发展	关注顾客的发展动向，想顾客之所想，全力为顾客解决相关问题
进行感情投资	为合作打下牢固的基础

3. 顾客满意度测量

为了解现有顾客对公司产品、服务等方面的满意度，为公司提高顾客满意度提供科学、有效的数据，公司定期进行顾客满意度调查，同时针对不同的顾客群采取了不同的满意度测量方法（见表 2.2-5）。

表 2.2-5　主要的顾客满意度测量方法

测量方法	具体说明	针对的顾客群
问卷调查	对顾客采取问卷调查的方式，主要从产品质量、公司服务及形象、交货期、与其他公司产品的比较等方面进行调查	直接对接客户
深度访谈	深度访谈又分为焦点访谈与上门调查两种方式。对公司顾客进行焦点访谈，或上门一对一进行深入沟通，了解顾客更深层次的信息，主要是顾客关注的满意度指标及顾客的期望	战略客户、价值客户及部分关系客户

顾客满意度调查流程如图 2.2-1 所示。

明确调查目标 ⇨ 设计调查方案 ⇨ 制订调查工作计划 ⇩
撰写调查报告 ⇦ 分析调查结果 ⇦ 组织实施调查

图 2.2-1　顾客满意度调查流程

c. 快速有效地处理顾客的投诉和抱怨，并对其原因进行分析以推动组织及合作伙伴不断改进

公司专门设立客户服务体系，在销售部、市场服务部内部加强售后服务力量，不断完善售后服务管理体系。针对客户的投诉，公司制定了严格的客户投诉处理工作规程。

1. 客户投诉处理流程

公司建立了一套完整的客户投诉处理流程，将所有的投诉信息进行收集、分析，用于组织内的改进。

2. 客户投诉处理要求

表 2.2-6　客户投诉处理要求

客户投诉信息的来源	投诉处理的总体要求
电话、电子邮件、短信等	公司接到投诉时，任何时候都要做出回应，并在当天及时与客户进行沟通；客户反映的信息必须 100% 记录；记录的客户信息必须 100% 进行处理；处理的结果必须 100% 进行复核；必须使客户得到 100% 的满意；处理情况必须保证 100% 进行反馈。有效、迅速处理投诉的时限要求如下： （1）不需要进行实验分析的投诉问题，3 个工作日； （2）需要进行实验分析的投诉问题，5 个工作日； （3）特殊情况的投诉问题，与客户协商。

3. 客户投诉的分析和处理

根据投诉的严重性，由相关的责任者根据《客户投诉处理跟踪表》的要求，组织事业部相关部门对投诉进行分析、讨论并决定处理方案，处理方式有补发货、退货、赔款等。

4. 定期收集、统计和分析投诉信息，用于组织及合作伙伴的改进

公司定期收集、统计和分析投诉信息，用于组织及合作伙伴的改进。通过月度QC会议、半年度/年度品质总结会议、年度管理评审会议等形式，对投诉信息进行充分的分析、检讨并制订相应的改善计划，持续改进组织绩效。

公司通过信息管理系统收集顾客的投诉处理信息，运用统计、分析工具进行统计、分析，提出产品和过程的改进措施，不断提高产品和服务质量。

2.3 质量协同

a. 有效进行供应链管理，以推动供应链组织之间的质量信息交流和质量改进，增强产业链自主可控能力，实现质量协同

公司通过多种有效途径与关键/重要供方建立和维护良好的合作关系，从双方共赢的角度出发，制定高端合作策略。通过制定《供应商开发与管理控制程序》，明确供应商开发、使用、绩效考核、冻结、精简、淘汰流程，确保供应商能持续满足公司发展的要求，使公司与供应商形成有竞争力的供应关系，最终达到公司与供应商合作共赢的目的。

公司与供应商的双向沟通机制如表2.3-1所示。

表 2.3-1　公司与供应商的双向沟通机制

沟通方式	沟通时机	沟通内容
电话、传真	日常	业务信息联系
微信、邮件	日常	业务信息联系，常规采购订单传递
ERP采购管理系统	日常	订单通知信息的传递、供应商对账和开发票
互动沟通、培训	不定期	与个别供应商的沟通，双方互派技术人员讲课
项目合作	项目全过程	与供应商建立项目合作，让供应商提前参与到公司的项目开发中，同时帮助供应商提升品质、技术和管理能力

b. 建立关键供方质量考核和保证制度，并在供应链上下游组织复制或推广其质量管理模式、方法或制度

公司严格筛选原材料供应商，对于引进新供应商制定了严格的供应商管理制度，只有经过实地考察、综合评审才可获得合格供应商资格。公司强调

全流程的供应链管理，尤其重视建立良好的供方资源，并在此基础上注重同供方建立良好的合作关系。经过多年的实践，公司建立了完善的采购流程和供应商管理制度。

为了不断提高与供应商合作的有效性和效率，公司建立了供应商管理系统并将功能集成到 ERP 系统中，实现数据无缝衔接，可实时查询采购合同执行情况、供应商合格率、材料安全库存、应付账款结算情况，提高了工作效率。

c. 测量和评估供方绩效，并向供方反馈相关信息以帮助其改进

通过对供应商的综合表现（品质、交期、服务等）给予公平、公正、公开的评价，促进双方的合作，最终达到公司与供应商共赢的目的。

针对不同的供应商制定不同的管理政策和辅导方案，重点维护与合格供应商的战略合作关系，通过辅导提升临时供应商的绩效水平，同时对受限供应商及绩效持续低下的一般供应商采用优胜劣汰的策略，减少冗余供应商数量，提高供应商利用率，优化供应商资源，实现供应链质量协同。

供应商考核分类表如表 2.3-2 所示。

2.4 质量基础

a. 进行标准化、计量、检验检测、认证认可、知识产权等质量基础设施能力建设，并提升其管理水平

雅康重视质量基础设施能力建设，不断提升质量管理水平。近些年公司在质量基础建设方面的成果如表 2.4-1 所示。

b. 运用成熟的管理制度、方法和/或工具对生产或服务现场进行质量管理，并提升生产或服务管理的信息化、智能化或数字化水平

公司围绕企业发展规划，制定了信息化建设的框架和目标，总体规划由母公司统筹，分步实施，推动企业的两化发展。从信息化整体发展来看，主要可以分为三个阶段：基础建设阶段、单项应用阶段、综合集成阶段。

表 2.3-2　供应商考核分类表

绩效总分	绩效等级	等级说明	成绩对应的奖惩	供应商培养发展方向	备注
I≥90分	A级	优	1. 当月评分为A级，则当月付款方式调整为：票月结60天（即1月交货，2月对账+开票，5月底付款） 2. 次月配额＝答应产能×100% 3. 连续三次评为A级，奖励季度优秀供应商奖牌一块	主力供应商	月交易项数在100项以下或月交易额在5万元以下的供应商调整为B级
80分≤I<90分	B级	一般/合格	1. 当月评分为B级，则当月付款方式调整为：票月结90天（即1月交货，2月对账+开票，6月底付款） 2. 次月配额＝答应产能×80% 3. 保持合作现状，推动其向A级厂商发展 4. 在"供应商回复交期"基础上延期交付的，每延一天按订单总额的2%索赔	一般供应商	评分评为B级，正常管理，应向A级改善
70分≤I<80分	C级	未达到合格标准（限期整改）	1. 当月评分为C级，则当月付款方式×50% 2. 次月配额＝答应产能×50% 3. 开具《供应商限期整改通知单》，限期整改，同时限制新项目下单 4. 与供应商高层沟通交流或到供应商现场走访 5. 在"供应商回复交期"基础上延期交付的，每延一天按订单总额的3%索赔 6. 连续三个月评分都为C级及以下的，暂停交易	限期整改	减少订单
I<70分	D级	淘汰	1. 当月评分为D级，则当月付款方式为：在现有基础上延迟2个月 2. 禁止下单（特殊情况下单一单，报采购经理特批） 3. 在"供应商回复交期"基础上延期交付的，每延一天按订单总额的5%索赔 4. 连续三个月评分都为D级的，开具《供应商撤销资格申请表》，永远停止交易	暂停或淘汰	特殊情况下单两次及以上，需供应链总监批准

表 2.4-1　计量器具统计表

名称	型号规格	数量	购置日期
静电测试仪	FMX-004	1	2022-03-25
尘埃粒子计数器	CLJ-E 型	1	2022-03-25
激光水平仪	3 线 - 进口 LD 绿光加送电池 + 三角架 - 可打斜线	1	2022-03-12
磁性涡流两用型涂层测厚仪	fischer Dualslope Mpo	1	2018-03-19
麦考特测厚仪（机械式）	mirkrotest G6	2	2016-06-26
影像测量仪（2.5 次元）	VMS-4030F	1	2016-11-15
偏摆测量仪	PBY-300	1	2016-08-11
X-Ray 检测机	S-7200	1	2021-06-15
多路温度测试仪	WT100P-32	1	2022-04-28
海克斯康高度仪	HTTE magna700	1	2018-10-09
附着力测试仪	PosiTestAT Series	1	2017-10-09
小型盐雾测试箱	ZH-SH-60	1	2016-07-06

1. 基础建设阶段

公司成立初期，信息化的应用相对简单，初步使用了用友 U82.1 版本财务软件，采购使用了标配式进销存软件，同时搭建了信息化网络机房，通过局域网共享服务器，并实现了内部信息共享。

2. 单项应用阶段

在公司领导层的支持下，大力推进各项 IT 系统建设，对公司网络实施了优化，把原有的公司串联模式网络架构升级为由核心、汇聚、接入三层交换的三级网络架构，逐步上线了多个管理平台，并分部门推进，包括人力资源管理 EHR 系统、U8.7.2 版本的财务系统、ERP-PS 管理系统、生产长泰系统；同时为相关系统配备用户操作电脑、5 台服务器和一组 UPS 不间断电源，对公司网站进行了更新优化，对办公楼区域进行了 Wi-Fi 覆盖等。

3. 综合集成阶段

随着企业的进一步发展，客户对产品质量要求的不断提升，局限于单业务流程的 IT 系统已经无法满足公司的需求，GS 综合管理平台对生产粗放式的管理已经不能满足客户对产品精益求精以及质量全过程监控及追溯的要求，因此公司适时制定了整体规划，逐步推进各项系统的整合。

同时，公司推行TQM（全面质量管理）模式，全面提升生产和服务水平，并通过导入QMS系统，充分利用信息化、数字化和智能化提高质量管理水平。

QMS系统可以对产品全生命周期中的质量业务进行协同管理，进而实现业务流和信息流的同步，实现质量数据的自动汇总、统计、动态监控，提高公司的标准化水平。

c. 建立质量安全保证和风险防控机制，包括信息收集、关键风险因素识别及相关措施的制定与实施，以避免产生具有重大影响的质量、安全、环保事故

为应对风险，明确包括风险规避、风险降低和风险接受在内的风险应对措施的操作要求，加强内部控制建设，增强公司的抗风险能力，并为在质量管理体系中纳入和应用这些措施及评价这些措施的有效性提供操作指导，公司制定了《风险和机遇控制程序》，建立了风险管理体系，以强化各级管理者的风险意识并实施风险管理，确保企业持续健康运行。

2.5 教育培训

a. 树立人才是第一资源的理念，激发各类人才的创造活力，以推动组织可持续发展

公司为员工创造良好的"赶、学、比、拼、超"的学习环境，建立了一整套员工职业培训机制。公司建立了人力资源和培训管理制度，建设和完善了员工学习和发展系统，制定了新员工的师带徒制度、员工职位晋升制度、知识管理制度等，为构建良好的学习环境提供机制保障。

1. 搭建雅康特色的学习生态圈，建立公司内外部的知识和人之间的联合

公司内部通过线上课程、内训课程对员工进行培训，外部则通过合作伙伴、行业人群，配合线下课程进一步打造人与知识的连接，让知识在企业中流动起来，让员工在学习过程中与内外部保持紧密的联系，让更多知识进入公司的知识资产中，为更多的员工提供学习机会。通过这种循环，将更多的知识引进公司，培训更多的人，培育更多的人才，产生更大的效益。

雅康人才培养体系如图2.5-1所示。

```
┌──────┐      ┌──────────┐      ┌──────┐
│ 外部 │ ───→ │任何知识的连接│ ───→ │ 内部 │
└──────┘      └──────────┘      └──────┘
```

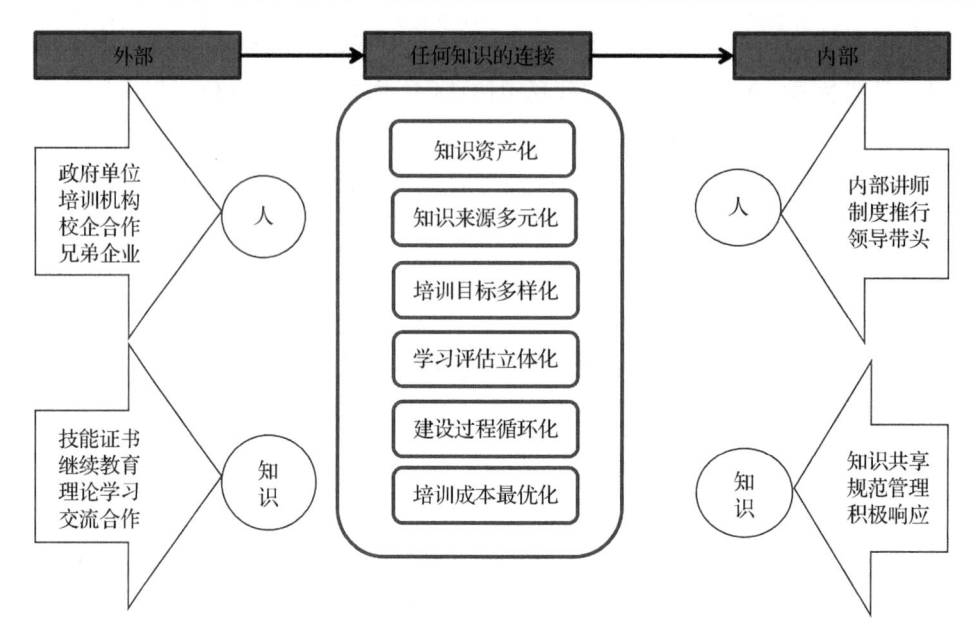

政府单位
培训机构   ◁ 人 ▷   知识资产化   ◁ 人 ▷   内部讲师
校企合作   知识来源多元化   制度推行
兄弟企业   培训目标多样化   领导带头
                     学习评估立体化
技能证书   建设过程循环化   知识共享
继续教育   ◁ 知识 ▷ 培训成本最优化   ◁ 知识 ▷   规范管理
理论学习   积极响应
交流合作

图 2.5-1　雅康人才培养体系

2. 逐步完善培训规章制度，健全培训工作机制

公司制定了《员工培训管理制度》《储备干部管理办法》《培训讲师管理制度》《管理培训生实施办法》等。

3. 建设培训管理体系

公司培训管理体系包括课程体系、讲师管理体系、评估体系和在线学习平台（见图 2.5-2）。其中，课程体系是根据各个业务岗位所属部门的职能发展需要、各岗位胜任能力和岗位职责要求所设计的一系列课程的有机组合。公司建立了从新员工入职到人才梯队培养的全序列培训管理机制。

4. 培训体系建设举措

（1）打造培训讲师队伍。为了适应公司快速发展的要求，配合企业培训工作，公司建立了一支具有雅康特色的讲师队伍。讲师通过推荐、自荐或指派等方式产生，由相关科室确定，并由人力资源部人才培育科认定资格。在日常工作和培训中，讲师有目标、有意识、有导向地传授正确的培训理念、知识和技能，从而促成和谐上进的学习氛围，促进公司内部知识积累、共享和传播，提高员工队伍的整体水平，树立良好的社会形象。

培训讲师分为部门级别和公司级别，两大级别中均划分出见习讲师、初级讲师、中级讲师和高级讲师，共约 30 人。

类别	关键岗位序列课程体系	精品项目
领导力	中高层管理培养计划	勇士班
	新晋经理/主管培养计划	
	基层管理——班组长提升计划	电工班
专业力	技术类培训——研发培养计划	
	生产类培训——制造中心培训	钳工班
	销售类培训——销售课程体系	
通用力	内部讲师	调试工班
	赢合大讲堂 公开课	
新生力	社招员工岗前培训	三星班组
	校招培训：大专匠师班 本科勇士班 硕博精英班	

基于公司使命和战略的人才需求

标准体系：任职资格　　发展体系：导师制 学习地图 学习项目

培训管理体系=课程体系+讲师管理体系+评估体系+在线学习平台

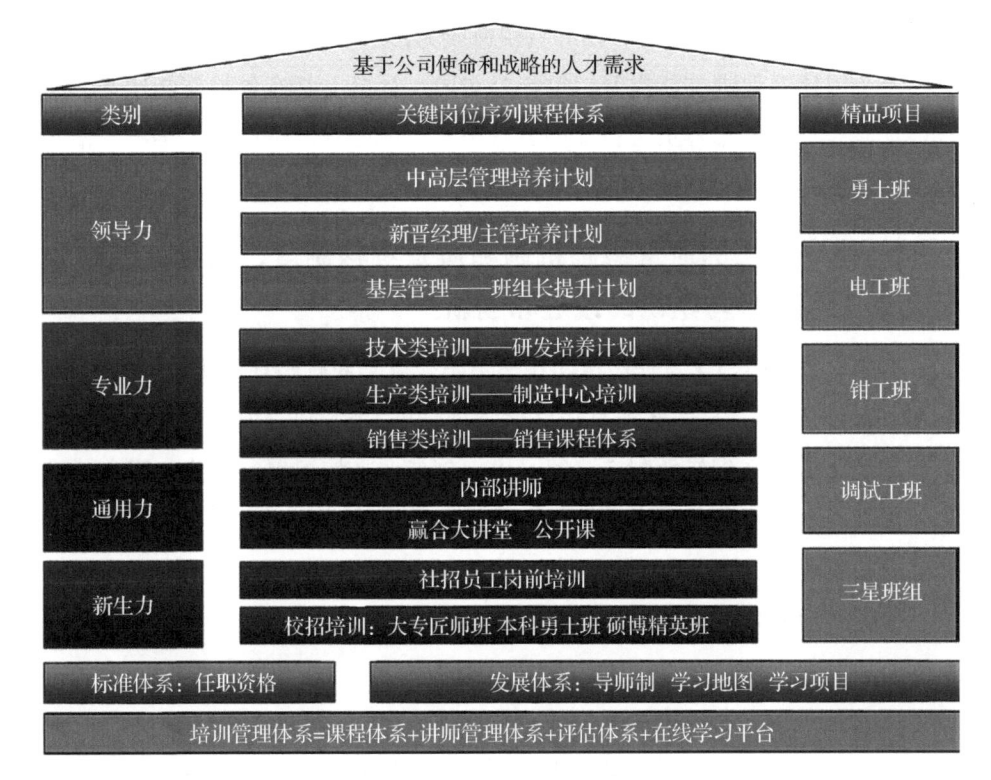

图 2.5-2　公司培训管理体系

（2）生产一线员工技能等级考评。通过开展生产一线员工技能等级考评工作，一方面激励员工不断学习，钻研岗位技能，从而有效地提高解决问题的能力，打造一支专业的员工队伍，提高公司安全运营的能力；另一方面促进员工能力的提升及自我成长，明确个人职业发展规划，有利于人才的选拔，实现人尽其才，达到人力资源的有效管理和优化组合。针对生产一线员工开展的技能等级考评，分为内部等级考评和企业人才评价两种。

（3）校企合作。近年来，雅康将"校企合作"定为人才培养的重要模块，积极与惠州城市职业学院、广东科技学院等学校合作建立实训基地，根据公司需要的工种专业、培养目标、人才规格、生产需求，适当设计相关的培训课程，安排教学内容，开发教材和进行质量评估等。

（4）管理培训生及师带徒培养机制。管理培训生及师带徒培养机制是雅康人才培养的重要形式。为促进公司人才梯队建设，通过校企合作，吸引优秀的人才加入技术队伍。同时，指派一名带教师傅对其进行"帮、扶、带"培养，一般为期6个月，师徒签订协议，明确双方的义务和责任，师傅需对徒弟的表现和考核成绩负责，培养其快速成为技术骨干。

（5）以比赛促进技能提升。每年公司内、社会上都有各类技能比赛，而技能比赛是展示和培养员工技能的良好平台，能够激发全体员工学习、钻研技术的热情。

b. 建立员工的质量激励机制和质量考核制度，引导、鼓励和鞭策员工积极参与组织的改进和创新

公司先后制定了《科技成果转化的组织实施与奖励管理办法》《人才引进和激励管理办法》《员工绩效量化考核管理制度》《专利管理及奖励制度》等一系列关于改进和创新的制度。同时成立创新业务拓展组，评价各层次改进和创新项目的效果。公司通过量化和非量化的方式进行成果评价，分析对盈利能力和实现组织战略目标的贡献。

公司激励情况如表2.5-1所示。

表2.5-1 公司激励情况

激励类别	激励对象	激励目的
年终奖	完成业绩目标优秀的各级人员	促进各级人员增强主人翁意识和责任感，做好与岗位相关的各项工作
年度优秀员工、优秀党员	表现优秀的员工、党员	表彰和激励先进人物，增强员工归属感，鼓舞员工士气
生产安全奖	安全生产优秀班组及员工	鼓励员工在生产过程中严格执行安全管理制度，营造安全文化氛围
晋升调薪	岗位业绩优秀的员工	对岗位业绩优秀的员工进行晋升和调薪鼓励，以促进员工进一步提升岗位业绩
其他激励	各类先锋模范	以不定期的方式对在某一领域起到模范带头作用的人员进行激励，营造良好的文化氛围

公司在车间张贴各类质量改进和提升的宣传口号、制度、改进方法，通过质量文化的贯彻和质量发展战略的落地，打造引导、鼓励和鞭策员工参与其中的环境。

c. 开展教育培训以提升员工素质，包括开展职业技术资格认定、质量技能教育和培训等

公司秉承"以人为本"的人才战略，基于对企业使命追求和企业组织与

工作系统的深入认识，以及对人的价值、内在需求和内在能力结构与特征的全方位深度把握，进行质量专业技术人才的教育与培养。

重视质量教育与质量人才建设：公司建立了品德优先、择优选拔的用人机制以及内部提升等管理制度，确保管理团队及质量专业技术人才在行业内保持较高水准。为储备继任者和未来领导人，通过公司培养及多方面锻炼，雅康已经培养了多名质量专业技术人才和高级管理人才。

职业技术资格认定和质量技能教育：公司为提升员工专业技能，积极开展了职业技术资格认定工作。依据行业标准，结合公司内部需求，制定了严格的认定流程和评判标准。通过理论考试与实操考核相结合的方式，全面评估员工的职业技能水平。公司通过质量教育不断增强员工的质量意识，并使之掌握和运用质量管理的方法和技术；使员工牢固树立质量第一的观念，明确提高质量对于整个公司的重要作用，认识到自己在提高质量中的责任，自觉地提高管理水平和技术水平以及不断提高自身的工作质量，最终达到全员参与、全面品管的目的。

2.6 工匠精神

a. 树立精雕细琢、精益求精的工匠理念，培育新时期的工匠精神，进一步提高员工素质和整体水平

新时期的工匠精神是指工匠对自己的产品精雕细琢、精益求精，对细节有很高要求，追求完美和极致，把品质从99%提高到99.99%。与传统工匠的底线"无质量即犯罪"相对比，新时期的工匠精神追求产品"零缺陷"，但都体现了一个共同的底色与底蕴，那就是对质量的高标准要求。

b. 发扬工匠精神，打造高质量的产品，提高组织的核心竞争力

公司发扬工匠精神，打造高质量的产品。公司总经理唐近杰致力于将锂电池设备做专、做好、做精，也为公司员工树立了一个很好的学习榜样。在他身上，充分展示了匠人、匠心、匠魂。工匠是人类社会不可缺少的宝贵资源，唐近杰的工匠精神是公司的重要力量和财富。

2.7 质量变革

a. 提升产品的质量水平，并通过不断改进产品质量，形成产品的独特竞争优势和对产业链的参与优势

公司通过增强自主研发能力和创新能力，提升产品的质量水平，并通过不断改进产品质量，形成公司独特的竞争优势。

在多年为国内主流客户提供半自动卷绕机、准全自动卷绕机以及制片机（涵盖极耳焊接、极片贴胶和检测）的过程中，公司不断深入研究电池制芯工艺，基于丰富的经验和实绩，采用了一系列创新技术和验证过的功能组件，如精密的水平和垂直张力控制、放卷整体纠偏技术、行进纠偏技术、金属超声波焊接技术、先进的算法控制、柔性冲击控制技术，以及制片和卷绕柔性对接控制模式，从而形成了雅康独特的制片卷绕一体化技术。

b. 改善产品或服务质量、工艺技术及管理水平等方面存在的差距，以提升产业链组织的稳定性

公司每年制定提升质量的战略考核目标，包括产品质量、工艺技术、管理水平等方面，并把各目标层层分解，落实到各个部门、每个岗位，同时明确领导对重大质量攻关项目与质量事故的经济责任，组织过程质量控制、成立各项目攻关小组，整体推动质量责任单位协力提高综合质量水平。

综合质量提升一览表如表 2.7-1 所示。

表 2.7-1 综合质量提升一览表

类别	改进机会评价方式	衡量指标	频率
产品质量	质量例会、月度经营分析会、专项改进分析会	成品一次检验批次合格率	周、月度、季度
服务质量	营销月度和季度分析会、客诉分析专题会、管理评审报告会、顾客满意度分析报告专题会、年度总结会议	客户满意度、顾客投诉次数、市场重大质量环保事故（市场投诉）	月度、半年度、年度
工艺技术	月度经营分析会、管理评审报告会、开发项目专题分析会、新产品评审会、验证研讨会	专利数量、新开发项目数量、技改完成率	月度、季度、年度
管理水平	管理评审报告会、卓越绩效成熟度及战略研讨会、年度总结会议	战略目标达成率	年度

1. 质量管理体系内审

内审在企业管理中是一项非常重要的工作，是企业自身根据规定的时间间隔进行自我检查、自我评价、自我总结的一个持续改进的过程。成功的内审工作对于提升公司各项事务的管理水平具有非常关键的作用。公司制订年度内审计划并成立内审组，编制内审检查表并组织内审会议，然后进行现场审核并编制不符合项报告，最后进行整改纠正、复审验证。

2. 专项质量活动

质量改进永无止境，为此公司开展了多项质量改进活动，以项目研究为契机，对产品质量进行深入改进。同时，公司根据改善提案及其效果给予奖励。2022年1—5月质量改进项目清单如表2.7-2所示。

表2.7-2　2022年1—5月质量改进项目清单

月份	人员	部门	改善项目	评审结果	奖励金额/元
一月	杜宝峰	制造二部	关于门板装配效率问题	三等奖	1000
二月	韦金俩	制造一部	PLC接线输入输出接线改善	二等奖	2000
	张鹤鹤	工程部	机架部装走线分布	二等奖	2000
	蒋小兵	事业三部	滤波器增加绝缘防护装置	鼓励奖	500
五月	蒋小兵	事业三部	线槽转接口走线优化	鼓励奖	500
	邹堪滨	事业一部	上下隔膜打皱问题改善	鼓励奖	500
	李芳	事业二部	储气罐气嘴安装方式使用工装夹具	二等奖	2000
	南文辉	事业二部	螺丝快速拆卸	三等奖	1000
	韦金俩	制造一部	PLC模拟量转接端口改善	二等奖	2000

3　创新

3.1　动力变革

a. 创新是高质量发展的第一动力，将创新理念融入到组织之中，并建立、实施和保持创新管理体系，以提高组织效益和竞争优势

公司建立了多层次的激励制度，鼓励员工积极主动地参与企业品质、效

率、成本、生产现场、服务等各项改善和创新活动。公司已将创新文化与理念融入到了公司内部管理中，并通过公司层面、部门层面、班组层面三个层级予以推进，激发员工的创新热情，促进公司经营成果的达成。

员工开展创新活动的具体奖励制度如表3.1-1所示。

表3.1-1 员工开展创新活动的具体奖励制度

激励类别	激励目的	激励对象	激励制度
科技成果转化	鼓励公司科技人员开展科技活动，适时转化科技成果，促进公司科技成果产业化	员工	《科技成果转化的组织实施与奖励管理办法》
科技创新奖励	鼓励发明创造，提高员工的技术创新积极性，增强公司竞争力	员工	《专利管理及奖励制度》
企业改善奖励	鼓励员工针对公司科研及成果提出合理化建议，提高员工积极性，从而提升公司的整体实力	员工	《YK-WI-ZB-001-B0改善提案管理制度》

b. 发现创新机会并管理创新过程，包括建立创新激励机制和管理制度等

公司对各项生产经营活动进行绩效管理，年终对工作创新、业绩突出、绩效指标完成好的部门和个人进行表彰奖励。对于优秀项目或良好的操作经验，在公司范围内进行推广，对于优秀团队和个人，按照所创造的价值进行奖励，在全公司形成良好的创新氛围，实现管理的良性循环。公司制定了《科技成果转化的组织实施与奖励管理办法》《专利管理及奖励制度》等，对技术成果进行奖励，鼓励创新，推动创新成果的转化。

c. 追求被认定为可实现可控制的风险的机会，以及在合适的时机中断此活动以支持更优先的机会

公司通过技术研发部搜集相关信息，分析影响企业竞争地位的预期变化并制定应对措施，以承担合理的风险。同时要求员工在工作中及时发现问题、解决问题，进行流程改进与创新，以控制生产经营中可能存在的风险。

公司通过不定期的项目会议收集和讨论各部门的需求相关信息，结合自身的技术优势，进行产品的立项和各个研发阶段的审批。同时通过公司研发、

生产、销售、法规和知识产权主导部门的活动，审视不断出现的行业新动向，规避和减少新产品开发风险。

3.2 创新能力

a. 建设创新平台和打造科研创新团队，并保持创新平台的有效运行，以提升组织的核心竞争力

1. 创新资源投入与配置

公司始终坚持以自主创新驱动发展，加大研发资金、人力资源等创新资源的投入，并合理配置资源。2021年公司营业收入为16.76亿元，研发投入为6920.78万元，占营业收入的比重为4.13%。2021年公司技术中心有研发人员303人，本科以上人员占69.3%。

2019—2021年公司创新资源投入情况如表3.2-1所示。

表3.2-1 2019—2021年公司创新资源投入情况

指标	2019年	2020年	2021年
研发投入/万元	3203.08	3201.98	6920.78
研发人员数量/人	100	182	303
研发人员数量占比/%	12.5	17.4	17.3
研发投入占营业收入的比重/%	3.63	3.37	4.13

2. 创新平台

雅康是广东省高新技术企业，截至2021年底申请了150件国家专利。公司建有总面积3000平方米的实验场地，拥有行业领先的实验设备，仪器原值超过1400万元。公司建有独立的技术检测中心，配备行业先进的检测仪器，对原材料、半成品、产品按相应标准进行检测。

3. 创新团队

公司十分重视技术创新人才的引进工作，拥有各类研发人员303人，其中高级职称3人，研究生及以上学历15人、本科学历195人，技术人才占公司人数的比重达70%，他们致力于新产品的开发工作，并卓有成效。随着一大批关键技术的研发和产业化取得突破，公司产品的适用性和可靠性得到了进一步的提高，公司在国际市场上的地位更加巩固。同时，公司非常重视产学研协同

创新，利用外部创新资源推动公司技术创新和进步，解决关键技术难题，突破现有技术和工艺瓶颈，占领技术创新的制高点，提高公司的核心竞争力。

b. 积极学习和应用先进技术和方法，实现关键核心技术自主可控，解决"卡脖子"等技术难题

公司积极与国内外知名院校开展各种形式的产学研合作项目，依托公司的资金、土地、设备优势，结合高校和科研机构的人才、试验装置，以节能环保和前沿科技为导向，开展多方面的合作。公司与华南理工大学、广东科技学院、湖南工业大学等高校开展了一系列的关键技术（包括节能环保方面的关键技术）攻关工作，如在锂电技术以及金属特性研究等方面进行技术协同创新。

公司产学研合作清单如表 3.2-2 所示。

表 3.2-2　公司产学研合作清单

年份	项目名称	合作机构
2012	校企合作协议	华南理工大学
2012	锂离子电池极片高精度转移式涂布机数控化的研究	华南理工大学
2017	校企合作协议	湖南工业大学
2019	2019—2020年广东省重点领域研发计划联合申报协议书	深圳市鸿合激光科技有限公司 华南师范大学 深圳市万顺兴科技有限公司
2022	校企合作协议	广东科技学院
2022	电芯卷绕机自动控制系统优化设计	广东科技学院
2022	锂电池电芯卷绕机纠偏控制关键技术研究	广东科技学院
2022	锂电池电芯卷绕机张力控制关键技术研究	广东科技学院

3.3　管理创新

a. 根据组织的战略任务，结合技术和产品发展的趋势，有组织、有计划地推动管理创新，包括针对具体质量问题，创新管理工具和方法，以使组织的各项活动更加高效

1. 导入卓越绩效管理模式，提升公司内部管理水平

公司于 2021 年导入卓越绩效管理模式，唐近杰总经理全心投入并带领

全公司骨干成员认真学习《GB/T 19580 卓越绩效评价准则》和《GB/Z 19579 卓越绩效评价准则实施指南》，让公司各骨干成员真正理解和领会卓越绩效管理模式的丰富内涵，同时多次派人外出参加培训学习，提高了公司人员的能力，使其对卓越绩效管理模式有了更深的认识，从而在实践中有更好的运用。

2. 全面质量管理

全面质量管理是指公司所有部门、所有组织、所有人员都以产品质量为核心，把专业技术、管理技术、数理统计技术集合在一起，建立起一套科学严密高效的质量保证体系，控制生产过程中影响质量的因素，以优质的工作、最经济的办法提供满足用户需要的产品的全部活动。公司于2012年导入全面质量管理。

b. 进行组织的管理模式、经营模式、商业模式创新，如通过互联网开展业务、开展个性化服务或定制化服务等

公司通过近几年的探索与实践，开展了经营模式的改革，推行数字化、智能化转型，如热处理过程数字化改造、导入WMS仓库管理系统等。公司依托5G、云计算以及"工业4.0+人工智能"等技术理念，将研发、过程监控、工艺优化、装配等有机结合，实现信息数据化、管理模块化、生产自动化，进而实现从供应商到车间再到客户的全流程数字化覆盖。

1. WMS管理系统

WMS管理系统综合运用入库业务、出库业务、仓库调拨、库存调拨等功能，实现批次管理、物料对应、库存盘点、质检管理、虚仓管理以及即时库存管理，是一个全方位的管理系统，能够有效控制并跟踪仓库业务的物流和成本管理全过程，实现或完善企业的仓储信息管理。该系统可以独立执行库存操作，也可以与其他系统的单据和凭证等结合使用，从而为企业提供更为完整的物流管理。WMS管理系统的特点如表3.3-1所示。

表3.3-1 WMS管理系统的特点

特点	内容
三低	1. 降低了库存占用和积压的风险 WMS系统可以实时更新库存动态，一旦完成出库操作，库存会自动减少。先进先出的出库策略以最早的货物为主，减少了大量呆滞物料，提高了库存周转率。

续表

特点	内容
三低	2. 降低了对经验和操作错误率的依赖 WMS系统可以指导员工工作，如入库时放在哪个位置、出库时到哪个位置寻找货物等，从而减少对老员工的依赖。同时，系统有一个防错提示。如果扫描了错误位置的条码号，将发送错误提示，并禁止下一步操作，从而确保操作的准确性。 3. 降低了仓库运营成本 丰富的数据降低了决策成本，数据共享减少了协调麻烦和重复劳动，降低了通信成本，并加快了周转，降低了资本成本
三高	1. 提高了访问效率 通过优化仓储操作流程，结合PDA手持设备，可以快速收货、收检，减少等待时间，保证满足生产的供应需求。 2. 提高了库存管理能力 通过库存报告，可以及时了解每种材料/成品的入库时间、存放位置、剩余数量、剩余有效时间等信息，从而提高库存管理能力。 3. 提高了企业竞争力 提高了仓库运作的效率和准确性，提高了库存管理能力，从而从根本上提高了企业的运作效率。时间就是成本，效率的提高是最大的成本优势，时间和成本上的竞争力是最大的核心竞争力

2. ERP管理系统

ERP管理系统具有以下功能：

- 保持仓库中最新的库存数量；
- 高效率地管理采购、生产及销售；
- 处理财务账目。

相对于传统的系统，ERP系统会提供更多的功能，也比传统的系统更加高效。但是，尽管有这么强大的功能，ERP系统也不是万能的系统，在某些领域仍然存在一些不足。举例来说，ERP系统无法追踪库存的实时异动。另外，ERP系统还缺少一些功能，如配送计划等功能。

3.4 技术创新

a. 围绕组织的使命和愿景，结合环境的变化，通过引进、消化、吸收、开发适用的先进技术和先进标准形成组织的技术体系，并有效保护自身的知识产权，包括海内外专利的申请和保护

公司通过引进、消化、吸收国际先进技术，积极进行产品创新。公司依据《中华人民共和国专利法》《中华人民共和国商标法》《中华人民共和国著作权法》以及其他知识产权法律法规和规章制度，制定了《知识产权管理控制程序》，促进技术创新，提高竞争力，鼓励发明创造，保护公司的知识产权，尊重他人的知识产权。

b. 建立、实施和保持技术评估体系，并与竞争对手和标杆进行比较分析，不断提高组织技术水平，以增强组织的核心竞争力

公司非常重视产品技术水平的评估与判定，通过客户及第三方机构鉴定、目前市场技术状况的比较和分析、国际技术交流、公司核心技术向专利和标准的转化等手段确定公司当前的技术水平。

为持续提升产品在行业的竞争力，公司经常会从产品的关键技术性能、产品的成本、差异化创新能力等方面与竞争对手或行业标杆进行比较，对各产品进行竞争力评估，从而发现产品开发的短板。针对短板，技术中心会组织团队进行改进，并建立持续有效的工作机制，确保产品竞争力能得到持续稳定的提升。

内外部的技术评估及对比如图 3.4-1 所示。

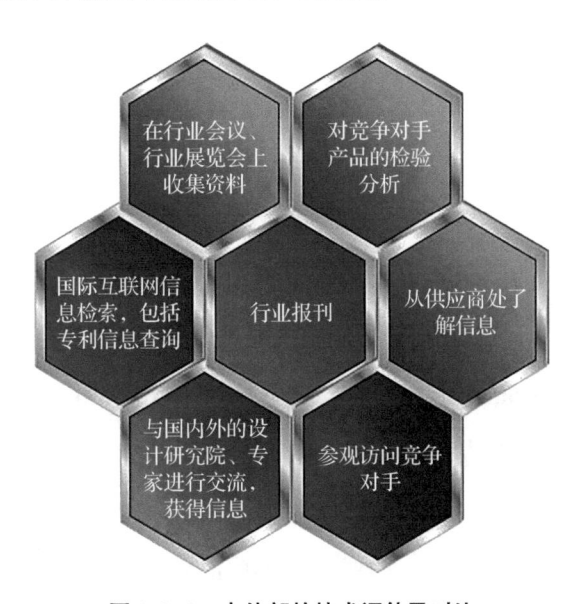

图 3.4-1 内外部的技术评估及对比

公司从技术部抽调专人负责国内外先进技术和标准的跟踪工作，建立了专利预警平台，通过 SOOPAT、欧洲专利数据库、国家知网、中国标准信息

网、国际标准组织官网等网站检索平台，充分了解竞争环境，借鉴已有技术，避免专利纠纷，客观制定竞争策略。

与竞争对手和标杆的技术评估对比情况如表3.4-1所示。

表3.4-1 与竞争对手和标杆的技术评估对比情况

维度	评估结果
技术资源评估	经验丰富的技术研发团队、专业实验室、IPD集成产品开发、产品设计工具UG/AI/PS/PRO-E/CDR/CAD的使用
顾客与市场数据比较评估	精英阵容的营销中心团队、计划工具ERP系统、WMS仓库管理系统和SRM供应商关系管理系统的串流使用
行业技术水平比较分析	技术中心认定、自主研发产品、处于行业一线地位

c. 利用互联网、物联网、大数据、云计算、5G等新一代信息技术进行研发设计、制造工艺和产品性能等创新和改进

公司利用大数据、云计算等新一代信息技术进行研发设计创新和改进，实现供需精准高效匹配，从而对产品研发起到先导作用，减少流程时间和工作负荷，提高效率，实现全业务系统化流程管理、数字化管控。

4 品牌

4.1 品牌规划

a. 基于顾客的需求和期望进行品牌定位，建立以品牌核心价值和特性为中心的品牌识别系统

1. 品牌定位：以品质为核心塑造品牌

品质是雅康的核心力量，也是成就雅康品牌的最大载体。雅康自创办以来，实施品牌战略，争做行业标杆。主导的"雅康"牌（ARECONN）卷绕机、制片机系列产品，在锂电池生产领域具有很大的品牌影响力，自投入市场以来，凭借质优价廉广受客户青睐。很多优秀企业选择与雅康建立合作关系，其

中包括一些国内外的知名企业，市场的认可就是对雅康品牌形象的最大肯定。

2. 品牌识别系统

雅康品牌符号的内容介绍如表 4.1-1 所示。

表 4.1-1　雅康品牌符号的内容介绍

商标图样	商标名称	商标号	申请人	申请日期	使用商品
	雅康字母图形	5530245	东莞市雅康精密机械有限公司	2006 年 8 月 9 日	0717 电池机械 0725 制药加工工业机器 0726 模压加工机器 0736 冷室压铸机 0743 铆接机 0744 电子工业设备 0751 气动焊接设备 0753 贴标签机（机器） 0709、0723、0733 搅拌机 0735 金属加工机械
	雅康	5530246	东莞市雅康精密机械有限公司	2006 年 8 月 9 日	0717 电池机械 0725 制药加工工业机器 0726 模压加工机器 0736 冷室压铸机 0743 铆接机 0744 电子工业设备 0751 气动焊接设备 0753 贴标签机（机器） 0709、0723、0733 搅拌机 0735、0736、0742 金属加工机械
	ARECONN	5530247	东莞市雅康精密机械有限公司	2006 年 8 月 9 日	0753 贴标签机（机器） 0735、0736、0742 金属加工机械 0709、0723、0733 搅拌机 0717 电池机械 0725 制药加工工业机器 0726 模压加工机器 0736 冷室压铸机 0743 铆接机 0744 电子工业设备 0751 气动焊接设备

雅康品牌符号解读如图 4.1-1 所示。

图 4.1-1　雅康品牌符号解读

b. 制定和实施品牌规划

雅康在企业使命、愿景和核心价值观的指引下，制定了公司品牌战略及目标，并进行全面科学的品牌调研与诊断，充分研究市场环境、行业特性、目标消费群、竞争者、竞品传播以及企业本身情况，思考传播方案，形成品牌规划。

c. 利用组织有价值的活动，提升品牌的知名度、认知度、忠诚度和美誉度

雅康与《财富》杂志、CCTV、《大社会》杂志等开展合作，对企业品牌进行传播。公司的品牌传播方式如表 4.1-2 所示。

表 4.1-2　品牌传播方式

类别	单位	合作内容
电视台	唐近杰总经理接受 CCTV 记者采访	品牌广告合作
电台	—	品牌广告合作
报纸	—	品牌形象展示 + 品牌内容合作
门户网站	http://www.areconn.com/	品牌形象展示 + 品牌内容合作
户外	公司秋游横幅宣扬公司	品牌形象展示
各类展会	—	品牌形象展示 + 品牌传播
公益活动	参与文化体育事业建设、扶困助学等，赞助植树活动、公益徒步活动、零峰·峰再起公益演唱会等	传播品牌文化
其他	各种论坛、节目、活动	产品和形象宣传

雅康获得了广东省名牌产品、广东省著名商标、2021年广东省制造业500强企业等荣誉。雅康品牌享誉全国，品牌价值达70亿元。

4.2 品牌管理

a. 进行品牌管理，抓住时机进行品牌延伸扩张，并有效回避品牌延伸的风险

公司拥有健全的对内、对外品牌传播系统。对内通过品牌建设方面的学习、培训、互动活动，使领导和员工的品牌意识不断增强，自觉维护和推广雅康品牌。对外通过各种渠道将品牌传播给客户、利益相关方及公众。公司连续多年举办涉及品牌建设的年度战略分析会，持续参加国内国际专业展销会，并主办或协办全国性的行业专业会议。在品牌扩张时，注重对风险的规避，避免给雅康的整体形象造成负面影响。

b. 预防市场垄断及倾销行为

一直以来，雅康遵循"务实、简单、高效、有序"的管理理念，坚定拥护、落实《中华人民共和国反垄断法》，依法合规经营，对外公开、公正、公平地参与市场竞争，推动行业良性发展，对内强化内部运营管理，自觉接受社会监督，切实保护消费者的合法权益。同时，公司获得中国人民银行征信中心颁发的《机构信用代码证》，供银行系统查询公司信用情况。

c. 进行品牌资产管理，实现品牌资产的保值和增值

雅康诞生于我国改革开放的前沿阵地，具有天时地利的先天优势。依托国际一流设计研发与加工制造技术，雅康重点打造了卷绕机－制片机系列锂电池设备产品，使雅康品牌成为中国锂电池设备行业高品质的代名词，占据了中国锂电池设备市场的制高点。通过优异的产品质量和诚信经营的理念，公司产生了良好的市场效应，形成了较强的品牌影响力，先后获得"广东省高新技术企业""2020年广东省知识产权示范企业""2021年广东省制造业500强企业"等荣誉称号。

4.3 品牌保护

a. 进行品牌保护，包括组织注册国内外的商标

公司一贯注重对商标品牌的保护工作，已完成"雅康""ARECOON"等商标的注册，并根据雅康发展的要求，持续跟进国内外商标的统筹和维护工作。商标建设分为国内商标申请和国外商标申请。截至2021年底，公司拥有有效商标4件，其中国内商标有3件，国外商标有1件。公司制定了雅康商标管理条例，聘请外部专业机构作为公司知识产权事务顾问，维护雅康的商标权益。同时，公司内部设置市场部、法务部及安排管理人员负责品牌保护相关工作，监察市场上的品牌侵权行为，定期和不定期收集和整理市场上侵权的情报和信息，及时通过法律手段维护公司的品牌权益。公司保持与各地政府部门的沟通，联合各地市场监管部门对侵权行为进行严正查处，维护雅康的品牌形象。

b. 建立顾客投诉及快速协调解决机制，使组织有效避免潜在的品牌风险

公司制定了《客户处理控制程序》《售后服务控制程序》《客户满意度调查控制程序》，建立了总经理负责的"消除客诉影响，达到客诉'0'容忍"的顾客服务机制，以期最大限度减少顾客不满和业务流失，促进质量改善与售后服务水平的提升，以及可信赖品牌的建设。从公司成立至今，从未发生过产品召回事件。公司实行QM质量管理模块与条码系统，保证产品能够有效追溯，确定责任。

c. 建立和保持品牌危机预警和应急处理系统，评估公关方案的及时性和有效性，消除或降低品牌的负面影响

公司内部建立有《品牌危机处理办法》，实时收集公共事务信息，对社会舆情进行监测。监测内容涉及公司自身产品发展情况、行业动态以及全球政治关系变动等，范围广阔，采纳性强。

当得到突发事件的信息时，由事件发生地主要负责人在第一时间向分管领导报告，同时告知突发事件新闻宣传和媒体应对领导小组办公室，经公司

研究判断后,形成统一口径,由突发事件新闻宣传和媒体应对领导小组授权,确定信息发布人,并在第一时间以适当方式做出回应,及时维护公司品牌形象,必要时用公司官方口径答复和回应,及时消除公司的负面影响。

5 效益

效益部分涉及公司较多的商业数据,本书不再一一展示。

第六章 广东利扬芯片测试股份有限公司

1 领导

广东利扬芯片测试股份有限公司（以下简称利扬芯片或公司）的领导班子富有远见卓识和人格魅力，营造和保持了不断追求卓越的组织文化。通过积极、有效的沟通和良好的体系运作，营造了一个追求顾客满意、高效组织运作和良好社会效益的环境，为企业不断追求卓越绩效创造了条件。

利扬芯片实行董事会领导下的总裁负责制。总裁为本公司经营管理的最高管理者。总裁代表公司确定公司的价值观、发展方向、目标，保持对顾客及其他相关方的关注，营造授权、主动参与、创新、快速反应和学习的经营环境，完善公司的管理，支持公司的管理业绩，履行各方面的社会责任。公司通过董事会和股东大会的形式确定发展方向，并对管理业绩进行民主评议。

公司高层领导亲自提炼、制定愿景和理念，重视和推动价值观行动纲领的制定，并进行有效传播，从而实现企业文化的贯彻落地，使之转化为员工的自觉行为。利扬芯片的企业文化传播方式如表1-1所示。

表1-1 企业文化传播方式

传播方式	对象	传播内容
核心价值观、使命、愿景意见和建议征集	员工	公司领导身体力行开展企业文化建设，指导核心价值观、使命、愿景的提炼，促使价值观转化为员工的自觉行为
优秀员工评选、优秀班组评选	员工	公司领导重视榜样的力量，通过先进评选使先进员工和先进部门成为学习的榜样，促进员工改进行为
经营分析、销售、技术管理、事业部等会议	员工	通过年度/半年度/季度经营分析会、厂部级月度例会、工作总结计划会议、年度/半年度/季度销售会议、员工座谈会等会议，公司领导进行重要讲话并提出具体的行动要求，使与会干部、员工加深对公司使命、愿景、价值观的理解并予以执行

续表

传播方式	对象	传播内容
文体活动、员工兴趣协会活动	员工	以员工为核心和主角，通过文体活动，让员工感受到公司内部和谐舒畅、团结协作、努力创新的气氛，感动员工的心灵，使之形成积极向上的价值观。高层领导与员工共同参与，实现企业价值观
员工培训	员工	根据不同的员工群体，开设相应的企业文化课程，在新员工入职培训、在职员工/干部培训等内部培训中进行文化理念传播
员工手册	员工	将企业文化以书面文字的形式固化下来，使全体员工不断学习、体会
海报、宣传栏、标识牌等	员工、伙伴、客户	在海报和宣传栏上发表关于公司使命、愿景、价值观的文章，展开交流和讨论；在画册、信封、标识牌、产品包装等印刷品上设计具有视觉冲击力的企业文化符号
微信公众号、公司官网等媒体	员工、伙伴、客户	将公司日常经营管理过程中的文化活动、优秀文化事件和人物，定期在媒体上进行发布
办公、经营、生产场所展示	员工、伙伴、客户	在公司办公、生产等场所张贴有关公司愿景、使命、价值观的宣传语及宣传画，使公司的文化理念潜移默化地影响员工、伙伴和客户

在积极推动公司价值观有效贯彻的同时，公司高层还积极充当了价值观宣导者的角色，通过担任内部培训讲师、推荐书籍、带头在公司刊物和专业刊物上发表文章和文化案例、接受媒体采访等机会传播企业文化。在公司内部，高层领导积极推行"制度文化"和"行为文化"建设，通过与客户业务沟通、与战略客户交流、拜访重要客户、出席客户现场会、与供应商沟通与座谈等方式宣导公司的价值观。

在积极构建、完善、推行公司文化体系的同时，高层领导以身作则，率先垂范，把公司的价值观作为自身行为的准则，遵守公司制度要求、行为规范，并接受来自公司内外的监督，身体力行地推动公司的企业文化建设，为广大员工树立知行合一的榜样。

高层领导围绕利扬芯片的总体经营目标，执行各项发展方针，实施全面风险内控管理（包括战略风险、财务风险、市场风险、运营风险、法律风险等内容），收集风险管理信息，开展风险评估，制定风险管理策略，执行风管理解决方案，推动企业的持续经营。

利扬芯片的风险控制体系如图 1-1 所示。

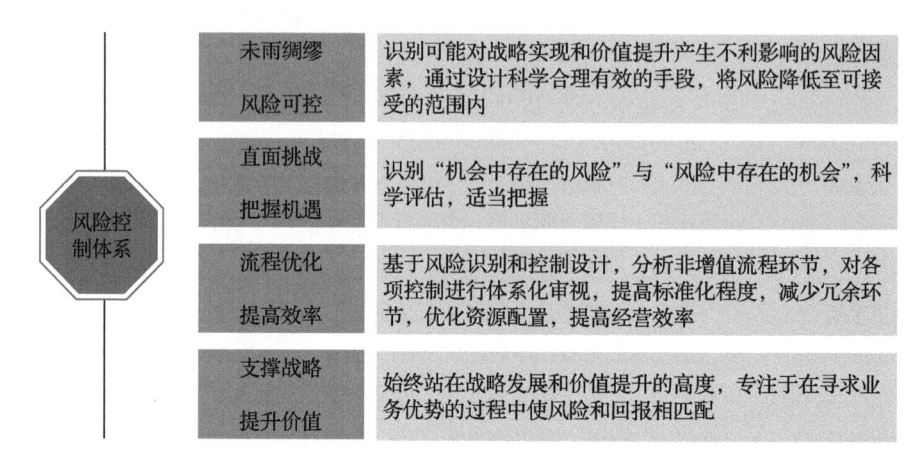

风险控制体系	未雨绸缪 风险可控	识别可能对战略实现和价值提升产生不利影响的风险因素，通过设计科学合理有效的手段，将风险降低至可接受的范围内
	直面挑战 把握机遇	识别"机会中存在的风险"与"风险中存在的机会"，科学评估，适当把握
	流程优化 提高效率	基于风险识别和控制设计，分析非增值流程环节，对各项控制进行体系化审视，提高标准化程度，减少冗余环节，优化资源配置，提高经营效率
	支撑战略 提升价值	始终站在战略发展和价值提升的高度，专注于在寻求业务优势的过程中使风险和回报相匹配

图 1-1 利扬芯片的风险控制体系

张亦锋先生于 2019 年 2 月入职广东利扬芯片测试股份有限公司，担任总经理。其坚决拥护中国共产党的领导和社会主义制度，高举中国特色社会主义伟大旗帜，带头学习贯彻习近平新时代中国特色社会主义思想，认真执行党的路线、方针、政策，自觉践行社会主义核心价值观，遵守党纪国法，增强"四个意识"，坚定"四个自信"，做到"两个维护"，起到了很好的模范带头作用。张亦锋带领公司全体员工真抓实干，一手抓文化（成立了徒步、篮球、声乐、电竞、摄影、舞蹈六大协会），一手抓经营（2020 年公司在上海证券交易所科创板成功上市，2021 年营业收入比 2020 年增长 60.09%~70.08%），两手都抓，两手都硬，双管齐下，打造了属于利扬芯片人的精神，提升了利扬芯片的整体实力。经过几年的探索，张亦锋将党建引领企业文化深入贯彻到公司的文化建设中，以提升企业凝聚力，增强员工责任感。张亦锋对中国共产党的路线、方针、政策高度认同，在企业经营过程中积极宣传中国共产党的理想、信念，贯彻落实政府相关政策，并在空间、人力、财力、物力等方面给予强有力的支持。

2 质量

2.1 质量目标

公司质量管控架构分为源头、过程和持续改进三个模块（见图2.1-1）。源头模块设立新品导入评价、IQC来料异常反馈和质量要求评定，过程模块设立客户投诉率、监督管理和定期督查，持续改进模块设立QCC活动、质量周/月活动和提案改善活动。

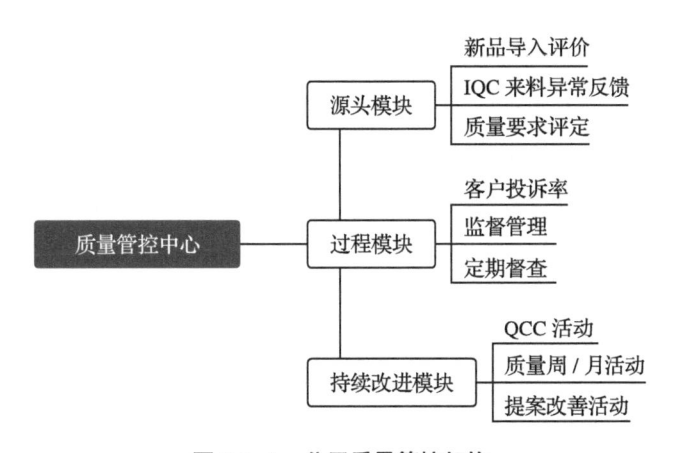

图2.1-1 公司质量管控架构

a. 源头模块：通过程序设置和职责分工，使质量职能工作融入项目当中

参与新产品导入主流程中相关模块的工作，主要负责客户规范中特殊要求的识别，察觉并识别加工协议与质量协议中多样标准的误区，及时与客户沟通协商，用底层数据关联客户的标准要求，NPI拉通标准统一，减少沟通成本，做到系统数字化管理；卡住来料异常并及时反馈，在处理同类异常和严重异常时，需进行周统计整合并反馈客户，在过程中持续跟进改善，对于异常的标准定义进行拉通，并对标准实时更新；为确保产品质量的持续稳定，实施月度质量评估以反映产品水平。对于日常出现的异常状况，采取迅速且

有效的处理措施。对于客户提出的质量要求及异常反馈，采用 PFMEA 方法处理并更新相关规范，以持续优化产品质量。

b. 过程模块：为客户规范的要求、发生过的异常与出现过的客户投诉案例所制定的改善措施，能持续实施落地，支撑源头模块工作的开展

提高客户服务意识，关注客户需求与客户投诉率，对外通过对客诉案例的平行展开和改善措施的有效实施，来避免重复案例的发生，内部通过对重复异常的分析改善来降低异常发生率，从而实现对质量的成本控制。

以质量目标作为牵引，在日、周、月质量会议对标目标，以目标为导向开展质量活动，通过水平展开转化外来文件为内部执行标准，及时更新 FMEA，并通过质量周会进行持续跟进，确保质量管理的有效实施。

为达成零客诉质量赔偿目标，公司严格监督执行，秉持严进严出、质量优先的原则。通过对比分析关键生产数据，及时发现问题并有效解决。对生产异常实施分级质量全程监控，确保对重大异常的严格把控，执行风险评估，形成闭环管理。

针对系统与客户稽查中出现的异常，内部特设稽查小组，定期核查改善对策，确保执行闭环的有效性。强化人员培训与考核，严格实施实际操作闭环要求，以确保质量标准的贯彻执行。

生产过程要以预防为主，现有生产 ERP 系统、OA 签核评审系统和工程变更 ECN 系统。生产 ERP 系统通过过站节点触发，系统判断测试数据是否达到客户质量标准，以过程系统监控数据的方式管控产品质量，做到及时卡控、防堵。OA 签核评审系统确保客户质量要求的评审与落实，达到闭环的效果。工程变更 ECN 系统对于客户的特殊需求做到实时评估，达到将问题控制在生产前的目的。

c. 持续改进模块：通过定期开展 QCC 质量改善活动，定期举办质量周/月活动等来进行持续改进

坚守三直三现（即直接现场、直接现物、直接现象、马上现场、马上现物、马上现象），率先垂范、追根究底的质量行动指针，并制定了持续改进的质量管理规程，确保持续满足客户要求，实现持续成功。

围绕公司的经营战略、方针目标和现场存在的问题，以改进质量、降低消耗、改善环境、提高人员专业化水平和经济效率为目的，定期开展 QCC 质量改善活动。

开展质量周/月活动，通过数据分析凸显质量水平，对于质量异常制定可改善的目标，进行持续改善。

持续开展提案改善活动，并纳入月度 KPI 管理。员工均可通过 OA 系统提交改善提案来参与活动，并以奖金的方式激励，达到全员参与公司持续改善活动的目的。

d. 倡导全员参与创新，实施以质量为核心的绩效管理机制

质量中心根据利扬芯片 HR-S-012 A0《绩效管理办法》的要求，运用 KPI 及 OKR 等工具对人员业绩进行评估，通过葡萄模型以及积分制管理对每位员工提出绩效要求。考核内容包括工作责任感、服务意识、工作品质、工作效率、团队合作、工作技能、学习创新、行为规范等方面。在葡萄模型中，一串葡萄共 31 颗，每颗葡萄上的数字代表一个日期，分别代表该名员工当月 1 日到 31 日的行为表现。每天工作结束后，由其责任组长根据行为表现填涂当天的葡萄颜色。

葡萄模型如图 2.1-2 所示。

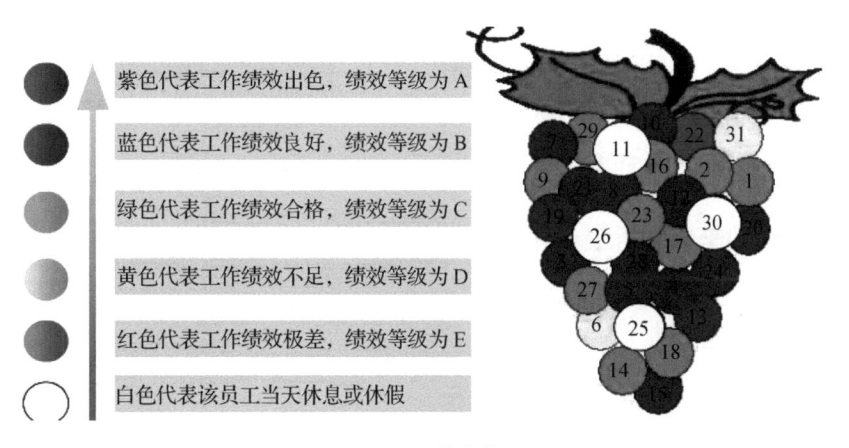

图 2.1-2　葡萄模型

根据 RT-S-003 A2《培训讲师资格管理规范》对人员的专业水平进行评定。在此基础上，班组增加了业绩加权考评，对各组员的季度、年度综合业

绩进行评估，包括 KPI 达成率、部门贡献度、培训参与数和团队配合协作能力等；并收集产品良率、客诉异常等相关数据，对产品质量、流程效率进行监控，必要时提出管理调整。

在 AD-S-019 A0《员工提案改善奖励办法》中，鼓励班组成员积极提出改善意见，集思广益，助力作业流程实现更有效的运转，解决工作中的实际问题。在车间门口设置"提案改善意见箱"，员工可通过书面形式或办公流程系统对作业当中发现的可改善的问题进行反馈。

绩效管理相关文件如表 2.1-1 所示。

表 2.1-1　绩效管理相关文件

文件名称	文件编号
《绩效管理办法》	HR-S-012 A0
《培训讲师资格管理规范》	RT-S-003 A2
《质量中心绩效考核、晋升管理制度》	AD-S-020 A0
《员工提案改善奖励办法》	AD-S-019 A0

公司打造奋发向上的文化理念，围绕核心价值观进行班组文化建设。

班组使命：利民族品牌，扬中华之芯。

班组愿景：成为世界最大的 IC 测试基地。

班组宗旨：诚信为本，永续经营。

班组精神：互重团队，奉献卓越。

班组价值观：专业、感恩、利他。

公司的质量方针如图 2.1-3 所示。

图 2.1-3　质量方针

2.2　质量安全

a. 管理理念

1. 明确产品与工作质量主体责任

明确产品质量主体责任，避免管理行为导致质量责任的转移，这是实现全员参与应遵循的基本原则。促进全员参与需要从引导、鼓励和制度约束两方面进行。一方面，通过对质量工作成绩的评比、表彰，鼓励全体员工积极参与质量提升工作；另一方面，对违反质量管理制度的行为及时按制度进行处理和纠正,让当事人员、部门以及其他人员受到教育,从而增强质量管理制度的刚性。

2. 严格执行质量一票否决制

质量红线是质量管理制度的基准,对于触犯质量红线的人和事,必须按照规定予以严肃处理,使得全体员工对质量红线心存敬畏。对于因重复原因导致客户投诉,以及发生过重大质量异常的主要责任人员,对其晋升采取一票否决制。

3. 质量保证与质量改进

除了质量红线这类定性制度之外,公司还制定了质量处罚和改善奖励机制:当质量异常触及《品质异常处罚管理制度》时,由其部门主管根据处罚标准申请进行处罚;鼓励全员提案改善,当其提案获得通过后,结合可能节约的成本和产生的效益,并根据《员工提案改善奖励办法》所设定的奖励准则,由各部门主管提出奖励申请。通过多维度的提案改善奖励体系,展现对管理革新和技术创新的高度支持与积极鼓励。公司做到岗位职责明确,在系统架构方面将质量部分直属总经理管辖,以质量体系为框架,内部分质量工程部与质量管理部,将内外部质量评审与过程管理相结合,构建一套质量管理系统。

b. 体现质量红线和鼓励创新的管理要求

1. 质量方针:一流品质、卓越服务、持续改进、客户满意
- 一流品质:以客户要求为导向,创造优良品质;
- 卓越服务:以公司信誉为重点,提供满意服务;
- 持续改进:以质量管理为精神,优化管理体系;
- 客户满意:以客户为关注焦点,与客户同进步。

2. 质量目标:围绕公司"零缺陷"的战略目标,提出班组目标
- 一流品质:

客户投诉率≤0.02%;

平均收益率差距≤3%。

- 卓越服务:

新产品导入达成率≥80%;

产品交付达成率100%。

- 持续改进：

专利申报件数≥24件/年；

开展QCC活动，一年举办一次比赛。

- 客户满意：

客户满意度≥92%；

客户投诉回复及时率100%。

c. 工作安全风险

（1）制定风险管控流程，评估内外部风险并制定应对策略，确保有效执行。

风险管控流程如图2.2-1所示。

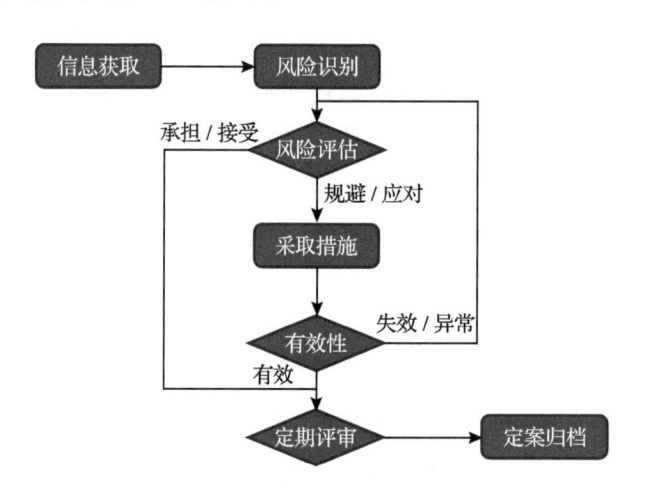

图 2.2-1　风险管控流程

风险评估分析表如表2.2-1所示。

根据《风险和机遇管制程序》对公司涉及的过程活动、设施场所进行风险评估，对中、高级别的风险必须采取措施予以减少或规避，再由质量部门组织对风险应对措施的实施效果进行验证，当发现采取的措施无法将风险降低或达到可接受的水平时，应停止相关工作，对其重新进行风险评估。

（2）完善作业指导文件与应急预案。对《设施/设备管制程序》《设备操作/保养指导书》《测试作业规范/指导书》等作业指导文件进行完善，并组织学习，包括各类应急预案，并现场张贴宣导海报，要求班组成员严格遵守。

表 2.2-1　风险评估分析表

序号	过程名称	识别来源	风险内容	风险分析 严重程度	风险分析 发生频度	风险级别	风险对策	策划的控制措施	责任部门	过程控制文件/记录
3	C3 产品生产过程	生产计划	计划制订不合理，导致无法按时完成计划任务，从而延误产品交付	5	3	高	降低风险	1. 合理计算公司的实际产能 2. 依据产品特点和本公司的实际产能合理安排生产计划	运筹管理处	《生产计划管理规范》、生产计划表
		产品测试	1. 生产计划编制不合理，导致无法按时交货，延误产品交付 2. 生产计划不能准时完成 3. 不良率过高 4. 效率太低 5. 产品标识不清、混料	5	4	高	降低风险	1. 开展公司产能研究，合理安排生产计划 2. 生产计划控制 3. 过程能力提前策划 4. 不良率前期策划，不良率指标监控，及时采用纠正预防措施 5. 实行系统监控及 Barcode 标识管理要求	制造中心	《借机借样管理规范》、生产测报、异常处理记录

（3）强化安全生产与测试环境监控。为确保安全生产，实施定期的点检与评审工作，对测试环境条件进行周期性检测，同时严密监控温湿度环境系统和高低温测试温控系统。通过巡检和稽核等措施，对现场行为环境进行持续监控，并针对班组相关过程活动制订严格的质量控制计划，实施有效的监视、测量和检查工作。

（4）在质量管理过程、工程技术要求、工作程序流程、关键岗位人员发生变化时，或发生重大质量或安全事故、投诉事件时，需要重新组织（或定期）对相关过程内容进行风险分析评价。

2.3 质量管理

a. 全员质量责任纵向层层分解

1. 质量中心负责人是质量工作的第一责任人

公司通过质量中心负责人签署"质量目标策划方案"的方式，确定负责人的质量责任，由其全权负责公司质量工作的实施，并对公司的工作质量承担第一责任。负责人对质量中心的关键管理人员进行任命，共同推动公司目标与工作计划的实现。

2. 采取岗位职责目标的方式将质量责任划分到班组成员

将质量管理"零缺陷"的目标，通过"两步四法"展开落实，同时采取KPI及OKR绩效管理，将质量目标分解至班组全员，使质量责任层层落实到个人。通过对质量目标和过程绩效进行监视和测量，评价质量系统的有效性与一致性，并通过风险和机遇识别寻找改善创新的机会。

3. 质量红线的管理要求

参照《经营计划与目标管制程序》及质量目标策划方案的要求，落实质量目标至各部门以及核心工作岗位，并在每周经营会议中汇报管理目标，通过月/季/年会跟进；评审质量目标的达成情况，是否违反质量红线的管理要求，并针对目标未达成、超过质量红线问题的原因进行分析，制定改善措施，跟进落实情况，在改善过程中推行创新、水平展开等模式。在日常工作中设立质量红线"一票否决"决策权限，进行系统化管理，追根溯源。

b. 工作质量监测与风险管理

1. 管理支持

公司最高管理者推动质量管理体系的质量方针和质量目标的落实,并任命质量代表以及各层级质量体系沟通与直接报告人员,配备资源以及资质人员,通过质量目标策划方案、KPI 及 OKR 等绩效管理形式将计划目标分解落实到具体责任人。同时,根据客户的特殊要求、新产品调查评估、过程的设计开发、过程的风险分析,并结合内部实施情况制订质量控制计划。通过质量控制计划对班组相关过程活动的分解、标准要求、监测工具等进行监测,确保活动的一致性,使产品与服务符合要求。

2. 设备管理

根据设备生命周期,结合 IC 测试相关设备的特点,制定《设施/设备管制程序》,对测试设备进行策划评估、验收分析,制定操作和保养指导书,建档列入 MES 系统《设备总览表》,进行维护保养和校验管控,保证测试设备在整个测试服务过程中满足预期要求,并依据测量系统的要求定期做设备仪器 MSA 分析研究。同时,根据《测量资源管制程序》对公司所有的测试设备、量具仪器等制订维保和校验计划,进行测量溯源,根据规定的周期校验。

3. 风险管理

根据《风险和机遇管制程序》《潜在失效模式和后果分析规范》的要求对班组过程活动、测试过程等进行风险分析,识别存在的风险隐患,及时排除各类不良影响因素。

c. 鼓励创新,提升管理技术水平

创新是提升班组能力基准的基础。通过 QCC 持续改进竞赛活动、每年的专利申报奖励等工作,营造良好的创新文化氛围;同时通过《员工提案改善奖励办法》的实施,引导全员参与创新活动,持续提升管理技术水平。

d. 资格能力评估

依据《培训管制程序》的准则,对人员培训考核与资格能力进行全面评估,并结合班组文化精心制定考核指标。通过科学的考核与晋升机制，激发班组成员的积极性、主动性和创造力，从而进一步强化班组的凝聚力。

根据班组成员来源和岗位性质要求的不同，通过上岗证、资格能力鉴定等方式进行人员资格能力评估。

e. 知识经验分享，促进共同进步

随着班组相关知识经验的积累，对新出现的风险点、失效模式等通过控制计划、作业标准等方式标准化；在这些规范流程、作业标准文件评审通过后，组织相关部门培训掌握。

对于班组的成功案例，还会通过 QCC 成果、技术创新、管理创新等方式在各子公司进行推广，实现质量系统标准化。

2.4 教育培训

a. 基于部门职责能力的培训制度

公司建立和实施了知识管理、培训管理、内训师管理、内部技术职称评定等体系，配备了培训资源。根据《培训管制程序》及年度培训计划，按员工职级和能力要求分类、分层次实施培训教育。

针对不同对象的培训内容如表 2.4-1 所示。

表 2.4-1 针对不同对象的培训内容

培训对象	学习内容
中高层领导	高效沟通、逻辑思维、绩效管理 KPI 和 OKR、生产成本控制与管理、精益生产等
质量与技术人员	六西格玛、FMEA、MSA、SPC、APQP、PPAP、QCC、实验室标准、质量管理工具（如 QC 七大手法等）、质量体系具体要求等
基层人员	职业素养、品质意识、ESD 静电防护要求、客诉异常案例分析、岗位技术等
全体员工	企业文化、企业质量方针及质量体系、品质意识、行业现状等

质量教育培训方式和具体方法如表 2.4-2 所示。

表 2.4-2　质量教育培训方式和具体方法

培训方式	具体方法
外派学习	以委托社会培训机构培养质量工程师、首席质量官、QC 诊师、六西格玛黑带、六西格玛绿带等短期培训为主
内部教育	包括聘请外部专家授课和公司内训师授课
案例研讨	定期组织车间、班组、QC 小组成员，针对典型案例进行研讨，吸取经验教训，并将典型案例纳入内训教材，供员工业余时自助学习
岗位实践	以"传帮带"的形式，鼓励公司质量人员将培训学到的知识和技能应用于实践，提升工作绩效

为保证公司能建立一支精通质量管理和专业技术过硬的质量队伍，公司搭建了质量检验人员专业发展通道，每年从质量系统内部或应届毕业生选拔优秀分子，通过多元化的质量教育培训方式，提升质量和技术人才队伍的专业能力，保障公司内部质量体系有效实施。

在上述基础上，公司围绕企业文化与质量管理要求，制定了《培训管制程序》等程序文件，建立了岗前培训、在岗培训、晋升培训三级培训机制，培训内容包括安全、技术技能、体系管理等方面。

（1）岗前培训。培训对象为新入职员工或跨部门轮岗员工，提供关于安全、技术、管理等方面的通用培训。采用"师带徒"的方式，由老员工带领新员工进行培训及作业，同时给予"师傅"一定的奖励来提高其积极性。考核形式分为试卷考核和实操考核。在试卷考核部分，由培训发展部负责监督考试，考试满分为 100 分，理论考试必须满 100 分方可合格，未达到 100 分的有一次补考机会。在实操考核部分，由车间直接领导负责考核，通过员工现场实操机器，验证员工是否熟练掌握基础技术。员工熟练掌握岗位技术，掌握安全操作规范，符合实操技术要求后，直接领导会签署实操考核记录表，签署后表示该员工实操考核合格。培训对象完成试卷考核和实操考核后提出申请，经培训发展部审核通过后，发放上岗证，上岗证有效期为一年。

（2）在岗培训。根据《培训管制程序》文件的规定，有以下情况之一的必须重新考核，考核合格后，才能取得上岗证：取得上岗证的员工在工作中出现重大失误，经质量部核实，发现技能无法胜任该项工作的员工；因为特殊原因离开岗位超过 1 个月的员工；出现调岗的员工；取得上岗证超过 1 年的员工；岗位有新增加工作内容的员工。

（3）晋升培训。培训对象为全体成员，优先为骨干成员及综合评估优秀员工在技术能力提升、管理能力提升等方面进行专项培训。晋升培训根据不同职位、不同岗位分为技术员培训、工程师培训、班组长培训、课长培训等。

b. 培训效果

通过推行三级培训机制及建立完善的内训师培养机制，公司组织消防安全演练、开展各类专题培训、组织车间作业流程学习、邀请专家学者进行专题报告和学术交流、参加学术会议和产品展览、到高校院所与研究中心参观学习等，累计培训超 800 场，培训时数超过 2000 学时。

培训效果主要体现在三个方面。

（1）学历提升：通过公司内部组织的学习培训，提升了学员的个人学历。2019 年以来，组织员工通过成人高考、自考等途径提升学历，其中成功升大专学历的有 39 人，升本科及以上学历的有 34 人，大大提升了公司大专以上学历人员所占比例。

（2）职称提升：公司邀请东莞市工程师协会相关领导和讲师来公司开展系统培训，指导内部员工积极申报工程师职称。通过学习培训，先后有 32 人获得初级以上工程师职称。

（3）内部晋升：公司有完善的内部培训体系，组织了"卓越班组长培训""TTT 企业内训师培训""扬帆启航中层管理人员培训"等多项培训活动。通过各项培训为公司培养了大量的优质人才。2019—2021 年公司晋升的工程师有 106 人（含初级、中级、高级），班组长 73 人，课长 54 人，经理级各类专业管理人员 28 人。

2.5 质量改进

a. 管理模式的改进主要源于以下方面

（1）现行的管理体系本身存在着潜在的设计缺陷和不合理规定，或是相关事项未做规定，或规定过于笼统和不确定，以至于在实际运行中难以操作、责任界定不清、相互冲突、效率低下、脱离实际等。

实际操作和现行管理体系文件的规定不相符合，但实际操作中员工们所遵循的不成文的规则和程序被验证同样具有合理性和可操作性。

（2）管理体系与不断变化发展的实际工作存在差异，或是组织机构的调整和部门职能的改变导致管理体系和新组织架构之间不匹配，职责不明，从而产生管理失效现象。

b. 公司通过以下途径（包括但不限于）识别改进机会

（1）开展内部稽核改善，定期进行内部审核，同时接受客户和相关方的审核。

（2）对客户反馈意见、投诉进行调查与处理，给出调查改善报告，提出改善要求。

（3）对周/月会等日常管理会议上所提出的问题和建议进行讨论。

（4）对不符合项或工作的问题，提出处理意见，并探讨可能延伸的问题及相应的改进措施。

（5）制定针对风险和机遇的详细应对措施，并执行FMEA分析以优化改善措施。

（6）精心规划IC测试检验工作的质量控制计划活动，确保高质量标准得以执行。

（7）对过程和质量目标达成情况进行监测。

（8）定期召开季度/半年/年度总结会议、管理评审会议，以识别并把握改进机会。

质量部门针对上述改进机会，跟进确认改进达成情况，确定改善完成或者有明确的结果，形成闭环管理。

3 创新

公司领导层认识到引导员工主动参与公司的各项改善活动，激发员工的创新热情，有利于促进公司经营成果的达成，提高公司的市场竞争力，对公司本身具有不可估量的作用。因此，公司通过建立多层次的正负激励制度，鼓励员工积极主动参与企业品质、效率、成本、生产现场、营销、营运、服务等各项改善和创新活动。公司已建立三级R&D体系、一流分析测试平台，持续推进QC小组活动，坚持技术创新，掌握业务领域新技术，运用新工艺、新方法提高产品和服务品质；通过不断创新元器件核心技术，实现经营业绩的持续改善；坚持管理创新，转变管理方式，提高企业核心竞争力，实现从优秀走向卓越。

3.1 创新能力

创新团队建设：

- 以问题解决为重点，加速创新管理；
- 以改变质量文化为重点，加速变革管理。

公司通过创新课题的培训辅导、创新活动的开展等方式，鼓励全员创新。

a. 培训课题

公司按照"QC十步法"开展培训课题，学习问题的解决方式：主题选定、现状调查、设定目标、原因分析、确定主要原因、对策拟定、对策实施、效果确认、巩固措施、总结与下一步。"QC十步法"内容对标中国质量协会团体标准（图3.1-1）。

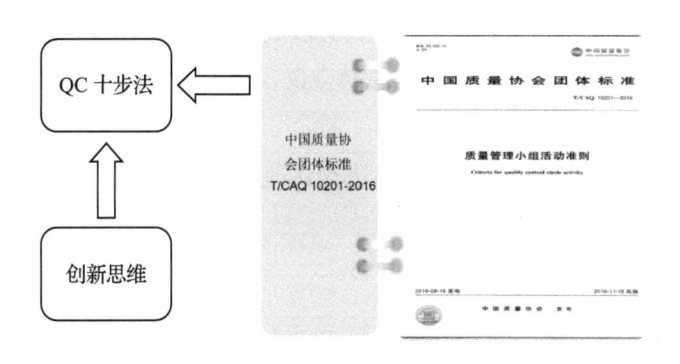

图 3.1-1 QC 十步法

1. 主题选定

主题来源：企业战略、上级要求、部门目标；现场或小组本身存在的问题；顾客抱怨或投诉的问题。主题可以分为以下三类。

- 指令性课题：上级部门、领导以行政指令下达的课题。
- 指导性课题：质量部门根据战略、目标的需求，推荐可供选择的课题。
- 自选课题：小组根据各部门、各岗位发现的实际问题，自行选择的课题。

主题选定案例如图 3.1-2 所示。

> 机台的测试效率关乎生产成本，而产品的测试良率直接关系机台测试效率。领导在生产决策会议上明确指示需要进一步提高重点产品测试良率，因此选定「提高三楼FT产品测试良率」为此次改善专案的主题。
>
> 选题理由：
> 提高产品测试良率，提升机台测试效率。
>
> **QC Story判定：**
>
> | 课题达成型 | 关系程度 | 问题解决型 |
> |---|---|---|
> | 1.以前未曾有过经验，欲顺利完成面临的工作。 | 2   3 | 1.欲解决当前正在实施的工作中出现的问题。 |
> | 2.欲改变现有状况，突破现有极限。 | 2   3 | 2.欲维持、提升现有水准。 |
> | 3.欲挑战魅力性品质、魅力性水准。 | 2   2 | 3.欲确保当前品质、当前水准。 |
> | 4.欲提前应对可预见的课题。 | 1   2 | 4.欲防止再发生已出现的问题。 |
> | 5.通过方案，拟定追究措施以确保目标达成。 | 3   3 | 5.通过究明与消除问题的原因，问题可获得解决。 |
> | 判定结果 | 合计分数 | 判定结果 |
> | 不采用 | 10   13 | 采用 |
> | 3段评分法(关系程度)：大=3、中=2、小=1 |||

图 3.1-2　主题选定案例

2. 现状调查

现状调查是以课题为出发点，找到重点小课题的过程，其关键是通过对现状数据的收集与分析，抓住主要矛盾。关于数据收集的注意事项如下：

- 收集的数据要有客观性；
- 收集的数据要有可比性；
- 收集数据的时间要有约束。

常用工具有折线图、柏拉图、直方图、控制图等。

现状调查案例如图 3.1-3 所示。

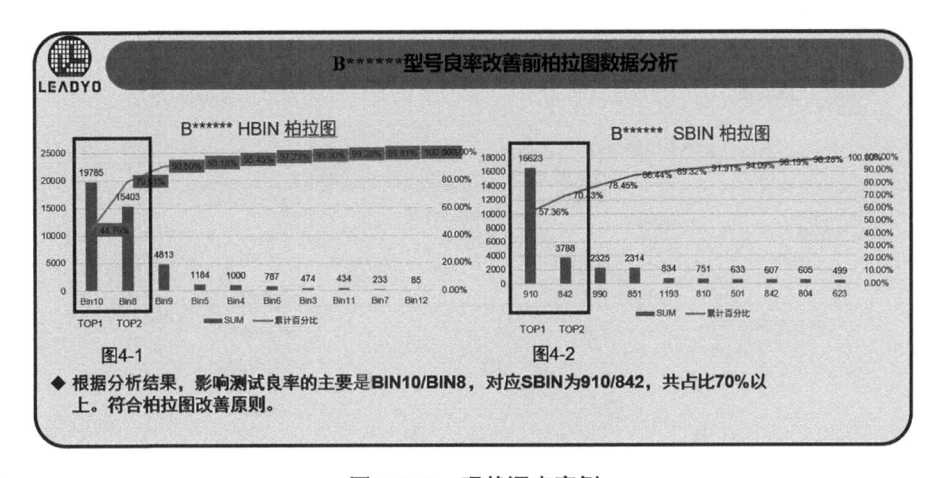

图 3.1-3　现状调查案例

3. 设定目标

设定目标的原则：Smart 原则，目标要有挑战性。

设定目标的依据：上级下达的考核指标、顾客提出的需求、历史最好水平、预计问题解决的程度或测算能达到的水平、国内外或行业先进水平等。

设定目标案例如图 3.1-4 所示。

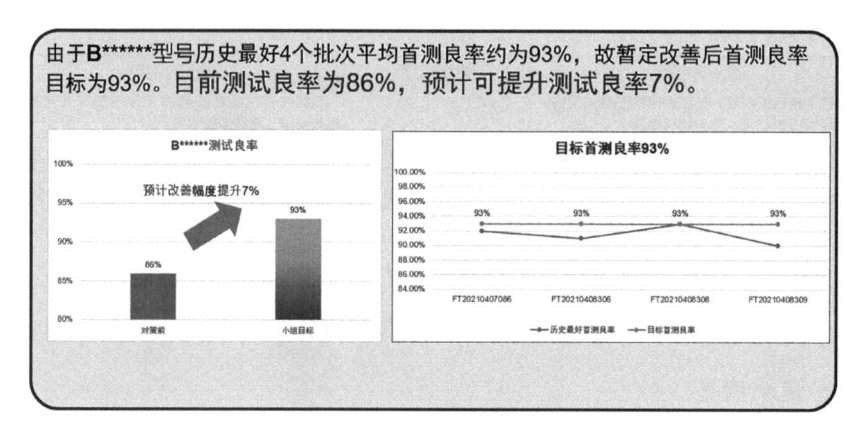

图 3.1-4　设定目标案例

4. 原因分析

要针对主要问题进行原因分析；分析原因要展示问题的全貌——5M1E，即人（Man）、设备（Machine）、材料（Material）、方法（Method）、测量（Measure）、环境（Environment）；分析原因要彻底，直到可直接采取对策为止；要正确、恰当地应用因果图、系统图、关联图、5Why、流程图等工具。

头脑风暴鱼骨图案例如图 3.1-5 所示。

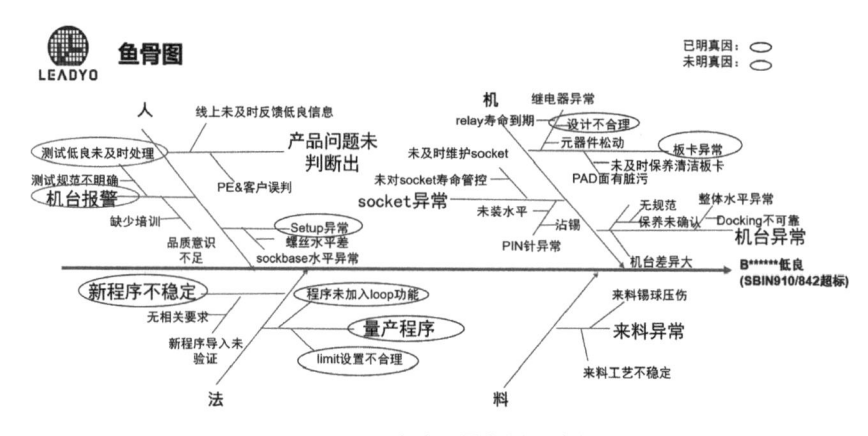

图 3.1-5　头脑风暴鱼骨图案例

5. 确定主要原因：制订要因确认计划表；针对各项原因逐一确认

使用的工具包括调查表、直方图、散布图、简易图表、正交试验设计方法等。

确定主要原因案例如表 3.1-1 所示。

表 3.1-1　确定主要原因案例

问题点	方法	要因	真因 已明	真因 未明	已明真因判断说明	负责人	实际/预计完成时间
B****** 低良原因	人	测试低良未及时处理	√		存在连续低良现象，增加 OI 报警结批功能	钟孝安/赖一敏	2021 年 8 月
		set up 时机台参数设置不准确	√		set up 时无 check list 清单	孙孝辉	2021 年 8 月
	机	板卡 relay 异常	√		存在元器件松动现象	钟孝安/供应商	2021 年 11 月
		板卡 PAD 面脏污	√		目前上机前无清洁板卡 PAD 面动作	曹贺磊	2021 年 9 月
		socket 异常	√		socket 寿命未专门管控	孙孝辉	2021 年 11 月
		机台测试不稳定	√		未定时安排校验、保养	孙孝辉	2021 年 11 月
	料	芯片封装工艺不稳定	√		不同 wafer 之前良率 Gap 差异大	钟孝安/客户	2021 年 8 月
	法	程序未加入 loop 功能		√		钟孝安/客户	2021 年 10 月
		程序 limit 设置不合理		√		钟孝安/客户	2021 年 10 月

6. 对策拟定

对策拟定的步骤：针对每条要因逐一提出多种方案，用综合评定等办法选择最佳方案；按照 5W1H 的方式拟定对策。

对策拟定案例如表 3.1-2 所示。

表 3.1-2 对策拟定案例

主要原因	对策（what）	目标（why）	措施（how）	实施地点（where）	完成日期（when）	责任（who）
板卡 relay 异常	更换新材质 relay	新材质 relay 永久解决 SBIN5369 问题，预计降低 8%	更换新材质 relay	中华精测	2021-11-10	蒋文强
程序未加入 loop 功能	优化测试程序	解决 SBIN842 偏多问题，预计降低 10%	在 SBIN842（bt_rx_pwr）测试程序中加入 loop 功能，测试 Fail 后自行进行 2 次复测	恒玄科技	2021-10-25	钟孝安
程序 limit 设置不合理	优化测试程序	解决 SBIN910 偏多问题，预计降低 3%	针对 SBIN990（a1k_snr）测试程序放宽 limit	恒玄科技	2021-10-25	钟孝安

7. 对策实施

按"对策表"的要求逐一实施，并确认其结果的有效性，必要时需纠正所采取的措施。

对策实施案例如图 3.1-6 所示。

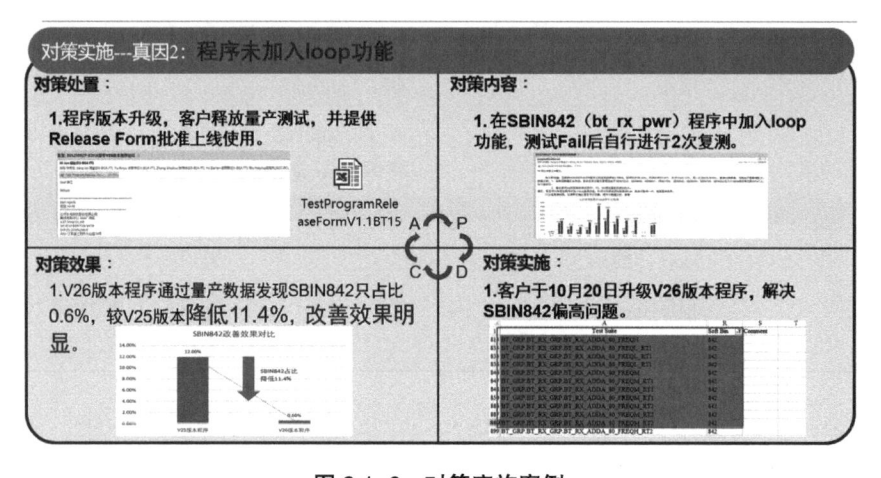

图 3.1-6 对策实施案例

8. 效果确认

● 效果确认的必要条件：项目改进活动中所有的措施全部完成。

● 效果确认的项目：与小组设定的主题目标进行量化或可衡量性对比；与对策实施前后的现状进行对比。

如果未达到目标，则需要重新进行原因分析，直至达成目标。

效果确认案例如图 3.1-7、图 3.1-8 所示。

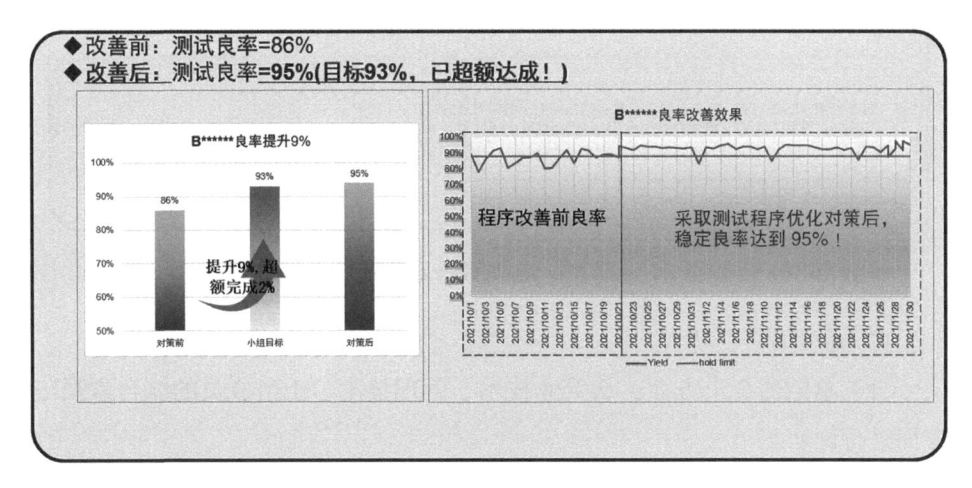

图 3.1-7　效果确认案例（1）

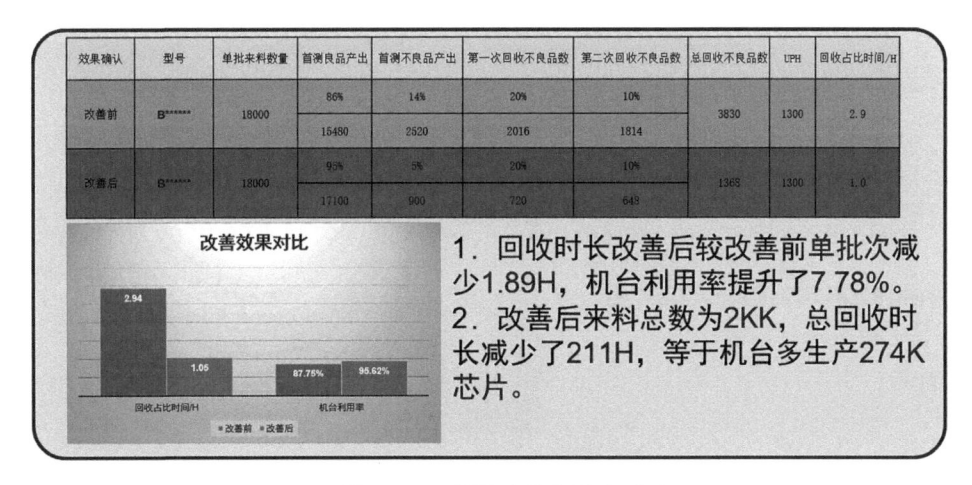

图 3.1-8　效果确认案例（2）

9. 巩固措施

巩固措施的实施步骤：对于已被实践证明了的有效措施，新建相关标准或在原来基础上进行修订；按标准正确执行。

巩固措施案例如图 3.1-9 所示。

巩固措施：

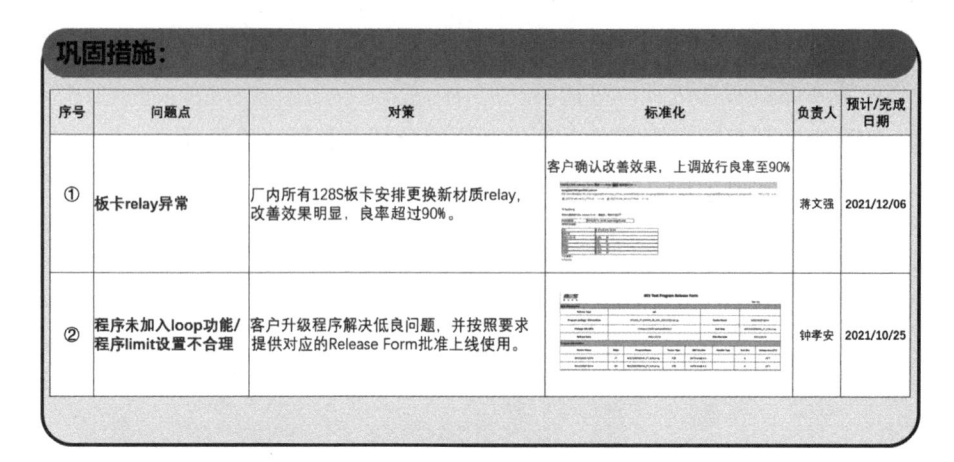

序号	问题点	对策	标准化	负责人	预计/完成日期
①	板卡relay异常	厂内所有128S板卡安排更换新材质relay，改善效果明显，良率超过90%。	客户确认改善效果，上调放行良率至90%	蒋文强	2021/12/06
②	程序未加入loop功能/程序limit设置不合理	客户升级程序解决低良问题，并按照要求提供对应的Release Form批准上线使用。		钟孝安	2021/10/25

图 3.1-9　巩固措施案例

10. 总结与下一步

（1）总结的三个方面：从专业技术、管理技术、小组成员的综合素质三方面进行说明。

（2）下一期活动的打算。

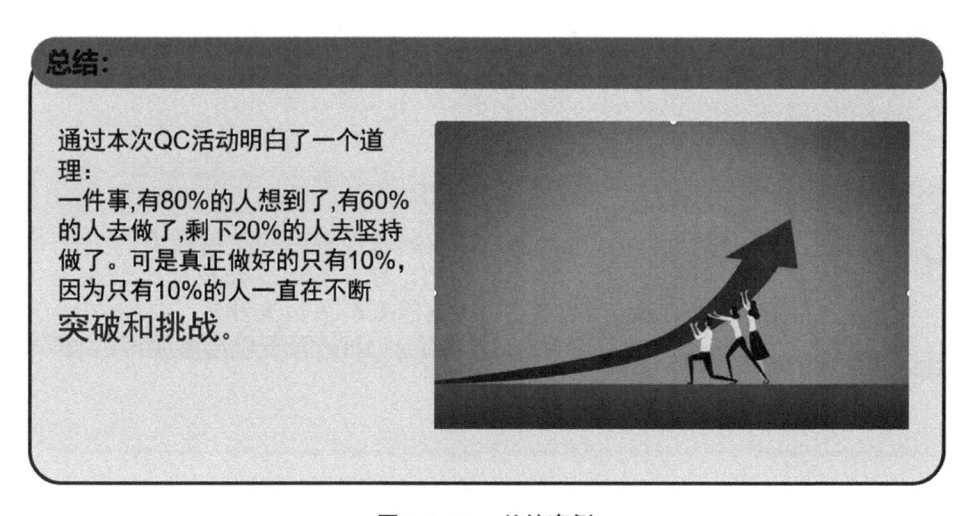

总结案例如图 3.1-10 所示。

图 3.1-10　总结案例

b. **实战项目**

组员通过学习，自主选择企业日常生产中所存在的异常，运用戴明的 PDCA 方法，选择品管圈题，分析问题产生原因，确定主要原因，制定解决问题的对策，并实施对策，检查效果，制定巩固措施，推进其实现标准化。

3.2 管理创新

基于公司"零缺陷"的质量目标，班组创新提出了"两步四法"质量管理模式：通过体系融合和人才建设，结合风险机遇应对方法、工程等级划分方法、体系化管控方法以及 IT 系统化管理方法的应用，促进公司产品质量、技术、效率的稳定提升。

a. "两步四法"质量管理模式

```
                    目标设定
                     零缺陷

      第一步 体系融合              第二步 人才建设
       ISO 9001                    培训制度
       IATF 16949                  技术人才培训
       IECQ QC 080000              内外部培训
       ANSI/ESD S20.20             利扬讲堂设立

  风险机遇应对方法 │ 工程等级划分方法 │ 体系化管控方法  │ IT 系统化管理方法
                                    规范流程更新     ERP 生产系统
                   工程分类标准     测量设备校验     MES 系统
  确定过程工序      严重等级标准     标准作业确认     K3 金碟系统
  风险机遇分析      评审验证标准     质量控制活动     HR 人资系统
  风险级别评审      实施控制标准     管理五大工具     温湿度系统
  应对措施有效      闭环结案标准     QC 十步法        项目管理系统
                                                    OA 协同办公平台
```

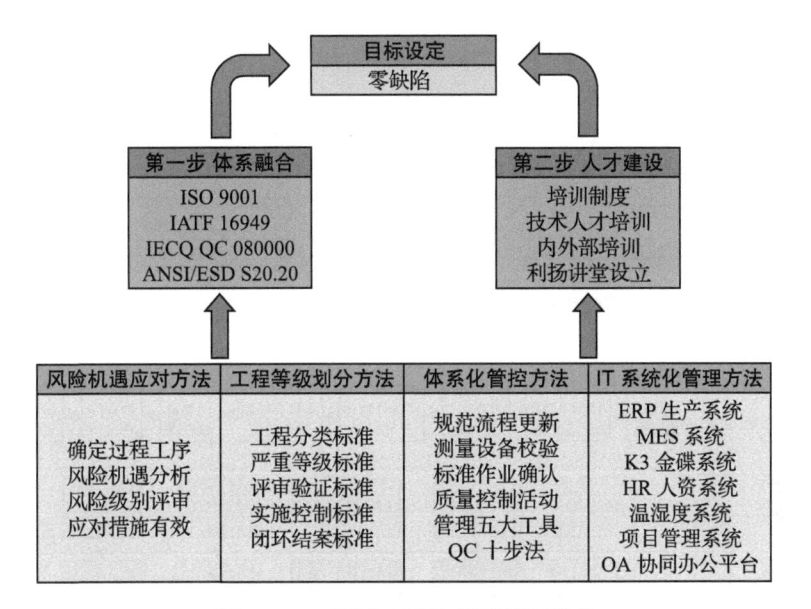

图 3.2-1 "两步四法"质量管理模式

1. 两步骤

（1）体系融合：将 ISO 9001、IATF 16949、IECQ QC 080000、ANSI/ESD S20.20 体系进行融合，制定公司管理手册，规定公司内部合格评定的管理模式。

（2）人才建设：制定培训制度，开展技术人才培训、内外部培训，设立利扬讲堂，全面培养员工，做到人员技能专业化、人员稳定化。

2. 四方法

包括风险机遇应对方法、工程等级划分方法、体系化管控方法以及 IT 系统化管理方法。

（1）风险机遇应对方法：确定过程工序、风险机遇分析、风险级别评审、应对措施有效。

（2）工程等级划分方法：工程分类标准、严重等级标准、评审验证标准、实施控制标准、闭环结案标准。

（3）体系化管控方法：规范流程更新、测试设备校验、标准作业确认、质量控制活动、管理五大工具、QC 十步法。

（4）IT 系统化管理方法：ERP 生产系统、MES 系统、K3 金碟系统、HR 人资系统、温湿度系统、项目管理系统、OA 协同办公平台。

b. 风险机遇应对方法

通过环境分析识别工序风险与机遇，并划分风险等级，针对高风险实施针对性改善措施。

1. 确认过程工序

将过程分为 MP 管理过程、COP 客户导向过程、SP 支持过程。

管理体系过程关系图如图 3.2-2 所示。

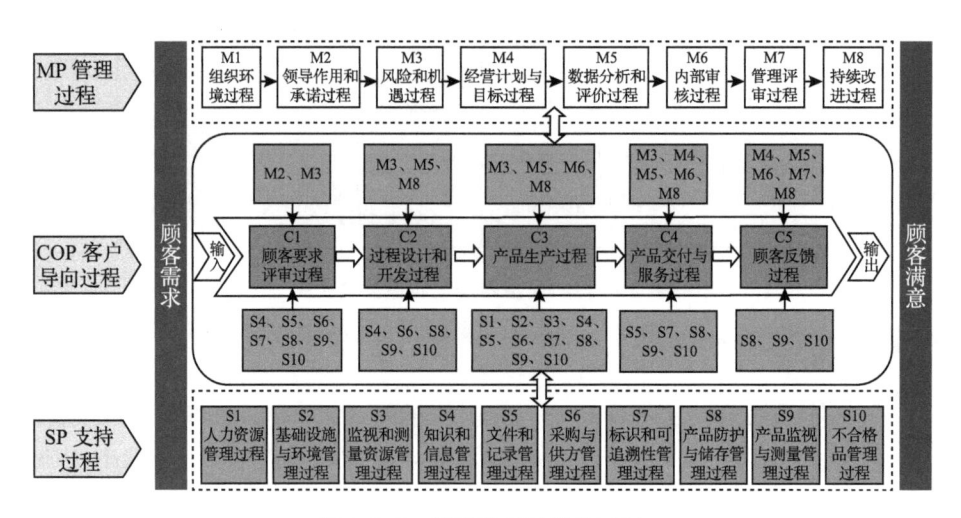

图 3.2-2　管理体系过程关系图

（1）MP 管理过程分为：M1 组织环境过程、M2 领导作用和承诺过程、M3 风险和机遇过程、M4 经营计划与目标过程、M5 数据分析和评价过程、M6 内部审核过程、M7 管理评审过程、M8 持续改进过程。

（2）COP 客户导向过程分为：C1 顾客要求评审过程、C2 过程设计和开发过程、C3 产品生产过程、C4 产品交付与服务过程、C5 顾客反馈过程。

（3）SP 支持过程分为：S1 人力资源管理过程、S2 基础措施与环境管理过程、S3 监视和测量资源管理过程、S4 知识和信息管理过程、S5 文件和记录管理过程、S6 采购与供方管理过程、S7 标识和可追随性管理过程、S8 产品防护与储存管理过程、S9 产品监视与测量管理过程、S10 不合格品管理过程。

通过过程管控推进质量，并对每一过程结合工作职责与权限设定绩效指标，定期监视与测量，最终达到产品和服务合格。

2. 风险机遇分析

根据内部因素、外部因素，并结合 MP 管理过程、COP 客户导向过程、SP 支持过程这三个过程，识别风险与机遇。

3. 风险级别评审

质量保证部组织各相关部门进行风险严重程度评估，并将严重程度分为致命影响、严重影响、中等影响、轻微影响、几乎无影响。

质量保证部组织各相关部门进行风险频度评估，并将频度分为几乎天天发生、时常发生、偶尔发生、很少发生、几乎不发生。

依风险严重程度、频度之乘积，确定风险可接受程度，包括高风险不能接受、中风险条件接受、低风险可以接受，并制定风险评估表（见表 3.2-1）。

表 3.2-1 风险评估表

风险严重程度及频度分析					
风险等级	严重程度	严重程度准则	频度	频度准则	
高	5	致命影响	5	几乎天天发生	
中	4	严重影响	4	时常发生	
低	3	中等影响	3	偶尔发生	
轻微	2	轻微影响	2	很少发生	
轻微	1	几乎无影响	1	几乎不发生	
风险可接受程度评估					
能	严重程度	频度			
不能		1	2	3	4	5
应对措施及分类	5	5	10	15	20	25
应对措施及分类	4	4	8	12	16	20

续表

风险可接受程度评估						
	严重程度	频度				
		1	2	3	4	5
规避	3	3	6	9	12	15
承担	2	2	4	6	8	10
消除	1	1	2	3	4	5
改变	综合风险：严重程度 × 频度<5，低风险					
分担	严重程度 × 频度为 5~9 之间，中风险					
	严重程度 × 频度＞9，高风险					
降低	风险可接受程度：低风险为可接受					
其他	中风险由组织确定是否条件接受					
	高风险不可接受					

4. 应对措施有效

对采取措施的过程、结果进行有效性确认，可参照表 3.2-1 依据严重程度和频度进行评估。

对确认有效，能够规避或降低风险的措施，纳入后续定期评审。

对确认无效，不能够规避或降低风险的措施，或者执行不力的措施，需重新采取措施，直至风险降低到可接受程度为止。

c. 工程等级划分方法

根据工程变更管理规范，结合 OA 协同办公平台，规范工程变更流程。

工程变更申请/通知执行记录单如图 3.2-3 所示。

1. 工程分类标准

将工程变更分为以下五种：PCN、ECR、ECN、TECN、SCN。

PCN（Product/Process Change Notice），即产品/过程变更通知。PCN 一般是对外时使用，包括产品和过程的变更，是对已确定要进行的变更的通知。

ECR（Engineering Change Request），即工程变更申请。ECR 主要应用于内部各中心部门之间，涵盖制造流程、包装标识等变更，旨在预先申请质量、效率等方面的改进，属于事前的变更申请。

ECN（Engineering Change Notice），即工程变更通知。ECN 也是在内部

ECN TECN ECR 工程变更申请/通知执行记录单

NO.:

基本信息					
标题：	*	变更方式：	○ ECN ○ TECN ○ ECR *	紧急程度：	○ 普通 ○ 紧急 ○ 特急 *
申请人：	方琪	所属工号：		申请日期：	2022-04-14
所属职位：	经理	所属部门：	BU制造中心/制造三处/生产部	所属单位：	广东利扬芯片测试股份有限公司
业务信息					
客户代码：	*	型号批号：	*	变更编号：	

*A变更类型、等级、来源、时效，是否涉及成本，以及申请、评审、审批等职责权限见《工程变更管制表》； *B对于一二级变更及来自采购供应的变更，以及基础配套设施/设备/环境/测量系统，工程规范:工艺流程/加工测试方案/标准，辅料配件:辅料用品及工艺等方面的变更必需提供评审、验证的证据。

工程变更类型：	*	变更主旨内容：	*
工程变更等级：	○ I ○ II ○ III ○ IV ○ V *	是否知会客户：	○ 否 ○ PCN ○ 邮件 * 提前 天通知客户
变更来源佐证：	○ 采购供应 ○ 内部需求 ○ 客户要求 *	原因说明或附件：	上传附件 最大20M/个
是否涉及成本：	○ 否 ○ 是 ○ 可能 *	成本说明或附件：	上传附件 最大20M/个

变更制程/工序：	○ CP ○ FS ○ FT ○ 通用 *
CP：	□ 来料 □ 拆包 □ IQC □ CP1 □ CP2 □ CP3 □ CP4 □ BANK □ INK烘烤 □ FVI □ FQC □ PQC包装 □ OQC出货 □ 其他
FS：	□ 来料 □ IQC □ 拆包 □ 2D印字 □ FS测试 □ INK □ 热测 □ SLT □ FVI □ 烘烤 □ Bake热测 □ FQC □ PQC包装 □ OQC出货 □ 其他
FT：	□ 来料 □ IQC □ 拆包 □ FT测试 □ SLT □ L/S □ FVI □ FQC □ 烘烤 □ 编带 □ TP/FVI □ TP/FQC □ PQC包装 □ OQC出货 □ 其他

变更前后对比、风险分析、替代控制手段/方法说明	
（附简图/实物样件/照片等）变更前说明	（附简图/实物样件/照片等）变更后说明

图 3.2-3　工程变更申请 / 通知执行记录单

使用，是对已确定或决议要进行的永久或长期工程变更的内部通知要求，在 ECN 工程变更审批时应插入修改后的文件或系统管控佐证，ECN 应与文件 / 系统一起发行。

TECN（Temporary Engineering Change Notice），即临时（或指定时间）工程变更通知。TECN 是对已确定或决议要进行的临时工程变更的内部通知要求，TECN 应根据具体的变更内容、落实难度的需要编制临时的作业指导书，对 TECN 及其附件临时作业指导书应进行失效管控。

SCN［Special（Engineering）Change Notice］，即特殊（工程）变更通知。SCN 也叫 SECN，利扬芯片内部文件及 ERP 系统等统一称呼为 SCN。SCN 是根据内部或客户对产品的特殊需求，针对指定批次产品进行变更的通知或特殊要求。

2. 严重等级标准

将严重等级分为三类：重大 CR、主要 MA、轻微 MI。

工程变更分类管制要求如表 3.2-2 所示。

表 3.2-2　工程变更分类管制要求

等级	提前时间	变更内容/影响说明	权责部门	变更验证项目清单
重大 CR	6个月	工厂产线、设备停产	管理层	变更原因、违约责任
	3个月	厂地变更（搬迁或增加）	管理层	变更原因、5M1E 验收
	1个月	厂房改扩建、楼层变更	管理层	变更原因，应对措施，人机、环境验收报告
		车间布局，环境位置，物料流动变化	制程	变更原因、应对措施、环境验收、平面/物流图
		6S、ESD、MSD、温湿度、洁净度、电气照明变化	厂务	变更原因、应对措施、各项环境条件验收记录
主要 MA	1个月	CP 更换不同类型测试机	研发	变更原因、风险分析、新针卡资料、BIN 项、LOG、MAP、DC 正态分析、Summary、测试时间
		FT 更换不同类型测试机	研发	变更原因、风险分析、原理图、KIT 及 Socket 图纸、BIN 项、LOG、DC 正态分析、Summary、测试时间
		测试/验证程序升级或变化	研发	变更原因、原理图、BIN 项、LOG、（CP）MAP、DC 正态分析、Summary、测试时间、程序确认单
		测试机系统软件升级	硬件	变更原因、风险分析、新旧版说明、升级内容、正反向验证、升级前后的测试、时间对比、更新对应机台佐证
		测试机硬件结构升级	硬件	变更原因、风险分析、升级效果、试产稳定性、跨机验证
		测试工装配件（针卡/Socket/KIT 等）变化	设备	变更原因、风险分析、新板卡、针卡、KIT、Socket 验收单
		MAP、LOG、Summary 测试数据格式/方式变化	工程	变更原因、风险分析、差异点说明与客户对接确认结果
		生产作业规范、标准变更	制程	变更原因、风险分析、前后对比、验证数据记录、新作业标准指导书
		包装标识方式、方法变更	制程	变更原因、前后对比、验证记录、可靠性实验、新包装作业指导 BOM

续表

等级	提前时间	变更内容/影响说明	权责部门	变更验证项目清单
主要 MA	1个月	包材规格尺寸、功能特性 HSF/ESD 及供应商变化	质量	变更原因、前后对比、检验/可靠性实验、ESD/HSF 检测报告、环保承诺
		抽样检验、充收标准及检验方法、手法或手段变化	质量	变更原因、风险分析、前后对比、新方法有效性证明、新检验指导
轻微 MI	根据对接情况通知	更换同类型不同编号测试机	工程	变更原因、跨机报告、客户特殊要习
		IC 测试出货信息方式变更	客服	变更原因及相关情况说明
		不影响产品质保、交付	相关部门	NA

3. 评审验证标准

在工程变更申请前应调查内容范围等情况，并进行变更的可行性分析，对于中高风险及可能涉及已下单、在库在线、拆批、合批等特殊情况的，需要给出应对方案和措施。

对于生产、测试、包装、检验等过程控制方案或操作方式方面的变更，应使用 FMEA 进行风险分析，当得出风险系统 RPN ≥ 90 或 AP 行动优先级是 H 时，则必须给出应对措施。

根据工程变更验证项目清单的要求，必须提供变更验证有效性的证据，从而证明可以通过这次变更将加工测试和服务过程优化，或提升生产效率，或提高产品质量，或转成良品，或者满足客户要求等。

对于高风险变更项目、验证难度大的变更（基于评审结论或过往经验），以及验证失败但必须要进行的变更，务必遵循"异常处理流程 OCAP"进行操作。

对量产前的项目类变更，其中涉及人员、机器、环境等的变更一般使用《项目变更分析评审表》进行评审和验证，并且通过会议、邮件及附件等方式通知客户项目发生变化。

4. 实施控制标准

根据《工程变更管理规范》进行工程变更的实施与控制。

5. 闭环结案标准

工程变更由申请人负责结案，并由其主管和 QE 确认结案的合理性，DCC

最终进行归档处理。

d. 体系化管控方法

1. 规范流程更新

规范的制定、修正、报废均需通过申请和审核。

2. 测试设备校验

测试设备需进行校验，以保证使用的测试设备的准确性。设备校验分为外校、免校。当校验出现异常时，需通知相关部门进行处理，并排查异常期间的物料状态。

3. 标准作业确认

所有工序及作业手法均有作业规范支持，针对异常均有异常处理流程OCAP。

4. 质量控制活动

定期举行质量改善QCC活动、提案改善活动、质量周/月活动及创新分享活动等。

5. 管理五大工具

管理五大工具包括SPC、MSA、FMEA、APQP、PPAP。

6. QC十步法

步骤为：主题选定、现状调查、设定目标、原因分析、确定主要原因、对策拟定、对策实施、效果确认、巩固措施、总结与下一步。

e. IT系统化管理方法

通过系统对物料生产、设备维保、财务、人力资源、车间环境、项目、文件审批等流程进行系统化管理，包括ERP生产系统、MES系统、K3金碟系统、HR人资系统、温湿度系统、项目管理系统、OA协同办公平台（见图3.2-4）。

3.3 技术创新

通过创新模式及创新方法，针对现有流程进行技术创新。

a. 集成电路测试方法创新

利扬芯片拥有国际高端芯片测试平台：爱德万（93K、T5830、T2000）、

图 3.2-4　系统化管理模块

泰瑞达（J750、Ultraflex）等。高端设备为公司发展奠定了良好基础，而技术创新是保证产品生命力的源泉。为确保公司业务发展战略的执行，班组成立了芯片测试攻关小组，开展与生产效率提升相关的测试方案攻关研究。通过开展活动，取得了一系列的技术改善成果，比较突出的案例包括智能手机指纹加密芯片批量测试生产线的研发、晶圆测试同测数和测试效率的提升、面向FPGA芯片的关键测试技术指标及测试规范的制定、FT设备综合效率的提升等。

b. 精益生产

精益生产可以使库存量下降，生产周期缩短，质量稳定提高，各种资源等的使用效率提高，各种浪费减少，生产成本下降，企业利润增加，同时使员工士气、企业文化、领导力、生产技术都得到提升，最终增强企业的竞争力。

公司针对八大浪费即不良品浪费、制造过多（过早）浪费、过分加工浪费、搬运浪费、库存过多浪费、等待浪费、动作浪费和管理浪费，进行精益生产改善（见图 3.3-1）。

c. 技术创新标准化和技术管理体系

公司高度重视并积极倡导知识管理，致力于打造知识型组织，通过规范的知识管理体系、先进的知识共享平台、创新中心等实现对员工知识的收集和传递，通过持续的知识学习、知识利用和创新，不断提高员工的知识水平和技术能力，为提升企业核心竞争力奠定坚实的技术基础。

八大浪费　　TPS：精益生产的核心

精：精干；益：效益
精益：投入少，产出多

8种浪费：管理浪费、不良品浪费、制造过多（过早）浪费、过分加工浪费、搬运浪费、库存过多浪费、等待浪费、动作浪费

消除一切无效劳动和浪费（Muda）

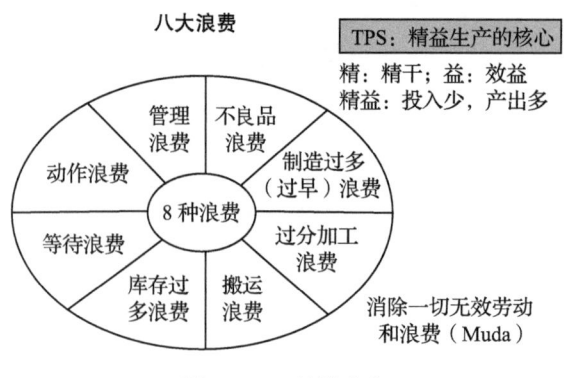

图 3.3-1　精益生产

1. 芯片测试攻关研究资料管理及应用

公司对芯片测试攻关研究资料实行统一管理，由芯片测试攻关小组负责"数据表一体化、成果档案化"，包括攻关前数据分析与方案计划，以及攻关过程中测试方案的技术生产适应性数据收集与分析，攻关结束后的总结分析及下一步计划，从而形成每个芯片种类的攻关档案，促进对每次攻关方案、攻关过程的溯源及攻关成果的借鉴应用。

2. 科研项目研究资料管理及应用

科研项目研究资料由公司研发中心研发部进行"专人、专职、系统化"管理，涉及范围包括前期项目立项、中期报告、结题报告、客户评审、新产品导入等。公司根据科研管理体系方法论，建立了一系列科研项目管理规章制度，具体管理条目包括项目立项管理、项目经费管理、项目实施管理、产学研合作管理、项目流程管理、项目结题验收、企业科技成果转化等。

d. 技术研究与技术拓展

1. 组建先进技术研究院

公司邀请中国科学院微电子研究所闫江博士与公司建立长期合作关系，并成立了先进技术研究院，搭建高层次科技创新平台，吸收高水平的科研工作者，加强产学研合作，培养创新型人才，加快建立以企业为主体、市场为导向、产学研相结合的技术创新体系，以更高水平的研究团队，更快速地解决行业发展共性问题、瓶颈问题。闫江博士本科、硕士、博士分别毕业于中国科技大学、中国科学院半导体研究所、美国得克萨斯大学，先后就职于美国得克萨斯大学微电子中心、英飞凌公司（Infineon）美国研发总部和中国科

学院微电子研究所,主要研究方向是极大规模集成电路的集成技术。闫江博士作为重大专项"22纳米关键工艺技术先导研究及平台建设"的主要项目负责人,曾荣获2014年度中国科学院杰出科技成就奖。

2. 开展内部技术讲座和技术分享

先进技术研究院的创办,旨在发挥科研院所的影响力和创新资源优势,促进资源共享,培养核心技术人才,并推进重大科技成果二次研发和转移转化,形成现实生产和产业化突破。针对技术分享和技术交流,先进技术研究院专门设立了芯知识大讲堂,并开展了一系列技术专题研究和讲座,取得了良好的实际效益,促进了公司一大批关键核心技术的诞生。

3. 外部培训及行业技术信息交流

公司开展了生产管理、质量管理的相关外训,提升班组对生产运营的管理能力和品质意识。针对测试技术的开发能力和先进性,班组邀请供应商或机构进行测试机相关的测试技术培训,如爱德万93K测试机培训、Accotest模拟类测试机培训、Chroma测试机平台培训等。组织参加行业技术交流峰会,掌握行业最前沿的测试技术信息,力争保持行业领先。如参加华南高科技技术研讨会、闪存技术峰会、深圳光博会等交流峰会,通过技术交流与技术反馈,达成一系列技术共识,瞻望科技前沿以及行业方向,实际有效地推动业界的技术进步与产业互动。

4 品牌

公司注重品牌的建设、维护和经营,进行了大量的媒体广告、户外广告宣传,使品牌的知名度大大提升,并获得了广大消费者的青睐和好评。利扬芯片现已成为在国内外市场上具有很高影响力的知名品牌,无形价值也得到了进一步的提高。

4.1 品牌规划

a. 公司品牌定位

公司围绕"成为世界上最大的IC测试基地"的愿景及"零缺陷"的质量

管理要求，认真执行各项质量体系，做好各项质量分析工作、质量创新，提高质量水平。通过严苛的质量控制，对产品异常及时进行分析，并在这个过程中不断提升员工个人的技术水平，定期对员工进行实操考核，积极推动作业流程改善，达到效率提升的目的，最终实现了"零缺陷"的生产成果。

公司从内部员工、公司、外部顾客三个方面分别确立品牌定位。

（1）内部员工——积极向上：结合班组年度培训计划，通过各项培训活动，提升成员的各项专业技能，建立"客户第一，积极进取，注重业绩，渴望创新，相互成就，执行力强，快速反应"的精神，确立积极向上的班组定位。

（2）公司——优秀质量，不断创新：结合绩效评定制度，明确班组的工作，同时积极提升产品质量，开展创新工作，积极开发新技术、新方法、新设备，保持班组的创新活力，为公司快速发展输送质量管理人才、科技创新人才。

（3）外部顾客——顾客满意，行业领先：通过各项质量体系认证，不断提高自我要求，并与客户保持良好的关系，收集、分析顾客不满意的信息，了解顾客需求，促进产品和服务的不断完善，从而提高顾客的满意度和信任度。通过不断创新、提高产品质量，建立新的行业标准，使产品处于行业领先地位。

b. 公司品牌发展规划

结合公司品牌定位进行品牌规划，由内部逐步向公司、外部企业输送班组品牌特色，提升班组品牌的影响力。

（1）班组内部：以"客户第一，积极进取，注重业绩，渴望创新，相互成就，执行力强，快速反应"为班组精神，鼓励班组成员积极学习及传授经验，提升个人能力及班组的影响力，建立奋发向上、乐于奉献的班组形象。

（2）公司层面：以讲座分享、专项培训、质量竞赛等方式向其他部门推广班组的工作经验和优秀成果，展现班组及成员的风采，提升班组在公司的影响力。

（3）外部企业与协会：通过技术交流会、展会、讲座、QCC竞赛等活动，例如中国集成电路制造年会暨供应链创新发展大会、科创沙龙——半导体行业走进上交所南方中心、第三届华中科技大学深圳校友集成电路论坛等，与外部企业进行学术和技术交流，展现班组的优秀成果和影响力。

4.2 品牌管理

a. 拓宽传播渠道

（1）坚持企业文化引领，确保品牌推广工作的正确导向。

（2）发掘先进典型，树立良好的品牌形象。

（3）与媒体良性互动。

（4）打造精品，建设多样化的品牌载体。

b. 班组品牌管理

班组通过内部宣传、参加内外部评选、进行外部技术交流等活动，由内到外对班组的品牌进行宣传和管理，提升班组在内外部的影响力。

班组建立了文化宣传栏，并借助公司平台——利扬芯片公众号，让优秀荣誉上墙，让突出成果看得见，让优秀事迹得到宣传，做好班组的宣传报道。在公司年度总结大会上，对多位班组成员授予"优秀员工"称号，并在利扬芯信息月刊及利扬芯片公众号对其工作事迹进行宣传报道，及时宣传班组的优秀成果及先进典型事例，激励大家积极奋进，塑造班组的良好形象。

5 效益

效益部分涉及公司较多的商业数据，本书不再一一展示。

第七章　东莞市漫步者科技有限公司

1　领导

1.1　总则

EDIFIER 漫步者创立于 1996 年，是一家集产品创意、工业设计、技术研发、规模化生产、自主营销于一体的专业音频设备企业。东莞市漫步者科技有限公司（以下简称漫步者或公司），是深圳市漫步者科技股份有限公司（股票代码：002351）的全资子公司，于 2006 年 6 月 2 日注册成立，注册资本 55000 万元，主要从事家用音响、专业音响、汽车音响、耳机、麦克风的研发、生产和销售，是漫步者集团的核心企业和最大的生产制造基地，占地面积 10.65 万平方米，现有在职员工约 2500 人。公司以"秉工匠精神，以声音赋能"为企业使命，始终坚持"发展自有品牌为主"的发展战略，非常注重自有品牌在消费者中的口碑、产品品质和客户服务。公司将专业和激情倾注于每一件作品之中，透过这些令人惊喜的作品，带给用户听觉的满足，赋予用户更多美好感受，这是漫步者的精神和信念，也是漫步者不懈努力的方向。

a. 高层领导的作用

1. 确定及贯彻公司的使命、愿景和价值观

公司高层领导确定了公司使命为"秉工匠精神，以声音赋能"，这是漫步者自创立以来恪守至今的使命，也是指引漫步者开创未来的信仰，并强调"敬畏、尊重、谦卑、良善"的核心价值观。在日常管理中，高层以身作则，倡导并践行这些理念，确保员工理解并贯彻执行。漫步者一直秉持着企业文化核心内容，不断探索，逐步形成了漫步者独特的企业文化核心理念。

（1）漫步者独特的企业文化核心理念（见表 1.1-1）。

表 1.1-1　企业文化核心理念

企业文化核心理念	企业使命	秉工匠精神，以声音赋能
	企业价值观	诚信、专注、创造、激情
	企业精神和信念	带给用户听觉的满足，赋予用户更多美好感受
	用人方针	打造精英团队，体现员工价值
	愿景目标	促进企业长远发展，使企业成为全球著名音响品牌

（2）秉持企业文化核心内容，建立漫步者企业文化。企业文化是企业的灵魂，是推动企业发展的不竭动力。为了激发员工的使命感、增强员工的归属感、加强员工的责任感、赋予员工荣誉感和实现员工的成就感，漫步者贯彻落实企业文化核心理念，注重人的全面发展，用愿景鼓舞人，用精神凝聚人，用机制激励人，用环境培育人，秉持企业文化核心内容，形成了漫步者特有的文化形象。

2. 举办多样化的文娱活动，丰富职工文化生活

公司组织团队建设活动，提升企业凝聚力；举办多样化的企业文娱活动，包括"三八"妇女节活动、夏季趣味运动会、瑜伽班、员工旅游、元旦晚会等，以丰富职工的业余生活，提升员工的身体素质与生活品质，增加职工的幸福指数。

b. 企业家精神

1. 获得各种荣誉称号

（1）获得"认证卓越质量企业"称号。漫步者秉承"诚信、专注、创造、激情"的企业价值观，着力打造规范经营、诚信为先的品牌形象，获得了业内人士和消费者的认可和尊重，于2012年9月获得由中国质量认证中心广州分中心授予的"认证卓越质量企业"称号。

（2）获得"广东省守合同重信用企业"荣誉。"守合同、重信用"是企业生存发展之本、开拓创新之基，也是漫步者从成立至今一直坚持和奉行的准则。公司一直将品牌建设、企业信誉作为经营发展的根本，秉承"诚信、专注、创造、激情"的企业价值观，着力打造规范经营、诚信为先的品牌形象，获得了业内人士和消费者的认可和尊重。在实际工作中，公司认真贯彻执行相关法律法规，积极协同合同签订单位依法签订和履行合同，自觉维护双方

当事人的合法权益，并在 2009—2020 年连续十二年获得"广东省守合同重信用企业"荣誉（注：2021 年起该荣誉取消申报）。

（3）荣登胡润百富中国 10 强消费电子企业榜单。胡润研究院发布《2020 胡润中国 10 强消费电子企业》，列出了中国本土 10 强消费电子企业，并按照企业市值或估值进行排名。上市公司市值按照 2020 年 9 月 30 日的收盘价计算，非上市公司估值参考已公开的、最新一轮融资估值，或参考同类上市公司估值。这是胡润研究院首次发布该榜单，调研范围仅包括中国大陆民营企业。在该榜单中，漫步者以 140 亿元的价值排名第十。

（4）漫步者喜提京东"里程碑"奖杯。随着科技的快速发展，耳机已经成为大家日常工作和生活的刚需必备。而作为国产音频佼佼者的漫步者，更是凭借其爆款频出的高人气音频产品，在京东平台累计销售超 3600 万台，喜提京东颁发的"里程碑"奖杯，再次以其强大的品牌实力和产品硬实力收获一众拥趸的信赖与支持。

（5）获得国家高新技术企业认定。2021 年 12 月，漫步者首次被认定为国家高新技术企业，证书编号为 GR202144002583。

（6）获得 2021 年和 2022 年企业领跑者称号。企业标准"领跑者"制度通过高水平标准引领，增加中高端产品和服务有效供给，支撑高质量发展的鼓励性政策，对深化标准化工作改革、推动经济新旧动能转换、促进供给侧结构性改革和培育一批具有创新能力的排头兵企业具有重要作用。2022 年 1 月，全国企业标准领跑者管理信息平台公布"领跑者"榜单（2021），漫步者榜上有名。

（7）漫步者客服团队斩获京东 2022 年度直通车服务两项大奖。"服务直通车商家表彰大会"由京东主办，旨在表彰服务质量优秀的商家，促进合作商家的沟通交流，为消费者提供更优质的服务。京东服务标准是京东客户服务中心结合电商客服最佳实践、京东商家最佳实践和客服行业特点打造的电商行业服务标准。在此标准下，漫步者能够在本次京东服务直通车优秀商家评选中脱颖而出，得益于京东为商家提供的服务直通车平台，更得益于品牌一直以来秉承客户服务至上的服务原则，也充分说明漫步者赢得了行业和顾客的双重认可，成为消费者心中值得信赖的音频品牌之一。漫步者客服团队在京东"2022 年服务直通车商家总结暨表彰大会"中斩获京东咨询服务年度冠军以及售后服务亚军大奖，用优质、高效的服务模式赢得了消费者的喜爱，获得了平台的认可。

（8）成功申请东莞市漫步者电声工程技术研发中心。漫步者在公司内部建设了工程技术研究中心，打造科研创新平台，并在2022年成功申请东莞市漫步者电声工程技术研发中心。

2. 社会责任

（1）怀感恩之心，积极履行社会责任，投身公益事业。公司在生产经营活动中遵循自愿、公平、诚实信用的原则，遵守社会公德与商业道德，主动接受政府部门和监管机构的监督和检查，高度重视社会公众及新闻媒体对公司的评论，赢得了社会各界的广泛认可和好评。作为国内多媒体音响领导品牌，漫步者一直积极履行社会责任，满怀感恩之心，积极投身公益事业。漫步者的公益之路如下。

①设立"漫步者奖学金"。为了鼓励在校大学生努力学习，刻苦钻研，2004年漫步者在北京理工大学设立"漫步者奖学金"，截至2022年，漫步者奖学金已施行十八届，累计获奖人数超200人。

②倡导实施RoHS标准。2006年，漫步者开始在业内倡导并全面实施绿色环保RoHS标准。漫步者为全面施行RoHS标准，采用冰蓄冷空调、中水处理中心、太阳能热水系统、全面水性漆等，持续追求环境保护与能源节约，保护这片供企业兴盛发展的土地。

③建立"天使回声漫步者基金"。2007年，公司建立"天使回声漫步者基金"。迄今为止，漫步者已捐款逾900万元，帮助数十位贫困失聪儿童完成人工耳蜗植入手术以及数百名儿童完成术后语言康复训练，重获新"声"。

④组织捐款赈灾。2008年，在得知汶川地震后，漫步者第一时间先期拨款10万元，委托成都代理商就近购买物资（包括食品、饮用水等基本生活物品）用以发放受灾群众，合计捐赠赈灾款110万元。2010年，针对西南旱情，漫步者启动赈灾公益行动，向"中华思源工程扶贫基金会"捐款10万元，用于西南旱区的思源水窖建设。此外，公司还协同西南地区销售机构，向灾区捐助不少于15万元的饮用水及食品，将物资直接送到受灾群众手中。

⑤建立"漫步者音乐家基金"。"漫步者音乐家基金"是2011年由董事长张文东先生出资创立，旨在扶持年轻华人音乐家的公益基金。通过对年轻音乐人才的无偿资助，发现和培养更多的优秀音乐人，促进中国音乐艺术的发

展与繁荣。基金自成立以来，获得了三宝、朱亦兵、吕思清、林朝阳等知名音乐人的襄助和支持，已发展成为在音乐界具有一定影响力的公益平台，并被《京华时报·公益周刊》评选为"年度杰出工艺团队"。

⑥漫步者听力健康公益行。漫步者在成长之路上不忘关注社会、关爱社会，把公益基因深植企业，作为永续事业持续推进。2023年2月，漫步者走进东莞金慈敬老院，看望养老院的老人，给他们验配不同型号的辅听耳机产品，为他们送去温暖和希望，帮助他们重获新"声"，在有限的时光里创造出更多欢乐与记忆。

（2）重视节能环保工作，建立健全环境安全管理体系，追求低碳发展。公司一直以来高度重视环保工作，所有生产经营均严格遵循《中华人民共和国环境保护法》《中华人民共和国水污染防治法》《中华人民共和国清洁生产促进法》《中华人民共和国固体废物污染环境防治法》等法律法规的相关规定。公司建立健全环境安全管理制度，设置管理部门并配备相应的管理人员，通过了ISO 14001：2015体系认证，多年来均保持质量、环境、职业健康安全三大管理体系的正常运行，并按规定定期委托有资质的环境监测单位对公司的污染物排放进行监测，各项监测指标均符合排放标准。

1.2　组织的治理

a. 组织管理方面的责任

为了更好地进行科学规范化的管理，让企业的发展能够达到理想的效果，实现企业的战略目标，公司结合内外部环境、发展战略及生命周期技术特征，建立了清晰的组织架构，为强化企业内部控制建设提供了重要支撑，从而有效防范和化解各种舞弊风险，保证组织管理流程的通畅，提高公司效益和员工效率。

b. 财务方面的责任

为了进一步规范公司的销售、财务等业务，公司制定了包括《财务管理制度》《预算管理制度》《货币资金管理制度》《财务会计相关负责人管理制度》《物资采购与付款管理制度》《会计核算办法》等在内的财务内控制度，进行有计划的组织与管理，提高资金利用率和企业经济效益。

c. 内、外部审计的独立性

1. 内部控制建设及实施情况

为保证经营业务活动的正常开展和公司整体战略目标的实现，公司高度重视内部控制体系的建设，根据所处行业、经营方式、资产结构特点并结合公司业务具体情况，逐步建立了涵盖公司各个营运环节的基本合规、健全、有效的内部控制体系，并制定了《内部审核控制程序》，以指导对质量、环境管理体系定期进行内部审核。

2. 外部审计情况

公司严格按照国家规定，由独立的外部机构进行外部审计工作。

1.3 组织绩效的评审与评价

a. 监视、测量、分析和评价

通过编制《数据分析控制程序》，分析、评价通过监视和测量获得的适宜数据与信息，并对产品和服务的符合性、顾客满意度、质量管理体系的绩效和有效性、外部供方的绩效、质量管理体系改进的需求等方面进行评价。

b. 合规性评价

公司制定了《合规义务控制程序》，每年对其合规义务履行情况进行一次评价，保持对合规情况的了解，保留合规性评价记录。公司确认适用于本公司活动、产品或服务的法律、法规、标准，以及其他要遵守的要求，并建立获取这些法律法规和要求的渠道，明确对合规义务进行符合性评价的方法及要求。

c. 管理评审

公司每年召开一次管理评审会议，对质量、环境管理体系的充分性、适宜性和有效性进行评价，保持管理评审记录并编制《管理评审控制程序》实施控制。通过对质量、环境管理体系进行定期和不定期的评审，明确质量、环境管理体系改进的时机、内容及变更的需求，以确保其具有适宜性、充分性和有效性，提高公司的竞争力。

d. 持续改进

通过编制《不合格和纠正措施控制程序》，对不合格和纠正措施进行管理，对不合格采取措施予以控制和纠正，并对处置结果形成文件信息进行保留。

公司根据管理评审的分析、评价结果，以及管理评审的输出，确定持续改进的需求和机会，确保质量、环境管理体系的适宜性、充分性和有效性，以提升质量、环境绩效。

2 战略

2.1 公司发展战略

为实现成长为世界一流的消费类音响企业这一目标，公司以"秉工匠精神，以声音赋能"为企业使命，以科技研发和资本运作为动力，实施高效的市场营销策略，实现公司在新时代、新基建、新机遇中的大革新、大发展。在传统多媒体音箱领域，公司采取稳定发展、成本领先的发展战略。在新型消费类音频产品领域，公司采取核心技术领先、差异化的发展战略。

a. 制定战略时应考虑的关键因素

1. 市场宏观环境分析

公司在制定战略的过程中，从政治环境、经济环境、社会环境、技术环境等方面进行科学分析，充分考虑关键因素，并结合公司具体的实际情况，制定符合公司发展需要的战略（见图2.1–1）。

2. 行业环境分析

近年来，随着消费升级和科技发展，中国耳机行业市场规模逐渐扩大，同时在技术、品牌、渠道等方面也逐渐成熟。据国内有关机构统计，2022年第三季度，耳机行业销量同比增长了82.5%，销售额增长了151.8%，增长幅度较大。随着人们对音质、音量、便携等方面的需求不断提高，以及智能手机等智能设备的普及，耳机市场的增长空间将进一步扩大。

```
                              漫步者
        ┌──────────┬──────────┼──────────┬──────────┐
        ▼          ▼          ▼          ▼
    政治环境    经济环境    社会环境    技术环境
```

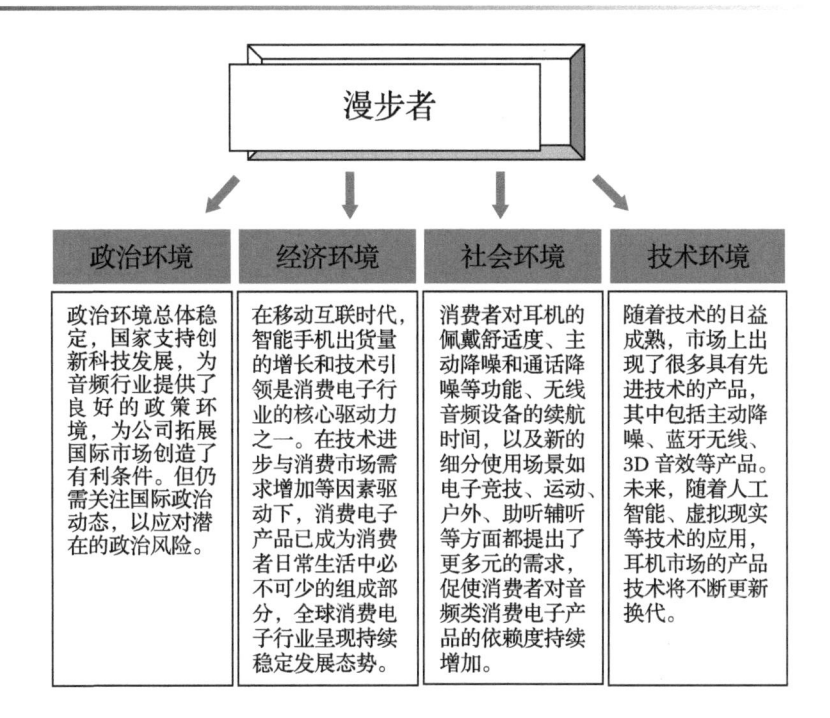

政治环境	经济环境	社会环境	技术环境
政治环境总体稳定，国家支持创新科技发展，为音频行业提供了良好的政策环境，为公司拓展国际市场创造了有利条件。但仍需关注国际政治动态，以应对潜在的政治风险。	在移动互联时代，智能手机出货量的增长和技术引领是消费电子行业的核心驱动力之一。在技术进步与消费市场需求增加等因素驱动下，消费电子产品已成为消费者日常生活中必不可少的组成部分，全球消费电子行业呈现持续稳定发展态势。	消费者对耳机的佩戴舒适度、主动降噪和通话降噪等功能、无线音频设备的续航时间，以及新的细分使用场景如电子竞技、运动、户外、助听辅听等方面都提出了更多元的需求，促使消费者对音频类消费电子产品的依赖度持续增加。	随着技术的日益成熟，市场上出现了很多具有先进技术的产品，其中包括主动降噪、蓝牙无线、3D音效等产品。未来，随着人工智能、虚拟现实等技术的应用，耳机市场的产品技术将不断更新换代。

图 2.1-1　漫步者市场宏观环境分析

3. 竞争对手分析

随着智能耳机技术的逐渐成熟，越来越多的国内厂商涌入该行业。Canalys 的数据显示，苹果是全球智能耳机出货量最大的厂家，中国国产品牌市场份额则较小。国内智能耳机市场可按照价位分为三个层级，低价位多为国产品牌，中等价位和高价位则多为国际品牌。国产品牌借助较强的价格优势，已牢牢把握低端市场。根据 2019—2020 年各大品牌智能耳机全球出货量变化情况，国产品牌小米和漫步者分别实现 82.8% 和 156.3% 的增长，远超其他品牌，可见尽管目前国产品牌在全球的市场占有率仍然较低，但竞争力已明显增强，国际市场份额有望逐步提高。

2.2　质量管理体系的建立

漫步者自始至终十分重视质量管理体系及产品质量管理工作，建立了完善的质量管理体系及产品控制计划，严格实行"不合格物料不进厂""不合格半成品不转序""不合格成品不入库"的规定，且公司的主导产品均通过 3C 国家强制产品认证，出口产品通过 UL、CE、TUV、PSE 等认证。

公司依据 ISO 9001：2015 标准的要求，建立了质量管理体系，确定所需的过程及其相互作用，公司全体员工将有效贯彻执行并持续改进其有效性。

ISO 9001：2015 认证证书如图 2.2-1 所示。

图 2.2-1　ISO 9001：2015 认证证书

公司对质量管理体系的过程实施控制，具体如下。

（1）公司对质量管理体系所需的过程采用过程方法进行确定，通过《过程关系图》确定过程的顺序和相互作用，并编制《过程清单》对过程进行系统管理，确定每个过程所需的输入和期望的输出。

（2）制定《风险控制程序》，确定非预期的输出或过程失效对产品和顾客满意带来的风险以及应对措施。

（3）制定文件确定过程实施所需的准则、方法、测量工具及相关的绩效指标，以确保过程的有效运行和控制。

（4）确定和提供每个过程实施所需的资源。

（5）确定每个过程相关执行人员的职责和权限。

（6）依照规定实施各个过程，以实现策划的结果。

（7）对过程进行监测和分析，定期进行体系评审，必要时变更过程，以确保过程持续产生公司期望的结果。

（8）采取改进措施，确保持续改进过程以及实现结果。

2.3　顾客需求

a. 市场分析

当前，我国耳机市场正呈现扩大之势，并且随着生产技术的发展，耳机行业正在逐步升级，主要表现为无线耳机替代有线耳机，蓝牙耳机占比提升，同时耳机走向智能化。此外，无线耳机的黄金期仍未到来，依然处于初期发展阶段。

随着人们生活水平的提高，消费者对于耳机等电子产品更加注重性价比，追求个性化。目前市场上耳机品牌众多、类型多样，有开放式、半开放式和入耳式耳机，有支持降噪功能、高清音频、触摸控制的耳机，耳机市场的消费需求较大，市场前景光明。近期国外品牌在国内的销售与推广有回落之势，一方面是消费者很少会选择高价且无使用习惯的无线耳机产品，另一方面则是国外品牌在售后维护上显得鞭长莫及。而国内不断出现的中低端无线耳机产品，正以其不差的质量和低廉的价格挤占消费市场。

b. 顾客满意度管理

公司编制了《顾客满意度测量控制程序》，通过对顾客满意度的测量和监控，了解顾客对公司产品、服务等方面的满意度，并根据调查结果改善质量、环境管理体系，不断提高顾客的满意程度。

2.4　质量协同

a. 供方的选择

公司制定了《供方的选择和评价控制办法》，对供方的选择和评价进行控制，确保供方具备提供本公司所要求的物料的能力。

1. 供方的开发

公司开发新供方时，向有意向的厂商发出《供方基本情况调查表》。供应商开发部根据公司要求的产品供应能力、服务和价格及《供方基本情况调查表》反映的内容初步筛选供方。

2. 供方的选择条件

产品在市场有良好声誉；提供的产品品质稳定、价格合理、交货及时、服务良好，符合 RoHS 或 REACH 标准的要求；具有长期良好合作的条件；确保品管组织健全、制度完善、检验仪器精准、统计数据受控。

b. 供方的评价

1. 采购物料的分配

根据公司研发部制定的采购产品技术标准及《物料分类表》，结合其对产品实现及最终产品的影响，将采购物料分成三大类。① A 类物料：指构成最终产品主要部分或关键部分的材料；② B 类物料：指构成最终产品非关键部分的材料；③ C 类物料：指非直接用于产品本身的起辅助作用的材料。

2. 对供应 A、B 类物料的供方的评审

（1）样品测试：物料由产品项目部打样，样品确认无误后，由研发中心出具《样品确认报告》，交供应商开发部及采购执行部相应采购员执行。

（2）现场考核：对于 A 类物料和部分关键 B 类物料，由供应商开发部组织相关部门到供方生产现场进行考核，并将供方评价结果记入《供应商整体评价及 QC 诊断表》中，由相关部门签署评定意见，由管理者代表给出综合评价结论。

（3）小批量试用：对于需小批量试用的物料，则由需求发起人对相应物料进行小批量试用并跟催确认。

（4）根据《供方基本情况调查表》、《供应商整体评价及 QC 诊断表》、样品确认结果、小批量试用结果以及产品的成本、供货期、服务等进行综合评定，由供应商开发部经理和总经理进行最终评估，确定是否给予合格供方资格并列入《合格供方名录》。

3. 对非关键 B 类物料和 C 类物料的评审

无须到现场进行考察，通过《供方基本情况调查表》初审、样品测试以及小批量试用合格后，可进行批量采购。

4. 合格供方的控制

（1）A、B 类物料的供方：进货检验发现严重品质问题的，做整批退货处理，品质部依《进料检验管理办法》出具《供方改善行动报告》，由采购

执行部向供方要求在规定时间内（3~7天）回复改善对策。若进货检验时合格，但在生产过程中不良率超过规定，则由品质工程师（QE）或产品工程师（PE）提交《品质异常报告》给供应商质量工程师（SQE）确认，SQE出具《供方改善行动报告》交采购执行部，采购执行部要求供方在规定时间内（3~7天）回复改善对策。

（2）C类物料的供方：批量进货检验发现严重品质问题的，做整批退货处理。由品质部出具检验报告交采购执行部，采购执行部要求供方进行改善。

5. 供方的考核及年度评价

供方评价考核等级分为A、B、C三个等级，采购执行部每月根据供方品质状况、交货情况、配合度等数据填写《供方业绩考核表》。

考核等级连续6个月为A级的，《供方业绩考核表》经采购执行部总监确认后存档；考核等级连续6个月为B级的，采购员将《供方业绩考核表》交采购执行部总监确认后，要求供应商在后续3个月内做出改善，超时未改善的，出具《取消供方资格申请单》，取消其供货资格；对考核等级为C级的供方，应按照相关规定出具《取消供方资格申请单》，取消其供货资格。

对提供所有A类物料及部分B类物料的供方，供应商开发部需依据《供货记录》《供方业绩考核表》《供方改善行动报告》等对供应商进行年度评价考核，或进行现场评价考核。

现场评价考核策划与实施：采购执行部根据物料的重要性、供货质量的稳定性，以及《供方业绩考核表》中显示的B/C等级或其他特定情况，编写《年度审厂计划》，由采购执行部组织相关部门进行现场考核，填写《供应商管理系统评价表》，根据考核分数考虑是否取消供方资格。

对通过定期评审的供应商，公司在原材料的检验等级、采购量分配和货款支付上制定相应的激励政策，给予相应的优惠奖励。

6. 供方的更改

（1）采购执行部定期编制《供方业绩评核汇总表》，对达到考核不合格标准的供方取消供方资格。

（2）供应商开发部定期对供应商的品质、交期和价格进行综合评价，对不符合要求的供应商出具《取消供方资格申请单》，交总经理或授权代表批准后执行。

（3）应取消供方资格的供应商，如因特殊原因需要留用，交总经理或授权代表批准后执行。

2.5 质量战略的目标和规划

（1）加强科技创新，加快新产品的开发，推进产品升维和升级，全面提高公司的科技创新能力和核心竞争力。

（2）优化渠道建设，高度重视移动互联网环境下的营销创新，大力拓展海外业务。

（3）加强自主品牌建设，提升品牌活跃度，增加品牌美誉度，进而提升品牌号召力和竞争力。

（4）加强企业文化建设和人力资源管理，加快创新人才培养，为公司的长远发展奠定坚实基础。

（5）充分利用 SAP 管理系统，加强数据分析，助力科学决策。充分挖掘大数据时代数据分析对于公司经营决策的价值，满足公司不断增长的信息需求。

（6）推动实施 APS-MES 精益生产管理系统，打造订单生产计划交付体系，提升生产效率。

（7）积极寻找合适的投资机会，及时获取对公司发展有利的核心资源，实现具有协同效应的外延式扩张。

2.6 优秀的管理团队及人才优势

公司核心管理团队中有多名成员在本公司的任职时间已超十年。在管理团队稳定的基础上，公司积极选拔和吸纳优秀管理人才及专业人才加入管理团队中。面对移动互联和 AIoT 时代智能硬件技术更新快、产品迭代周期短、用户需求日益多样化的趋势，漫步者打造了一支专业化、国际化、兼具经验与活力的高效率、高素质团队，持续推动公司业务的健康快速发展。

a. 员工培训

为规范培训管理，公司制定《员工培训管理制度》，提高公司职工队伍的整体素质，适应公司发展对人才素质的需求，保障员工培训计划的实施，营造良好的"学习型组织"氛围。

1. 培训实施

公司培训分为岗前培训、在岗培训、脱岗培训三大类。

（1）岗前培训。

①岗前通识型课程培训：新员工入职须接受人力资源部组织的入职培训（公司简介、企业核心文化、安全和环境等相关政策规定等）。

②上岗前技能培训：新员工进入部门后，部门对新员工进行上岗前的技能培训，培训完成后，应对新员工进行考核，考核合格后方可上岗操作。

（2）在岗培训。

①内部培训：各部门负责人根据工作需要，以提高员工的技能或管理素养为宗旨制订培训计划；人力资源部汇总、整合成《年度培训计划》，提交给高层领导批准后实施。

②外部培训：各部门在拟订年度培训计划时，对需要引进外部培训机构的培训项目进行标注；人力资源部汇总、整合，交高层领导批准后实施；人力资源部根据各部门需要，寻找相应的培训机构、讲师并将相应的资料发送给需求部门确认；人力资源部与培训机构签订合同并组织相关人员参加培训；培训结束后进行培训调查并撰写培训小结。

（3）脱岗培训。根据公司发展及员工个人发展的需要，公司可组织员工到相关培训机构接受脱岗培训。参加培训的人员必要时可签署《培训协议书》，参加脱岗培训的人员在结束培训后，有向其他员工培训的责任。

2. 培训考核

（1）内部培训考核。

①人力资源部或培训部门根据培训项目组织考核，考核方式包括但不限于口头评估、笔试、实操等。考核情况应记录在《培训考核评估表》中。

②对于考核不合格的人员将要求在补训后补考，对于补训、补考人员每补训一次将给予绩效至少降一级的处罚。

（2）外部培训考核。

①人力资源部根据培训项目组织考核，考核方式视培训项目的情况而定，包括但不限于口头评估、笔试、实操等。考核情况应记录在《培训考核评估表》中。

②对于考核不合格的人员给予绩效至少降一级的处罚。

（3）脱岗培训考核。

①脱岗培训的考核方式以培训机构的规定为准。

②参加脱岗培训的人员若考核不合格或无法取得相应的证书，给予绩效至少降一级的处罚。

3. 培训要求

（1）各学员在培训过程中应维护良好的课堂纪律，听从培训老师的安排，不得做与培训无关的事情。

（2）公司安排的培训均不记入上班时间，除因工作安排不能参加外，各学员均应按要求参加培训。无故不参加培训将给予降绩效处理，严重者将给予降薪处理。

b. 绩效管理

漫步者成立绩效考核管理委员会，组织制定、完善绩效考核体系及绩效考核指标，由组织集团层面的经营分析会议进行绩效总结，监督、执行绩效考核制度，定期制定下一年度经营目标，并根据目标制定、调整相应的指标和目标实现路径规划，进行目标值的商定、变更和管理。

c. 员工的权益、满意程度与安全生产工作

为了弘扬"诚信、专注、创造、激情"的企业价值观，打造积极向上的优秀团队，公司根据不同的需求，制定了各种管理制度及应急预案，关爱员工，提高员工的满意程度。

（1）依法管理，创建舒适的工作环境。

（2）设立安全委员会，全面管理、协调安全生产工作。

（3）加强职业健康管理，确保员工医疗安全。

（4）退伍不褪色，致敬漫步者全体退役军人。

d. 推动组织可持续发展

为引导和鼓励员工积极关注、参与质量、产品、工艺、安全、成本和管理等方面的持续改进工作，发挥员工的创新和创造能力，公司制定了《持续改进及合理化建议管理制度》，规范和加强持续改进和合理化建议工作。目前，公司表彰、宣传的合理化建议已超百条。公司对合理化建议的提出者，

按照建议的作用分别设置了鼓励奖、入围奖、提案奖、技改奖、实施奖、创新奖六大奖项，并对每一奖项设置了相应的奖励金额，以提高员工参与持续改进及合理化建议工作的积极性。奖励方案由持续改善小组进行完善，经总经理批准后执行。

3 创新

3.1 技术创新

公司加强科技创新，全面提高科技创新能力和核心竞争力。公司将充分利用多年音频产品的研发和生产经验，有计划、有步骤地开发中、高端和专业型高附加值产品。在加强对音频基础技术研究和产业化的同时，公司将持续对现有生产工艺、生产环境、生产设施予以改进，加强产品品质管控，进一步提升产品品质并降低产品成本，从而提高客户的满意度和产品的市场美誉度。

1. 建立创新激励机制和管理制度

公司制定了《研发项目奖励制度》，针对新产品研发项目，对项目达成情况进行考核评价，并设立相应的奖励，以充分调动技术研发人员的积极性，最大限度地推进新产品研发项目的开展，保证项目的质量。

2. 与竞争对手和标杆的比较

（1）持续创新的技术研发、行业领先的工业设计能力。公司多年来专注于音频产品开发，以用户为中心，不断地为用户提供创新型、高品质和高性价比的音频产品，已经形成了一套能够把 ID 概念设计的艺术化造型与声学系统有机结合、功放电路与扬声器合理调校匹配、性价比较高的产品最优化技术方案，形成了较强的技术优势。公司近年来不断加大研发投入，升级产品结构，建设"东莞市漫步者电声工程技术研究中心"，推出的产品在国际顶级工业设计中屡获大奖，体现出公司扎实的研发实力和业界领先的工业设计水平。

（2）拥有的核心技术及创新价值。工程技术研究中心作为公司的核心部门，自主研发的扬声器电子分频降噪系统、非线性磁场补偿的扬声器振膜设计等技术专利，在耳机、音箱产品上得到了产品化的应用。中心自组建以来，开发的主要项目已达 109 个，经过多年的技术积累和成果转化，形成了公司的专属核心技术。

（3）建设创新平台，打造科研创新团队。随着全球电子数码产品的升级和前沿技术的开发，用户的消费需求持续释放，消费电子行业的繁荣为电声行业提供了广阔的发展空间。为了培养高素质的专业技术人才、学习行业先进技术，公司除研发中心与测试中心团队外，在内部资源方面建设了创新平台工程技术研究中心，打造科研创新团队，在外部资源方面建设了校企合作平台，提升组织的核心竞争力。

①内部：公司自建工程技术研究中心，研发场地面积达 450 平方米，科研仪器、设备和软件原值超过 300 万元，目前中心已拥有 12 名电声专业的研发人员。

②外部：2023 年 3 月 24 日，漫步者与东莞理工学院举行校企签约仪式，签订合作框架协议，协议合作内容包括科研平台共建共享、联合培养硕博士生、联合培养卓越工程师、开展产学研合作、联合培养青年人才等。此次签约能够进一步有效整合双方的资源，实现优势互补，进一步促进学校、企业和社会的共同进步，推动产、教、研深度融合发展，对公司未来的人才队伍建设与技术创新研究都具有积极的影响。

漫步者现有的创新平台如表 3.1-1 所示。

表 3.1-1　漫步者现有的创新平台

类别	方式	作用	特点
研发中心	公司内部	在公司内部培养技术人才	配备有业界领先的研发、检测设备，建有国内目前最大的消声室，还建立了专业电磁屏蔽室和产品安全测试实验室，配备专业的 LMS、MALISA、CLIO 等测试系统，以及先进的德国 KLIPPEL 扬声器分析系统、NTI 在线测试设备等
工程技术研究中心	自建研发机构	提升产品力，培养电声专业的工程技术人员，带动行业发展	拥有自主研发的多项技术专利，涵盖扬声器电子分频降噪系统以及独特的非线性磁场补偿扬声器振膜设计等领域

续表

类别	方式	作用	特点
校企合作平台	与高校合作	培养高素质、高技能的人才，提高人才培养质量，实现资源共享、校企合作共赢	紧密融合学校资源，创新人才培养模式，实现优势互补，推动产、教、研深度融合发展

3.2 管理创新

a. 稳固并不断拓展营销渠道

1. 境内市场

公司在保留以前区域独家总经销商制度的基础上，继续开拓线上直营渠道：①大力发展传统线上渠道，巩固在京东商城的优势地位；②在天猫商城通过推行1+N（1家官方旗舰店+N家核心授权店铺）进一步集中优势资源，提升销售额；③顺应时代发展，积极建设直播、达人带货等新兴渠道。

2. 境外市场

公司积极拓展海外市场，组建了成员来自不同国家的销售团队，搭建了将产品成功销售到全球的营销网络。在境外电商销售方面，公司在亚马逊等国际电商渠道取得了业务快速增长、用户口碑稳步提升的成绩。

3. 个性化服务或定制化服务

公司拥有一批专业的电子行业工业设计团队，能给客户提供个性化产品设计方案及技术支持。在互联网时代下，企业的发展越来越离不开各种先进技术的协助，为了满足不同业务的发展需求，公司开展个性化服务或定制化服务。目前，公司拥有X2北京雪马版的Z1、X2宏通版的A1、LolliPods Plus北京雪马版的Z2 Plus、X2鑫生版的M1等多款定制产品。

4. 定制化服务程序

（1）了解客户的需求和喜好：与客户沟通并了解其需求和喜好，以便为其提供更好的个性化服务。

（2）优化产品设计：结合客户的需求和喜好，调整产品设计。

（3）提供专门的服务流程：为了提供卓越的个性化和定制化服务，需要提供专门的服务流程。

（4）加强技术支持：为了实现定制化的服务，需要有先进技术的支持。

（5）完善数据管理：通过完善的数据管理，为客户提供更好的信息支持。

（6）持续创新：不断创新，不断提高个性化和定制化服务的质量和效率。

b. 商业模式创新

漫步者顺应市场趋势和业务发展需要，于 2022 年 12 月 2 日成立了全资子公司东莞市爱德发网络科技有限公司，开启漫步者互联网营销布局的新篇章。为了缩短与消费者、客户沟通的链条，漫步者将始终坚持以消费者为中心，继续拓宽销售渠道，增强消费者对品牌的黏性，提高品牌的影响力。

c. 顾客创新

顾客创新就是指希望从产品和服务的使用中获益的组织或个人对产品或者服务所进行的创新。为了能够准确地理解顾客的需求和期望，漫步者专门建设了音频爱好者之家——漫步者社区。漫步者社区是集论坛、活动、新品发布、知识分享、产品答疑等多种功能于一体的音频领域交流平台。论坛是音频爱好者聚集地，内容涉及各种产品类型，还有好玩有趣的视频。这里将举办各类高价值活动，周周都有惊喜礼物。在这里可以提前获知新品信息，了解产品一手资讯，并快速掌握音频专业知识，实现行业内无阻碍交流。

4 品牌

4.1 深厚的品牌积累

"EDIFIER 漫步者"品牌创立于 1996 年，公司以"秉工匠精神，以声音赋能"为企业使命，始终坚持"发展自有品牌为主"的发展战略，非常注重自有品牌在消费者中的口碑、产品品质和客户服务。目前，"EDIFIER 漫步者"品牌已逐渐成为音频行业的知名品牌。在众多媒体的市场调查中，"EDIFIER 漫步者"品牌在消费者关注度、用户首选品牌、用户关注产品等方面的数据均处于领先位置，在消费者中形成了较强的品牌认可。多年来，漫步者获得的各项设计大奖情况如下。

（1）EDIFIER S1000DB 音响在美国著名测评媒体《消费者报告》的无线家庭扬声器评选中荣获第一名。

（2）漫步者 W800BT 头戴式蓝牙耳机摘获德国 iF 设计大奖。

（3）漫步者 TWS6 荣获"音频产品设计界的奥斯卡奖"。

（4）漫步者 TWS NB2 PRO 斩获德国红点设计大奖。

（5）漫步者四款产品获得 CES 2022 创新奖。

（6）漫步者三款产品喜获德国 iF 设计大奖。

（7）漫步者多款产品获得小金标认证。

（8）漫步者旗下多款产品荣获日本 VGP 大奖。

（9）2023 年漫步者再次问鼎德国红点及 iF 设计大奖。

4.2 品牌建设

a. 品牌标志

"EDIFIER 漫步者"创立于 1996 年，在十五周年庆典上，漫步者发布了全新的 LOGO。作为漫步者的企业主标识，"EDIFIER"的英文含义是"熏陶者""启迪者"，而对应的"漫步者"则代表一种闲庭信步、轻松愉悦的意境。此次新标识的设计，以高科技、创新、国际化为设计基点。相对于旧标识，新标识更为简洁、规整，标识主体以蓝色为基调，与以往的品牌色系传承呼应，凸显科技感和品质感，体现了漫步国际市场的稳健与自信。汉字的"漫步者"标识是在标准黑体和圆体字的基础上提炼变化而成，其中"者"中的曲线为一条正弦波音频信号，象征着漫步者人对音纯质真的执着追求，这一点也是从旧标识沿袭而来。对于漫步者而言，在这种传承和坚持之中，不变的是对音响行业的热爱和专注，不变的是追求完美音质的产品理念，不变的是坚持的音响精神。

b. 品牌定位

品牌定位的目的是将产品转化为品牌，以利于潜在顾客的正确认识，与消费者建立长期、稳固的关系，为企业的产品开发和营销计划指引方向。1998 年，漫步者成立了首家海外子公司，至今已在全球 60 多个国家和地区建立销售网络。

根据 2019—2020 年各大品牌智能耳机全球出货量变化情况，漫步者实现了 156.3% 的增长，远超其他品牌。

c. 品牌创新

依托企业强大的新产品和新技术研发设计能力、全面的制造能力和精准的产品定位，公司旗下的"EDIFIER 漫步者"品牌已成为优质多媒体音响及家用音响的代名词，曾荣获第七届音乐天使音响盛典突出贡献奖。漫步者针对不同的细分市场进行品牌布局，构筑起强大的市场竞争壁垒与核心竞争力，形成了耳机、多媒体及家用音响、汽车音响、专业音响等上百种型号的产品体系。同时，漫步者根植音频行业，陆续推出"Xemal 声迈"品牌和定位于专业 HI-FI 音响的"AIR-PULSE"品牌；2012 年漫步者全资收购日本 STAX Ltd.，将享誉全球的耳机品牌——STAX 揽入麾下；随着年轻消费群体的不断扩大，公司于 2018 年和 2021 年分别成立了东莞市漫步者电竞科技有限公司和深圳市漫步者心造科技有限公司，相继推出了"HECATE""花再"品牌；2022 年，漫步者集团成立了全资子公司东莞市爱德发网络科技有限公司，开启漫步者互联网营销布局的新篇章。公司构建多元品牌矩阵，通过不同定位的品牌组合和多元化的品牌布局，全方位定义行业趋势与"好声音"。

漫步者品牌矩阵如图 4.2-1 所示。

d. 品牌植入与合作

漫步者作为一个国产自主品牌，始终没有忽视对科技创新的追求。在业内还在盲目跟风的时代，漫步者就已经创新出一款款引领风潮的产品。

1. 邀请当红艺人合作，为品牌发声

漫步者为了提高品牌知名度，在市场宣传方面，邀请了张碧晨、白鹿、单依纯、潘粤明、盛一伦、房东的猫、于文文等多位当红艺人作为公司代言人，为漫步者品牌发声。

2. 开发联名款产品，提高品牌知名度

公司结合内外部满意度调查数据，分析市场发展趋势，除开发定制款产品外，还开发了联名款产品，如与歌手薛之谦的 DSP 品牌合作的 DSP 系列产品、与演员郑恺合作的 DUEPLAY 耳机、与环球影画合作的"小黄人"音箱和耳机系列产品、与优扬动漫合作的皮卡丘系列产品等。

漫步者品牌矩阵

EDIFIER — EDIFIER 漫步者创立于 1996 年。漫步者多年来专注于音频技术的研究开发与产品应用，旗下产品线涵盖多媒体电脑音箱、家用音响、汽车音响、耳机等领域，素以卓越音质、优良做工和前瞻设计而闻名，产品屡获国际权威大奖，在业内有着极高的知名度和良好的口碑。EDIFIER 一直坚持创新思维，引领行业发展。一直积极开拓国际市场，在全球 60 多个国家和地区建立销售网络。目前，EDIFIER 已经成为全球最具影响力的音响品牌之一。

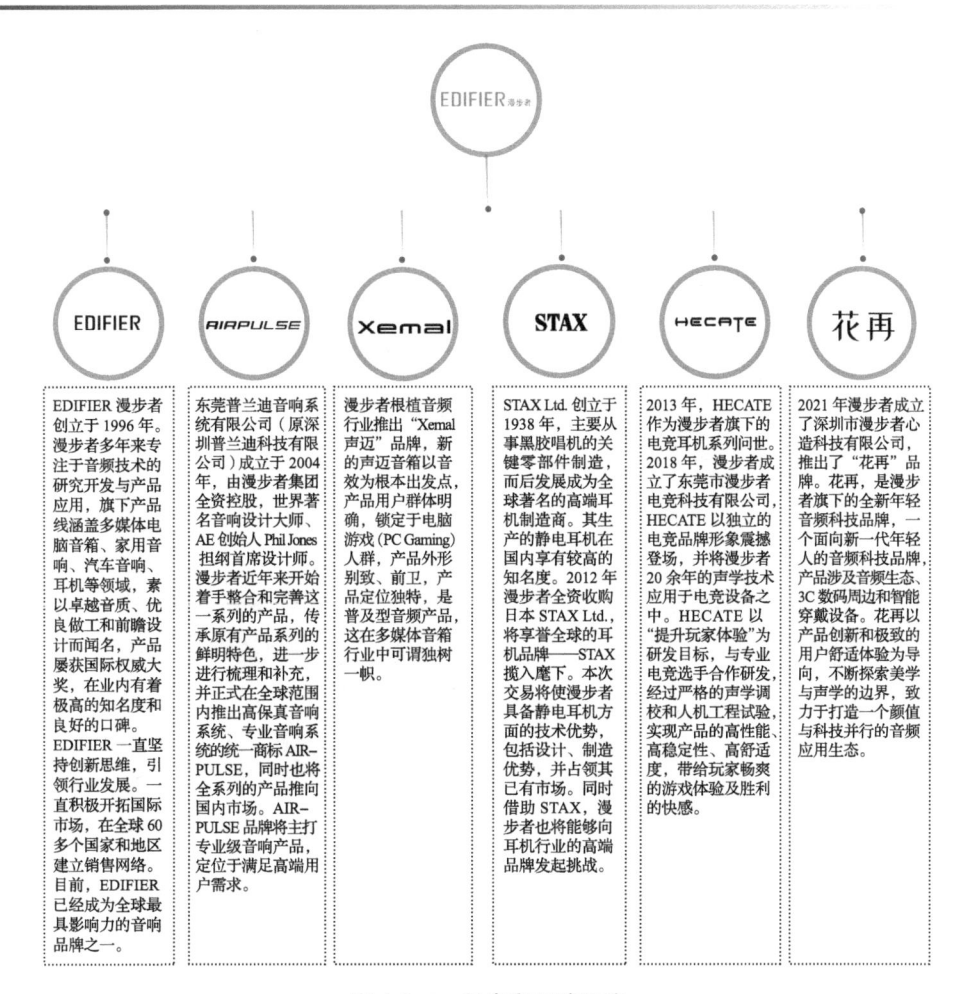

AIRPULSE — 东莞普兰迪音响系统有限公司（原深圳普兰迪科技有限公司）成立于 2004 年，由漫步者集团全资控股，世界著名音响设计大师、AE 创始人 Phil Jones 担纲首席设计师。漫步者近年来开始着手整合和完善这一系列原有产品，传承原有产品系列的鲜明特色，进一步进行梳理和补充，并正式在全球范围内推出高保真音响系统、专业音响系统的统一商标 AIR-PULSE，同时也将全系列的产品推向国内市场。AIR-PULSE 品牌将主打专业级音响产品，定位于满足高端用户需求。

Xemal — 漫步者根植音频行业推出 "Xemal 声迈" 品牌，新的声迈音箱以音效为根本出发点，产品用户群体明确，锁定于电脑游戏（PC Gaming）人群，产品外形别致、前卫，产品定位独特，是普及型音频产品，这在多媒体音箱行业中可谓独树一帜。

STAX — STAX Ltd. 创立于 1938 年，主要从事黑胶唱机的关键零部件制造，而后发展成为日本著名的高端耳机制造商。其生产的静电耳机在国内享有较高的知名度。2012 年漫步者全资收购日本 STAX Ltd.，将享誉全球的耳机品牌——STAX 揽入麾下。本次交易将使漫步者具备静电耳机方面的技术优势，包括设计、制造优势，并占领其已有市场。同时借助 STAX，漫步者也将能够向耳机行业的高端品牌发起挑战。

HECATE — 2013 年，HECATE 作为漫步者旗下的电竞耳机系列问世。2018 年，漫步者成立了东莞市漫步者电竞科技有限公司，HECATE 以独立的电竞品牌形象震撼登场，并将漫步者 20 余年的声学技术应用于电竞设备之中。HECATE 以 "提升玩家体验" 为研发目标，与专业电竞选手合作研发，经过严格的声学调校和人机工程试验，实现产品的高性能、高稳定性、高舒适性，带给玩家畅爽的游戏体验及胜利的快感。

花再 — 2021 年漫步者成立了深圳市漫步者心造科技有限公司，推出了 "花再" 品牌。花再，是漫步者旗下的全新年轻人的音频科技品牌，一面向新一代年轻人的音频科技品牌，产品涉及音频生态、3C 数码周边和智能穿戴设备。花再以产品创新和极致的用户舒适体验为导向，不断探索美学与声学的边界，致力于打造一个颜值与科技并行的音频应用生态。

图 4.2-1 漫步者品牌矩阵

3. 成为电影《流浪地球 2》的独家耳机合作品牌，并受邀参加航空航天产业展览

（1）漫步者于 2021 年受邀为电影《流浪地球 2》设计概念耳机，成为《流浪地球 2》的独家耳机合作品牌。漫步者除了提供经典量产款耳机供拍摄使用外，还根据电影设定和导演要求量身定制了太空款、战斗款、地勤款、监听款四款未来概念耳机。漫步者在定制这些耳机时，从工业设计、3D 打印、结构论证、模具开发、样机制作，最后走到流水线生产的阶段，并配备了使用说明书，体现了漫步者对影片的重视程度及认真、严谨的工匠精神，诠释了一个音频行业领军品牌为国产科幻电影事业所做的卓越贡献。

（2）漫步者作为电影《流浪地球 2》的独家耳机合作品牌，受邀参加了

"叩问苍穹，科创未来"——2023年中国航天日科普系列活动暨东莞航空航天产业展览（见图4.2-2）。漫步者在本次中国航天日科普系列活动中展览了四款为《流浪地球2》独家设计的航空耳机，进一步提升了品牌的知名度、认知度、忠诚度和美誉度。

图 4.2-2　东莞航空航天产业展览

4. 携手松山湖科学城参加2023年中关村论坛展览（科博会）

2023年5月，中关村论坛展览（科博会）在中关村国家自主创新示范区展示中心举办，松山湖科学城作为参展主力军，携手中国散裂中子源、阿秒科学中心、松山湖材料实验室等大院大所大平台，以及菲鹏生物、漫步者等优秀企业参与，展示了51个国际国内行业领先的技术成果，重点涉及新一代信息技术、高端装备与智能制造、新材料、生物医药等科技领域。

e. 品牌管理及延伸

1. 品牌评估

漫步者产品端布局居家、移动、车内三大场景，聚焦音箱产品，充分满足不同消费群体和消费场景的需求。公司居家场景主要聚焦于音箱品类。①用途方面：公司音箱产品囊括便携、蓝牙、居家、家庭影院、拉杆音箱等多个品类；②产品系列：包含S顶级、R经典、E时尚等多个系列；③价格方面：公司价格段覆盖广泛，从100元以下至1000元以上均有所布局。

2. 品牌延伸

公司紧抓智能电视、多屏协调发展趋势，顺应潮流积极推新，在产品、品牌、渠道端齐发力，助力公司收入和业绩增长。

（1）居家场景：音箱品类紧抓流行趋势，借智能AI的东风推出对应的产品。

（2）移动场景：耳机品类积极布局细分赛道，卡位中端，助力品牌出海。

（3）车内场景：成为汽车音响无损换装开创者，市场占有率领先。

4.3　品牌规划

a. 加强自主品牌建设，加大品牌的市场投入力度

公司加强自主品牌建设，提升品牌活跃度，增加品牌美誉度，进而提升品牌号召力和竞争力。公司立足"发展自有品牌为主"的基本战略，持续加强品牌建设，适度加大品牌的市场投入力度。

b. 顺应市场发展趋势，对公司品牌做出全新改变

公司成立以来，虽然取得了较高的品牌知名度，但漫步者的产品力仍高于品牌力，且在新一代年轻人中的知名度和识别度相比以往有所下降。为此，漫步者品牌将做出全新的改变，变化体现在：

（1）顺应互联网时代的发展趋势，将漫步者逐步打造成带有互联网基因的品牌，赋予其独特个性并完成与消费者的情感沟通；

（2）进行专业的社会化营销，通过微博、微信等主流社交平台传递品牌和产品的声音，通过更有趣的内容促进传播和提升品牌活性；

（3）加强跨界合作，提升产品的多样性。

4.4　品牌保护

公司根据《中华人民共和国专利法》《中华人民共和国专利法实施细则》

等有关规定，结合公司的具体情况，制定了《无形资产管理制度》，保护本公司持有的无形资产。公司通过加强无形资产管理，防范知识产权纠纷并减少损失，鼓励员工积极进行发明创造，促进公司技术创新和形成公司的自主知识产权，推动生产技术进步，提高公司的市场竞争力和经济效益。

a. 知识产权保护

1. 无形资产的管理

公司建立如下制度进行管理：

（1）无形资产评估制度；

（2）无形资产查新、检索制度；

（3）成果归属判定制度；

（4）无形资产档案集中管理制度；

（5）无形资产保密、无形资产保护承诺制度；

（6）无形资产合同制度；

（7）无形资产保护制度。

2. 无形资产的保护

（1）公司依法保护专利权、商标权、著作权不受侵犯，充分利用相关知识产权信息，监控与本公司有关的国内外申请专利、商标、软件著作权的动向。

（2）印制商标应遵守国家有关商标印制的规定，印制商标用于其他目的的，应报审批、备案。

（3）产品商标的具体设计和制作方案由北京人力行政部、知识产权管理人员会同产品负责人共同确定。

（4）公司销售服务网点有义务保护公司商标专用权不受侵犯。

（5）违反《无形资产管理制度》，造成公司损失的，公司将依据有关法律、法规和政策规定，追究相关人员的法律责任。

（6）在科研开发过程中出现泄密事件时，应采取紧急措施减小影响和损失，同时向公司领导汇报。

（7）违反《无形资产管理制度》，剽窃、窃取、篡改、非法占有或者以其他方式侵犯公司无形资产的，或造成公司无形资产被侵犯的，由综合管理部依据规定追究法律责任。构成犯罪的，及时向司法机关举报。

3. 无形资产的应用

（1）对于无形资产的引进与转让，由研发中心、公司总裁办、知识产权管理人员同有关部门一起提出可行性分析报告、法律状态调查报告和市场分析与评估报告。

（2）公司与其他公司合作研究、开发或者委托研究、开发时，在签订的相关合同中应当明确专利申请权和专利权等技术成果权益归属的条件，并符合国家和公司的相应规定。

（3）与国内外组织或者个人签订的合作研究、开发或者委托研究、开发的合同应包括以下内容：项目中产生的专利权、软件著作权、商标权以及相关技术秘密的归属，以及项目中产生的知识产权无形资产的转让、许可等的管理权限和管理方式。

（4）引进技术涉及第三方知识产权时，应明确双方在涉及第三方知识产权时的权利、义务和责任。

（5）无形资产的保护时效及其他产权界定等问题按国家有关法律、法规、规章的规定执行。

b. 建立顾客投诉及快速协调解决机制

为了提高公司的售后服务水平，及时响应客户反馈的问题，公司制定了《客诉处理规范》，提高客户满意度和客户黏性。

1. 客诉分类

客户投诉一般分为三类：一般投诉、重要投诉、重大投诉。

2. 客诉处理

（1）对于一般投诉，由客户服务部按照《客服工作质检规范》进行处理，每天对在线咨询、录音电话中出现的不满意、严重不满意按质检标准进行打分并分类汇总，对客户不满意的原因进行分析并持续改善。

（2）对于通过400服务热线进行的一般投诉，由客服专员进行记录、整理，处理完结后进行电话回访。

（3）对于在售产品出现的中差评，客服专员根据回评话术在24小时内进行回评；对于中差评中反映的共性问题，按月或半月进行汇总并报相关部门。

（4）按月统计所有在售产品的好评率并报品质部、产品部。

（5）对于重要投诉，由客户服务部专员去电回访，对已知的产品质量、服务质量问题进行说明和道歉。无法判断和区分责任问题的，一般由公司承担，进行退货、换货、维修等；明确产品质量问题和服务质量问题的，进行电话道歉和适当的经济补偿，对于责任人进行相应的处罚。

（6）对于重大投诉，由客户服务部通过系统进行处理；涉及12315举报的，第一时间由专人进行沟通协商并报公司产品部、品质部、研发部，同时向分管领导汇报，由公司风控部门介入进行处理。

3. 客诉产品返厂处理要求

（1）客诉产品返厂后，如需分析原因，第一时间由研发部或售后服务部对产品进行检验检测，分析原因、分清责任，需要提供检测报告的，由售后服务部整理检测报告。

（2）需要更换产品的，售后服务部在收到产品24小时内发出新产品；需要维修的，在3~5个工作日内维修完毕并按要求发出产品。

4.5 品牌效果

a. 耳机无线革命，国货龙头崛起

2019年《第一财经》YiMagazine的金字招牌项目启动了"新国货榜样"消费者品牌喜爱度调研。在收获了7048人次的投票后，在与人们日常生活消费相关的39个品类中，有33个消费者最认可的国货品牌最终脱颖而出。其中，漫步者在耳机/音响品类中排名第一，支持率高达28.86%。

b. 取得2022年上半年耳机品牌用户关注度第四名的佳绩

在2022年上半年耳机市场中，国产品牌开始发力，并对苹果、索尼等国外品牌造成了一定的冲击。200元以下区间为消费者最关注的价位段，占比高达37.06%。国内老牌音频厂家漫步者以及国潮耳机品牌1MORE（万魔）都在2022年上半年推出了多款新品。在上半年的品牌关注度中，1MORE和漫步者分别位列第三名和第四名，仅次于索尼和苹果。苹果AirPods 3成为关注度最高的耳机产品，2021年关注度第一的苹果AirPods Pro到了第九名的位置。2022年上半年，关注度第二和第三的产品分别是1MORE EVO和索尼WF-1000XM4，漫步者NeoBuds S位居第七名。用户对于蓝牙耳机的关注度有所下降，2021年关注度为62.56%，2022年上半年关注度仅为57.41%；对游

戏影音和降噪耳机的关注度有小幅度上升。

5 效益

效益部分涉及公司较多的商业数据，本书不再一一展示。

第八章 质量奖评审准则参考

自2022年起，广东省东莞市对首次获得东莞市导入卓越绩效管理优秀单位的企业（组织），每家分别一次性给予5万元资助。优秀单位的评审按照《广东省政府质量奖（组织）评审准则》开展，以广东省政府质量奖评选表彰秘书处发布的最新版本为准。下面提供《广东省政府质量奖（组织）评审准则》（2023年修订）供参考。

根据《广东省政府质量奖管理办法》（粤府办〔2021〕55号）规定，参照第五届《中国质量奖评审要点》、GB/T 19580《卓越绩效评价准则》，制定《广东省政府质量奖（组织）评审准则》。评审内容如下。

1 类别设置

广东省政府质量奖（组织）的评审领域具体设置为制造业、服务业、工程建设业、中小企业及一线班组等五大类组织。

评审准则包括领导、质量、创新、品牌和效益等五大部分，总分1000分。在中国质量奖评审指标（质量、创新、品牌和效益）的基础上增加了"领导"，旨在强调领导在弘扬企业家精神、加强组织文化建设、强化全员质量意识、营造创新环境、履行社会责任和追求卓越效益等过程中的地位和作用。

制造业、服务业、工程建设业、中小企业的评审准则包括领导、质量、创新、品牌和效益等五大部分；一线班组的评审准则包括组织基础、文化建设、质量、创新和效益等五大部分。评价准则由一级评价指标、二级评价指标和评分要点三部分组成。

2 核心指标

（一）领导

——弘扬企业家精神，完善中国特色现代企业制度，在增强爱国情怀、勇于创新、诚信守法、承担社会责任和拓展国际视野等方面不断提升，成为新时代推动高质量发展的生力军。

——确立组织统一的宗旨和方向，加强组织文化建设，营造良好的组织环境，构建和谐劳资关系；重视质量文化建设，引导全体员工积极参与质量活动。

——强化战略管理，使组织的战略、目标和资源协调一致，以实现其使命和愿景；强化质量战略，更好提升质量水平。

——加快推进新型工业化，全面提升组织竞争力（制造业）。

——树立创新是第一动力、人才是第一资源的理念，有效促进组织的高质量发展。

——构建科学的现代组织治理体系，确保组织的可持续发展，追求卓越效益。

——履行社会责任，加强质量诚信建设，支持公益事业。

（二）质量

——注重质量安全，确保组织安全生产。

——加强全链条质量管理，提升运营效能。

——以顾客为中心，识别并满足顾客及其他利益相关方的需求和期望，减少抱怨和投诉。

——强化质量协同，增强产业链自主可控能力。

——加强质量基础设施建设，提升质量管理水平和能力。

——全面开展质量教育，提升员工质量素养和能力。

——实施质量变革，开展质量改进活动，提升组织产品或服务质量、工艺技术及管理水平；不断提升效率和绿色发展水平等。

——质量水平：关键质量指标水平及提升情况居行业领先。

（三）创新

——坚持创新发展，将创新理念融入到组织之中，加快构筑新质生产力。

——创新是驱动发展的第一动力，实施动力变革，建立创新机制，打造科研创新团队，提升创新能力。

——推动创新链和产业链、质量链深度融合，增强推进新型工业化的动力与活力（制造业）。

——实施管理模式、经营模式、商业模式创新和技术创新，以提高组织效益，增强组织的核心竞争力。

——创新价值：拥有的核心技术，包括发明专利、参与标准制定和新产品的市场销售等居行业领先。

（四）品牌

——加强品牌规划，促进品牌培育。

——加强品牌管理，提升品牌价值。

——强化品牌保护，降低品牌风险，以增强品牌竞争力。

——引领推动产业品牌建设，将组织优势和集群优势转化为品牌优势，推动产业品牌合作共赢，提升广东品牌在中国乃至世界的影响力。

——品牌认可：主要品牌竞争力、社会认可及品牌价值处于同行业领先。

（五）效益

——质量水平：近三年主要产品和服务水平不断提升，处于同行领先。

——创新成果：创新资源投入不断增强、核心技术自主可控、创新效益显著。

——品牌认可：品牌竞争力、社会认可和品牌价值不断提升。

——绿色成效：万元总产值综合能耗和污染物排放水平。

——运营效率：组织运行效率和生产组织效率情况，如近三年全员劳动生产率处于同行业领先。

——经济效益：近三年主营业务收入、投资收益、利润总额、纳税总额等关键经济指标水平及其趋势处于同行业领先。

——社会效益：全面履行社会责任，行业引领、区域带动作用显著。

3 否决事项

（一）近三年内出现过重大质量、安全、环保等事故，出现过相关违法、违规、违纪行为。

（二）近三年内发生过因单位责任导致侵害职工合法权益的重大事件。

（三）申报材料弄虚作假。

附录 评价指标简表

表 8-1 广东省政府质量奖制造业、服务业、工程建设业评价指标

一级评价指标	二级评价指标
1. 领导（150分）	1.1 企业家精神（25分）
	1.2 组织文化（35分）
	1.3 战略管理（35分）
	1.4 组织治理（25分）
	1.5 社会责任（30分）
2. 质量（300分）	2.1 质量安全（35分）
	2.2 质量管理（60分）
	2.3 顾客需求（40分）
	2.4 质量协同（40分）
	2.5 质量基础（40分）
	2.6 质量教育（35分）
	2.7 质量变革（50分）
3. 创新（200分）	3.1 动力变革（30分）
	3.2 创新能力（80分）
	3.3 管理创新（45分）
	3.4 技术创新（45分）

续表

一级评价指标	二级评价指标
4. 品牌（100分）	4.1 品牌规划（30分）
	4.2 品牌管理（40分）
	4.3 品牌保护（30分）
5. 效益（250分）	5.1 质量水平（50分）
	5.2 创新成果（50分）
	5.3 品牌认可（30分）
	5.4 绿色成效（30分）
	5.5 运营绩效（30分）
	5.6 经济效益（30分）
	5.7 社会效益（30分）

表8-2　广东省政府质量奖中小企业评价指标

一级评价指标	二级评价指标
1. 领导（150分）	1.1 企业家精神（25分）
	1.2 组织文化（35分）
	1.3 战略管理（35分）
	1.4 组织治理（25分）
	1.5 社会责任（30分）
2. 质量（300分）	2.1 质量安全（35分）
	2.2 质量管理（60分）
	2.3 顾客需求（40分）
	2.4 质量协同（40分）
	2.5 质量基础（40分）
	2.6 质量教育（35分）
	2.7 质量变革（50分）
3. 创新（200分）	3.1 动力变革（30分）
	3.2 创新能力（80分）
	3.3 管理创新（45分）
	3.4 技术创新（45分）

续表

一级评价指标	二级评价指标
4. 品牌（100 分）	4.1 品牌规划（30 分）
	4.2 品牌管理（40 分）
	4.3 品牌保护（30 分）
5. 效益（250 分）	5.1 质量水平（50 分）
	5.2 创新成果（50 分）
	5.3 品牌认可（30 分）
	5.4 绿色成效（30 分）
	5.5 运营绩效（30 分）
	5.6 经济效益（30 分）
	5.7 社会效益（30 分）

表 8-3 广东省政府质量奖一线班组评价指标

一级评价指标	二级评价指标
1. 组织基础（100）	1.1 组织机构（40 分）
	1.2 基础管理（60 分）
2. 文化建设（100）	2.1 文化理念（30 分）
	2.2 文化践行（40 分）
	2.3 文化推广（30 分）
3. 质量（350）	3.1 质量安全（90 分）
	3.2 质量管理（85 分）
	3.3 质量教育（85 分）
	3.4 质量改进（90 分）
4. 创新（250）	4.1 创新能力（80 分）
	4.2 管理创新（70 分）
	4.3 技术创新（100 分）
5. 效益（200）	5.1 质量水平（60 分）
	5.2 运营效率（40 分）
	5.3 经济效益（50 分）
	5.4 社会效益（50 分）